CAMBRIDGE LIBRARY COLLECTION

Books of enduring scholarly value

Printing and Publishing History

The interface between authors and their readers is a fascinating subject in its own right, revealing a great deal about social attitudes, technological progress, aesthetic values, fashionable interests, political positions, economic constraints, and individual personalities. This part of the Cambridge Library Collection reissues classic studies in the area of printing and publishing history that shed light on developments in typography and book design, printing and binding, the rise and fall of publishing houses and periodicals, and the roles of authors and illustrators. It documents the ebb and flow of the book trade supplying a wide range of customers with products from almanacs to novels, bibles to erotica, and poetry to statistics.

Verzeichniss der hebraeischen Handschriften

Educated in Prague, Vienna and Leipzig, Moritz Steinschneider (1816–1907) was a Jewish Bohemian orientalist with a deep understanding of classical and Semitic languages and cultures, specialising in bibliography. He edited twenty-one volumes of the journal *Hebräische Bibliographie* from 1859 to 1882, and his 1878 catalogue of the Hebrew manuscripts held in the Hamburg State Library is also reissued in this series, along with his 1877 review of Arabic polemic and apologetic literature among Muslims, Christians and Jews. Published between 1878 and 1897, this two-volume work is a descriptive catalogue of the Hebrew manuscripts in what is now the Berlin State Library. In Volume 1, Steinschneider categorises and describes 124 manuscripts. The volume also includes reproductions of Hebrew handwriting.

Cambridge University Press has long been a pioneer in the reissuing of out-of-print titles from its own backlist, producing digital reprints of books that are still sought after by scholars and students but could not be reprinted economically using traditional technology. The Cambridge Library Collection extends this activity to a wider range of books which are still of importance to researchers and professionals, either for the source material they contain, or as landmarks in the history of their academic discipline.

Drawing from the world-renowned collections in the Cambridge University Library and other partner libraries, and guided by the advice of experts in each subject area, Cambridge University Press is using state-of-the-art scanning machines in its own Printing House to capture the content of each book selected for inclusion. The files are processed to give a consistently clear, crisp image, and the books finished to the high quality standard for which the Press is recognised around the world. The latest print-on-demand technology ensures that the books will remain available indefinitely, and that orders for single or multiple copies can quickly be supplied.

The Cambridge Library Collection brings back to life books of enduring scholarly value (including out-of-copyright works originally issued by other publishers) across a wide range of disciplines in the humanities and social sciences and in science and technology.

Verzeichniss der hebraeischen Handschriften

Volume 1

Moritz Steinschneider

CAMBRIDGE
UNIVERSITY PRESS

CAMBRIDGE UNIVERSITY PRESS

Cambridge, New York, Melbourne, Madrid, Cape Town,
Singapore, São Paolo, Delhi, Mexico City

Published in the United States of America by Cambridge University Press, New York

www.cambridge.org
Information on this title: www.cambridge.org/9781108060059

© in this compilation Cambridge University Press 2013

This edition first published 1878
This digitally printed version 2013

ISBN 978-1-108-06005-9 Paperback

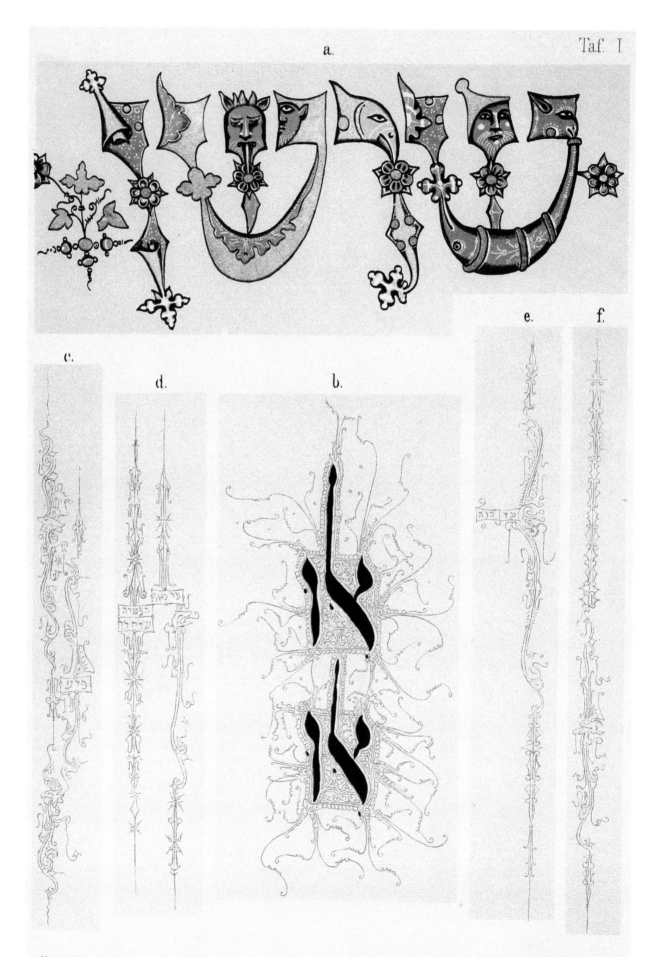

e.   f.

c.

d.   b.

DIE

HANDSCHRIFTEN-VERZEICHNISSE

DER

KÖNIGLICHEN BIBLIOTHEK

ZU BERLIN.

ZWEITER BAND.

VERZEICHNISS

DER

HEBRÆISCHEN HANDSCHRIFTEN

VON

MORITZ STEINSCHNEIDER.

MIT DREI TAFELN.

BERLIN.

BUCHDRUCKEREI DER KÖNIGL. AKADEMIE DER WISSENSCHAFTEN (G. VOGT).

UNIVERSITÄTSSTRASSE 8.

1878.

Vorwort.

Die hier verzeichnete Sammlung ist zu jung, um Stoff zu einer Geschichte zu bieten; dafür ist sie ziemlich frei von zufällig angehäuften werthlosen Bestandtheilen. Die springende Zunahme ist aus den hinter den fortlaufenden Nummern eingeklammerten Ziffern der Codices zu ersehen. Einige HSS. (N. 11, 37) reichen bis an die Gründung der kön. Bibliothek; es sind Geschenke von Juden in Folge einer Aufforderung des grofsen Kurfürsten (1661), denen Frau Rösel's Gabe noch 1692 folgte (N. 1, vgl. 17, 18). Die zu jener Zeit vorhandenen Bibelhandschriften, benutzt in der bekannten Ausgabe (1699) des Hofpredigers Jablonski (Catal. Bodl. S. 112 N. 702), sind kurz beschrieben in dessen *praefatio* §. 6, einige andere von LA CROZE,[1] dem auch die kurzen Notizen über verschiedene HSS. in Wolf's Bibl. Hebr. (Bd. I. II. 1715, 1721, s. unter N. 7, 8, 9, 21, 36, 42) gehören dürften. Das XVIII. Jahrhundert brachte keinen nennenswerthen Zuwachs; selbst ein Band antichristlicher Schriften vom J. 1695, welchen derselbe Jablonski noch 1733 besafs (Catalog der hebr. HSS. in Hamburg S. 163 A. 1), wanderte nach Leipzig (Cod. 38). Jo. C. C. OELRICHS (Entwurf einer Gesch. der kön. Bibliothek, Berlin 1752) erwähnt (S. 56) unsere N. 9 als aus dem J. 334, nach Andr. Müller, der dieselbe in einer besonderen Abhandlung beschrieben oder beschreiben wollte (*Acta erud.* 1687 p. 132, bei Wolf, Bibl. Hebr. I p. 167), ferner (S. 62) Bodecker's Bibel (N. 2, s. Anm. 1) und (S. 68) Menachem b. Saruk (N. 13 nach La Croze, *Thes. epist.* II, 157). In dem — von Wilken (Gesch. der kön. Bibliothek, 1828 S. 163) angeführten — handschriftlichen *Catalogus Codd. orient.* von Christian Sam. WOLF (1800)[2], auf dessen hierher gehörigen Inhalt ich erst bei Abfassung dieses Vorwortes geführt worden, sind unter Rubrik „III. MSS. HEBRAICA" S. 149—61 im Ganzen 36 Codices beschrieben. Die Hauptnummer beginnt mit 343 und geht bis 362, dann folgt 336—42, 333, 334, 336ᵇ, 337ᵇ, 335ᵇ, ᶜ, ᵈ, ᵉ, nämlich in Anschlufs

---

[1] Antwortschreiben an Bergern vom 1. Juli 1715 (in „*Consilium et occasio de scribenda historia biblioth. r. Berol*". 1725, und im *Thesaur. epist.* III, 70, 103), und bei Wolf, Bibl. Hebr. Bd. II (1721) p. 304. Ich trage hier die, in schwer leserlichen Abbreviaturen geschriebene Notiz des Stephan [Bodeker] auf S. 1 des Codex 5 (N. 2) nach: „*An. Dom. MCCCCXXXVIII* [so richtig bei Oelrichs l. citando S. 62, falsch XXVII bei Wolf] *ego Stephanus Episcopus* [fehlt bei Wolf] *Brandeburg. comparavi hos XXIV libros ad studium meum pro XXXIII florenis. In vigilia Assumtionis gloriosae Virginis Mariae*" Dass Stephan selbst die sehr sauberen lateinischen farbigen Angaben der Bücher und Kapitel ausgeführt habe, möchte ich bezweifeln. Für die Geschichte der hebræischen Sprache in der deutschen Christenheit hat diese Notiz einige Wichtigkeit, welche hier nur angedeutet werden kann. Stephan gehörte auch Ms. or. Fol. 123. Ueber ihn s. Lentz, Diplom. Stifts-Historie von Brandenburg, Halle 1750 S. 49; Ph. W. Gercken, Ausf. Stifts-Hist. v. Brandenb., Braunschweig 1766 S. 220.

[2] Dieser „*juvenis egregius*" geb. 26. Sept. 1779, starb auf einer Erholungsreise von Halle nach Jena an letzterem Orte 7. Juni 1801; Notiz von Biester zu Anfang des Bandes.

a*

an die letzte N. 332 des Appendix (S. 205). Unter den Hauptnummern läuft die Bezeichnung E [ebr. ?] 1—30, dann 21ᵇ, 22ᵇ, 31—34. Die HSS. sind nach Formaten geordnet; die Ueberschrift „Quarto" vor 358, E 16 (S. 152) ist von neuerer Hand an die unrechte Stelle gesetzt [3]). Die Beschreibung beschäftigt sich sehr eingehend mit den Aeufserlichkeiten, namentlich der Bibelhandschriften, beweist aber geringe Kenntnifs des Inhalts; unter E 24 werden, nach einer alten Notiz in der HS., 4 Schriften Levita's verzeichnet, am Ende einer jeden sei das Jahr 1560 angegeben! E 25 soll zu Ende *manu jam evanescente* das J. 79 (1319) notirt sein, E 26 wird als שב״ן (so) mit E 22ᵇ (angebl. סמ״ג) identificirt.

Demnach sind zwei Dritttheile des gegenwärtigen Bestandes erst in unserem Jahrhundert [4]) — die Hälfte erst in den letzten 30—40 Jahren, davon die Hälfte in dem letzten Rechnungsjahre — erworben auf Grund der, in einzelnen HSS. eingehefteten oder sonst aufbewahrten Gutachten Sachkundiger, wie z. B. F. Lebrecht's (gest. 1. Sept. 1876) und Anderer. Einzelne, theils aus Deckeln abgelöste Fragmente [5]) sind in Schachteln oder Mappen gesammelt (N. 18, 20, 34); die auf N. 34 verwendete Mühe dürfte zur Entdeckung einer bisher unbekannten Schrift aus dem XII. Jahrhundert geführt haben.

Die Grundlage des vorliegenden Verzeichnisses bildet eine, nach den Formaten und der Codexnummer geordnete [6]), durch Register abgeschlossene Beschreibung,

---

[3]) In der nachfolgenden Tabelle bezeichnen die Hochziffern die jetzige Nummer der MSS. or.: Fol. E 1—4¹⁻⁴, 5⁸, 6—8⁵⁻⁷, 9⁹, 10¹²², 11 [15 Bl. Perg.: „Geoffenbartes göttliches Geheimnifs aus dem Psalter des Königs Davids, so da zielet, dafs der Chur Fürst zu Brandenburg Fridrich der Dritte den 18. Jan. 1701 zu Königsberg in Preufsen zum Könige hatt (so) sollen gekroenet werden", deutsch und hebr. von Simon Wolff Brandis Schutziude in Berlin; das Buch erschien in Berlin 1701, s. Wolf, Bibl. Hebr. I, III n. 2170, vgl. Catal. Bodl. p. 3050 n. 9262; die HS. ist augenblicklich nicht nachweisbar], 12¹⁰, 13¹⁵, 14¹⁴, 15¹²³, 16—18¹²⁴⁻⁶, 19, 20¹¹, 21¹²⁰, 22¹². ¹³. [Quarto] 23⁴, 24², Oct. 25 Q.¹, 26 Q.⁸. Duodez 27 Q.⁹. Volumina 28—30. „*Serius adiecta*"; Quarto 21ᵇ Fol. 121, 22ᵇ Q.³. Volumina 31. 32 und 33 Fol. 130 II, III. 34: *Schedularum convolutum* 8° verschiedenen Inhalts.

[4]) Aehnliches gilt von den hebræischen Druckschriften der kön. Bibliothek, deren handschriftlichen Catalog ich in den letzten 3 Jahren vollendet habe.

[5]) Auf diesem Wege ist Manches gefunden und noch zu finden. Der Deckel des Cod. lat. theol. Fol. 186, welchen mir der kürzlich verstorbene Dr. Pfund zeïgte, ist ausgefüttert mit einem Bruchstück aus Raschi zu Num. 32.

[6]) Im gegenwärtigen Bande bilden die hebr. MSS. in Fol. N. 1—34 (die Bezeichnung Fol. ist in den Registern weggelassen), Quarto (S. 15) N. 35—73, Octavo (S. 51) N. 74—80, Rollen (S. 59) N. 81—88. Zur Auffindung der Catalognummer dient die Hochziffer in folgendem Schlüssel:

Fol. 1—4¹ 5—7² 8³ 9⁴ 10⁵ 11⁶ 12⁷ 14⁸ 15⁹ 60¹⁰ 118¹¹ 119¹² 120¹³ 121¹⁴ 122¹⁵ 123¹⁶ 124—26¹⁷ 129⁸⁵ 130¹⁸ 133⁸¹ 134⁸² 358¹⁹ 380—81²⁰ 383²¹ 384⁸⁶ 385⁸⁷ 388²² 442⁸³ 463²³ 567²⁴ 569²⁵ 570²⁶ 572²⁷ 581²⁸ 582²⁹ 583³⁰ 584³¹ 585³² 627⁸⁹ 628⁹⁰ 629⁹¹ 702³³ 707³⁴ 1054¹⁰⁹ 1055¹¹⁰ 1056¹¹¹ 1057¹¹² 1058¹¹³ 1059¹¹⁴

Quarto 1³⁵ 2³⁶ 3³⁷ 4³⁸ 5—7³⁹⁻⁴¹ 8⁴² 9⁴³ [176⁶ Th. II.] 289⁴⁴ 290⁴⁵ 291⁴⁶ 292⁴⁷ 306⁴⁸ 308⁴⁹ 310⁵⁰ 361⁵¹ 371⁵² 485⁵³ 486⁵⁴ 487⁵⁵ 488⁵⁶ 489⁵⁷ 490⁵⁸ 497⁵⁹ 498⁶⁰ 509⁶¹ 511⁶² 512⁶³ 513⁶⁴ 514⁶⁵ 515⁶⁶ 516⁶⁷ 517⁶⁸ 521⁶⁹ 543⁷⁰ 544⁷¹ 545⁷² 553⁷³ 554⁹² 566—74⁹³⁻¹⁰¹ 575¹⁰² 576¹⁰³ 577¹⁰⁴ 578¹¹⁵ 579¹⁰⁵ 645¹¹⁶ 646¹¹⁷ 647¹¹⁸ 648¹¹⁹ 649¹²⁰ 650¹²¹ 651¹²² 652¹²³ 653¹²⁴.

Octavo 136⁷⁴ 138⁷⁵ 147⁷⁶ 148⁷⁷ 170⁸⁸ 242¹⁰⁶ 243⁷⁸ 244⁷⁹ 256¹⁰⁷ 257⁸⁰ 258¹⁰⁸.

welche ich im Frühling 1869 anfertigte. Eine neue Redaction für die, Ende 1876 beschlossene Drucklegung erschien weder nöthig noch thunlich: es genügte die Ergänzung oder Kürzung literarischer Nachweisungen und die Einreihung der wenigen neuen Erwerbungen. Als jedoch im letzten Herbst von ungefähr 50, aus Jemen stammenden HSS. des Hrn. Shapira aus Jerusalem 14 arabische in hebræischer Schrift angekauft wurden, erschien es zweckmäfsig, dieselben unter Einreihung der im Jahre 1873 von Hrn. Shapira gekauften N. 89—91 und der früher vorhandenen N. 106, 107 als „Arabische Handschriften in hebr. Schrift" (S. 61 N. 89—108) zusammenzustellen, so dafs diese, durch Verfasser und Inhalt der hebræischen Literatur sich anschliefsende Abtheilung eine Stelle zwischen den hebræischen HSS. und den arabischen HSS. der Muslimen erhielt.

Für diese Abtheilung konnte ich die von Prof. Lepsius (*Standard Alphabet*, London 1863 S. 184), jetzt kön. Oberbibliothekar und Geh. Regierungsrath, empfohlene Umschreibung arabischer Buchstaben, mit geringer von ihm gebilligter Modification, annehmen, und hiermit bezeugen, dafs ich das Bedürfnifs der Orientalisten nach einem Canon dafür nicht weniger empfinde, als meine Collegen. Für die vorzugsweise biblischen Namen der Juden sind in den verschiedenen Ländern und Sprachen gewisse Formen so zu sagen heimisch geworden; die vor 25 Jahren im Catalog der hebr. Bücher der Bodleiana gewählten einfachsten jener Formen habe ich seitdem auch in anderen Schriften beibehalten, auf welche hier häufig verwiesen ist[7]). In Bezug auf die in hebræischen HSS. vorkommenden arabischen Namen darf ich für vorkommende Inconsequenzen (wie für andere derartige) mit Rücksicht auf obige Umstände Nachsicht erwarten. — Die hebr. HSS. des Nachtrags (S. 81 ff. N. 109—24) wurden erworben, als die vorangehende Abtheilung bereits gedruckt war. Ihre Beschreibung mufste schneller erledigt werden, als ich sonst gewünscht hätte.

Für die Form des Drucks war der erste Band der Verzeichnisse (Sanscrit-Handschriften von A. Weber, 1853) im Allgemeinen mafsgebend, weshalb auch die stets vorangehende äufsere Beschreibung nicht (wie in meinen Catalogen der HSS. in Leyden, München und Hamburg) durch kleinere Typen, sondern nur durch einen kleinen Abstand sich kennzeichnet. In der literarischen Behandlung habe ich die, S. XIV der Vorrede zum Catalog der Hamburger HSS. besprochenen Grundsätze angewendet, jedoch die chronologische und fachliche Anordnung durch Zeitangaben und den Fachindex (S. 142) ersetzt, der zugleich nachweist, dafs, mit Ausnahme von Mystik und Kabbala, kein Gebiet ohne seltene und werthvolle Vertreter geblieben; hier mögen nur beispielsweise hervorgehoben sein: Targum mit babylonischer Punktation (N. 115), Mischna mit dem arabischen Commentar des Maimonides (N. 93 ff.), des letzteren Buch der Gebote (N. 102), die Hymnensammlung aus Jemen (N. 103, s. S. 117 ff.), סמק des Mose aus Zürich (N. 37), die Kritik der drei Religionen von Saʾad (N. 107). —

---

7) S. die ausführlichen Titel unten S. VII.

Gröfsere, das Nachschlagen störende Mittheilungen und Erörterungen sind in die Anhänge verwiesen [8]); wenn ich unter N. 121 (Gazzali), wo Beschreibung und Behandlung nicht gut zu trennen waren, die sonst gesteckten Grenzen überschritt, so geschah es im Interesse der dargelegten Bedeutung.

Für die anstrengende Correctur habe ich meinem gelehrten Freunde, Dr. Egers bestens zu danken; ich hoffe, dafs die unten verzeichneten Druckfehler keine erhebliche Nachlese zulassen [9]).

Berlin, im Juni 1878.

---

[8]) I. S. 116: Vorwort des Salomo b. Mose Schalom. II. das. Vorwort des ס' הכבוסים. III. S. 117 Ritualien aus Jemen. IV. S. 130 Vorrede des Jehuda Natan. V. S. 133 Vorrede des Kalonymos b. David etc. VI. S. 135 Avicenna, השמים והעולם aus Kap. 13. VII. das. aus Salomo da Piera's Divan. VIII. S. 136 Salomo Abigedor's Vorrede. IX. S. 137 Platearius, *Circa instans*. X. S. 141 Vorrede des Jakob b. Chajjim.

[9]) Ich füge einige Bemerkungen ein: S. 3 N. 7 del. 13. S. 5 N. 14 Ende lies הגביעים. S. 10 N. 25 Z. 2 „matt" l. nett. S. 13 Z. 3 l. פרח. S. 15 Z. 14 l. יוסף; N. 35 l. Z. l. Esther. S. 21 Z. 15 l. Abbas. S. 28 Anm. fehlt [2]). S. 29 A. 3 vielleicht שליה מיוחד. S. 61 N. 89 Bl. 96 am Rande steht undeutlich בן מעוד [= מעודד?] כעיד, wohl der Schreiber. S. 69 N. 102 Bl. 1 ist ein Stück der Vorrede des דלאלה von Maimonides, welches in N. 105 fehlt, aber von anderer Schrift. S. 77 vorl. Z. שנשרש für שושר"ש, eine Formel, wie שר"ש, s. Schiller-Szinessy, *Ofsasional Notes*, Cambr. 1878 S. 16. S. 80 ברון s. auch Hebr. Bibliogr. XV, 52. S. 81 מזיתרא ist Misitra (Mistra), s. Kobak's ישרון V, 154, H. B. XVII, 136. S. 83 A. 2 אתיר s. Cusari IV, 25 S. 357, יקוו המים 142. S. 86 שדים s. מלמד ed. Lyck 182b. S. 105 Z. 9 הה' יורשי הנ׳ s. Averroes, Philos. deutsch von J. Müller S. 52, Cod. Leyden 15 Bl. 118. — Verwechslungen von ח und ה, welche kaum im Reindruck sich genügend unterscheiden, wird der Leser leicht errathen. — Während der Correctur dieser Note ersehe ich aus: S. Kohn, Mordechai b. Hillel 1878 S. 50, dafs Mordechai, S. 16, b. Hillel sei.

Titel einiger in diesem Catalog citirten Schriften des Verfassers (M. STEINSCHNEIDER).

Catalogus librorum hebr. in Bibliotheca Bodleiana. 4. Berol. 1852—60.

Conspectus Codd. MSS. hebr. in Bibliotheca Bodleiana. Appendicis instar etc. 4. Berol. 1857.

Jewish Literature from the eigth to the eighteenth century with an introduction on Talmud and Midrash. A historical essay. 8. London 1857.

Catalogus Codd. hebr. Bibliothecae Academ. Lugduno-Batavae. 8. Lugduni-Bat. 1858.

Zur pseudepigraphischen Literatur, insbesondere der geheimen Wissenschaften des Mittelalters. 8. Berlin 1862.

Intorno ad alcuni matematici del medio evo . . . Lettere a Don B. Boncompagni. gr. 4. Roma 1863.

Donnolo. Pharmakolog. Fragmente aus dem X. Jahrh. nebst Beiträgen zur Literatur der Salernitaner etc. (mit hebr. Text). 8. Berlin 1868. (Virchow's Archiv Bd. 37—40.)

Alfarabi, des arabischen Philosophen, Leben und Schriften, mit besonderer Rücksicht auf die Gesch. der griech. Wissenschaft unter den Arabern. gr. 4. Petersburg 1869. (*Mémoires de l'Academie Imperiale*, Tome XIII. Nr. 4).

Zum Speculum astron. des Albertus M., über die darin angeführten Schriftsteller und Schriften. 8. Leipzig 1871. (Zeitschr. für Mathematik und Physik, her. von Schlömilch u. s. w., Bd. XVI.)

Catalog hebr. Handschr., gröfstentheils aus dem Nachlasse des Rabb. M. S. Ghirondi (autographirt). 8. Berlin 1872.

Verzeichnifs karait. und anderer hebr. HSS. (Fischl). 8. Berlin 1872.

Gifte und ihre Heilung von Maimonides . . . als Einleitung: Die toxicolog. Schriften der Araber bis Ende 12. Jahrh. 8. Berlin 1873. (Virchow's Archiv Bd. 52 und 57).

Vite di matematici arabi tratte da un opera ined. di B. Baldi con note. gr. 4. Roma 1874 (in 50 Exemplaren).

Die hebr. Handschriften der k. Hof- und Staatsbibliothek in München. 8. München 1875. (Eine gleich betitelte Abhandlung in den Sitzungsberichten der Münchener Akademie 1875, S. 169—206).

Polemische und apologetische Literatur in arabischer Sprache, zwischen Muslimen, Christen und Juden. 8. Leipzig 1877.

Catalog der hebræischen Handschriften in der Stadtbibliothek zu Hamburg u. s. w. 8. Hamburg 1878.

Hebræische Bibliographie. Blätter für neuere und ältere Literatur des Judenthums, bisher 17 Jahrgänge. 8. Berlin 1859—64, 1869—77.

Zu den photographischen Tafeln[1]).

Tafel I. Ornamentik: *a.* Fol. 388 N. 22 Bl. 147, reducirt auf $\frac{2}{3}$; *b.* Fol. 569 N. 25 S. 61 *c—f.* Q. 1 N. 35.

Tafel III.

---

[1]) Die hier gegebene geographische und chronologische Reihenfolge ist aus räumlichen Rücksichten unter 12—16 nicht streng eingehalten. — Facsimile von N. 89 und 106 sind in der Beschreibung nachgewiesen.

I. Hebræische Handschriften in Folio.

1. (Ms. Or. Fol. 1—4.)

Pergament, Riesenfol., 4 Bände, enthaltend 140, 208, 243, 293 Bl. zu 3 Columnen, grofse Quadratschrift mit Accenten, Geschenk der *Rösel*, Frau des *Benjamin [Neumark?]*, an die Bibliothek des Churfürsten 1692: איך ריזל הב געגעבן דיא תורה נ' וכ' לביבליטעט (sic) פה בערלין לכבוד אדונינו הדוכס ירום הודו ריזל אשת מהר"ר בנימין ר"ח ניסן תנ"ב; darunter steht: *Isachar Bärmann ben* מהר"ר *Benjamin* זצ"ל *Neumark*, und *Naftali Hirsch ben* מהר"ר *Benjamin* זצ"ל *Neumark* — vielleicht die Söhne der Obigen? — Bd. II. mit sehr frischen Quadratlettern unter schlechten Reimen: יהודה דאתקריא זונדל בן הר"ר גרשון ז"ל לפרט הק'נ'י'ן בחדש סיון עת מתן תורה (kann nicht wohl 160 [1400] bedeuten); darunter: . . וקניתי בכסף und *Akiba ben Gerson.* — Häufig ist gezeichnet: *Mose Mordechai ben* כמהר"ר הגדול הגאון *Jakob Joel* זצ"ל aus der Familie *Margalit;* auch *Benjamin Seeb ben Mose Jesaia* aus Wisnicza (ווישניצא) und zwar Bd. III Bl. 129ᵇ mit d. J. 438 (1678), und *Zebi Hirsch b. Ascher Anschel Levi* A. 450 (1690).

Bibel mit *Masora* (bei jedem Buche mit Figuren beginnend). Bd. I Pentat. mit Onkelos, versweise. Bd. II Jeremia, Ezech., Jesaia bis Bl. 192; 192ᵇ beginnt Hosea; IV beginnt mit Ruth, dann Psalmen, Hiob, Sprüche bis 136ᵃ; 136ᵇ קוהלת (so) u. s. w.; Zusätze zu Esther; s. Bruns bei de Rossi, Var. Lect. I p. LXV.; Kennicott 150.

2. (Ms. Or. Fol. 5—7.)

Pergament, gr. Fol., 3 Bände, von 199, 297, 169 Bl., zu 3 Columnen, alte deutsche grofse Quadratschrift mit Accenten, in I. und II. splendide figurirte Anfänge mit kleinen Thier- und Menschenfiguren in den Anfängen aller Bücher. Die farbige Numeration der Kapitel ist wahrscheinlich erst von christlicher Hand nachgetragen. — Besitzerin *Särlin* (סערלין) aus Wertheim . . .

Bibel mit *Masora,* zum Pentat. Onkelos, versweise. Kennicott 607.

3. (Ms. Or. Fol. 8.)

Pergament, gr. Fol., 326 Bl. in 2 Col., mittlere alte Quadratschrift mit Accenten.

Pentateuch mit Onkelos, versweise, und *Masora.* Kennicott 608.

4. (Ms. Or. Fol. 9.)

Pergament, breit Fol., 346 Bl., grofse alte Quadratschrift mit Accenten; bis Bl. 8 von neuer Hand ergänzt. Bl. 164 Lücke, Bl. 268—69 umgekehrt gebunden.

Pentateuch mit Onkelos, versweise, und *Masora*. — Bl. 271 beginnt *Hohel.*, 287^{b} Ueberschrift: *Haftarot*, 332 *Hiob*. Kennicott 609.

5. (Ms. Or. Fol. 10.)

Pergament, 180 Bl., groſse alte Quadratschrift, zum Theil später vocalisirt, XIII—XIV. (?) Jahrh.; rohe, zum Theil farbige Verzierungen.

[מחזור] Festgebete des deutschen Ritus für Neujahr und (Bl. 44) Versöhnungstag, beginnend מלך אזור בגבורה; Bl. 153 ist überschrieben: תפילת מנחה מרבנא ר' אליה. — Bl. 68 הגוים, 172 מלאכים, 175 אבן מעמסה; Bl. 179^{b} ist von jüngerer Hand זכור ברית ממהר"ם vollständig geschrieben; Bl. 180 enthält ein Verzeichniſs von 136 Selichot, welche zuletzt mit קכ"י bis קכ"ו in dieser, sonst nirgend vorkommenden Weise gezählt sind.

6. (Ms. Or. Fol. 11 und früher 176 Qu., jetzt Bd. II.)

Pergament, 2 Bde., 364 und 366 Bl.; Text in mittlerer gothischer, Rand in kleinerer Schrift, dazu durchaus Ergänzungen von zweiter, und auſserdem von dritter (blasserer) Schrift, wahrscheinlich im XIV. Jahrh., geschrieben von einem Simson, da dieser Name z. B. I, 17^{b}. 87^{b}. 106^{b}. II, 208^{b} hervorgehoben ist. — Besitzer: *Josef b. Gerschon, Gerschon b. Josef, Samuel b. Elia* Strauſsburg (שטרושפורק) und [dessen Sohn?] *Michael b. Samuel* Strauſsburg; der letzte Besitzer *Mordechai (Gumpel) b. David* aus Wesel schenkte die beiden kostbaren Bände dem Churfürsten von Brandenburg, als derselbe die Juden aufforderte, Handschriften für ihn zu sammeln, im J. 1661 (1662 ist Druckfehler bei Lebrecht, Handschriften . . . des Babyl. Talmud S. 47, wo die hebr. Inschrift aus II Bl. 1 mitgetheilt und übersetzt ist). Der Codex figurirte früher als „Mischna" (vgl. Nicolai, Beschreibung von Berlin etc. II, 1786 S. 765, bei Landshuth in der Zeitschrift „Die Gegenwart", 1867 S. 318), wie er auf dem Rückenschild und am Anfang bezeichnet ist.

Vom Gesetzwerk [הלכות] des Isak Alfasi (gest. 1103) folgende Theile (der Kapitel-Index Bd. I Bl. 1 verso ist nicht vollständig): I. die Tractt. Chullin, Berachot Bl. 48^{b}, הלכות טומאה 84^{b}, ס"ת 86, מזוזה 88, תפלין 90^{b}, ציצית 94^{b}, ארץ ישראל וחלה 98,[1]) Schebuot 102,[2]) Aboda Sara 133^{b}, Megilla 166, Sabbat 180, Erubin 235, Pesachim 264^{b}, Sukka 306, Rosch haschana 291^{b}, Joma 298^{b}, Ta'anit 320, Beza 328^{b}, Moëd K. 347.

Bd. II. enthält zuerst einen Index zu den Randnoten in 1085 Paragraphen, entsprechend den Randziffern im Buche selbst; dann (Bl. 14) einen angefangenen, nur bis 151 gehenden, vielleicht zu Tractaten des 1. Theils, wo aber erst Bl. 104 bis 158^{b} die Nummern תתנ"ו bis תתפ"ו erscheinen. Die Tractate sind: Baba K. Bl. 15, Mezia 50^{b}, Batra 115^{b}, Synhedrin 198^{b}, Makkot 218, Jebamot 221, Kidduschin 263, Ketubot 285, Gittin 338; zwischen Bl. 340 und 341 sind mehrere weiſse Blätter eingebunden; ein Theil der Lücke steht Bl. 199—206 (falsch eingebunden); Bl. 356^{b} liest man: *hic duo folia desunt.*

---

[1]) Ende היא דאסיה לעיל לא מצאתי יותר.

[2]) Zuletzt Bl. 132 noch ein Nachtrag: ולסוף ימיו חזר בו וציה לתקן הנוסחא ולהוסיף בה הכין. בג' כל הנשבעין תמצא בסיפי דהייב לאשתבועי עליה כל (?) ומגלגל עליה ומשנינן דר' יוסי אדר' זעירא כי היכי דלא דמקרבי מידי להו לרבנן צריכא. כך פי' הר"ר יצחק האלפסי ע"ה; Ende Bl. 133: תיק' דאין מגלגלין . . .

Dafs Text und Scholien Varianten enthalten, hat Lebrecht bemerkt; vgl. Rabbinowicz, Varr. lect. II. (1869) Vorr. S. 13 und *passim*.

Die Scholien von erster Hand enthalten hauptsächlich die Stellen aus Salomo Isaki, *Tosafot* und, auch sehr häufig ohne Namen, aus dem Werke des Mordechai [b. Hillel], übereinstimmend mit der gedruckten Recension, oder s. g. „grofsen“, — מרדכי קטן ist in A. Bl. 5ᵇ von zweiter Hand angemerkt. — Indefs sind auch hier andere Quellen benutzt, deren vollständige Aufzählung ein sehr genaues Studium erforderte und nicht ohne Nutzen wäre; so z. B. נעתק מספר הר"ר משה ממונצברק (A. 74ᵇ), ס' הפרדס (83ᵇ), מס' עץ חיים öfter (über die verschiedenen Werke dieses Titels s. Zunz, Ritus 213), u. A. סי' כ"א (Bl. 88b, wo wahrscheinlich daraus das Citat וזקני רבי' שמואל פי' über טעם תפלין) Bl. 21ᵇ (פ' אלו טרפות) liest man hinter den Worten des Mord. אותן ג' סימנים (ed. Amst. Bl. 310 Col. 1 Z. 25 v. u.) noch הועתק מפסקי הר' פר"י. חזקיה; Bl. 157 (letzt. Kap. ע"ז) stehen die Worte מתוס' ר' אלחנן זצ"ל am Schlufs als Quelle (in d. Ausg. Bl. 378 als Anfang der הגהה).

Von der zweiten Hand sind u. A. die הלכות ספר תורה I, 84ᵇ, zuletzt als Quelle: ס' התרומה. Die blasse Schrift besteht hauptsächlich aus רש"י, תוספות, ס' התרומה u. dgl.; I, 24 liest man ואני שמואל מדקדק שני; in der That fand und excerptirte Rabbinowicz *Tosafot*, welche anderswo als *T.* des Samuel b. Meir „zu Alfasi“ bezeichnet werden.

2 Bd. II. Bl. 159—165, von anderer gothischer Hand, gehören wohl ursprünglich nicht in diesen Cod., Ueberschrift: עמ"י עש"ל השם יחנני במצות בהחלי נדרים מס' המצות; es kommen aber Excerpte aus verschiedenen Quellen bis מהר"ם vor; Anf. מי שנשבע שבועה ונתחרט והפכה דעתו לדעת אחרת; Bl. 161ᵇ הלכות נדרים מן המימוני.

7. (Ms. Or. Fol. 12. 13.)

Pergament, 311 Bl., gröfsere und kleinere deutsche rabb. Schrift, xiv—xv. Jahrh. — Mose b. Meir ha-Levi und Jakob b. Meir bezeugen, dafs Jakob b. David den Codex seines Vaters *David b. Jakob* an *Jakob* (genannt *Koppelmann*) *b. Salomo ha-Levi* in Erlangen verkauft habe; letzterer datirt den Erwerb Donnerstag 2. Ab 269 (1509). Wolf, Bibl. Hebr. I, 583, vermuthet, dafs dieser Cod. ein Theil von Peringer's sei.

[משנה תורה] der Gesetzcodex des Mose Maimonides (st. 1204); Einleitung mit der einfachen Aufzählung der 613 Gebote, welche die Drucker später weggelassen (Cat. Bodl. 1880 und Add.), Buch I. II. (נוסח התפלה Bl. 137ᵇ), dann (Bl. 160) aus B. V. ה' מאכלות אסורות u. s. w. (unvollst.) und III (Bl. 192 ff.). Dazu die Anmerkungen (gewöhnlich הגהות מימוניות), wahrscheinlich von einem Schüler des Meir Rothenburg (vgl. Catal. Bodl. S. 1703 unter Meir Kohen), nicht ohne bessere Lesearten, zum Beispiel Bl. 22 zu ה' יסודי התו' (Bl. 8 ed. Amst. 1702) מהר"ם . . . שוב הראני צ"ע שפסק ז"ל ראיותו במגדל אינ"ש (del.) אייגייגשהיים דגר' בירושלמי כדלעיל בהג"ה שמעבר לדף המתחלת גר' בירושלמי. Die Herausgeber haben diese Anm. unverständlich abgebrochen. — Aufserdem sind noch kürzere Anmerkungen von anderer Hand angefügt; u. A. Bl. 159ᵇ ein kabbalistisches Gebet.

8. (Ms. Or. Fol. 14.)

Pergament, 38 Bl., alte deutsche vocalisirte Quadrat- und rabb. Schrift, zum Theil roth; grofse Vignetten mit menschlichen (freilich mehr thierähnlichen) und anderen Figuren, in bizarrem Geschmack; etwa xv. Jahrh.

[הגדה] Osterritual, beginnt mit בא"י . . על ביעור חמץ, endet mit אדיר הוא. Vgl. Wolf, Bibl. Hebr. II, 1286.

9. (Ms. Or. Fol. 15.)

Pergament, grofse alte deutsche vocalisirte Quadratschrift, nach Zunz etwa um 1300. Bl. 283 nennt sich der Besitzer *Ascher b. Josef ha-Levi* מגרטר oder מגרטן oder מגוטר? Wolf, Bilbl. Hebr. II, 1384.

Bufsgebete [סליחות], beginnend לך ה' הצדקה; zuerst 221 Nummern nach den Bufstagen geordnet bis Bl. 210ᵇ, mit dem Custos אנושה endend; das alte Register zählt (288ᵇ) nur 224, deren letzte: פתיחה אל ארך אפים.

Bl. 211 ff. enthalten 67 Nummern פזמונים, הטאנו (230 n. 32), תחנונים (257ᵇ n. 54), häufig den Autor nennend; n. 1 בטוצאי מנוחה, n. 67 (תא שמע) תחנה של רבינו ר' אפרים בר' יעקב, wiederum 274ᵇ mit dem Custos לעמיה abbrechend.

Bl. 275—282 sind einige Selichot, von anderer Hand, nachträglich als 223, 226 bezeichnet (die übrigen Ziffern hat wahrscheinlich der Buchbinder abgeschnitten), und im Register nachgetragen.

Die HS. gehört zu den vollständigsten und wohl auch ältesten erhaltenen dieser Gattung; Vieles ist in den gewöhnlichen Ausgaben nicht zu finden.[1])

10. (Ms. Or. Fol. 60. N. 2.)

„Lexicon linguarum Latin., Pers., Turc., Arab. et ebraicae, Hebraeorum vocum habentur duntaxat 80“, nämlich von *ab* (מן) bis *acetosa*, mit Lücken.

11. (Ms. Or. Fol. 118.)

Jo. Sartorius (Pastor's in Lützen) Neujahrswunsch in 9 Sprachen (Jubil. novum annum . . . 1700 . . .). Zuerst *Ebraica Oratio* S. 1—3, anf. שׁר בִּיַחַד בִּמְאֹד, dann chald. S. 4—5 פֶּחָה הַיִּי וחילְתָנָא.

12. (Ms. Or. Fol. 119: Miscellen.)

Bl. 47—51, Fragment eines hebr. Elementarbuches, beginnend mit dem Alphabet, entsprechenden latein. Buchstaben und Namen; hierauf: „Es ist zu wissen, das fünff puchstaben sind in diesem alphabeth“

13. (Ms. Or. Fol. 120.)

Papier und Pergament, 195 Bl., deutsche grofse Quadratschrift, durchaus vocalisirt, vom Schreiber Isak beendet Neumond Ijjar 196 (1436); er schreibt זה המחברת חבר מנחם . . Vgl. Wolf, B. H. I, 771, III, 695; Zunz wufste im J. 1818 nicht, wo der Codex zu finden sei (rabb. Lit. S. 39; der Passus ist in Gesamm. Schriften I, 25 gestrichen).

---

[1]) Zunz bemerkte mir über die HS. Folgendes: „In Allem 295 Selichot, sammt Pismon, von denen etwa 50 abgedruckt sind. Die N. 222, 223, 224 fehlen, N. 225—231 sind nachgetragen, N. 232—235 nur im Register nachnotirt. Diesen Cod. meint wahrscheinlich Wolf II. p. 1384; ich citirte denselben in gott. Vortr. S. 385 Anm., ihn mit N. 355 bezeichnend.“

מחברת, Wörterbuch des Menachem ben Saruk (x. Jahrh.) in der ursprünglichen Anlage. Die Vorrede ist aus unserem Cod. abgedruckt von Dukes (Lit. Mittheil. 1845), eine Abschrift (wessen?) benutzte Filipowski in der Londoner neu geordneten Ausg. 1854 (s. Vorr. Bl. 17 Col. 1 und Bl. 19), doch wahrscheinlich nicht erschöpfend; z. B. gleich zu Anfang תחלת מפתח, hier besser (מבטא (שפתים[1]).

Die HS. ist durchaus mit lateinischen Randnoten versehen, welche Wörter und Bibelstellen übersetzen.

14. (Ms. Or. Fol. 121.)

Pergament, 260 Bl., sehr alte grofse deutsche Hand; Bl. 193ᵇ sind Todesfälle in den J. 1555 und 1585—7 und der Name *Chajjim b. Josef ha-Levi* aus Derenburg (מידעריינבוריק so) verzeichnet.

[פירוש] Commentar des Salomo Isaki (*Raschi*, gest. 1105) über den Pentateuch (bis Bl. 193), Ruth, Hohel., Kohelet, Threni, Esther (bis 219) und Haftarot, deren letzte für Neumond am Sonntag ist, so dafs nur sehr wenig fehlt, u. A. einige Bl. zwischen 187 (Ende שופטים) und 188 (Anf. האזינו).

Diese HS. ist zu Berliner's Ausg. noch nicht benutzt. Anf. Deuteron. (דברים ואתחנן) (168—72) steht ein anderer Commentar im Text, während der Anfang von רש"י Bl. 168 am Rande mit kleinen besseren Lettern geschrieben ist. — 137ᵇ enthält am Rande eine Notiz aus תשובת מר"ה הר' יודא בר אברהם זצ"ל.

Bl. 134ᵇ—135 finden sich Abbildungen der heiligen Geräthe u. dgl., darunter auch eine Art Karte Palästina's, welche nicht gerade geographische Kunde verräth. Unter dem Leuchter Bl. 135 liest man rechts und links:

י'בין המשכיל בזה (!) הצורה
ע'יין תבנית תיקון המנורה
ק'ניה וגביעיה ופרחיה וכפתוריה
ב'מיניין שנתן בהם המקרא.

י'הן הכם עיניו להזות	ו'יבין בדעת צהה זאת
ס'דר המנורה כתיקונה	פ'עולת אדון י' אמונה
ב'ר'וב חכמה ובנעימה	י'ו'צר הכל אז הקימה
א'ת הגביעים והכפתורים	ל'ששת קנים המבוארים.

Das Akrostichon ist Jakob Josef b. Joel, die Schrift ist von der des Cod. verschieden, aber ebenfalls alt.

15. (Ms. Or. Fol. 122.)

Pergament, breit Fol., 217 Bl.; alte deutsche Handschr. eines Josef (z. B. Bl. 4ᵇ, 5 hervorgehoben), Bl. 148—56 und 207 von deutscher rabb. ergänzt, auf der letzten Rückseite glaube ich unter einer Menge fast ganz verwischter Notizen das Datum Marcheschwan 164 (Ende 1403) in Verbindung mit dem Namen Jakob zu finden; deutlicher ist der Name eines Besitzers *Mose b. Jakob;* Bl. 217 hat der Besitzer den Tod seines Vaters Jakob b. Mose im J. 211 od. 219 vermerkt.

---

[1]) Vgl. über diese stereotype Eingangsformel die Nachweisungen in der Hebr. Bibliogr. X, 98, XII, 57 und S. VI.

[פירוש] Commentar des Salomo Isaki *(Raschi)* über erste Proph., Jerem. (37ᵇ), Ezech. 50—71ᵇ, Jes. 73, kl. Proph. 106—131ᵃ; Megillot 132ᵇ (nämlich Esther, Hohel. etc.), Psalm 154, Job 178ᵇ, Sprüche 196ᵇ, Daniel 208. — Esra, Nehemia und Chron. sind bekanntlich nicht von Sal. Isaki erhalten. Zunz, zur Geschichte S. 95, giebt Zusätze eines Gabriel an; solche finden sich auch in dem Pentateuch-Comm. jetzt im Besitze der Seminarbibliothek in Breslau, welche HS. von David Oppenheimer an *Jablonski* kam; s. Berliner, Frankel's Monatsschr. 1864 (Bd. 13) S. 218, Pletath Soferim 28; zu Raschi S. 374 vermuthet er, daſs unser Cod. die Fortsetzung des erwähnten sei, der jedoch (nach Zeitschr. l. c.) nur bis Num. 17, 3 von Gabriel geschrieben sein soll. Letzterer kann aber der Schreiber des Prototyps sein.

² Bl. 72—73 זה אשר השיב רבינו לרבני אלצורא, Antwort an die Lehrer von Auxerre, ebenfalls von Salomo Isaki, aus diesem Cod. abgedruckt von Geiger (Melo Chofnajim, Berlin 1839).

16. (Ms. Or. Fol. 123.)

Pergament, 91 Bl., aus 2 HSS. zusammengesetzt; I. bis Bl. 57, gröſsere dicke deutsche Quadratschrift mit Raphe auch über ג, ד, ohne Accente, etwa xv. Jahrh.; die rothen Columnenüberschriften und Randangaben der Kapp. mit lat. Lettern scheinen zugleich über I. und II. gesetzt; II. in mittlerer Quadratschrift geschrieben von Isak b. (ברבי) Simson[1]) mit der Formel לא יזק הסופר היום ולא לעולם עד שיעלה חמור בסולם (etwa noch xiv. Jahrh.?), hat groſse zum Theil mit Arabesken und Thierfiguren versehene oder rothe Initialen. Einige rothe latein. Angaben sind älter als die zu I.

Bibelfragmente: I. Kleine Propheten; II. Proverbia, 5 Megillot. — Von Kennicott und de Rossi nicht erwähnt.

17. (Ms. Or. Fol. 124—126.)

Pergament, 3 Bände, 172, 132, 202 Bl., mittlere deutsche Quadratschrift mit Accenten, etwa xiv. Jahrh.? *„Ex bibl. Frid. Jac. Roloff"* (Pastors in Brandenburg); wahrscheinlich zur Zeit des groſsen Churfürsten geschenkt oder verkauft.

Bibel mit *Masora*, Anfang, Ende und einzelne Stellen in der Mitte später ergänzt, zum Theil ohne Vocale.

18. (Ms. Or. Fol. 130.)

Drei Pergamentrollen in einer Schachtel.

I. 20 Columnen, 44 Met. hoch, groſse Quadratlettern.

Estherrolle für Synagogengebrauch.

II. Rolle 0.77 Met. lang, 0.44 breit, gröſsere und kleinere Quadratschrift aus neuerer Zeit.

Ein s. g. Baum der *Sefirot* mit dem dazu gehörigen Apparat, beginnend mit dem Porphyriusbaum, dann 12 einzelne Kreise, die 4 Welten mit ihren Unterabtheilungen sehr vollständig darstellend.

---

[1]) Zunz, zur Gesch. S. 210: „Propheten".

III. Rolle 0.50 Met. lang, 0.50 breit, zierliche Quadratschrift mit farbigen Einfassungslinien.

Tableau der hebr. Grammatik in Form von Porphyriusbäumen; Anf. ראיתי והנה נפרצו עם ה' מעל אדמת קדושת הדקדוק והלשון.

Oben liest man: *Sereniss. ac potentiss. . . Friderico Willhelmo* (so) *Electori Brandenburgico . . . hoc schema arboris quod representat Epitomen Grammat. Hebr. sacrificamus . . . servi subjectissimi Gabriel Felix Moschides, Tobias Moschides, Philosophiae et Medicinae Studiosi.* Dasselbe liest man hebräisch am untern Rande, mit der Unterschr. גבריאל רופא מבראד וטוביה רופא כ"ץ מזאלקווי אשר היו שוקדים על שע־ חכמי רופאים ופילוסופים בעיר פרנקפורט. Demnach ist Tobia sicher Tobia b. Mose Kohen (Nerol), wie ich im Catal. libr. hebr. Bodl. S. 2675 angegeben; die Notiz fehlt in M. Bersohn's *Tobiasz Kohn*, Krakau 1872; s. Hebr. Bibliogr. XII, 97.

19. (Ms. Or. Fol. 358.)

Pergament, breit Fol., 340 S. in 3 Columnen, goth. Hand, etwa xiv. Jahrh.; Initialen roth.

[התרומה] das Ritualwerk des Baruch b. Isak (xiii. Jahrh.), Anf. defect; die erste Randziffer ט"ו S. 8 entspricht derselben Nummer in der Ausg. (Ven. 1523). Die HS. endete schon ursprünglich mit ה' תפלין, wie das Wort ונתחזק auf der letzten (defecten) Seite beweist. Ueber ein Compendium dieses Werkes s. S. Kohn, Die hebr. Handschr. des ungar. Nationalmuseums, Sonderabdr. (1877) S. 20.

20. (Ms. Or. Fol. 380. 381.)

Fragmente in einer Schachtel.

I. Fragment einer schon lange unbrauchbaren ledernen Thorarolle (aus dem Orient?), etwa xvi—xvii. Jahrh., 4 lange Columnen von schöner Quadratschrift.

Levit. 22, 17 — Numer. 15, 22.

II. Ein ähnliches Lederstück. Die Dinte scheint ätzende Kraft auf's Leder geübt zu haben.

Numeri 15, 14 — 18, 13.

III. Weiſses Pergament, schöne Quadratschrift mit Vocalen in 3 Columnen, mit *Masora* am obern Rande.

Richter 2, 31 — 3, 21.

IV. Weiſses Pergament, Quadratschrift mit Vocalen.

Exod. 39, 35 — 40, 13 Mitte. *Masora* oben und unten.

V. Ein Stück weiſsen Pergaments, Schrift und *Masora* wie in No. IV.

Chron. 12, 6 — 13, 20.

VI. Ein Blatt klein Fol., Pergament; Schrift wie in V, sehr fehlerhaft.

Levit. 16, 28 — 18, 29.

VII. Ein zerrissener Streifen Pergament mit groſser Quadratschrift und Vocalen.

Chron. 13, 7—16.

VIII. (Nachträglich abgelöst) 1 Bl. gr. Fol. in 2 Column., mittlere alte Quadratschrift.

Talmud Pesachim Bl. 58^{b} ff.

IX. (Aus der Bibliothek der Dominicaner zu Dirschau 1853, Geschenk von *E. Strehlke*) 1 Halbbl. Perg., Fol., alt deutsch.

Esther K. 1.

X. Fragmente von alten Pergamentblättern, Bibelstücke (1877 geschenkt von *M. Steinschneider*).

21. (Ms. Or. Fol. 383.)

Klein Folio, Pergament, 206 S., deutsche Hand, wahrscheinlich XIV. Jahrh., sehr gut erhalten. Sacharja b. Isak, ריש דוכנא bei dem Besitzer *Gerson Kohen* aus Hranice (רהייניץ), bezeugt: כי לא ראינו דמיונו בקצת מקומות. Auch *Elia Mohr* besafs die HS., welche (nebst Cod. 308 Qu.) aus der Lippert'schen Auction 1845 stammt, über deren Catalog von Cassel und Bernstein s. Zunz, zur Gesch. S. 248.

[Zuletzt שבעה עמודי גולה], das Compendium der Gesetze von Isak Corbeil bis § 294 (293 der Ausgaben). Index zuletzt bis 236 (230 Ed.); das letzte Bl. fehlt. Im Scheidebrief nach Perez (S. 93 § 180, Ed. § 184) ist das Datum כאן בקובורק . . על נהר ריצא ועל נהר לוטרא ועל מי מעינות 2. Ijjar 5103 (1343) angegeben; eine Randnote, wahrscheinlich vom Abschreiber, lautet: ושמ' מפי רבי מנח' בר' אברהם שפסק ר"י שיש לכתוב בשני בלא יו"ד; ich finde diesen *Menachem b. Abraham* nicht bei den Bibliographen; s. jedoch Cod. 509 Qu.

Die Anmerkungen (הגהות) stehen in der Mitte oder am Ende des Textes ohne graphische Hervorhebung, wodurch die Vergleichung sehr erschwert ist; sie sind grosſentheils identisch mit den unter dem Namen des Perez [b. Elia] gedruckten.

Die HSS. dieses Werkes bieten bedeutende Abweichungen (s. z. B. Hebr. Bibliogr. 1863 S. 95, vgl. 1864 S. 117). Unsere beginnt (ohne Vorr. u. s. w.) mit der Formel בטב גדא und N. 1 לידע שאותו שברא, wie die Berliner HS. bei Wolf, Bibl. Hebr. II, 1403 n. 588 unter פירוש על סמ"ק. Vgl. auch S. Kohn, l. c. (unter N. 19).

22. (Ms. Or. Fol. 388.)

Pergament, ursprünglich 255 Bl., gröſsere und kleinere vocalisirte Quadratschrift, zum Theil verblaſst, theils aufgefrischt, Einzelnes roth; nach einer eingehefteten Notiz von Lebrecht wäre die „rothe Schrift“ von neuerer Hand, wahrscheinlich weil auch dieselbe schwarze Vocale hat; letztere sind aber von der alten Tinte, also wahrscheinlich vom Schreiber oder einem „Punctator“ durchaus nachgetragen; auch wechseln rothe und schwarze Buchstaben in demselben Worte. — Groſse farbige und vergoldete Initialen mit groſsen Verzierungen, Figuren, Arabesken in bizarrem Geschmack (1^b, 9, 30, 40, 68: ein Mann vor dem Betpulte knieend, 147: Buchstaben aus Thier- und Menschenköpfen, 164, 178, 198, 205, 213), so daſs der Codex einst zu den mit dem gröſsten Aufwand geschriebenen Deutschlands gehörte. Bl. 237 hat der Schreiber (זה הס׳פ׳ר) Isak b. Jechiel seinen Namen in die „Aufrufs“-Formel des חתן בראשית gesetzt. Einzelnes ist an sehr wenigen Stellen hinzugeschrieben, z. B. Bl. 29 (zu ויאתיו), 166^b in קדושה von מנחה: מה אדיר עמך, 173 כי אני עמך, namentlich am Rande von 81^b und des darauf (ohne Lücke) folgenden Bl. 84, so wie Bl. 85, früher unbeschrieben. Endlich sind zuletzt 6 Bl., gezählt 255—60, von ganz frischer Hand angeheftet. — *Mose b. Jehuda [b. Samuel] Stang* erbte den Codex von seinem Vater.

Festgebetbuch [מחזור] des deutschen Ritus nebst den entsprechenden Bibellectionen, anfangend mit dem Morgengebet (ברוך . . נטילת ידים) bis incl. נשמת (6^{b}), dann המלך (8^{b}) und מלך אזור (9), also für Neujahr; Versöhnungstag (68) beginnt mit כל נדרי — Bl. 117, 121 ff. הגוים — dann für Sukkot bis Schlufsfest (186^{b} ff.), auch das B. Kohelet (207), zuletzt *Hoscha'not* (240^{b}) ohne besondere Ueberschrift. Bl. 215 *bis* ff. sind einige *Selichot* zu finden.

23. (Ms. Or. Fol. 463.)

Pergament, grofs Fol., 4 Bl.

I. Fragment eines vocalisirten alten Bibelblattes von ursprünglich 3 Columnen. Num. 21, 26 mit Onkelos, versweise.

II. Bl. 2. 3, alte grofse gothische Schrift, vielleicht XIII. Jahrh.

Fragment aus Mos. Maimonides' Gesetzcodex: משנה תורה (הלכות שחיטה oder B. V, Tr. 2 Cap. 13—16).

II. Bl. 4, grofse, dicke vocalisirte Quadratschrift.

Fragment eines מחזור, zum Passahfest.

24. (Ms. Or. Fol. 567.)

Pergament, breit Folio, 209 Bl., das letzte unvollständig. Mittlere italien. rabb. Hand, etwa Anfang XV. Jahrh.; zu Anfang jedes Tractats elegante, sehr gut erhaltene Miniaturen. Gehörte den Erben des *Mose Chai* aus Modena und dem *Efraim b. Joab* aus Modena [1]). Die Columnenüberschriften sind gröfstentheils vom Buchbinder weggeschnitten. Den vier italien. Censoren, welche die herrliche HS. mitunter durch Striche entstellten, ist doch eine Stelle von den Christen (Bl. 180) entgangen.

[1] [משנה] *Mischna* mit dem aus dem Arab. übersetzten Commentare des Mose Maimonides, Ordnung II. (mit Ausnahme von Tractat Sabbat und Erubin), III. und IV. Bietet gute Lesearten in Text und Comm. (s. Hebr. Bibliogr. VII, 22). Eine der werthvollsten hebr. HSS.

Als Theile sind hervorzuheben: Der Commentar des X. Kap. (gewöhnlich XI.) Synhedrin mit den 13 Glaubensartikeln (129 ff., s. Catal. Bodl. S. 1886) und der Comm. zu Abot mit den vorangehenden s. g. 8 Kapiteln, welchen das Vorwort des Uebersetzers Samuel ibn Tibbon vorangeht (159 Col. 3); vgl. Cod. 498 Qu. [1], 138 Oct. und das Original unter den HSS. in arabischer Sprache.

[2] Bl. 180 [מאמר תחיית המתים] Abhandlung über Auferstehung von Mose Maimonides, hebr. von Samuel ibn Tibbon. Die Ausgaben enthalten manche Fehler, so z. B. hier Bl. 181 Col. 3 richtig: שהמדברים אצלו הם הכמי הפילוסופים ושאין ידיעה לו בדברים אשר בהם יבחנו הפילוסופים ההכרח הנמנע והאפשר (vgl. Steinschn., Alfarabi S. 35).

[3] Bl. 184 [אגרת תימן] hier zuletzt nur אגרת genannt, der Brief nach Jemen von Maimonides, aus dem Arab. übersetzt [von Nachum ha-Maarabi, Catal. Bodl. 1911]. Bl. 185 ist die Stelle über Jesus durch eine ursprüngliche Lücke im MS. angedeutet; vgl. Hebr. Bibliogr. XV, 11, 61; Polem. und apologet. Literatur (1877) S. 354.

---

1) S. Hebr. Bibliogr. VII, 21; XI, 103; XIV, 78. 95; Cod. Hamburg N. 327.

Handschriften der K. Bibliothek. Bd. II. 2

[4] Bl. 190 [אגרת] Brief des Maimonides über Astrologie, auf eine Anfrage von Gelehrten in Montpellier; Uebersetzer unbekannt, edirt (Catal. Bodl. 1903).

[5] Bl. 192 שערי שבועות über Eide [von Isak b. Reuben, vor 1103], anf. אמר מחבר שערי השבועות שהן עשרים. Die sehr confuse Nachschrift nebst 4 sich daran knüpfenden, dem Verf. zugeschriebenen Verszeilen (deren Ende abgeschnitten) sind in der Hebr. Bibliogr. VII, 22 mitgetheilt. Das Werkchen ist in den meisten Ausgaben des Alfasi aufgenommen (Catal. Bodl. 1150).

25. (Ms. Or. Fol. 569.)

Pergament, 139 Seiten, sehr grofse vocalisirte Quadratschrift, wahrscheinlich aus Italien, xv. Jahrh. Bis S. 65 sehr matt ausgeführte Verzierung der Initialen durch rothe Arabesken. S. 101—131 von jüngerer Hand ergänzt. S. 141 bemerkt *Samuel b. Meir* דשלווי שלווי, dafs er diese HS. (זה ההלל) mit 2 anderen Büchern am Montag 1. Jan. 192 (1432) an *Isak b. Menachem* verkauft. Sie gehörte dann den Erben des *David Roches* (רוקאס), und *Obadja Bassan* verkaufte sie (1683?). Auch *David del Bene* (מהטוב) besafs sie.

Ritual für Passahfest, beginnend mit ליל שמורים, bis S. 10; 11[b] beginnt [s. g. הגדה]: מפירקא שטפין כסא ומוזגין חמרא, S. 18 endet קידוש; 19 ist leer; 20 beginnt הא לחמא, 82 שפוך חמתך, 83 לא לנו, Psalmen enden S. 99; 100 ist leer; S. 101 נשמת כל חי u. s. w., 108 כי לא נאה, 109 נשלם סדר ההגדה. Es folgen einige (edirte) Hymnen: S. 111 (בקר אעיר) רשות לנשמת לפסח לר' בנימין זצ"ל, 111 desgl. von Joab b. Jechiel מבית הכנסת, 115 רשות אחר קדיש von Jehuda ha-Levi. S. 116 יוצר ליום ראשון: אנעים הידושי שירים; dann סילוק, אופן und andere; 126 עושה השלום של פסח, 128 עושה השלום אחר לפסח שבועות וסוכות. — S. 133 תפלת יוצר: אתה בחרתנו, 137 למוסף: מפני חטאינו; Ende S. 139.

26. (Ms. Or. Fol. 570.)

Pergament, breit Fol., 140 Bl., grofse span. rabb. Schrift, xiv—xv. Jahrh.; vielleicht falsch gebunden (da eine alte hebr. Zählung א—ל auf Bl. 13—42 sichtbar ist), um dem Cod. das Ansehen der Vollständigkeit zu geben.

[תורת הבית הארוך] das gröfsere Ritualwerk des Salomo ibn Aderet (um 1300), hier zuerst das vii. „Haus“ bis Mitte Pforte 3. Bl. 9 gehört der 3. Pf. des ii. H. an; doch fehlen vor 9 und nach 12 wahrscheinlich die 4 Aufsenbll. der 2. Lage. Das iii. H. beginnt Bl. 38[b]. Der Index ist nach den Pforten vertheilt. iv, Bl. 64, v, 102, vi, 134[b] bis Ende.

27. (Ms. Or. Fol. 572.)

Pergament, 43 Bl., grofse spanische rabb. Schrift, xiv—xv. Jahrh.

Ueberschrift: הקצור, enthält das kürzere Ritualwerk תורת הבית von Salomo ibn Aderet ohne Vorrede und Index, hier beginnend (Ed. Crem. Bl. 6) הבית הראשון בבאור הכשר השחיטה. השער הראשון מ"ע שיהיה, מצות עשה להיות אדם שוחט, abbrechend am Ende der 4. Pf. des vi. Hauses (Ed. Crem. Bl. 59): ונראין דבריו, mit einer Schlufsformel des Abschreibers.

28. (Ms. Or. Fol. 581.)

379 Seiten, kleine italien. rabb. Schrift, beendet Donnerstag 2. April 238 (1478),

14. Tag der Sefira, zum eigenen Gebrauch in קיארפ׳ (*Chiarpo?*) von Samuel b. Samuel aus Modena (ממדונא).

[פירוש] Commentar des David Kimchi (XIII. Jahrh.) zu den 3 groſsen und (S. 283) den 12 kleinen Propheten. Die von den italienischen Censoren gestrichenen Stellen sind zum Theil wieder sichtbar.

29. (Ms. Or. Fol. 582.)

Pergament, kl. Fol., 528 Seiten, schöne groſse sehr deutliche span. Schrift, XIV. (?) Jahrh. Anfang in rothen Arabesken. *Natanel Segre* [1]) kaufte die splendide, vortrefflich erhaltene HS. im Elul תכ״ה? (1665). Sie gehörte zuletzt *M. Mortara*, Rabb. in Padua, dessen Schrift auf dem Rückenschild ich erkenne.

הספר הרביעי מספר הקאנון לאבן סינא, das IV. Buch des medicin. *Canon* von *ibn Sina* (vulgo *Avicenna*), ohne Namen des Uebersetzers, stimmend mit der (einzigen) Ausg. Rom 1491, welche, nach meinen wiederholten Untersuchungen, die von Josef Lorki revidirte Uebersetzung des Natan Hamati (Rom 1279—83) enthält (vgl. auch Catal. Bodl. p. 2038).

Unsere HS. enthält viele Varianten von verschiedener Hand, worunter beachtenswerth S. 10 לפי לשון הערב נ׳ אשר יחדש עפוש; die Randnoten S. 34 ff., bezeichnet: פי׳ ש׳, sind wohl Excerpte aus dem Commentar des Schemtob Schaprut? Die Kapitel der Ausg. sind hier blos durch Ueberschriften bezeichnet.

30. (Ms. Or. Fol. 583.)

Pergament, 669 Seiten, mittlere italien. rabb. Schrift; nach dem Epigraph hat Salomo ר׳י׳ל׳ [2]) b. Zidkijja alle 14 Bücher in 4 Bänden (von denen hier der letzte) am 25. Kislew 5049 (Ende 1288) für *Jechiel b. Natan* [3]) beendet. Auf dem ersten Blatt findet sich eine Notiz von יא״ל (wohl *Josef Almanzi?*), der den Codex von den befreundeten Brüdern *Zadok* und *Josua*, Söhne des am 26. Ijjar 619 (1859) verstorbenen *Mordechai Benjamin Rava*, zum Andenken erhalten. — Splendider Codex, ausgezeichnet gehalten.

[משנה תורה] Gesetzcodex des Mose Maimonides, Buch XII—XIV.

31. (Ms. Or. Fol. 584.)

609 Seiten, italien. rabbin. Schrift, XV. (?) Jahrh.

Mose Nachmanides (XIII. Jahrh.), Commentar [חידושי ..., gewöhnlich פירוש] über den Pentateuch, oft gedruckt, hier ohne den gewöhnlich folgenden Brief, wie die Ausg. *s. l. e. a.* (Catal. Bodl. 1961 n. 51).

Am Rande einzelne Bemerkungen (des Abschreibers?), beginnend נ״ל (נראה לי).

---

1) Starb 24. Ab 1591, nach *Nepi* S. 271 (vgl. Cod. Almanzi 90 = 234? und Abr. S. in Cod. Schönblum-Ghirondi 78). Er besaſs auch Cod. Bislichis 3. Er ist vielleicht *Deodato* bei Wolf IV p. 811, übergangen von Pasinus (vgl. Catal. Bodl. 2087), vielleicht unter Cod. 65? (Ueber Margaret von Savoyen vgl. Pasin. II S. 497 Cod. Gall. 155 Saec. XVI.)

2) Die Formel fehlt bei Zunz, z. G. 455 und in Geiger's j. Zeitschr. VI, 191; vgl. האייל, Hebr. Bibl. XVI, 107.

3) Vielleicht ein Abkömmling des Natan b. Jechiel, also der Codex in Rom geschrieben?

32. (Ms. Or. Fol. 585.)

Pergament, breit Fol., 915 Seiten; grofse italien. Quadratschrift mit Accenten, Masora an einigen Stellen figurirt. Geschrieben von Ahron ha-Kohen b. Chajjim für *Mordechai d'Osemo* (דאוסימו)[1], beendet in מגדול פלסוט im Monat Schebat 5107 (Jan. 1347). Der Codex blieb lange in der Familie des Besitzers. Bl. 1 liest man: *Vidal d'osemo figl. di Marco d'osemo*; dann ein hebr. Verzeichnifs der Kinder des Mordechai aus Osemo im J. 1589 u. s. w.: Abraham, Jechiel (nach dem Onkel), Bella (nach der Grofsmutter), Jehuda (nach Grofsvater), Baruch (nach Grofsonkel), Isak (nach Grofsonkel), שבת (?), Channa, Colomba, Salomo. De Rossi sah den Cod. bei M. Ghirondi in Pavia.

Bibel mit *Masora*; Cod. de Rossi ext. 39, Var. Lect. I pag. cxxix.

33. (Ms. Or. Fol. 702.)

314 beschriebene Bl., deutsche Cursiv in Doppelcolumnen, zuletzt: בעברי פה ק"ק קוניץ אשר במדינת מעהרן העתקתי ספר זה אשר חיבר הרב המאור הגדול המופלא החסיד המפורסם מו"ה ליזר נר"ו אב"ד ור"מ דק"ק הנ"ל בין פסח לעצרת שבת . . . ומתנצל נגד כל הקורא שידינני לכף זכות אף (Hiob 19, 4) שגיתי בו. כ"ד המעתיק והמעתיר אליקים בן . . המופלא מוהר' הירש זצל"ה מפראג. Jahrzahl, aber nicht Vornamen des Abschreibers, ist überschmiert und durchlöchert. Zusätze scheinen Autograph. Aus dem Nachlafs des *Dr. G. Brecher* erkauft 1874.

ספר שיח עבדי אבות (nach Raschi zu Gen. 24, 45, s. D. M. Zeitschr. IV, 146) von Elieser [b. David, oder Lazar Fried פריד, nach einer Notiz D. Oppenheim's in Kobak's ישרון VI, 92], Rabb. in Kunitz (oder Konitz) in Mähren [gest. 16. Adar 1819]. Eine äufserst nützliche, talmudische Realconcordanz, welche ich im *Serapeum*, 1845, S. 297—301, aus dieser HS. (eine andere ist schwerlich vorhanden) beschrieben habe (auszüglich hebräisch bei Kobak, l. c. V, 112) und zu meinem Artikel über die Zahl 70 (D. M. Zeitschr. l. c.) benutzt habe. — Die 4 Theile, deren Titel als Columnentitel fortlaufen, sind nach den Paradiesesflüssen benamt:

I. נהר פישון (Bl. 1—85), Realien, auch Sentenzen, Sprüche, und dergl. nach dem Anfangsworte alphabetisch, anf. אב ובני הרב ותלמידו אי כרבים דמו או כיחידים; an beiden Seiten ist unter dem Tit. הקוטפים עלי שיח die Quelle (Talmud, Jalkut u. dgl.) und Maimonides oder Josef Karo's Codex angegeben; auf den Satz folgt eine fortlaufende Ziffer, welche Bl. 42 Col. 4 nach תקי, bei ... אימת אתא בר נפלי, wieder mit א' beginnt, eben so Bl. 8 Col. 4: אין לו (also 1020 Artikel auf 8 Bl., im Ganzen über 10,000 Artikel); aber Bl. 31 bricht mit 353 ab. Das Anfangswort כל geht von Bl. 50 Col. 2 bis Bl. 55 Col. 1; Schlufs: תתורא של תפלין הל"מ.

II. גיחון היא קרית שיחו"ן, 80 Bl. (incomplet), kurze Biographie aller im Talmud vorkommenden Lehrer (auch אנטונינוס u. dgl.) mit Angabe der Stellen (unter אליעזר בן הורקנוס 800 aus dem babyl. Talmud, gegen 100 aus anderen Quellen), von אבא bis ששת, übersichtlicher geordnet als bei *Jechiel Heilprin* (1769), der citirt wird. Näheres s. im Serapeum l. c. S. 299.

III. חדקל, 42 Bl., Zahlenconcordanz, über Zahlbestimmungen im Talmud und Midrasch, sämmtlich unter 1—10 untergeordnet; auch hier ist zuerst bis 174 (Bl. 2^b)

---

[1]) *Osimo*, im Kirchenstaat; vgl. Hebr. Bibl. XVI, 36: אזימו.

gezahlt. Hr. *Kämpf* hätte seine Nachweisung über die runde Zahl 60 (D. M. Zeitschr. Bd. 29 S. 629) aus dieser Quelle vermehren können[1]).

IV. פרס, 107 Bl. über biblische Personen und Zeitalter, von Adam bis zu Richtern (שופטים) und Anführern; diese letzte Rubrik hat 309 Artikel.

34. (Ms. Or. Fol. 707.)

Sammlung von Fragmenten, welche Dr. *Baur* in Darmstadt von Büchereinbänden ablöste und der K. Bibliothek 1874 überliefs, wo sie theilweise restaurirt worden; fast alle in Fol., gothische oder deutsche Handschrift, XIII—XIV. Jahrh.

A. Bibel

1. Exodus 33, 12 ff.
2. Levit. 2, 2 ff. mit *Targum* und Rand-*Masora*.
3. Esther 8, 9 ff.
4. Haftarot zu שמות und וארא.
5. Psalm 31, 14 ff., 32, 4 ff. mit *Targum*.

B. Commentare

6. (8 Bl. Riesenfol. in Doppelcol., wahrscheinlich Einem Bande angehörig.)

a) Bl. 1 Col. 1, verschiedene Erklärungen, Z. 4 מ'בנים א'שר י'הי ר'צוי מאיר כתבתי שחקים ששם שוחקים בכל מיני זמר בא"ב דר' עקיבא . . . עם נושע בברכת יעקב; bald darauf בי"י כשישראל חוטאים אז השיב אחור ימינו. הסתיר פנים אבל במהרה בימינו הושיעה ימינך ועננו. וצבא השמים לך משתחוים וכן במעשה מרכבה סליק טעמים. Dann Absatz; bald darauf ובספ' היכלות משמ' שנופלים המלאכים על פניהם וא"ת א"כ איך יכולים לעומד (so) והלא אין להם קפיצים אלא מחמת קירוב השכינה . . . שיר השירים לית' וחלופו כי כל הסירים, מלמד שכל מי נהגו שלא . Z. 3 v. u. שמשבח ומשירו להקב"ה בעוה"ז הקב"ה עושה גם לו עטרה בראשו לעוה"ב בראשית. אותיות בי"ת רא"ש. Col. 2 beginnt ein Absatz: ליפול על פניהם בתחנה בבית האבל בית המקדש נברא ראשון. כסא כבוד מרום מראשון וגו'. א'מ'ת' מלמד שברא הק' עולמו באמת וי"י אלהים אמת; endet יאמר השמש יצא. ישיש כגבור. Ueber Col. 3 steht שער החילוק und besteht die Erklärung in einer fortlaufenden Synonymik. Anf. בראשית דבוק ראשון וזהו שיש אחרון דבר כמו ראשון לימים שלאחריו אין זכרון לראשונים; daran knüpft sich בטרם und קדם; dann folgt ברא שייך לומר בדבר חדש (die Formel שייך לומר wird dann durchaus gebraucht); an ברא knüpft sich יצירה, עשייה; zu אלהים kommt שדי, אדני u. s. w. Ende Bl. 2 Col. 2 וי"י צבאות נקרא כשמתאספין כל צבאות שאז היו הוזרין לבית שיני und סליק. Ob dieser, vielleicht erste, unbekannte Versuch einer Synonymik (vgl. D. M. Zeitschr. XVIII, 317, 606) weiter geführt worden?

b) Bl. 2 Col. 3 (über der Columne: מב"י), Anfang von Erklärungen zum Pentateuch, meist nach Buchstaben und Zahlen, ähnlich dem Auszuge aus Jakob b. Ascher: בראשית אותיות בי"ת רא"ש, בית המקדש בבר' (so) ראשון, כסא . . מראשון מקום מקדש. בראשית בר"א שתי בב' מדות נברא העולם, nur bis Gen. 2, 8 vorhanden.

c) Bl. 3, Commentar zu Hohel. 4, 1—11. Der Anfang jedes Verses ist 'פס (פסוק) bezeichnet; der Worterklärung folgt stets ומליצתו, oder ומליצה, eine allegorische Deutung,

[1]) Mehr ist auch schon in der Zeitschrift ציון I, 8, D. M. Zeitschr. IV, 168, *Ben Chananja* III, 547, zu finden; vgl. auch Verga, *Schebet Jehuda*, deutsch S. 124. Die Sexagesimalbestimmung stammt aus Babylon; *Geiger*, jüd. Zeitschr. V, 111; vgl. H. Bibl, XVII, . . .

zweimal endend בישלי, 'משל (d. h. eigene Erklärung?). Zu 4, 1: ודומה לו בדברי רבותינו צומת הגידים שהגידין צומתין שם, צמתי בבור חיי כלומר מה עיני יונים נאות במקום צימיתן כך עיניך נאות במקום צימתן דהיינו לפנים ממקום שהן צימיתית שאין עיניך אהת לבעלה ואהת למטה . . . (dagegen erklärt sich Raschi). Zu Vers 4: ורחש לבי לפרש תלפיות מלשון אילוף ולימוד [1]) הוא כמו מלפינו מבהמות ארץ, והתי"ו שהיא מתחלה היא לצהצח המילה כמו תפארת וכן אמר בגיי ומליצתו מופלא לאילוף, dazu עוברי דרכים והולכי נתיבות ללכת וסימנו ואיילים לא יתעו שבסנהדרין הוא מתנשא לאילוף כל ישראל וזה עיקר הפשט. ד"א תלפיות אע"פ שהן פיית כמה וכמה דהיינו ראשי האבנים וכולן מיושרות תל אחד כך צוארך . . . . ומליצה כשם שצואר יפה תואר גביה כך מופלא שבסנהדרין של כ"א גבוה מהבירי . .

d) Bl. 4. 5, Commentar zu Threni 4, 4 beinahe bis Ende. Hier steht 'פ für פסוק. Zu 4, 6: ויש דורשין ולא חלו בה ידים לשון חילוי ופילול כלומר לא התפללו; zu V. 7: ובדברי רבותינו כדי לצהצהן; Vers 8: ועיקר מלת שחור שמעתי שהוא הצבע שמשחירין בו העורות ואני אומר דהיינו גחלים שכבו כדכ' נופח באש פיחם (so) תירגם יונתן ונפח ניר בשיהורין ". . צפד עירי המילה אלו אין לה דמיון במקרא זולתי בדברי רבותינו קרוב ללשונה דאמרינן ר' יוחנן דריש בצפדינא דברי רבותי ואני אומר נדבק עורם שכן מתרגם אדיק משכיהון על גרמיהון. Bl. 4 Col. 4, Ende K. 4 אלו ד' אלפא ביתין עם זכור י"י מה היה לנו ואע"פ שאינו הולך באלף בית כיון שהוא כ"ב פסוק ודומה לו כשאר הפרשיות'. . . לקיים מה שנאמר ויסרתי אתכם . . . שבע . . . Bl. 5 Col. 2 בדברי רבותינו בושלי כומרא ועיקר המדרש מתואר ומבואר בס' שכל טוב בפרשת יוסף ואחיו. Zu V. 18 (Col. 4) bringt der Comm. längere historische Citate aus Talmnd oder Midrasch (an denen es auch früher nicht fehlt) und geht allmälig zum Ritual des 9. Ab über; vgl. Menachem b. Salomo in שכל טוב (Cod. Oppenh. 176 Fol.), wo halachische Abhandlungen z. B. über תפלין (Bl. 106), קצת הלכות פסח (Bl. 92 bis 100), Erubin (118), Sabbat (127), auch eine Abhandlung über den Kalender (89^b).

e) Bl. 6 zu Kohelet 7, 15 — 8, 3, hier wieder 'פס für פסוק und hinter der Erklärung ein Absatz ומדרשו; citirt ויש מפרשין. Zu 7, 19: החכמה תעוז לחכם ונותנת עוז תגבורת מעשרה שליטים כלומ' מרוב שליטים . . . ומדרשו החכמה שבלב תעז להכם כשהיא סדורה ועריכה לו מעשרה שליטים מנהגי [מנהיגים l.], והוושט (so) והקנה והריאה והמרה והכבד והקיבה והכליות והשפה והלשון שהרי כולן מלכיו בחכמת הלב ורבותיי אמרו שתי ידים ושתי רגלים ושתי אזנים ושתי עינים ושתי אפים (!) אשר היו בעיר זה גופו של אדם והדומה למדרשו עיני עוללה לנפשי.

f) Bl. 7, zu Esther 1, 5—13 und Bl. 8 zu 8, 9—26; Verszeichen 'פ, die Erklärung meist sachlich nach Talmud etc.; 1, 6 כרפס ירוק ככרפס שבנהרות היינו אפייו בלעז ובלשון ישמע' כרפס ובגמרא ירושלמי אמר ר' חנינא כרפס שבנהרות היינו פיטרוסילינון (vgl. Natan, Wrtb. und zu Maimonides, Gifte S. 98 A. 30^b); zu סחרת (ib.): אבל רבו' דרשו כסהר שמאירה למה ומחלפת ח' בה' ולא נראה לי לפשוט כזה אלא מפני מדרש שבו אין להקפיד בכך. Zu 1, 9 נקראת ושתי שהיתה בעלת (so) ביהוד של זימה שכן שיהה בלשון רבותינו עיתא דאמ' האי איתתא ומדעתי בהדי שותא פילכא[2] כלו' כשמסיחה היא שיחה בפלך . . ; zu 8, 10 אילו הרמכים בני הפרדים בני סוס ועייר. כתב ר' טוביה רמכים אילו הרכבים שמרימין ידיהם בשעת ימבים הסוסים לרוין. Zu 8, 7 wird nach dem Talmud die Schriftform für die 10 Namen behandelt.

---

[1]) Vgl. *Menachem b. Salomo* in Cod. München 131 und zur Worterklärung das. Cod. 55 bei Dukes קיבוץ על יד S. 9 (vgl. Raschi).

[2]) Megilla 14^b, Dukes, Rabbin. Blumenlese S. 123 n. 136; vgl. über Geschwätz der spinnenden Frauen mein Alfarabi S. 94, 246, und דברי הזקנים והזקנות bei Hillel, תגמולי, Bl. 26, הבלי הטפלות bei Bibago, דרך אמונה 37, 1.

Diese Commentare dürften von Menachem b. Salomo (1139—42) herrühren; vgl. Hebr. Bibliogr. XVII, 41.

C. Gebete (je 1 Blatt)

7. für den letzten Passahtag.

8. für Neujahr.

9. Simon b. Isak für 2. Neujahrstag.

10. מוסף des Versöhnungstages, deutschen Ritus, עונים י״י אחד.

11. מוסף von שמיני עצרת.

12. Ende von הושענות und אגיל ואשמח für שמחת תורה.

13. יוצרות (פ׳ פרה).

14. (קינות), nämlich ein zu Anfang defectes ציון mit Akrost. ה בר יוכף בר דוד und zuletzt מאיר חזק מאמץ; Ende ובנך ברכה יהי שלום במחניך, unbekannt; Verf. nach Zunz's Vermuthung: *Meir b. Jehuda b. Josef b. David* (Litgesch. 459). Dann ציון הלא תדרשי von Jehuda b. Schneior, nach Mittheilung von Zunz (vgl. Lit. 479) in Machsor Saloñichi und Cremona gedruckt.

15. Drei סליחות, nämlich zuerst das Ende von אלהים בישראל (Zunz, Lit. 300, 3), dann תעקיג אליך (das. 235, 24) und das ungedruckte אולת יד von *Meschullam.*

16. Commentar über Gebete zu סדר עבודה.

II. Handschriften in Quarto.

35. (Ms. Or. Qu. 1.)

Pergament, breit Octav, 1104 Bl. und ein altes eingeheftetes Bl. (1105); sehr schöne grofse deutsche Quadratschrift mit Vocalen und Accenten im Text, dergleichen Minuskel in der Masora, gothische im Comment., welcher in verschiedenen Formen geschrieben ist. Initialen mit Gold und Farben prächtig verziert, der ganze Rand mit Humoresken, überhaupt sehr wohl erhaltene prächtige HS., etwa XIV. Jahrh.? Ende Pent. Bl. 842 unter dem Text, vocalisirt: (so) חזק ונתחזק . אֱלִיוּט דְרוֹלוּט הסופר לא יֻזק unter dem Comment. חזק ונתחזק מנחם הכותב לא יזק, was Kennicott 610 (bei de Rossi p. XCII) so wenig angiebt, als den Commentar u. s. w. Besitzer *Isak b. Mose Margalit,* auf Bl. 1105: *Matatja b. Benjamin Seeb.*

Pentateuch mit *Masora,* Onkelos, versweise, Commentar von Salomo Isaki; Bl. 843 *Haftarot* mit Sal. Isaki; 898 *Megillot* mit *Targum,* versweise; nach Esther 984: חלום מרדכי, d. i. Add. zu Ether.

36. (Ms. Or. Qu. 2.)

Bis קפ״ג paginirt, aber nur bis Bl. 157 beschrieben von verschiedener deutscher Hand, wahrscheinlich XVI. Jahrh. Das erste ungezählte Blatt enthält auf der Rückseite ein miserabel gemaltes Portal mit menschlichen und anderen Figuren und der Inschrift זה השער לי״י מחקרים (?) יבאו בו; am unteren Rand die ersten Textworte. Von besserem Geschmack ist die Vignette mit den figurirten Buchstaben Bl. 28ᵇ, 60ᵇ. — Der Index vorne ist ungenau. Dieser Cod. scheint als „Gramm. varr. auctor.“ verzeichnet bei Wolf, B. H. II, 1283 n. 137.

1 Anonymes grammatisches Compendium, beginnend: לשון הקודש נחלק לשלשה חלקים לפעולות ולשמות ולמלות הדבק וסימן ש׳פ׳מ׳ יעטה. פעולות עבר עתיד צווי; die letzten Worte (unter Verb. Quadrilit., Bl. 25) sind: וי״א שהוא מן שׁיע תרגום של צחִיחַ הסלע ושל חלק.

Aus einer Pergamenthandschrift eines unbekannten Besitzers in Hamburg (jetzt im Br. Mus.?), welche ich im October 1869 gesehen, aber nicht mit der unseren vergleichen konnte, ersehe ich die Identität mit dem מפתח של (ה)דקדוק, welches als erster Theil des Werkes von Simson Nakdan daselbst, wie in Cod. de Rossi 389 und der Leipziger Universitätsbibl. 102ᵃ in Qu. (Delitzsch, *Jesurun*, p. 16, schreibt auch diesen Titel dem Abschreiber zu, vgl. S. 128 den Anfang; die Worte וסימן שפ״ם יעטה unserer HS. gehören nicht Simson an); auch in Cod. *Vat.* 296, 2 Bl. 81—91, mit der, jedenfalls jüngeren Ueberschrift: כללי הדקדוק שכתב ר׳ מרדכי לתלמידיו, und ספר דקדוק *Vat.* 401, angebl. 77 Bl. Perg., XIV. Jahrh. In obiger HS. finden sich, hinter einem grofsen Theil des זכרון (s. unten 3), Bemerkungen von Mordechai יאי״ר (Abbrev.), der in Friedberg [1]) 1297 lebte, und der vielleicht der Redacteur des Werkes Simson's war? — Ueber Simson s. Zunz, z. Gesch. 113 (im Index fehlt S. 119: Simsoni); vgl. Geiger, w. Zeitschr. V, 432, Ginsburg zu Levita, *Masoret*, S. 257. — In den anonymen Anmerkungen liest man Bl. 15 מפי המדקדק מהר״ר אברהם י״ץ ראש קהלות קדש פראגא [2]); Bl. 13ᵇ citirt שמשוני und ס׳ הזכרון.

Aufser den ursprünglichen Anmerkungen sind noch Randnoten zu finden.

2 28ᵇ מהלך שבילי הדעת, Grammatik des Mose Kimchi (Anf. XIII. Jahrh.), mit Anmerkungen des Elia Levita (seit 1508 gedruckt, Catal. Bodl. 1839).

3 60ᵇ ohne Titel [das unedirte ס׳ הזכרון des Josef Kimchi (XII. Jahrh.)], anfangend אז נדברו יראי י״י . . ∴ ויכתב ספר זכרון לפניו, also ohne die beiden einleitenden Reime, welche aus Cod. Mich. [185] bei Lebrecht, zu Kimchi S. XXV. [3])

Zu der Stelle von den Memorialwörtern über die Servilbuchst. heifst es hier am Rande: ורבי׳ הנר׳ אהרן י״ץ נתן רמז וסימנים לאותיות משמשיות בשתי פנים אהן שמי בל תוך, שני מאות בל כה; dieser Ahron ist offenbar der Autor von Stück 5 dieser HS. und vielleicht einzelner Randnoten, welche etwa sein Schüler (s. unter 6) niederschrieb. — Die wichtigsten (nicht gezählten) „Pforten“ des Buches handeln: von den Servilbuchst. Bl. 64, von den Theilen des Zeitwortes 75, von 7 Buchstaben, welche durch Dagesch ersetzt werden 76, die 10 Vocale 78, drei (Rede-)Theile der hebr. Sprache 80ᵇ, Nominalformen 81ᵇ, Zahlwörter (דרך החשבונות) 89ᵇ, Vertauschung der Gutturale אהחע 92, Conjugationsformen 93, Ende 133: ביום הבראך כוננו. — Keineswegs identisch ist חבור

---

[1]) In Friedberg war vielleicht Jakob b. Meir ha-Levi ungefähr um jene Zeit, s. Zunz, z. G. 114.

[2]) Ob etwa Abraham b. Asriel? s. unten Cod. Oct. 243.

[3]) In Cod. Asher 9 (jetzt im Besitz von Halberstamm in Bielitz) sind dieselben umgestellt, am Ende noch ein Memorialvers: . . . בצויתך בנין פעל, mit Erklärung eines Anonymus.

הלקט (s. die Anführ. bei Lebrecht l. c. S. XXV; Rad. קבץ fehlt bei Geiger, *Ozar Nechmad* I, 105).

Höchst selten werden die Vorgänger, Chajjug[1]) und ibn Ganna'h (aus ihm Samuel ha-Nagid, unter defect. Conjug.) angeführt, nicht Parchon (schr. 1160 in Salerno), wie Dukes (Litbl. d. Orient VIII, 514, vgl. IX, 490 [so lies Catal. Bodl. p. 1497] und XI, 379 A. 21) behauptet. Andere HSS.: de Rossi 396, 809, Angelica in Rom (de Rossi, Wrtb.), Oppenh. 582, 1370, 1376 Qu., Mich. 185, die oben erwähnte Halberstamm's und oben S. 16 unter [1].

4 Bl. 136: . . . פרקי אליה בכללים קצרים, die 4 gramm. Kapitel des Elia Levita, zuerst Pesaro 1520 gedruckt.

5 157 Anfang eines unbekannten, vielleicht eben nur begonnenen Werkes von Ahron, dessen Titel:

ספר. הנקרא. נקודות הכסף || בשפר. ובהדרה. חמודות. אוסף || בשירים. כבירים. וצירים. שפירים. || עד ראש כוכבים ראו ונפלאו || משך חכמתם מפנינים || חדשים מקרב באו || לא שוררום הראשונים.

Zu Anfang will der Verf. etwas Neues bieten, nämlich Verse, deren Mitte (ציר האמצעי) nach rechts und links zu lesen ist[2]):

אני אהרן, משורר רון, ורב כשרון אה
אשר חכב, לנוי שבחם, וצחצוחם יא
ואל יפר, קרות ספר, אשר שפר מח
המלים מהוללים, ונשקלים בש

וה

עזר מאל, אני הוא השואל, ביסדי מזמו
דרת הפעולה, ישמחו רב גילה, כאבני ספי
וסד על אודות, עשרת הנקודות, להגד מש
ספר נקרא, נקודות הכסף, יגלה מסת
רים

s. weiter unten.

6 Auf dem Vorderblatt findet sich ein Hymnus:

זמר לחנוכה הנקרא שיר והוא מחולק מורכב ומרובע, מיתד ותנועות ארבע וגם בקצת מקומות תקיעות, יתידות במקום תנועות, ושם רבי נראה בראש, ושמי בסופו דרוש.

Die erste Zeile lautet:

א'נחנו ה'צעירים ר'שומים כ'כרים י'דועים ו'ס'פ'ורים בראש גם בינתים.

Das erste Akrost. ist Ahron b. Abraham, das zweite Josef ben Jakar. Ersterer ist wohl identisch mit dem Homonymus in Cod. 5 des Nationalmuseums in Pest (bei S. Kohn, S. 10 des Sonderabdr. aus Berliner's Magazin); Carmoly kennt einen gleichnamigen Enkel des Samuel Schlettstadt (Hebr. Bibliogr. XVII, 81); das Gedicht (oben [5]) findet ebenfalls sein Analogon in jenem Codex (bei Kohn S. 18).

37. (Ms. Or. Qu. 3.)

Klein breit Fol., Pergament, 1 und 276 Bl., Text Quadratschrift, eben so die Noten in Textwinkeln, andere Scholien in gothischer, wozu noch nachträgliche Bemerkungen in kleinerer deutscher Schrift, wahrscheinlich XIV. Jahrh.; Manches in 2 fortlauf. Columnen gothisch, z. B. Bl. 85—86, 94—95, 171—201, rothe Ueberschriften Bl. 216^b—222^b. Im J. 1591 (נשא) erbte den Cod. *Jakob b. Samuel*, Kislew 364 (1603)

---

1) Das arab. معتلة für schwache Stämme wird hier מהלה übersetzt; die Stelle fehlt bei Geiger, l. c. S. 99.

2) In der HS. sind von beiden Seiten Punkte nach den Mittelbuchstaben וה geführt.

besafs ihn *Elasar b. Jehuda,* in unbestimmter Zeit *Israel b.* הקדוש *Ahron* v. d. Familie *Kroneburg* (קרוניבורק), *Mordechai b. Josman, Benjamin b. Israel* שליטה ז"לה (!), zuletzt *Menachem b.* (הנגיד) *David Wesel,* der ihn vielleicht dem grofsen Churfürsten schenkte (vgl. Cod. Fol. 11, dessen Einband, Inschrift u. A., ganz dieselben).

Ohne Titel [עמודי גולה], das Compendium der Gesetze von Isak Corbeil. Die das Kap. bezeichnende Randziffer ist grofsentheils vom Buchbinder abgeschnitten, die letzte, 283 (272ᵇ), entspricht K. 292 der Ed. Auf K. 294 (293 Ed.) folgt die Formel des Copisten חזק ונתחזק הסופר לא יזק, dann די מקום (Ed. § 294). — Der Text hat unedirte Zusätze, z. B. aus מחכים Bl. 10 (Ende § 11 Ed.), vgl. zu Cod. Hamburg 187.

Den bei Weitem gröfsern Theil nehmen die Glossen (הגהות) ein, welche umfangreicher sind, als die unter dem Namen des Perez [b. Elia] gedruckten. Die Glossen mit gröfserer gothischer Schrift scheinen aus der Redaction des Mose Zürich gezogen (s. Zunz, Hebr. Bibliogr. 1858 S. 83, Ritus S. 211 ff.), da viele von Zunz hervorgehobene Citate sich an der betr. Stelle der HS. finden (welche durch das reiche Material sehr werthvoll ist), namentlich § 98 Bl. 42 ואני הכותב משה מציריך שמעתי (vgl. Hebr. Bibliogr. IX, 174). Vgl. auch Cod. Paris 381.

Die Anmerkungen mit kleiner Hand zu einzelnen Stellen sind meist aus סמ"ג, מרדכי, ת"ס, מיימוני gezogen; doch nennen sie mitunter andere Quellen; z. B.: הג' האורבלי נ"ע (aus Orbeil) ראה רבי' חיים מבלייאש (Blois?) שלא היה ס"ת בעיר Bl. 5; vgl. Zunz, zur Gesch. 162, Ritus 28, Lit. 707 (Grätz VI, 428); — את זה הוסיף הר"ר מנחם ע"פ ר"ף Bl. 41 § 94; — ע"כ מצאתי בסמ"ק אחר Bl. 80 § 177; daselbst wird citirt: והורה רבי' יצחק ורבי' יחיאל ורבי' נתנאל והר"ר שי"ר ר"י דוראט דלדוקילא (?).

38. (Ms. Or. Qu. 4.)

34 Bl., hebræische gröfsere und kleinere Quadratschrift. Bl. 1 liest man: *Coloniae Brandeburgiae || Mensis Februarij die* XIVᵃ *Anni* MDCLXX. — Angeheftet sind 2 Bl. in Folio, enthaltend: *„Tres humble requeste A Son Altesse Electorale .... Marcgrave de Brandebourg par le ... Professeur en Mathematique en l'Université Electorale de Francfort Sur l'Odre“,* unterschrieben Colvill, datirt *à Cologne sur la Sprée iour* XIVᵉ *du mois de feurier 1670.* Colvill verlangt von der Universität ein ihm schuldiges Gehalt von 115 Thalern für 8 Monate, vom 9. Mai 1667 bis 1. Jan. 1668. In der Begründung heifst es: *„L'autre cause est, qu 'ayant offert à Vostre Altesse Electorale un present d'un ouvrage qu'elle a troué bon luy estre dedie, lequel a pour tiltre* (so) *l'information ou Instruction des Eleus de Dieu, et lequel semble estre justement deu a Vostre Altesse Electorale, lequel ouvrage est parce Second' Volume à cette heure accompli, ie n'en ay receu jusqu'à cette heure autre recompense, Sinon que Vostre Altesse E. m'a assigné Cent Richedales pour les frais de mon Voyage lequel i'ay a faire, par son Commandement du* XIᵉ *Janvier 1670“.*

ספר חניך בחירי יה *„Liber Initiationis Electorum Dei ad Serenissimum ...* FRIDERICVM WILLELMVM *Marchionem Brandenburgensem ...“* (folgt vollständiger Titel des Churfürsten). Der vorliegende (II.) Band beginnt Bl. 3 את לבבנו להגות, also im 31. Kapitel der Uebersetzung des Calvin'schen Catechismus, welche 1554 Immanuel Tremellius herausgab. Neben dem Hebræischen (ohne Vocale) steht eine bis zum

Unsinn wörtliche lateinische Uebersetzung, z. B. *vitae*, plur., für חייב. Cap. 62 (3ᵇ) beginnt: *Docens. Et amabis proximum tuum sicut te quid illud est?*

Daſs diese Uebersetzung von Colvill selbst herrühre, ist sehr unwahrscheinlich[1]). Unsere HS. ist bei Wolf I, S. 952 erwähnt (vgl. Catal. Bodl. 2684 und Add.); die in Schmidt's (in Halle) Catalog CXI (1858) S. 3 N. 61 unter Abr. Colvill erwähnte iꞑ Sammtband, mit dem Datum Col. Brand. 1669, dürfte nicht eine Copie (Hebr. Bibliogr. 1859 S. 32), sondern der 1. Theil der unseren sein.

39. (Ms. Or. Qu. 5.)

Eine Anzahl von Blättern, Briefen u. s. w. in verschiedenem Format, Autograph.

Adversarien des Jo. Jac. Bruns (st. 17. Nov. 1814)[2]). Zu Anfang des Codex ist ein Octavblatt von mir unbekannter Hand vorgeheftet, deren Angaben über den Inhalt der HS. hier, wo es angemessen erschien, ergänzt sind.

„*E Manuscriptis Bibl. Brunsianae. Schedulae variae.*"

1 *Excerptum ex Cod. charactere Estranghelo exarato, Lectionarium libri IV. Reg. et libri Dan. continente.* 3 Bl. 8°, hebr. Quadratschrift, signirt *Syr. 5. 7 in fol. VIA.* Anf. כתבא דדניאל נביא und Dan. 9, 24 fin. — mit verschiedenen Bemerkungen, — und 1 Blatt syrisch, Epigraph des IV. Reg. mit latein. Uebersetzung.

2 *Specimina Codd. Bibl. Lat. in Biblioth^{is} Britann. asservatorum.* 2 Blatt in Fol. in den verschiedenen Characteren der HSS.

3 *Notata de lectionibus Bibliorum antiquis temporibus in Ecclesiis usitatis.* 1 Bl. Qu., Excerpte aus verschiedenen Autoren.

4 *Notata de autoritate canonica Cant. Canticor. in dubium vocata.* 1 Bl. Qu. Desgleichen.

5 *Catalogus Codd. Bibl. quorundam* [der Bodleiana]. 1 Bl. in Fol.

6 *Excerpta ex Cod. Evang. Syriaco Guelpherbyt.* 2 Bl. Qu. syrisch und latein.

7 *Notata de Abulpharagio.* 1 Bl. Qu. Auf der Rückseite: „*To the Rev. Mr. Bruns M. A. at Dr. Kennicott Oxford.*"

8 *Excerpta ex Comment. Rabb. in Prov. Cap. IV, 1—9 lat. Vers.* 1 Bl. in Fol., nur latein.; der Rabb. ist Mose Kimchi, dessen Text in Cod. Qu. 7 (N. 41) Bl. 58ᵇ.

9 *Excerpta ex Mst. Vers. syr. hexapl. libri IV. Reg.* 1 Bl. Qu. Hebr. Quadratschr. Zu Anfang: „Von dem syrischen hexapl. MS., das ich dem Prof. Eichhorn zugeschickt habe, hab ich dieses abgeschrieben".

10 *Notata critica super aliquot Geneseos locis.* 1 Bl. in Fol.

11 *Excerpta ex Barhebraei Comment. in Biblia sacra.*. 6 Bl. in verschiedener Form, meist syr. Schrift.

So weit jener Index.

---

1) Ueber Abr. Colvill habe ich nirgends Näheres erfahren können. *Jo. Beckmann, Memoranda Francofurtana etc.* (fol. Franc. 1706), *Cap. VI series professor.* p. 73, hat nur: *huc rocatus MDCLXVII in Galliam reversus MDCLXXII;* dann folgt ein Custos *in lucem* und nichts mehr auf p. 74!

2) S. den Art. von Gesenius, in Ersch und Gruber XIII, 239 (1824), der auf seine Abhandl. in Berthold's Journal der theol. Lit. III, 2 S. 113 ff. verweist.

[12] Ein Bl. Quer-Quart, worauf Einiges von Mordechai Luzzatto in Triest, u. A. folgendes Gedicht:

בבקר השכם קום וכמו השחר
בר ולחם קח לך צדה לדרך
מזון לרוב הכן ביגיעת פרך
גם מחלצות הלבש מצמר צחר
וזכור · כי עפר אתה עוף פירח
לא בן בית אתה כי אם אורח.

[13] 1 Bl. Notizen, auf einem an Bruns, Prof. in Helmstädt, adressirten Briefblatt.

40. (Ms. Or. Qu. 6.)

61 Bl. Autograph. Auf dem Einbande: „*MS. Brunsianum C.*“

Adversarien von Bruns. Auf einem vorgehefteten Bl.: „*Mspt. ex Bibl. Jo. Jac. Brunsii. Insunt: Notata et Excerpta varii generis inter quae maximi momenti esse videntur: Excerpta ex Jesud (so) Olam. Tractatus Syriacus ex Cod. Bodleiano a Brunsio descriptus, ubi ad calcem Versionis Syriacae Pentateuchi legitur. Excerpta ex Cod. Huntington libri Juchasin quae in Ed. Amst. 1717 desiderantur.*“ —

Die Excerpte aus יסוד עולם des Isak Israeli (s. Cod. Qu. 485), Bl. 3—10, sind aus Cod. Hunt. 299 [bei Uri 430] gezogen und lateinisch übersetzt. Bl. 11 ff. sind Notizen über HSS. und aus solchen in Oxford und dann in andern Bibliotheken.

Bl. 27 „Folgendes Indianisches Edict hat ein Londoner Jude *De Castro* mit aus Indien gebracht, dem D. Cenn. (so) communicirt:“ נוסח שפא אידה שהוא טס נחשת ...; ist die hebr. Uebersetzung des Decrets, dessen Original Bl. 27^{b} mit hebr. Lettern umschrieben; dazu Bl. 28^{b}: *Translation of a very ancient Indian Edict or Grant engraved on a Copper plate (by Belisario in London).* — Diese Inschrift ist vielfach behandelt in den, im Catal. Bodl. s. v. Wessely S. 2721 angegebenen Quellen (vgl. Ritter, Erdk. IV, 594), der Text in malabariseh tamulischer Schrift auf einer Kupfertafel in Büsching's Magazin XIV, 132, die hebr. Uebersetzung von Bruns in Eichhorn's Repert. f. bibl. Lit. IX, 274, mit deutscher Uebersetzung, mitgetheilt.

Bl. 30^{b} ff. Auszüge aus Assemani's Catalog der hebr. HSS. im Vatican, dessen eigentlicher Verf. der Scriptor *Costanzi* sein soll, den Kennicott als Collator benutzte. Das angebl. Alter von Cod. 76 (4777) bezweifelt Bruns mit Recht, er conjicirt שקמד על יד 140 (!), also 1380; eben so bezweifelt er in Cod. 103 ניאמן *Jemen.*

Bl. 33: „Unter den syrischen MSS. auf der Bodleianischen Bibliothek ist *Bodl. Arch. C. 5* merkwürdig. Am Ende ist eine Uebersetzung der *Chronograph. Eusebii* und *Epiphanius* Nachricht von den Griechischen Uebersetzungen. *Cod. exar. A. 1560 aera Alex.*“ Folgt ein Excerpt in hebr. Lett. Bl. 33 und 36 („*ob rei commoditatem Hebraicas ego adhibui*“) bis 41, jedoch Bl. 48 eine Stelle mit syr. Lettern.

Bl. 41^{b}: *Ex Bar Hebraei comment. in Ps. qui exstat in MS. Hunt. coll. instit. in ed. Bosiana.*

Bl. 46 ff.: Epigraphe hebræischer Drucker in alten Ausgaben, u. A. der bekannte Titel der Grammatik Kimchi's, ed. Constant., aus einem Exempl. in Merton College (Oxford).

Bl. 59—54^{b} (von rechts nach links) sind die Excerpte aus der HS. Hunt. 504 des

יוחסין von Abraham Sacut stets auf der Rückseite geschrieben; die Vorderseite blieb wahrscheinlich für die Uebersetzung frei, welche Bl. 58 begonnen ist.

Bl. 58[b]: *Ex Cod. Hunt. 504* אלו הן האותיות שמתחלפות זו בזו, א' מתחלף בע' אצמו עצמו, Ende ת'מתחלף בש' ברותים ברושים; ist ein Fragment zu Anfang des (von mir besichtigten) Cod., welches Uri n. 389 unbeachtet liefs, das daher in meinem Conspectus durch *Add.* angedeutet ist.

41. (Ms. Or. Qu. 7.)

92 Bl. Autograph. Auf dem Einbande: „*MS. Brunsianum B.*"

Adversarien von Bruns. Auf einem vorgehefteten Blatt: „*Mscpt. etc. insunt: Adversaria biblico-critica et exegetica. a) Tychseniana et Anti-Tychseniana. — b) Excerpta Rabbinica inter quae eminet: Mos. Kimchi Comm. in Prov. ex MS. Bodl. inde a cap. IV integer descriptus. — c) Notata varii generis.*" —

a) Bl. 3, 4: „*Antitychsen*", Bl. 24: „*Tychsenius et Antitychsen.*"

Unter *b)* ist hervorzuheben:

Bl. 8—15[b]: *Ex MS. Musei Ashmol. N. 197 R.* Judae fil. Samuelis ben Abas *[Abbas]* יאיר נתיב (Wolf IV n. 779). *De ordine studiorum* פרק ט"ו בסדור הלמוד ראוי לנער . . תחלה (Hebr. Bibliogr. XIV, 39).

Dazwischen Bl. 13[b]—14 ein Excerpt aus Josef Kimchi's Comm. Hohel. (Cod. Maresch. 73, Uri 150), aus d. Vorr. und zu 6 V. 11 (Orient. Repert. XII, 283); s. Hebr. Bibliogr. IX, 138.

17, aus Maresch. 12 (Wolf III n. 1368), enthaltend Josef b. Schemtob's Comm. der Nicomach. des Aristoteles (unedirt), im Epigr. liest Bruns בקשתדלות גדולה (für בהשתדלות) und schreibt darüber: *Castiglia!*

18[b], aus Poc. 17, Uri 347: Meir Alguadez' Uebersetzung der Nicomach., die Vorrede, welche in der Ausg. Berlin fehlt (vgl. Cat. Bodl. S. 1691).

27[b], Epigraph des Jakob b. Chajjim zur Bomberg'schen Ausg. des Maimonides, mit kurzer lateinischer Uebersetzung.

35—50 sind auf die umgekehrten Blätter geschrieben, und zwar Bl. 35 *Apographon Ms[t] Mareschalliani 66*[1]), *Ex fragmentis plurium Liturgiarum confuse habitis;* in 2 Columnen, hebr. (oder samarit.) und arabisch, zum Theil mit arabischen Lettern; Bl. 9[b] אלהא דהר גריזים.

42—50: Aus dem Psalmencommentar des David Kimchi ed. Isny 1542, die 2 letzten antichristl. Blätter; zur Uebersetzung ist stets eine Seite leergelassen.

56: *Excerpta Bodleiana;* Epigr. des Sabb. ben Abraham [זצ"ל] ב"ר פותי in Cod. Hunt. 400 (Uri 132 läfst die hebr. Worte weg, die ich ebenfalls gesehen).

Daselbst: Hunt. 227 [Uri 157] Moses Kimchi in *Proverbia*; Bl. 57 Anf. der Vorr. und die Verse (die auch Dukes aus demselben Codex abdrucken liefs in אוצר נחמד her. von Blumenfeld, Wien 1857 II S. 192;[2]) vgl. auch aus Cod. München 223 durch Berliner in ישורון her. von Kobak VI, 102), ferner das Epigr. des (von Uri weggelassenen) Abschreibers Simon b. Elieser; Stücke aus K. 2, 3, und Bl. 58[b] ff. K. 4—21

---

[1]) Ich finde diesen Codex weder bei Uri noch Nicoll.

[2]) Z. 6 hier richtiger דעת, und Z. 5 v. u. כן במי, S. 193 Z. 4 יהיו, Z. 9 בם כאור, Z. 12 ובין.

(wozu die hier beabsichtigte Uebersetzung in Cod. Qu. 5 8 begonnen ist). Bl. 85b: *Circa caput 30, 24 lacuna est folii unius membr., quod chartaceo recentiori restitutum est; commentarius autem huic inscriptus Rabbini est cuius nomen me latet, saltem* A b e n e s r a e *esse haud videtur. Est aut. sic* ארבעה . . ארץ מהנבראים השכלים אשר בארץ ובכבוד זכרינו לך בתהלות הספר. Dafs der Commentar Kimchi's unter dem Namen des ibn Esra gedruckt sei, ahnte Bruns nicht.

Bl. 89: „Ich habe im *MS. Brunsiano A.*[1]) Stellen gesammelt, um zu beweisen, dafs die spanischen MSS. der hebr. Bibel bei Juden sowohl als Christen jederzeit vorzüglich in Werth gehalten sind. Eine Beilage dazu nehme ich R. D a v i d K i m[c]h i Vorr. zum *lib. Radic.*“

Bl. 90: A b e n e z r a *in ultim. versum Psal. 89* . . . . . „In meinen Noten über diesen Psalm habe ich diese leichte Stelle ganz erbärmlich schlecht übersetzt und will ich mich dafür einmahl recht ausschimpfen.“

42. (Ms. Or. Qu. 8.)

Pergament, sehr klein 4., 597 Bl.; mittlere Quadratschrift xiv—xv. Jahrh.; splendider Codex, vortrefflich erhalten, war im Besitz von *Jakob b. Mose* aus Olmütz (איילמיץ).

[ס' מצוות] das s. g. grofse Buch der Gebote des M o s e C o u c y (um 1250), II. Theil, Gebote, beginnend mit dem Vorwort: כשברא הקב"ה (Bl. 95b ed. Ven. 1547), endend mit § 89 ממילא נפקא (Bl. 174). Scheint die *„Expositio Anonymi“* bei Wolf II p. 1402 n. 586 unter פירוש על סמ"ק.

43. (Ms. Or. Qu. 9.)

Pergament, sehr kleines Quartformat, 198 Bl. in 3 Column.; kleine punkt. Quadratschrift, Rand in Minuskel und häufig zierlich figurirt, Bl. 129b bildet sie die Worte אליהו הנקדן. Bl. 197a,b figurirtes instructives Epigraph: חזק ואתחזק הסופר לא יזק. אני הסופר והנקדן אליהו בן ה . . . [2]) ר' ברכיה הנקדן והקרא והתנא (!) והדיקן והחכם גדול (so) והיועץ אשר אזן וחקר תקן מש[לים][3]) הרבה, ודבר על העצים והאבנים[4]) אבני מחצב, איש תם וישר ירא השם וסר מרע, ואני בן זקוניו כתבתי ונקדתי ומסרתי זה הספר בזיעת אפי, וביגיע כפי, וביושר עפעפי וסיימתי אותו יום ד' באחד ועשרים יום לירח מרחשון שנת צ"ד לפרט אלף (so) הרביעי במדינת רדו"ם (so) כתרתי אותו, וברוך הנותן ליעף כח ולאין אונים עצמה ירבה. אמן ואמן סלה. Der Codex ist demnach geschrieben von E l i a, „Sohn des Alters“ des berühmten B e r a c h j a ha-Nakdan, Mittwoch 21. Marcheschwan 94 (Winter 1333) in der Stadt רדום (das ד ist deutlich, und von ר verschieden, also nicht die Insel Rhodus, noch die

[1]) Dieser Band ist nicht an die Berliner Bibliothek gelangt.

[2]) Hier sind nur 2 Wörter radirt, also sicherlich nicht ein Name des Vaters. Die lateinische Uebersetzung des Epigr. von *D. Danz,* Prof. in Jena, vom J. 1696, hat: *Elias filius . . . . filii* ohne Grund. Wahrscheinlich zweifelte wegen dieser Lücke auch Zunz, Zur Gesch. S. 118.

[3]) *Composuit Theses Mischnicas multas,* bei Danz! Die Phrase ist aus der Bibel mit Sicherheit zu ergänzen.

[4]) Bezieht sich wohl auf die Bearbeitung der *Quaestiones* Aderlard's von Bath (vgl. Hebr. Bibliogr. IX, 92, XIII, 84) und vielleicht auf כח האבנים (Catal. Bodl. 2176).

Stadt Rhodez [1]). Eine deutsche Inschrift auf den vorgehefteten Bl. 1 und 2 läſst die HS. in der Insel Rhodus nach Ersch. der Welt 1094 . . . geschrieben und 1339 Jahr alt sein. Darunter schrieb *Andr. Müller* aus Greiffenhagen: „Dieses muſs *A. Chr. 1673* geschrieben sein, das Buch selbst . . *A. Chr. 334*“. Zuletzt bemerkt ein Anonymus: *Fucum hic fecit ut saepe alias Andr. Mullerus etc.* — Hiernach ist Verschiedenes zu berichtigen und zu ergänzen bei Wolf, *B. H. I p. 166. III p. 165;* de Rossi zu Cod. 482; Kennicott 611 bei Bruns S. 520 (de Rossi Var. Lect. p. xcii), Assemani zu Cod. 14.

Pentateuch mit groſs. *Masora*; Bl. 130 *Megillot*, 146 *Hiob*, mit *Masora*, 160 *Haftarot;* die Masora endet Bl. 167 כלו הפטרות כאן. Die Haft. der Feiertage (190 ff.) haben zu jedem Verse das *Targum* eingeschaltet.

44. (Ms. Or. Qu. 289.)

55 Bl., moderne deutsche Cursiv vom J. 1796 (שנת מעלה נשיאים und לשמך עליון).

1 מוסרי הפילוסופים Apophthegmen des „Chananja b. Isak היוצרי,“ wie es auch hier Bl. 1ᵇ, nach der Ausg. 1562, heiſst, richtiger הנוצרי, also des Christen *Honein ben Ishak* (gest. 873), aus dem Arabischen ins Hebr. übersetzt von Jehuda al-Charisi (Anf. xiii. Jahrh.). — Ueber das arab. Original im Escurial und in München, Anlage und Bedeutung des Werkes, s. die Citate in der Hebr. Bibliogr. 1869 N. 50 S. 47 ff.; Jahrb. für roman. Lit. XII, 354 ff.; Zeitschr. D. M. Gesellsch. Bd. 31 S. 759 unten.

2 Bl. 41 . . . אזהרות להרב החכם . . . שלמה בן גבירל (so) אשר הנהיג לקרותן, Hymnus über die 613 Gebote von Salomo b. Gabirol (xi. Jahrh.), denen eine Erzählung vorangeht, wie Gabirol angeblich nach Indien (!) gekommen, dort solche Verehrung der Thora gefunden, daſs er beschloſs, die dortigen Gebete ins Arabische zu übersetzen und zu gebrauchen, nach einem Jahre zurückgekehrt, die Asharot ins Hebräische übersetzt habe (!) u. s. w. Eine ältere Quelle für diese Fabeln (auch in Cod. Rosenthal 30, Hebr. Bibliogr. XV, 33) ist schwerlich vorhanden.

Es folgt noch Bl. 53ᵇ: הודי ירד לגנו לערוגת בשמו, und für den 2. Pfingsttag לשנה הבאה בארץ ישראל.

45. (Ms. Or. Qu. 290.)

139 Bl., ganz moderne deutsche Cursiv, Copie einer HS., welche von Juda b. Jakob für *Jechiel Kôhen* יחיא' כ"ץ (so) am 13. Schebat 5206 (1446) beendet worden, und wahrscheinlich sämmtliche physische Schriften (כתבי . . . הטבעיות) des Averroes enthielt. Die Titelblätter in Codd. 290—92 scheinen von jüngerer Hand eines Ungelehrten, s. unter 291, wo das Datum 1764. Alle drei waren im Besitze *Jablonsky's*, wie aus dessen Mittheilungen bei Wolf, Bibl. hebr. III p. 14, 15, 136, 137, hervorgeht

[1]) In der Hebr. Bibliogr. XIII, 83 habe ich דרוש mit Fragezeichen eingeschaltet, weil ein Crespia בדרוש genannt wird, welches Wort verschieden gedeutet worden, neuerdings bei *Renan, Hist. Lit. de la France (Les Rabbins Français etc.) p. 491, 738,* wo aber das, mit Hilfe unseres Epigraphs über Berachja, den Fabeldichter, verbreitete Licht wieder verdunkelt wird. Die Autorschaft des מצרף soll nicht genügend begründet, der Verf. desselben und der (unbekannte) Uebersetzer des אמונות ודעות ein, kaum als Copist bekannter, Crespia sein. Dieser werthlose Einfall wird an die uncorrecte Bemerkung geknüpft (p. 492 unten), daſs ich zwei „Berachja“ (!) unterscheide.

(wahrscheinlich gehörte dazu auch *de coelo et mundo*, übersetzt von Salomo b. Josef ibn Ajub); die k. Bibliothek erwarb sie erst 1842.

ספר בעלי חיים על היבשה ובים (!) לארסטו מבאורי אבן רשד. Commentar des *Averroes* über die Thiergeschichte des *Aristoteles*, Tract. XI—XIX *(de partibus* und *de generatione)*, nämlich XII Bl. 8b, XIII 27b, XIV 51b, XV 70, XVI 87, XVII 105, XVIII 117, XIX 130; aus dem Arabischen von Jakob b. Machir im Monat Tebet 63 (1302/3), beginnend: המאמר האחד עשר מספר הבעלי חיים לארסטו. כוונתו בזה המאמר; Ende Tr. XIV. הנחון עליהם ברוב רחמיו; Anf. Tr. XV. בעבר שדבר במה שעבר; Ende אחר שנעתקתי מקורטבה, dann Epigraph des Uebersetzers . . . . נשלם ביאור אבן רשד מן המאמרים המדעיים, und des Schreibers des Prototyps.

Die hebræische Uebersetzung liegt der lateinischen gedruckten des Jakob Mantinus zu Grunde.

46. (Ms. Or. Qu. 291.)

40 und 18 Bl. von derselben modernen Cursiv, wie Cod. 290. Auf dem 1. Titelblatt (oben) ש'כ'ת'ק'כ'ד' (so), auf dem zweiten (unten) בשנת וכ'ל אש'ר' כד'בה היהו לפק, also 1764. Der Codex ist in Unordnung copirt.

1 Titelbl. ספר ההויה וההפסד מארסטוטלוס מבאור אבן רשד ועניני במיני הנפש (!) הנפסד ע"י קלונימוס בן רבי מאיר (so). Commentar (mittlerer) des *Averroes* über das Buch vom Entstehen und Vergehen des *Aristoteles*, aus dem Arabischen hebräisch von Kalonymos b. Kalonymos b. Meir im 30. Lebensjahre, nach anderen HSS. 9. Marcheschwan 77 (Winter 1316).

Richtigere Ueberschrift und Anfang Bl. 1 באור בן רשד מספר ההויה וההפסד לארסטו' והוא האמצעי. המאמר הראשון מספר ההויה וההפסד ואשר כללו זה המאמר יכנס בשמנה כללים; folgt Index; dann anf. . . הכלל הראשון אמר שהכונה אשר כיון אליה הנה היא ביאור; Tr. II beginnt Bl. 27b; Ende Bl. 40b אשר הם אחדים בסבות הם אחדים במספר ובאיש. ובכאן נשלם באור זה הספר והתהלה לאל.

Handschriften sind nicht selten — Paris allein hat 5; — doch sind die im Wiener Catalog S. 109 angeführten wahrscheinlich ohne Wahl aus Wüstenfeld genommen, wo das Compendium (übersetzt von Mose Tibbon) nicht gesondert ist. Die älteste HS. vom J. 1331 ist de Rossi 935. Das arab. Original mit hebr. Lettern in der Bodl. beschreibt Uri 409 2.

2 Titelbl. ספר השינה והקיצה (so) והוא הנקרא (!) החוש והמוחש לארסטוטלוס; enthält folgende Stücke, deren Unordnung und Mangelhaftigkeit nicht wohl aus einem falsch gebundenen Prototyp zu erklären ist:

a) Ueber Schlaf und Wachen von *Aristoteles*, hebr. übersetzt von Salomo ben Mose Melgueiri[1]), das heifst Melgueil, hier am Anf. אמר ר' שלמה בן משה

[1]) *Dukes* wollte in der von ihm (Philosophisches S. 52) erwähnten, mir zugesandten Anzeige des Bedarschi den Namen mit „*Maguelore*“ combiniren! „*d' Urgol*“ (Ourgol) heifst im Pariser Catalog, 964, 4, der Bearbeiter des כ' הנבט, vielleicht auch פורפאש [lies פרופאש? *Prophatius*]. Was darüber nunmehr Renan (*Hist. Lit. de la France p. 578, 580*) vorbringt, bedarf noch der Prüfung. Salomo scheint der Melgueiri bei Bedarschi (Hebr. Bibliogr. VIII, 76, Zunz, Lit. 490), dessen מהרך aus Ritus Algier in הלבנון V, 440 und הכרמל VI, 402, wo *Carmoly* den Namen Salomo in seiner HS. [etwa von seiner Hand?] gefunden haben will.

אליגירן המעתיק.(1 ה״ים יעתיק ממני כל שגיאות בהעתקת זה הספר. אמר ארסטו דעתי לבאר סבות השינה והקיצה והסכמתי עם עצמי לחפש חדרי השינה והקיצה ולומר מה הן. אם הנה פעולית מיוחדות בסגלה [ל׳]נפש לבד או לגוף לבד או אם הן סגולות משותפות לכן [l. לכל] הנפש והגוף. ואם הם משותפות מאיזה חלק מחלקי הגוף או מחלקי הנפש הם ועל מה נמצא (so) אלה הסגולות בבעלי חיים מרגישים. Die Uebersetzung stammt offenbar aus einer alten lateinischen, wie die übrigen Arbeiten dieses Salomo, der über Averroes nur nach hebr. Uebersetzungen arbeitete; daher lateinische Wörter, wie Bl. 12 נקטוראנם (*noctur-num*), Bl. 13 סנדבליש l. 'סנ (*sensibiles*). Vielleicht liegt ein Buch des *Avicenna* (etwa Theil des شفاء) zu Grunde, da Gerson b. Salomo unter diesem Namen Stücke unserer Bearbeitung citirt (s. zu Cod. München 263 [2]). — Der elende Zustand der HS. gestattet kein sicheres Urtheil.

Das Verhältniſs zu den lateinischen Uebersetzungen des Aristoteles und Averroes ist folgendes: 1[b] ומאשר אמרנו בס׳ הנפש שהנפש הצומחת, nicht bei Av. Bl. 32[d] (ed. in 8°), darüber Av. Kap. 2 I und L. Bl. 3[b] יתבאר בחלק השני מזה הספר, *de somn. et. vig.* C. 3. 4? Bl. 4[b] ib. C. 4. 12[b] *de divin.* C. 2; ib. C. 3 (de somniis); Bl. 13[b] אצבעו תחת עינו ist gegen Ende C. 3. Bl. 8[b] C. 2. Bl. 9 האדם ר״ל ist *de divin.* C. 2.

Bl. 3, über das Träumen, beginnt: עתה נבאר ענין החלומות וסבתם ומאיזה חלק ומכהות [מכהות] הנפש יבאו החלומות מהמשכלת או מהמרגשת ששני הכחות האל (so) מן הנפש יכונו להבין ולהכיר כל דבר. 11[b], über Divination im Traum, beginnt: עתה נבאר עניין מראות החלומות והחזיונות אשר בם יודעו הדברים העתידים והחזיון מן העתידים אין להשען עליו לקבל אותו על דרך האמתי ואין להשליכו אחר גיו ולא להתיאש ממנו.

Es giebt noch zwei ganz verschiedene Bearbeitungen aus dem xiii. Jahrh.; die des *Jehuda b. Salomo Kohen* (1247) hinter בזכר והזכרון (Catal. Lugd. p. 57) beginnt: בשינה ובקיצה במהותם ובמוצעם (?) מהות השינה היא שקיעת ההרגש השותף לתוך הגוף; *Schemtob Palquera*, דעות הפילוס׳ (fälschlich Samuel ibn Tibbon beigelegt, Catal. Lugd. 72): וצריך שנדבר בתנומה וההקצה ונעיין בהם . . . David ibn Schoschan's Bearbeitung des *Thomas Bricot* (Cod. Canonic. 7 Bl. 235) beginnt: הפרק הא׳ מהכלל הא׳ שידבר מהשינה והיקיצה. ראוי לעיין מהשינה והיקיצה מה הם ואם הם מיוחדים או משותפים ואם הם אל הנפש או אל הגוף ואם הם משותפים לאיזה חלק מהנפש. Die HS. Paris 693, [2] (hinter Caspi's משכיות und daher bei Wolf, B. H. unter diesem, vgl. den Art. Josef in Ersch und Gruber S. 71 A. 70[a], Catal. Bodl. 1448): השינה והתעורה (im Index ist התעורה weggelassen) bedarf noch der Untersuchung.

3 Bl. 10, 11 bis Z. 7, wo der Buchst. א ein Zeichen für die Fortsetzung Bl. 16[b] bis 18 (vgl. Hebr. Bibl. XIV, 27 und S. VII), ein Stück ohne Ueberschrift (Catal. Lugd. p. 357). Die Bemerkung des Menachem b. Jakob (xv. Jahrh., s. Alfarabi S. 108), knüpft an das „Vorangegangene“ über den Traum [2]): Abraham ibn Esra's ביאור שיר

---

1) Das Wort soll zugleich zum Namen gehörig den „Uebersetzer“ bezeichnen, oder ist einmal zu ergänzen.

2) אמר ר׳ מנחם בן יעקב ז״ל לפי מה שהודיעתנו (!) הרב הגדול בפרי [בספרו] הנכבד . . . לזה ראינו לחבר בי׳ ס׳ שיר השירים למה שקדם מענין החלום . . ונקדים ראשונה גלוי כל מלה צפונה אשר פענח הח׳ רבי׳ אברהם א״ע ע״ה וגם ההרוזות שהקדים הוא לפי׳ שיר השירים אני אל . . . . Damit stimmt eine HS. des Londoner בית המדרש; s. *Miscellany of Hebrew Lit. II*, London 1877 S. 263; vgl. auch Friedländer, *Essays on the writings of ibn Ezra* (1877) p. 237.

השירים 1. Ausleg. bis 8, 9, früher unedirt, benutzt zur Ausg. 1874 (s. Hebr. Bibliogr. XIV, 26, N. Brüll, Jahrb. II, 202).

47. (Ms. Or. Qu. 292.)

64 Bl., deutsche Cursiv wie Cod. 290 Qu.

Titelbl. ספר אותות השמים הנקרא אותות עליונות לארסטו' מבאורו (!) אבן רשד ע"י קלונימוס בר מאיר, (mittlerer) Commentar des *Averroes* über die Meteorologie des *Aristoteles*, aus dem Arabischen übersetzt von Kalonymos b. Kalonymos b. Meir zu Arles (ארלדי) im J. 77 (1316), als er zum 30sten Lebensjahre gelangt war — nach Par. 947, 3 beendet 28. Marcheschwan, also wohl in 19 Tagen übersetzt (s. vor. Cod.). Anf. ביאור המאמר הראשון מספר אותות עליונות. אמר למה שהקדמנו ודברנו; Tr. II. beginnt Bl. 20b, III. 40b, IV. 49b; Ende היית כל אחד מהם במה שייחדהו. נשלם באור בן רשד לספר אותות עליונות לארסטו העתקתי . . .

Das arab. Original in hebr. Lettern ist in der Bodl., Uri 439, 3, und Par. 1009, 2 (vgl. Munk, *Mélanges* 423), die älteste hebr. HS. vom J. 1331 bei de Rossi 935. Dieser Commentar ist nur unvollständig lateinisch edirt (s. *Serapeum* 1867 S. 139).

48. (Ms. Or. Qu. 306.)

Pergament, 308 Bl., alte deutsche Hand, Text in gröfserer, Targum (und Masora) in kleinerer Quadratschrift, nachträglich vocalisirt; Commentar klein. rabb. Schrift. Bl. 1 von neuerer Hand ergänzt. — Bl. 60, 60b, 68b, 73, 73b, 81, 83b, 89, 89b, 90 ist der Name Josef im Comm. hervorgehoben. — Zuletzt Geburtsverzeichnisse, Octob. 1546 bis Nisan 1551, dann von *Jakob b. Gerson* und *Efraim b. Gerson Marignano* (מריניינו), denen am 24., 25. Kislew 382, 28., 29. November 1622, die Söhne Samuel und Gerson geboren wurden. *Meir* (ק"ב Kroneburg oder Königsberg?) erhielt im Sommer 1837 den Codex zum Geschenk von seinem מחותן *Jones Spyer*.

Neuer Titel: חמשה חומשי תורה, *Pentateuch* mit Rand-*Masora*, Onkelos und Commentar des Salomo Isaki, der von (oft ganz unmotivirten) Censurstrichen abscheulich verstümmelt ist.

49. (Ms. Or. Qu. 308.)

Klein Qu., 189 S., levantinische, der karæischen ähnliche, nicht schöne aber sehr deutliche Schrift, etwa Anf. XVI. Jahrh.; die mathemat. Figuren und die Zeichen, theils arabische Ziffern, theils hebr. Buchstaben, scheinen von dem kundigen Annotator nachgetragen, fehlen aber noch an vielen Stellen. Die HS. stammt aus der Lippert'schen Auction (vgl. oben unter N. 21); vgl. auch החלוץ VIII, 170 über die Abbreviatur יימ"ל מל"ב.

Ohne Titel: mathematisches Werk des Mordechai Comtino[1]), nach der weitausholenden Vorrede (Anf. (so) אמר . . . כומטינו יעמ"ש להיות שהתחלה הראשונה לכל השפע מבינה שאר הנמצאות בהדרגה), in 2 Bücher zerfallend: 1. Arithmetik (ס' החשבון), 2. Geometrie (ס' המדידה) — über deren Verhältnifs ניקומכוס הגהרשיני בהצעת מאמרו בספר הארתמטיקא

1) Gurland beweist angeblich in einer russischen (mir unverständlichen) Abhandl. die Form Khumatiano, die aber unrichtig ist; vgl. Hebr. Bibliogr. 1875 S. 39.

angeführt wird (S. 3). Der Verf. bemerkt, dafs er der kurzen Methode der Christen folge, um den Schüler nicht zu verwirren.

Buch I. behandelt in 4 Theilen (die wieder in Kapp. zerfallen) 1. Addit. und Subtr., 2. (S. 15) Multipl., 3. (S. 33) Division[1]) und Progression (להוסיף מספר על מספר), 4. (S. 48) Verhältnisse (לערך מספר על מספר), wozu noch ein besonderer Theil (חלק נפרד S. 53) über Brüche (נשברים). Dann folgen „Fragen“ (מקום השאלות), oder Aufgaben, bis S. 70, wo eine Lücke war, welche ein Besitzer nicht ganz ausfüllen konnte; er schrieb blos auf S. 71 den Anfang des II. Buches bis zur Lücke. Letzteres beginnt mit Definitionen nach dem Muster Euclid's im Buch der Elemente (היסודות); es zerfällt nach der ersten Vorr. in 4 Theile: 1. Planimetrie (מדידת התמונות השטחיות), 2. (S. 137) Theilung der Flächen, 3. (S. 154) Stereometrie, 4. (S. 186) Theilung der Körper. 1, 1 S. 74 wird ein Werk des Euclid über Geometrie (ספר אחד שחבר במדידת הארץ), 1, 2 S. 76 wiederum Nicomachus' Arithm. citirt.

1, 5 S. 109 giebt der Verf. das Maafs der Peripherie $3\frac{1}{7}$ an (oder $3^{8}/_{61}$ S. 110), nach den genauen Berechnern (הכמי המדות [2]) המדקדקים בחכמה הזאת), während Ptolemaeus im Almagest (ס' המגיסטי) $\frac{1}{3}$ zu Grunde lege, da er den Durchmesser in 120 Theile theile, — wogegen der Annotator bemerkt, dafs Pt. bei seiner Eintheilung nur die Sehnen mit dem Durchmesser und die Bogen mit der Peripherie in Verhältnifs bringe (dennoch schrieb D. Cassel im Cataloge: *„ad modum Ptolemaei, ad quem refertur“!*). — S. 118 bemerkt er, dafs man den Bogen gewöhnlich aus den Tabellen der Bogen und Sehnen ermesse, wie es Ptol. im I. Tr. (מאמר) des Almagest erläutere. Da es aber der Methode des gegenwärtigen Werkes nicht entspreche, Tabellen aufzunehmen, so habe er eine Berechnungsweise erfunden, bei der man der Tabellen nicht bedürfe. S. 125 werden die Beweise nachgetragen, welche früher den Schüler verwirrt hätten. Der 4. Theil ist wegen geringerer practischer Anwendung sehr kurz behandelt, beginnt und endet mit dieser Bemerkung, zuletzt: הנה הודעתיך כל מה שצריך לדעת בזאת המלאכה ולאל לבדו והתהלה (so!) והשבח לעולמים אמן תם. Andere HSS. sind in Paris 1031, [3], Petersburg 343 (vgl. Geiger's w. Zeitschr. III, 445 n. 22, Gurland, Ginse II, 5, III, 1) und im Brit. Museum (Almanzi 213).

50. (Ms. Or. Qu. 310.)

178 Seiten, ursprünglich 2 verschiedene HSS., beide in deutscher Cursiv, die zweite wahrscheinlich jünger als 1500.

1 Deutsche Uebersetzung der *Psalmen*; es fehlt jedoch bis Mitte 4 wahrscheinlich Ein Blatt (wie aus der Signatur hervorgeht, also wohl ohne Vorrede) und von Mitte 116 und weiter. Bl. 2 liest man: *Reuerendus ac Religiosus pater Wolfgangus praepositus Cenobii Canonicorum seu Regularium* || *In Ror.* (so) *ordinis diui Augustini. hoc psalterium conscribi fecit per quendam Judaeum. Anno domini Millesimo quadringentesimo Nonagesimo.* Die Zahl der Psalmen nach der christl. Eintheilung ist am Rande mit

[1]) Nach den Methoden des *ibn Esra* und derjenigen, welche גליאה (*galea*), d. h. דוגית genannt wird; vgl. *Boncompagni* in den *Atti dell'Academ. dei nuovi Lincei t. XVI, 1863 p. 561.*

[2]) S. *Jew. Literature p. 327 nota 49* und die Berichtigung in D. M. Zeitschr. XXIV, 389 A. 111.

rother Tinte bemerkt. Ueber diese älteste datirte jüd.-deutsche Handschr. s. meine Mittheilung nebst Specimen in der Zeitschr. *Serapeum* 1869 S. 153 und 158.

² S. 141 Anonymes hebræisches und deutsches Glossar über die Psalmen (xiv. Jahrh.?), anf. (so) אשרי האיש ער שטיט צו לובן דער מן. לצים ליצנים רשעים. יהגה לשון דיבור כל זמן שאני בגלות אין העולם כדי להשתמש אלא ד"א לשון לימוד. שויל גפֿלנצט, endend (143) בשתי אותיות י' ה'. הסלתי תהילים שבה לאל אלים הנכון (so) לו כה יענים (so). Vgl. Serapeum, l. c. S. 154.

51. (Ms. Or. Qu. 361.)

Pergament, 333 Bl., wahrscheinlich zusammengesetzter Cod. I. Text in vocalisirter Quadratschrift, Anfänge mit zierlichen Arabesken, zum Theil rothe Buchstaben; Scholien an den Rändern, bis Bl. 132ᵇ in kleiner gothischer Schrift, zum Theil in Form von verschiedenartigen Säulen u. dgl., von Thieren (Bl. 124 ff.); 94ᵇ bilden sie die Buchstaben בנימן הלבלר, Bl. 95 יצחק בן חננאל, Bl. 114 בנימן חזק, also wohl von Benjamin für *Isak b. Chananel* geschrieben, wahrscheinlich in Oberitalien im xv. Jahrh., Bl. 133ᵇff. in gröſserer goth. Schrift, Bl. 1, 2 (mit jüdisch-deutschen Anweisungen) sind später ergänzt. Einzelne Stellen (z. B. 175ᵇ) sind von Censur unleserlich gemacht; im Ganzen ist die HS. sehr splendid. — II. Text in gröſserer Quadratschrift mit Vocalen und Accenten, Comm. von gröſserer gothischer Hand, xv. Jahrh.

¹ Gebete und Hymnen für Wochentage, Sabbat, Neumond und Festtage, nach deutschem Ritus; enthält auch die Passah-Haggada (Bl. 58 der Memorialvers des Josef Tob Elem: . . זמן ,קדש נגן), endend mit כי לו נאה (69ᵇ); dann Tract. אבות bis 96ᵃ, wo זכרנו לחיים für Neujahr u. s. w.; Bl. 115 Hoscha'anot; 133ᵇ ליל שימורים Ma'aribot und Jozerot. Zunz, der den Codex im J. 1869 untersuchte, fand unedirte und beachtenswerthe Stücke Bl. 195, 198, 200, 205, 208, 214, 215, 221.

Die Scholien erstrecken sich nur auf einzelne Parthien, sie erklären den Inhalt und behandeln das Ritual, häufig nach ויטרי, d. h. *Simcha* aus Vitry (z. B. Bl. 25ᵇ, dann Bl. 26 והויה לסדר התפלה); zu והוא רחום (26ᵇ) hat der Schreiber oder Compilator aus Mangel eines Commentars die Geschichte (המעשה) der Einführung dieses Gebetes [1]) und Anderes „aus anderen Büchern" gesammelt, „um den Rand auszufüllen" (Bl. 28). Der Commentar zu *Abot* (Bl. 70) ist der unter dem Namen des Sal. Isaki gedruckte. Bl. 133—140 scheinen vom Schreiber von II. herzurühren; zuletzt liest man von ganz verschiedener Hand: לא מצאתי עד פירוש.

² (Bl. 241) *Psalmen* mit Commentar [von Salomo Isaki]; zuletzt:

ספר תלים שלם	ולא ימה לארץ מגלם
הסופר בכר (?) יהלם²)	האל יתן עלם
אליו החיים והשלם	מקטנם ועד גדולם
לבלתי היות נכלם	להתקדש שמו הנעלם
קמיו יכליון כלם	מן העולם ועד העולם.

52. (Ms. Or. Qu. 371.)

Pergament, 339 Bl; kleine deutsche Quadratschrift mit Accenten, etwa xv. Jahrh.;

¹) S. mein Polem. und apologet. Lit. S. 275. — l. יהלם, Hiob 39, 4?

Initialen in Gold, jeder Aufsenrand mit bunten Arabesken u. s. w.; sehr gut erhalten. Anf. und Ende Nehemia von neuerer Hand ergänzt.

Bibel (mit Ausnahme der Chronik) mit *Masora*, letztere nur bis Anf. Ezech. Bl. 237.

53. (Ms. Or. Qu. 485.)

Kl. Quarto, 395 Seiten, deutsche rabb. Hand des Isak ha-Kohen, dessen Akrost. hinter dem gedruckten Epilog[1] S. 353, wahrscheinlich XVIII. Jahrh.

יסוד עולם, das astronomische Werk des Isak Israeli (verf. 1310), mit dem Anhange vom J. 1334 und den Tabellen (S. 357 ff.), jedoch ohne die Vorrede.

Das Werk ist nur in Berlin zweimal herausgegeben, die Ausg. 1848 vollständiger mit deutscher Inhaltsangabe von D. Cassel, welcher in der Einleitung auf die Verschiedenheit der Recensionen hinweist (vgl. auch Catal. Bodl. 1125); auch zu dieser Ausg. konnte nur ein unvollständiges MS. verwendet werden; unsere anscheinend correcte HS. verdient eine genauere Vergleichung.

54. (Ms. Or. Qu. 486.)

71 und 79 Bl., verschiedene spanische Cursiv. Unter dem Epigraph des Schreibers von N. 2 (Bl. 78), Mas'ud מניר (? *Minir*), steht eine Empfehlung von *Mose b. Simon* ibn סמהון. Die Compilation war so selten, dafs der Abschreiber, unbekümmert um den Sinn, sein einziges Prototyp copirte. Auf einem Vorblatt ein Brief, gerichtet im Cheschwan 522 (1761) von *Josef b. Sâmûn* (סאמון) in Gibraltar an Jakob Akrisch in Livorno, als des letzteren Sohn Abraham starb.

לשון למודים[1], Sammlung von Briefen und verschiedenartigen Aufsätzen des Jakob ibn Zur (abbrev. יעב״ץ[2]), auch של״ם[3]) b. Zur) b. Reuben, welche sich durch Witz und Gewandtheit, mitunter auch durch Eleganz auszeichnen. Viele Schreiben bilden Akrosticha zu Anfang der Absätze; bei vielen ist Adressat, Wohnort, Inhalt, oft auch das Datum angegeben; doch vermifst man eine fortlaufende Nummer und ein Register. Die Ziffer bei den nachfolgend hervorgehobenen Stücken bedeutet die Blattzahl.

1, beim Tode des *Daniel b. Mose Toledano* an die Trauernden בט״ו (*B . . .* Toledano, vgl. unten 36[b]) und Bruder u. s. w. in Miquenez (מכנסא so).

Ib. an *Abraham* מימראן (? s. unten Bl. 32 und 45[b]), als dessen Bruder *Salomo* starb.

3—13[b], an *Samuel* אזאוי oder זאוי, einen von der Gemeinde zu Sale (סאלי) abgesetzten Schächter, polemisch mit einem langen satyrischen Gedichte (7[b] wird *Samuel Zarfati* erwähnt).

14, an *Mose b.* חמו zur Empfehlung eines Gelehrten aus Sale.

14[b], an *Chabib Toledano* wegen eines gefangenen jungen Mannes, dessen Uebertritt man befürchtete.

---

[1] Im Gedicht liest man hier: ‎וחי מׁשי י דידך שיר והודי‎.

[2] Zu unterscheiden von dem älteren Familiennamen *Ja'abez.* Dieselbe Abbrev. hat bekanntlich Jakob Emden adoptirt. — Jakob b. Reuben (s. unten Bl. 36[b]) heifst unser Ibn Zur bei *Asulai* I S. 96 (vgl. II S. 108, wo unser 1. Werk ohne Titel) und in HS. Mich. 261. Vgl. auch zur ganzen Beschreibung Hebr. Bibliogr. XVI, 33, 59.

[3] ‎שליח מצוה‎?

15, in das Album des palästinensischen Sendboten *Salomo Immanuel Morenu* (מורינו) im Schebat 460 (Anf. 1700).

15b, dem Sendboten aus Zafat *Salomo Waron* (וארון) im Adar desselben J.

Ib., dem (zur Geldsammlung) für Lösung von Gefangenen aus Polen abgesendeten *Naftali Lipschütz*, im Sivan desselben J.

17b, dem (zur Sammlung für den Synagogenbau) von den Deutschen in Jerusalem abgesandten *Chajjim Abraham Biton*, im Elul dess. J. — Bl. 19 demselben, als seine Sammlung bei einem Schiffbrand unterging, und er zum zweitenmal von Algier auszog, und Bl. 19b Empfehlung desselben an *Sa'adia* שיראקי.

18b ins Album (פנקס) des Abgesandten aus Hebron, *Samuel* גונאקיל (גוואקיל?).

20, dem Abgesandten aus Hebron, *Levi abu Tabil* (טביל), im Elul 466 (1706); vgl. אבו טביל, Hebr. Bibliogr. XVI, 62 A. 5.

21, dem *Salomo Zarfati* beim Abgange nach Jerusalem.

21b, dem *Jomtob Crispo* (קריספו) bei gleicher Veranlassung.

22, dem Abgesandten aus Hebron, *Jakob ha-Levi Beruchim*[1]), aus Telemsen (טלמסאן) 1707, und aus Fas. — Jakob unterschreibt zuletzt דייני ק"ק פאס נאם יעב"ץ.

23b, den Abgesandten áus Tetuan (תטואן) *Menachem Athia* und *Isak Bibas* (oder *Vivas*) בקיבוצם (ins Album?).

26, dem Abgesandten der Genossenschaft חברת ההסגר (vgl. Hebr. Bibliogr. XVI, 60 A. 2), welcher nach Miquenez (מקיניס) und 'Safaro (צאפרו?) gehen sollte, gerichtet an *Chabib Toledano* und *Mose ben* חמו.

26b, desgleichen, gerichtet an *Samuel b.* הודא in 'Safaro.

27, Empfehlung des *Mose ha-Kohen b. Salomo Salman.*

27b, an *Mose b.* חמו, bei seiner Genesung.

28, an *Chabib Toledano*, bei gleicher Veranlassung mit einem akrost. Gedichte.

28b, an *Isak* אצבאן bei gleicher Veranlassung.

29, Trostschreiben an *Isak* דילהדייא beim Tode des Bruders *Mose.* — Bl. 31, desgleichen (hier דילוייה) beim Tode seines Collegen *Ja'hja b.* ויזמאן im J. 1698; s. unten 35b.

30, desgl. an *Chajjim b. 'Atthar* (עט־) beim Tode des Bruders *Schemtob*, Tischri 461 (Herbst 1700); jeder Absatz beginnt mit שם, endet mit טוב. — s. unten 36b.

30b, an (לכהר אב' = להרב אב בית דין?) *Zadok*, Gatten der Tante des Vf., Mirjam, beim Tode ihres Schwiegersohnes (חתנם) *Elasar b. al-Chadib*, Gatten ihrer Tochter (בתי muſs Schreibfehler sein für בתם = בת') Rebekka.

31b, beim Tode des *Jona ibn* צבח *ha-Levi* (vgl. unten 46b).[2])

32b, Trostschreiben an *Abraham* מימראן (vgl. Bl. 45b) *b. Josef* und *Abraham b. Schemaja* beim Tode des *Salomo b. Schemaja*, — geschr. in Fes 1704.

33b, beim Tode des Onkels *Mose ibn Zur.*

34b, an *Jakob Vivas* beim Tode des Bruders *Chajjim.*

---

[1]) Vielleicht Abkömmling des Abraham ha-Levi? s. *Asulai* I S. 12 und אוצר נחמד II, 146 ff., Hebr. Bibliogr. XVI, 158.

[2]) In התקנות 'ב ed. 1871 n. 23 vom J. 1550 ist der Namen צבח geschrieben.

35ᵇ, an *Isak* דילויה (vgl. oben 29), als er verläumdet und eingesperrt wurde und in derselben Woche sein Bruder *Jehuda* kinderlos starb, Ijjar 1701.

36ᵇ, Brief des Abgesandten (so שליח הגליל והרשבי) *Mos. Israel* vom 16. Ab, welcher auf dem Schiffe zwischen Oran (ווהראן) und Algier von Jemand erfuhr, dafs 2 Monate früher in Tunis brieflich der Tod des *Baruch Toledano* kurz vor der Ankunft in Palästina gemeldet worden; ferner sei in der vorigen Woche der Rabbiner *Jehuda ha-Kohen* gestorben. Der Verf. verweist auf eine betr. Elegie (עיין בס' הקינות).

Der folgende Brief an מ"ט (Mose Toledano?) b. Baruch ist datirt: Fas . . שנת בהיכל"ו בסדר ויפגע במקו', also Herbst 1712? unterschrieben *Jehuda ibn ʻAtthar*, *Samuel Zarfati* und Jakob b. Reuben ibn Zur.

38, an *Salomo di Oliveyra* in Amsterdam auf Verlangen des und für *Josef Vivas*, datirt (Bl. 40) Tebet ואהבת חסד, wohl 462 (1701).

40ᵇ, an *Benjamin Duran* in Algier.

41, an *David b.* חמו in Safaro (סאפרו).. — Bl. 46 desgl.

Ib. nach Miquenez und Safaro beim Verlust des Buches לחם סתרים von S. Algasi.

Ib. an *Pinchas Toledano.*

42, an *Samuel Zarfati* zur Beförderung an *Josef Zarfati* in Amsterdam (vgl. oben Bl. 38), mit Akrost. des Adressaten in einem Gedicht.

43, an *Chabib Toledano.* — *Ib.* an *Chisdai Almosnino.*

44, an *Chajjim ibn ʻAtthar.*

44ᵇ, an *Mose Toledano* und seinen Bruder *Chabib*, auch Bl. 47.

Ib. an *Josua Serero* (סרירו) von Miquenez aus, wohin der Verf. wegen der Steuernoth gegangen (vgl. unten Bl. 55).

45ᵇ, an *Samuel* מאימראן (vgl. Bl. 1 und 32ᵇ). — Ib. an *Mose d'Avila* (דאבילה).

46ᵇ, an *Abraham ha-Levi b.* צבח, Mahnung um den versprochenen 4. Theil des בית חדש über טורים.

47, nach Jerusalem an *Josef Conque* (קונקי), der früher in Fas Sendbote gewesen, Bitte um ein Recept zur Anfertigung der *Anacardia* (בלידור und בליידור, lies בלאדור)[1] als Mittels für's Gedächtnifs für den Verf. und seine Collegen.

48, an *Meir d'Avila.*

Ib. an *Schalom ben Zur*, Sohn seines Onkels, der כנסת הגדולה חה"מ für den Verf. kaufen sollte und meldete, dafs das Buch von *Jona ha-Levi* gekauft sei.

48ᵇ, an *Maimon Jafil* (יאפיל) nach Algier, wegen der hinterlassenen Familie des *Abraham b.* חמו, deren sich *Abraham b. Ahron al-Zaig* (אלצאיג) angenommen; datirt Ende 1702.

49, ins Album des *Isak Kohen*, Sendbotens aus Hebron, im Cheschwan 512 (**1751**).

Bl. 50 Z. 9 ff. unbeschrieben.

51 beginnt anscheinend eine neue Abtheilung, überschrieben מליצת החכמים השלמים פ' ופ', die Briefe selbst oft endend בסדר פ', offenbar פלוני, also unbestimmt; bei dem 2. Brief aus Tetuan nach Miquenez (מכנאסא) ist für die Namen der Adressaten Platz gelassen; ist vielleicht von da an Alles von Chananja?

---

1) S. Hebr. Bibliogr. 1874, S. 58 A. 17.

55, von den Gelehrten in Miquenez an *Josua Serero* (סירירו) beim Tode des Sohnes *Saul*, geschrieben von Chananja b. Sakkari (זכרי ז"ל); s. H. B. XVI, 34, A. 1 und S. 136.

55ᵇ, Trostbrief an *Chananja b. 'Atthar* beim Tode seines Bruders *Schemtob* aus Miquenez.

57, desgl. über *Menachem Serero.*

58, Brief des Chajjim Toledano an *Mas'ud* ארביחי nach Safaro zur Beschneidung eines Sohnes.

58, desselben an *Khalifa* (כליפא) *b. Malka* wegen des nach Agadir (אגאדיר) gegangenen Jünglings *Josef Toledano.*

59, von oder an *Mose b. Maman* (מאמאן).

60, an *Salomo b. Danan* von Saadia אשוראקי wegen *Samuel* גואקיל, beginnend mit einem Zahlenräthsel über den Namen des Adressaten.

60ᵇ, Trostschreiben von Abraham b. Zadok an *Abraham b. Esra*, als dessen Frau in der Hochzeitsnacht menstruirte, und Erwiederung, beide satyriseh (fingirt?).

61, von Chananja an *Baruch Toledano* (ושמו ושמי התומים in der Ueberschrift).

62, desselben an *Meir d'Avila.*

63, bei einem Bau, welchen der „Kaiser“ veranstaltete, fand man mit goldener Inschrift eine Prophezeiung über die Jahre 490—500, welche mitgetheilt ist und nach welcher Papstthum und Christenthum aufhört. Am Rande bemerkt der Besitzer יב"ן (?) in Livorno: In diesem J. 1790 (לישרים) kam hierher aus Jerusalem *Mas'ud Bonan* und brachte eine Schrift, worin es heifst: Jemand hörte von *Jechiel Daron* (דארון) aus Sala (סלא), dafs dieser nach Tetuan ging, und dort eine Schrift aus den Händen des berühmten Kabbalisten *Jehuda ha-Lewi* fallen sah, worin ähnliche Prophezeiungen über die Jahre 1821—39. Jener Jehuda war mütterlicher Grofsvater des Schreibers.

Bl. 66 ff. enthalten Decisionen, die erste über die neue Synagoge zu דובדו, woselbst *Benjamin Kohen b. Isak Sikili* (סקלי)[1]) zum Vorbeter eingesetzt worden. Bl. 68ᵇ datirt Miquenez התקצבי ליצירה, wohl 1748, die unterschriebenen Richter sind die Brüder *Chajjim* und *Jakob Toledano* und *Mord. Birdogo*; Bl 69 eine Nachschrift von יעב"ץ (aber zuletzt והתום הה' והח' ד"ר הרב הגדול יעב"ץ), ähnlich Bl. 70 הדיין והמצוין von Nisan 1749, Bl. 71 von Schebat desselben Jahres.

² עט סופר (נוסח ותיקון שטרות), eine Anleitung zur Anfertigung von Urkunden aller Art, auch Rundschreiben u. dgl. Bl. 17 liest man: נוסח אחר שיסד יעב"ץ; Asulai schreibt auch das Werk dem Jakob ibn Zur zu.

Bl. 63ᵇ ein Schreiben, welches *Josef Conque* aus Jerusalem brachte.

Bl. 67ᵇ—71 Schreiben aus Hebron im J. נהייתה (1711), unterschrieben von *Nehemia Danino, Chaj. Mord. b. Chijja Se'ebi, Israel Kohen, Mose Conque, Juda Castel, Mose Rosillo* (רוזילו), *Isak b. Archa, Chajjim Abulafia, Asarja b. Elischa Aschkenasi; Juda Anaw, Pinchas* בנ"י, *Jos. Castel, Isak b. Pinchas ibn Archa, Abr. Se'ebi.* — (Ein Gedicht von Abr. b. צדוק (?), edirt in כוכבי יצחק 29, s. Hebr. Bibliogr. VI, 129). — Das übrige Papier ist unbeschrieben.

---

[1]) Vgl. Zunz, z. Gesch. S. 516.

³ Bl. 73 העתק מכתבי מוה"ר יעקב אבן דנאן זלה"ה, Abschrift aus den Schriften (Abhandl., Gutachten) des Jakob ibn Danan. Im ersten Stück (Fas A. שכל טוב?) scheinen die letzten Zeilen, unterschrieben נאם יעב"ץ, Zusatz, oder Irrthum für יעקב, wie später überall. Anderes ist פו und פה datirt, auch Sukkot A. ישועה; vgl. Hebr. Bibliogr. XVI, 60.

⁴ Bl. 77—78, Abschrift aus einer Abh. des Jehuda ibn 'Atthar: מנהגי פאס בטרפות.

55. (Ms. Or. Qu. 487.)

Gr. Quarto, 417 Seiten, italien. hebr. Cursiv, Ueberschriften und durchgehende Marginalüberschriften in Quadratschrift, wahrscheinlich 1583 von Elia [b. Mose di Recanati, s. unten]; S. 167 ff. scheint der Besitzer Geschäftsnotizen aus d. J. 1634—36 in italien. Sprache und sehr undeutlicher Schrift eingetragen zu haben.

מורה, die Religionsphilosophie des Mose Maimonides, aus der hebr. Uebersetzung des Samuel b. Jehuda (די ליאני) ibn Tibbon italienisch von Jedidja b. Mose, oder *Amadeo di Moïse* (מוייסי) di Recanati, beendet Dienstag 16. Schebat, d. i. 8. Februar (פיבראר) 343 (1583), und zwar dem Bruder Elia vordictirt.¹)

Den Anfang bildet eine gut stylisirte, weitläufige Vorrede des Uebersetzers²), gerichtet „al dottissimo, divotissimo e divinissimo Signor mio il Signor Immanuel ebreo da Fano," — ohne Zweifel der bekannte Kabbalist Menachem Asaria (s. Catal. Bodl. p. 1719) — anf.: *Più volte tra la testa considerando quanto gran desiderio abbia ciascuno di penetrar li occulti secreti de la sacra scrittura* . . In derselben bezeichnet der Uebersetzer den Autor als *uomo di contemplative discipline, perfettissimo matematico come Euclide* (איאוקלידי) *Megarenus, filosofo naturale quanto Galeno, divino più di Platone, astrolago* (so) *perfettissimo più di Tolomeo, e in somma uomo degno di ogni lora, uomo di ogni valore.* Die Wichtigkeit des Werkes, die sprachlichen und sachlichen Schwierigkeiten hätten ihn veranlaſst, das Werk zu übersetzen *in lingua volgara* (so) *italiana familiara a tutti.* Nach Auseinandersetzung der wichtigsten Punkte (wie dergleichen bei älteren Uebersetzern ins Hebr. gewöhnlich zu finden) und wiederholten Bescheidenheitsphrasen, werden die bösen Critiker (S. 3 unten) folgendermaſsen abgefertigt: *Tutto questo dico per difendermi da maldicenti, che non riguardano nè a fatica nè a strazio alcuno che l'altrui abbia patito, per porgere giovamento a loro generalmente insieme con gli altri, aprino la bocca e si* שאקרויני (? sanguinano?) *i denti con l'infamia de l'altrui, spinti solo da una pessima invidia a dannar li fatichi de l'altrui, e come tutto manca in che tassarlo, questo non li manca gia mai, di dire che l'opera sua è frustatoria, e non necessaria, o che quello che dice. lui, sia stato più copiosamente trattato da altri prima di lui, o che dicono aver cio* (? צייר) *fatto per boria* (בורייאה), *per vana gloria, per mostrare di aver molto visto, e di aver molto letto, che a l'ultimo altro non devino sperare di conseguire questi tali* (?), *se non vergogna e biasimo, che la vana infamia dell' infamatore pensino torna in danno del 'ciarlatore*

---

¹) Den Ortsnamen im hebr. Epigr. (? פה רמץ) wage ich nicht zu bestimmen. — Eine HS. in italien. Schrift vom 11. Juni 1581 mit dem Abfassungsdatum 8. Kislew (Ende 1580) hat de Rossi, Cod. Ital. 5.

²) Ich umschreibe das Italienische nach heutiger Orthographie.

ecc. Der Uebersetzer stellt seine Arbeit unter die Protection des Mannes, dem er sie gewidmet — auffallend genug, wenn man die Richtung desselben bedenkt.

Es folgt (S. 5) die „*Apologia*" des hebr. Uebersetzers Samuel, u. s. w. Hinter dem I. Theil (S. 161) ist eingeschaltet (vom Uebersetzer?) ein, שמות ההגיון überschriebenes, hebræisch-italienisches Glossar logischer Ausdrücke, beg. נושא *Suggetto*, endend מוסכמות *statuti*,[1]) wahrscheinlich aus dem terminolog. Schriftchen des Maimonides. — Th. II. S. 173—278. Zuletzt eine hebr. Nachschrift.

Diese Uebersetzung ist die älteste des Werkes in einer lebenden Sprache, die aber unedirt blieb: Italien hat erst in den letzten Jahren eine Uebersetzung (nach Munk's französischer) erhalten (Hebr. Bibliogr. XVII, 83). Als Probe diene der Anfang des 71. Kap. des I. Th. S. 127:

כאפפי קי לי מולטי שיאינצי קי סי טרובאוואנו פרא לא נאציאון נוסטרא. ני לא צירטיצצא די קוויסטי אלטי קונציטטי. טוטטי סונו (so) אנדאטי אה מאלי. פיר איל פריצססו דיל אלטי טימפי. אי פיר לא סוגיוגאציאוני די לי אלטרי פופולי אינסאני סופרא די נויי. אי פיר איססירי קוויילי סיגריטי אינליציטי (*inliciti*) פיר איל גינירראלי קומי אוו דיטטו. פירו קי נון איראה ליציטו גינירראלמינטי אה אוניי אינו סי נון לא ליציאוני די לא סאקרא סקריטורא סולא. קומי ביני סאיי קי אנקורא איל תלמוד אוטו פיר דיוינא (so) ריוילאציאונא (so). נון סי טרובאווא אין סקריטטו אנטיקאמינטי. פיר איססירי דיוולגאטו גיא פרא איל פופולו קוויסטא סינטינצא דברים שאמרו לך . . .

Das hebr. Citat ist nicht übersetzt.

56. (Ms. Or. Qu. 488.)

II und 56 Bl., italien. Hand, XVIII. Jahrh., in den Gedichten nur Einzelnes vocalisirt. — Von neuerer Hand auf Bl. I eine Elegie auf eine Frau, anf. בואו אל בית המעה כי זה השער. — Zuletzt 2 angeheftete Bl. in 8°. Den Cod. besafs *Daniel b. David di Medina*.

Divan des Jakob Frances (פראנשיס) und des Bruders Immanuel (XVII. Jahrh.). Unsere HS. ist ein zu Livorno im Herbst 1771 für den Druck bestimmtes MS., dessen Titel fast gleichlautend Bl. I[b] und II: ספר שיר השירים לאבי המשוררים . . . כמוהר"ר יעקב פראנשיס זלה"ה (המכונה ההרי"ף) אשר לו יד ושם . . . ואחריו קם אחיו באמירותיו השירים . . . ובפרט ביכוחיו החמודים והברורים·וזה שמו אשר קראו לו אל"י ני"ע"ם, נעים זמירות העברים יעמ"ו א"ל . . וברוך אל אשר זכני שבאו לידי ע"י איש הגון ותיק . . והיה זה פה ליוורנו ברים הי"ד"ו לה' לחדש תשרי שנת ישר השי"ר הז"ה לפ"ק; Bl. I[b] ohne specielles Datum, aber „*Con approvazione*".

Bl. 55—56 enthält ein Verzeichnifs der einzelnen Stücke (gegen 70), von welchen einige wahrscheinlich aus dieser HS. in Piperno's קול עוגב abgedruckt sind, z. B. Bl. 17[b] bei Pip. 55[b] (hier folgen die Worte des David ibn Jachja), Bl. 31 bei Pip. 57[b], Bl. 40 bei Pip. 59. Einige einzeln in Mantua edirte Gedichte sind kaum noch zu finden. Von seinem noch umfangreicheren Cod. gab Luzzatto (im Serapeum 1840 S. 24—7, auszüglich im Orient 1840 S. 72) nur einzelne Stücke an[2]), so dafs eine genauere Vergleichung unmöglich war. Unsere HS. zerfällt in 2 Theile. Den Anfang bildet eine

---

[1]) Vgl. Hebr. Bibliogr. IX, 150.

[2]) S. Catal. Luzz. 22, 116, aufserdem n. 23: דודים ובלבל von Immanuel, und s. unten zu Bl. 1.

selbständige interessante Prosodie in dialogischer Form, מתק שפתים, verfafst von Immanuel in Algier im J. 1677 (תז"ל כתל). Zwischen dem einleitenden Gedichte האספי כלכם השואפים עשות שירים שקולים עלי פלס ומאזנים, nebst 4 kleineren und dem Anfang des Dialogs zwischen Jachin und Boas (Bl. 2) [1]), steht noch Bl. 1ᵇ ein satyr. Gedicht, an dessen Rande: לאיש הולה אשר חבר שיר מלא סיגים ושגגות עיין בספרו מחברת כ"ג; diese Verweisung ist mir unverständlich. Die Beispiele sind mitunter aus eigenen Gedichten oder denen seines Bruders Jakob (ההרי"ק) genommen; den Schlufs bildet (Bl. 9ᵇ) ein Gedicht Jakob's als Anleitung zur Dichtkunst mit Erklärung Immanuel's. — Von anderen Stücken seien noch hervorgehoben:

Bl. 11 ויכוח איתיאל ואכל, Dialog über Frauenwerth zwischen einem jungen unglücklichen Ehemann und seinem ledigen Freunde, mit eingelegten Versen, die ersten von Jakob.

Bl. 14ᵇ gegen einen Kabbalisten, zuletzt von junger Hand: האיש המקובל הלך אחר ההבל ויהבל עיין ס' אמונת חכמים פרק כ"ב דף כ"א.

Bl. 15ᵇ ויכוח לבני ושמעי, Gespräch zwischen Libni und Schim'i über ein Gedicht des Jakob Frances gegen die Kabbalisten, welches in Mantua verboten wurde, verfafst nach dessen Tode von Immanuel zu Florenz, 5. Tammus 1667; eine Stelle aus David ibn Jachja (Bl. 17ᵇ) hat Piperno Bl. 55ᵇ.

Bl. 18ᵇ ויכוח, melodramatisches Gedicht, verfafst für die musikalische Gesellschaft *Anelanti* in Florenz 1670, לבקשת בני חברת השואפים יצ"ו אנילאנטי בלע"ז בעיר פירינצי משמיע קול עלי עוגב וכנור ע"פ הכמת המוסיקה.

Bl. 20 ויכוח רכב ובענה, Dialog über die Mittel, als Gelehrter zu gelten, gegen die Prediger, welche durch נוטריקון, גימטריות u. dgl. Bewunderung erregen, nebst Gedicht: רוחי גבוהה (auch Cod. Benzian 14).

Hier endet der I. Theil.

Bl. 22, Theil II. שירים שירות קינות פזמונים ופיוטים, Lieder, Hymnen u. s. w. mit verschiedenen Ueberschriften; u. A. auf das Bildnifs eines „grofsen Sängers," genannt Immanuel (Bl. 23).

Bl. 24 קונטריס שירי הנשואין לרבותינו הצרפתים, zur Hochzeit des *Isak b. Salomo Supino* (סופינו) mit *Rebekka bat Ahron Karo*, von Jakob Frances, gedruckt (Catal. Bodl. 1212).

Bl. 24ᵇ שיר לאשקי"פים עברי, zur Hochzeit des Immanuel Frances mit der Jungfrau *Mirjam Vizino* (ויזינו), gedruckt (? ib.), nur 7 Strophen in Ottavarima.

Bl. 25, zur Hochzeit des *Mordechai b. David Vizino* mit *Blanca bat Ahron di Soria* (סוריא) in Livorno im J. מרדכ"י ב"ן הד"ר (340 = 1580!).

Bl 25ᵇ, zur Hochzeit des *Elieser b. Salomo Chai Sunigo* (סוניגו) und *Sara bat Josua Norzi* in Mantua.

Bl. 26, desgl. des *Samuel Cordovero* und *Hanna Vizino*, von Immanuel.

Bl. 26ᵇ, desgl. seines Schwagers *Isak Lombroso*, unterschrieben עקיב נשיא פרס (d. h. יעקב פראנשיס), gedruckt (Catal. Bodl. l. c.), mit Reimprosa, worin sein Schwiegervater *David Lombroso*, dessen Bruder *Mose L.*, *Jakob Levi*, *Mose Sacut*, *Jomtob Valvason* (ואלוזון s. unten S. 36) und der Bruder Immanuel als Dichter und Stylisten erwähnt sind.

---

[1]) יכין ובועז, Cod. Luzz. 93, vielleicht Autograph.

Bl. 29 קונטריס פיוטי הימים טובים וימי הפורים, für eine Genossenschaft in Florenz. Zuletzt wird bemerkt, dafs sich Aehnliches unten Bl. 38—39 finde.

Unter den verschiedenartigen Gedichten von Jakob und Immanuel, welche nun (Bl. 31 ff.) kommen, ist ein Gedicht zum Tadel des Goldes (Bl. 31) bei Piperno Bl. 57ᵇ abgedruckt, Bl. 36 eines an *Jakob Valvason* (ואלוזון)[1]) gerichtet, Bl. 36ᵇ ein Distichon, dessen einzelne Wörter auch rückwärts zu lesen sind, Bl. 37 ein Reuelied.

Bl. 38 שירים ופיוטים, worunter Bl. 39 für die שואפים „*Anelanti*" in Florenz (vgl. oben 18ᵇ).

Bl. 40 קונטריס התוכחות, die 2. תוכחה bei Piperno Bl. 59 abgedruckt.

Bl. 41 zwei תחנות.

Bl. 42 ציונים, Grabschriften, zum Theil satyrische, von Immanuel, darunter Bl. 42ᵇ auf seinen erstgeborenen Sohn David, auf seine (eigene) Frau Hanna, ital. *Grazia* genannt. Bl. 43 auf *Jakob Sasso* (סאסו) 9. Ab בבית (1654), Schwiegervater des Bruders des Dichters: Jehuda, und die Schwiegermutter שבתינה (*Sabbatina?*) *Sasso*; auf *Sal. Esobi*, auf Verlangen des Schwiegersohnes Abr. Baruch מינני in Livorno. Drei verschiedene Distichen des Jakob Fr. für Plätze des Friedhofes in Mantua (gedr. bei Ugolini Bd. 33).

Bl. 43ᵇ קונטריס הקינות, zuerst auf den Vater David, gest. zu Mantua 15. Adar (Frühling) 1651; dann (44) auf die erwähnte Frau und die beiden Kinder David und Esther, gestorben 1654; dann (45ᵇ) auf den Tod seiner Frau Mirjam (geb. in Ferrara 1640, geheirathet 11. Nisan 1656 in Mantua), nachdem sie am Sabbatausgang 27. Schebat 1663 einen Sohn Isachar geboren (während der Vater in Florenz war); an dessen Beschneidungstage erkrankte sie und starb 12. Adar, der Sohn Isachar in Florenz in der Nacht des Donnerstag 28. Ab 1664. Ferner (46ᵇ) auf den Tod des Bruders Jakob, gest. in Florenz, 52 J. alt, 5. Tamus 1667. — Bl. 47 auf den Tod des גאון החסיד מדינא *Schemaja di Medina* in Venedig, 13. Sivan 1650 (היוד),[2]) mit rhetorischer Einleitung von Jakob Frances (unterschrieben in Mantua), von welchem auch die folgenden: Bl. 48 auf Asarja [*Piccio*, vulgo Figo][3]), Jehuda [di Modena][4]) und Elia, 2 רבנים in Venedig, Samuel Mas'ud, am 23. March. 409 (התח, nicht bezeichnet) und Bl. 49 Menachem Cases[5]), Rabb. in Ferrara, sämmtlich gedruckt (Catal. Bodl. l. c.).

Bl. 50, an *Abraham Kochab*, der ihm italienische Verse (שירים לועזים) schickte, und dem er Vorwürfe macht, die hebr. Sprache hintangesetzt zu haben (von Immanuel?).

Bl. 51ᵇ Klagebrief des Immanuel Fr. an *Josef Fermo* (nach dem Tode der zweiten Frau und des Bruders) bis Bl. 52.

2 Zuletzt eingeheftet 3 Bl. 8°. אלה הם משלי בן סירא ע"ס האב"ג, die Sprüche des Pseudo-Siracides, anfang. אל תתן דאגה, dann תוכחת מוסר על פי מעשה עם פי' קצר הנקרא

---

1) S. Catal. Bodl. S. 1414.

2) 13. Sivan 1648 soll die Grabschrift angeben (Catal. Bodl. 2516, איצר נחמד III, 145), aber auch Luzz., Serap. S. 25, hat **1650**.

3) Starb 1. Adar 1647, s. Add. zu Catal. Bodl. S. 647.

4) Starb 27. Adar (21. März) 1648, s. Add. zu Catal. Bodl. S. 1345; *M. Soave, Corriere Israel.* 1865 S. 382, kennt den Tag noch nicht.

5) In den Add. zu Catal. Bodl. S. 1212 ist ungenau die Elegie selbst auf Moses Cases bezogen, s. Catal. Bodl. S. 3038; die HS. bei *Nepi* S. 233 ist also nicht 1658 verfafst.

יהדך מן טיבותא אל תמנע. הפי' שחייב אדם בכל עת ובכל רגע לעשות צדקה, anf. קול יהודה, Ende des Comm. כי שבע תועבות בלבו.

57. (Ms. Or. Qu. 489.)

349 Seiten, italien. Cursiv, beendet in der Nacht des 4. Jan. (יינארו) 380 (1620) zu Bologna von Abraham b. Meschullam aus Modena. Nicht sehr correct.

אמרי נועש, Lexicon des Salomo b. Meschullam *da Piera* (דא פיאירה, um 1408), Vorrede und I. Theil: Reimlexicon, beginnend mit der Sylbe אָה, אֶה, אִי, אוֹ, אוּ, dann אָב, אֵב u. s. w., dann אַג u. s. w., Buchst. ב beginnt wieder (S. 27) בָה u. s. w. bis תית. Die, ohne bestimmte Ordnung, aufgezählten Wörter und Phrasen beschränken sich nicht auf die Bibel.

Ein Besitzer hat am Rande die Vorreden verschiedener Werke citirt, in denen die betreffenden Reime vorkommen. Zwischen S. 312—13 fehlen die Reime von קיר bis Ende von ק' (קש, קת).

Aufser diesem sehr umfangreichen hebr. Reimlexicon sind aus dem Mittelalter noch zwei ältere bekannt, בעל הכנפים (Hebr. Bibliogr. 1869, IX, 138) und ערמת חטים von Jehuda השערי (wahrscheinlich Siciliano, Hebr. Bibliogr. XVI, 20). Ein Reimlexicon von אב bis תית von Salomo מפינצי פינצי (Hebr. Bibliogr. XVII, 77) im Londoner Bet ha-Midrasch 520, 1069 (geschr. 1651) gehört dem xvi. Jahrh. an.

Ueber die beiden hier nicht vorhandenen Theile und deren HSS. (Cod. Luzz. 20 hat 126 Bl. 8°) s. Catal. Bodl. 2386. — Die weitläufige und schwülstige Vorrede beginnt: אמר שלמה בן משלם דא פיאירה זלה"ה אם שלמים וכן רבים אשר אתני; die Stelle über sein persönliches Schicksal (S. 1) lautet:

ואולם הי אני הנה בשמים עדי וסהדי, כי לא כן אנכי עמדי, במקום שאין המון סאון נהדי, וילך הלוך וקרב ויבא אצל עמדי, והשאני רוח עועים יתר שאת מחוץ לאהל מעדי, וצבא מיודעי ושועי ואחי ורעי נדדו ממני ואני נשארתי לבדי, לא בכל זאת נתקו זמותי, לא אבדו עשתנותי, כי אמרתי אולי בתוך המוצאות תוצאות חיים ובינות לגלגלי מאפלי התמורות, יהי מאורות, ובקרב הפריד הביר, ובתוך הפיזור צבור, ובין המנוד והנוע, מנוח והנחה ומרגוע, יש נגרש נירש נואש מטוב בודד נודד ממקומו, ובארץ נכריה בשנותו את טעמו, יהי אלקים עמו, ויכון שמו. כמוני אני אני, אשר קורותי גרשוני, מהתלונן בצל קורתי, ומהסתפח בנחלת אבותי, והזמן מהשב להרע, הרחיק ממני אוהב ורע, אף גם זאת לא נחלה (so) נפשי בי והייתי בעיניו כמתעתע, אבל השיב ידו מבלע, ועם היות הליפותיו אדר יקרי הפשיטו ונשאו את רדידי, הלבשני בגדי חפש כבידי, הדש עמדי, ואם הדלו קרובי אלופי ומיודעי, אנה לידי בארץ נוד אדירי כל חפצי בם מליצי רעי, הברים לקולי מקשיבים, ועמי התנו אהבים, אחים גם יחד שהם הרחיבוני, ואהבת חסד אהבוני.

Die Stelle über *Don Benveniste* s. Hebr. Bibliogr. XV, 57. Auf die Vorrede folgt (S. 7) ein, durchaus auf דים reimendes Gedicht, anf. לפנים נבאו כמה נגידים, נבוני לב בשיר הוכבי צמדים, endend in der 71. Zeile שכן קמיו לצחק על נבואות לפנים נבאו כמה נגידים; dann folgen, mit der Ueberschrift סימן und עוד סימן אחר, die beiden kleinen im Wiener Katalog S. 120 abgedruckten (hier in umgekehrter Ordnung, u. zw. Z. 2 ההל ובלה, Z. 3 ומשפטיו והקיו אל דבקיו, und 2 Z. 1 בתת אותי für בתאוותי); die Zahl 72 ist die der Verse. — Ueber den Verf. s. Hebr. Bibliogr. XVI, 86; vgl. XIV, 98.

58. (Ms. Or. Qu. 490.)

Baumwollenpapier, 60 Bl.; die ursprüngliche schöne runde, nach rechts neigende rabbin. Hand (XIV. Jahrh.?), von Bl. 20—57, ist vorne und hinten durch eine nachlässige spanische Cursiv ergänzt. Zu Anf. Siegelabdruck des *Abraham Alfandari b. Elia (?)* und Namenszeichnung, vor welcher später der Sohn *Nissim* (לשמי נסים בכמה"ר) den entsprechenden Zusatz gemacht.

פירוש ספר ב"ח האמצעי להרלב"ג מהמאמר י"א עד הסוף, Noten des Levi b. Gerson zu *Averroes'* mittlerem Commentar über Tract. XI. ff. der Thiergeschichte, d. h. der IV Bücher *de partibus* und V *de generatione animalium* des Aristoteles (vgl. MS. Qu. 290), wovon jedoch die HS. nur XI—XV. enthält. Ich glaube dieselbe HS. (als Cod. Netter 19) noch bis Mitte B. XVIII gesehen zu haben. Anf. וזה שהסדרים הדבריים הכוללים יכלול עליו ספר המופת ר"ל שכבר התבאר שם שבכל מלאכה עיונית יחויב שיקדם אל העיון בה העיון בכוללים ... Tr. XII Bl. 6ᵇ, XIII Bl. 20ᵇ, XIV Bl. 35. Ende des XIV. Tr. (Bl. 44ᵇ) וכאשר היה זה ארצי לא יצטרך לבירור מן הדם החלקים הארציים וזה מבואר מאד.

XV Bl. 44ᵇ Anf. . . . המאמר הט"ו. בעבור שדבר במה שעבר מאלו המאמרים בתועלת אבר (lange Textstelle etwas verkürzt); Ende: יהיה הכח הפועל והמתפעל בהולדה מחוברים בו תמיד וכבר ביארנו זה ביאור יותר שלם 1) בביאורנו לספר הצמחים. ופה נשלם מה שכיונו בביאורו אל המאמר הט"ו ונעתק לביאור המאמר הי"ו.

Levi knüpft an einzelne Stellen 2) des Averroes (nach der hebr. Uebersetzung des Jakob b. Machir, s. MS. Qu. 290) kurze erläuternde Sätze und schaltet selbständige Erörterungen ein, welche meist mit א"ל (אמר לוי) beginnen.

Einzelne Randnoten beweisen, daſs die HS. collationirt ist, Bl. 1 liest man: א"א זה החכם עצמו דבר . . (vielleicht vom Besitzer?).

HSS. des unedirten Werkes finden sich in vielen öffentlichen Bibliotheken.

59. (Ms. Or. Qu. 497.)

499 Bl. und 2 Vorbl., kleine italien. rabb. Hand um 1560—1618, höchst wahrscheinlich Autograph.

Anonyme Anthologie aus dem Buche זהר, mit Angabe der Stellen am Rande, welche ohne Zweifel der Ausg. 1559 entsprechen. Die Hauptabtheilungen werden durch „Tempel“ היכל bezeichnet, u. zw. היכל תורה, dann Bl. 36 עבודה ה', 162 גמילות חסדים, 174 דין, 206 אמת, 215 תשובה, 222 גן עדן, 246 גיהנום, 272 כסא הכבוד, 372 בית המקדש, 393 שבת, 464 קדושה, 484 ארץ הקדש, 493 תחיית המתים. Diese zerfallen wieder in „Pforten“, z. B. der 1. Tempel in שער מתן תורה והלכות, 7 תורה ולומדיה, 26 תיבות ואותיות, 32 כתובים וספרים u. dgl.

60. (Ms. Or. Qu. 498.)

155 Bl., kleine italien. Cursiv, gegen Ende XV. (?) Jahrh. Besitzer: *Benjamin Pesaro.*

1 [מסכת אבות] der talmud. Tractat *Abot,* Text in gröſserer Schrift und punktirt, 3) mit dem Commentar des Maimonides, dessen Einleitung, bekannt als שמונה פרקים

1) Diese Hinweisung auf eine Erklärung von *de plantis* ist den Bibliographen entgangen.

2) Dieselben sind leider nur am Anfang der HS. durch rothe Schleifen hervorgehoben.

3) Die Punktation hat allerlei Eigenthümlichkeiten, z. B. häufig ֿ für ָ, הָלֵל für Hillel, אַהֲרֹן, יְהוֹשֻׁעַ.

(„8 Kapitel"), vorangeht. Die Vorrede des Uebersetzers Samuel ibn Tibbon s. in MS. Fol. 567.

2 Bl. 61 ביאור דברי קהלת (so) לר' לוי בן גרשום, Commentar über Kohelet von Levi b. Gerschom, Text mit Vocalen und Accenten, verfaſst 9. Cheschwan 89 (1328).

3 Bl. 100b — 139b ביאור שיר השירים, Comm. Hohel. desselben.

Beide öfter gedruckt (Catal. Bodl. 1612).

4 Bl. 142 רוח חן, eine anonyme Einleitungsschrift in die Religionsphilosophie des Maimonides (das erste Kapitel beginnt Bl. 142b, das Vorangehende fehlt, jedoch schon lange, wie die Censurvermerke beweisen); verschiedene Angaben und Hypothesen über den Verf. s. Catal. Bodl. 2591 und Hebr. Bibliogr. 1864 S. 63 (vgl. Zunz, Litgesch. 466, Catal. München 210 4).

61. (Ms. Or. Qu. 509.)

Pergament, 265 Seiten, italien. Hand des XIV—XV. Jahrh. Dieser Cod. und ספר המצות קצר (s. 383 Fol.) wurden von *Menachem* b. Abraham an seinen Freund *Daniel* b. Jekutiel für 5 vollwichtige Dukaten verkauft (S. 263). S. 264 verzeichnet *Jekutiel* b. Elia die Bücher, die er (bei Erbschaftstheilung?) erhalten (נפלו בגורלי); voranstehen die obigen beiden, dann u. A. סידורילו *(Sidurello)*, ס' מעשים, ס' תדיר, zuletzt ספר מספיר ספר מנסינם דליזולא דפוסטה (. . . *de l'isola di Posta?)* und ספר דאורלאנדו, wohl *Orlando furioso?* — S. 265 sind Geburts- und Todesfälle von J. 1480—93 (*Daniel*) notirt, darunter die Frauennamen *Bencivenuta* (בינציוינוטה) und Rosa (רוסא).

1 מעלות המידות, Ethik [von Jechiel b. Jekutiel, XIV. Jahrh.], beginnt mit dem kleinen Gedicht בשפת עט אגידה הידות, dann Vorrede, Index (das Exempl. der Cremoneser Ausg. in der k. Bibliothek ist zu Anf. defect). Zuletzt (S. 252) das längere Gedicht, welches nach der Ueberschrift am Schluſse verfaſst worden.

2 S. 255 רפואת הגויה להכם ר' יהודה החריזי ז"ל כאשר כתבם הרב ר' משה בן מיימון זצ"ל בספר המדע, diætetische Verse des Jehuda Charisi (XIII. Jahrh.); Ausgaben s. im Catal. Bodl. 1315; vgl. Hebr. Bibliogr. XVII, N. 101: Anzeigen.

3 S. 259 ein Gedichtchen, angeblich von Mose Maimonides (nachzutragen unter *spur.* im Catal. Bodl. S. 1937), anfangend:

שמעו נא אל דברי הרופא   עם נבון החזק והרפה
ביאר אל כל מחלה מרפא   מהודש אל חודש איך יצפה
איש איש את גופו אך את הפה   עבור יהיה בריא וגם יפה
יפה כאיש יהיה   גם רוב שנים יהיה
מי שישמור מצוותיו   וחוקותיו ותורותיו.

Dann folgen in derselben Form 12 Strophen über das Regimen in den 12 Monaten: תשרי הוא הראש לחודשים בו יתערבו רוחות הקשים; Ende אך תאכל החמים הבצלים והשומים.

4 S. 262 זה מצאתי בספר אחר, ebenfalls Regimen nach den Jahreszeiten und 12 Monaten, anf. מתקופת ניסן ועד יום ה' של חודש סיון יאכל אדם מאכלות עם ריחות טובות, bricht im Monat Schebat ab, weil der Abschreiber nicht weiter vorgefunden; vgl. Cod. 545 Qu. Bl 42b in anderer Reihenfolge, auch sonst nicht selten.

62. (Ms. Or. Qu. 511.)

Kl. Quarto, 157 beschriebene Bl., blasse Abschrift des Samuel b. Menachem aus *Soliano (?)*, 1585 in *Spezzano*, aus einer HS. vom J. 1486 durch *Rafael* aus Modena (d. i. Cod. de Rossi 1365). Bl. 66: היום יום ז' יז"ל מים מדליו וירום מאג"ג מלכו למספר בני ישראל שנת הש"ם גבולך שלום ליצירה למספר קטן פה ספיצאנו נעתק מספר קדמון נה"י שמואל בכמ"ר מנחם סולייאנו הרחמן למען יהמיו ... דכתיב כל המהלה.. Bl. 155[b]: והיתה השלמת העתקת הספר הזה מהעתקה ישנה ע"י כמ"ר רפאל ממודינה אשר העתקתו היתה יום ג' כ"ד תמוז שנת רמ"ו לפק הלוה אלי איש נכבד שמו כמ"ר נחמיה מרובי"רה(1 יצ"ו והיום כ"ד תמוז שנת הש"ם נפשנו בחיים העתקתיו פעם שנייה אני שמואל הקטן בכמ"ר מנחם מסלייאנו זלה"ה פה בבוך ספיצאנו תחת ממשלת האדון מרקו פיאי יר"ה שהוא סמוך לעיר מודינה כמו עשרה מילין תחת ממשלת הדוכוס אלפונסו דאיסטי ירום הודו אמן ואשר בידו למחוץ ולרפא יקיים בנו קרא דכתיב כל המהלה ... כי לפי דעתי הפירוש האמתי מזה הפסוק הוא כך ......; folgt Erklärung des Verses. Der Cod. gehörte *M. Mortara.*

1 Bl. 1—58[b] האפוריסמי דאיפוקראטו, *Aphorismen* des *Hippocrates* mit Commentar und Noten, s. unten Cod. 517 Qu.

2 Bl. 59—66 סימנים יורו על טוב החולי ועל הפכו הנקראים פרונושטיקה לאפוקרט וכה אמר, „*Prognostica*“ des *Hippocrates*, aus dem Lateinischen (z. B. לעיין סביבות für *circa*) frei bearbeitet von einem Anonymus (aus Orange? nach Renan) um 1197—99 (s. Virchow's Archiv Bd. 37 S. 407, Bd. 42 S. 98, Catalog der Hamburger h. HSS. S. 136, Hebr. Bibliogr. XVII, 59); der in anderen HSS.[2]) gewöhnliche Titel הידות והשגחות (auch הכרות) erscheint hier am Schlusse: ונסיתי בגבולות מזרח ומערב צפון ודרום. ואל תבהל ברוחך לבלתי הוחיל סימני האותות, כי בלי ספק ספר החידות והשגחות יהיה לפניך דרך הרחבה שלא תטה ימין ושמאל. רק יהי לבך ער ולהיות עיניך פקוחות לראות ואזניך קשובות לשמוע ולהבין בכל אשר צויתיך ואל ימוט לבך גם לא יעיפו רעיוניך מחולי לחולי ומדבר לדבר לבלתי עלות במסלה העולה דרך גבולינו ממספר ימי הגבול אות שלים ומרפא. תמו דברי החידות וההשגחות שבה לבורא רחות (לשכן ערבות (Münch. Hingegen fehlt hier zu Anfang das Gedicht, dessen Akrostichon vielleicht Elia (Donnolo, Index S. 104 unter Anonymus), und das in die Worte des Verf. übergehende kurze Vorwort des Uebersetzers.[3]) Buch II. beginnt Bl. 60 נאמר על צבות [המים] הרעים, B. III. Bl. 63[b] נאמר [על ה] בהקדחות. — Das Werkchen gehört zu den ersten hebræischen Uebersetzungen aus dem Lateinischen.

3 Collectaneen über Uroscopie aus verschiedenen Quellen, ohne ganz sichere Abtheilungen.

---

1) *Rubiera?* Vgl. Hebr. Bibliogr. XVI, 132.

2) S. Catal. Lugd. S. 325; Par. 1191,[6], im Index falsch unter הקדמת הידיעה, welcher Titel nur in und aus arabischen Quellen (تقدمة المعرفة) vorkommt.

3) [טב] אב ואם תקרא אז אח וגם אחות דברי איפוקראס על הידות והשגחות
לילה ויום תהגה בהם ותקראם אלה פעמים אז יותר ולא פחות
יבא שלים הכמה ישכב וינוח הילך למישרים עמך ובנתיבות.

Das Wort טב (zum Sylbenmaafs gehörig) hat meine HS.; ohne dasselbe erhält man אלי und ה im letzten Halbvers. — Dann folgt: זה ספר חידות והשגחות (הוא) הנקרא בלשון יון פרונושטיקש בלעז אשר מענין אחד יהוד וישגיח ענין אחר כמו שמשגיחין בבת קול אשר בשמעו דבר אחד יוצא מפי המדבר לחיות ישגיח ויהוד הוא בו ענין אחר ממה שהיה בלבו להשלים או לבלתי השלימו. אז נכון לקרא ספר האותות בהויות בידיעת המות והחיים. והברו החכם איפוקרס מאותות הנהגת החולה יכחיד בו לרע או לטוב. וכן אמר || אמר המתאוה לעלות במסלה העולה בחכמות הרפואות למעלת האהבה והכבוד. Translatio antiqua beginnt: *Omnes qui medicinae artis studio seu gloriam.*

a) 66^b: מראות השתן מקבלת יצחק הישראלי מפי יוסף בנו, angeblich von Josef b. Isak Israeli, nach Tradition des Vaters; allein der berühmte Uroscop (x. Jahrh.) starb kinderlos! Andere HSS. s. in Ersch und Grub. S. II Bd. 31 S. 82, Catal. Lugd. S. 158, Hebr. Bibliogr. 1859 S. 98, wo eine Uebersicht uroscopischer hebr. Handschriften. Unsere stimmt mit Hamb. 124 (N. 309, S. 137 des Catalogs) mit sehr unbedeutenden Varianten, z. B. Bl. 68 לדון עליו und . . השתן (so): תמצא בספר.

b) 68 unten (bis 68^b): . . צבעי השתן השרשיים בקיצור הם נמנים. האלבוס פי' לבן ציטרינו . . . בכלל אלבוס (= *subalbus*) . . . שנעתק האדום החזק יורה ליחה שחורה. תם ונשלם . . .

c) 69: . . אמר החכם (ואם שמו לא הגיד לי) למה נקרא השתן אורינה ע"ש שנעשית ברינ"י; enthält viel בלעז und zählt 20 Gattungen: מראה הא' הוא השחור יכול להורות ג' ענינים. כיצד כשהשתן דמותו שחור ובתוכו נראה כמו קליינ"י . . Bl. 70 ist von den 4 Theilen des Körpers die Rede (3 und 4 sind Organe), welche 4 Arten Urins entsprechen: 1. . . עגול ומי התנאים ישקעו שמריו . . ציר"קולו etc. Ende Bl. 74 ואין לו תנועה, ויהיה הדבר הזה מועיל ומספיק בעניני השתן ועוד יבואך ספר פרטי עם ביאור חלקי השתן. תם ונשלם . . . Das 10. Kap., von dem Urin des Mannes und der Frau, beginnt: שתן האשה בכל ענין יותר עב וחזק הלובן.

d) 74: באקיות המורים מן השתן הכרכומי הבריאות וההולי יחד. השתן הכרכומי והאתרוגי הרקיק בקדחות מורה על אורך החולי. In gleicher Weise werden durchgenommen die Bedeutungen des (?) סופאלידו והוא גרוג פריש (*subpalido?*), לבן (wo פלאג vorkommt, also aus arab. Quelle?), מימיי, הרו"ש הוא אלשקאו u. s. w., zuletzt (76^b) שחור; dann von Veränderung der Farbe (77), שתן הדק (77^b, wo באזאו ועדבוב השכל), העב (78), רבויי השתן und zuletzt (79) die Hypostase: האיפושטוצי; Ende: שתן קצוף ענביי מורה כאב הכליות וזה עצור הלחות הקצרים מן הכליות. תם ונשלם . . .

4 79^b תחלת דברי מאברוס מן ההקזות, über Aderlafs von *Maurus* (Arzte aus der salernitan. Schule), wahrscheinlich aus dem Lateinischen übersetzt von einem Anonymus, anf. אמר הנה נדבר בקצרה מה שנבאר מזה ונאמר באיזה חלאים צריך להקיז; Ende (Bl. 84^b) וישאר בכלי כמו ארגילא בתחתית. נשלם ספר ההקזות [אל הרופא המובהק מאשטרו מאברו הנקרא בלשונם (מבלוטומיא[1] מברוש תל"ח]; anstatt der eingeklammerten Worte hat Cod. München 29 Bl. 255, in Distichen fortfahrend: של מברוש הרופא || שבח לידע רזות ולכל חולי ישראל רופא, wo ישראל überzählig. Siehe Virchow's Archiv Bd. 40 S. 93 und eine Stelle über Salerno und Montpellier daselbst Bd. 42 S. 53. — Hier folgt noch Bl. 84^b Verschiedenes, u. A. Bl. 85: סוגי הקדחות שלשה, 85^b הנהגת הבריאות, 86^b חרוז, Gedicht über Aerzte.

5 89: זה ספר הנקרא מיס' אנטוניאו דגוורניראו (oder כלל מהקדחות), ein Werk über Fieber von *Antonio Guernerio*, oder *Guaineri,* aus Pavia (gest. 1440?), wahrscheinlich aus dem Lateinischen übersetzt von Salomo b. Mose Schalom, dem Spanier (um 1470), der in der Vorrede (s. Anhang) u. A. auch eine Uebersetzung von פנדיטטי [vielleicht für *Pantegni??*] und des *Consilium* von [Barth.] *Montagnana* [st. 1460] verspricht. Auf die Vorr. folgt ein Specialindex: זה הכלל מהקדחות נחלקות (so) לג' חלקים; Th. I., über Quotidiana, enthält 1. Kap., II. Fieber der Säfte (להיות), zerfällt in 5 חבורים, der 5. nämlich von zusammengesetzten und Pestilenzfiebern, zu je 2, 8, 7, 6 und 6 Kapp., III. Fieber der Glieder in 3 Kapp. — Anf. החלק הא' יש בו פרק אחד

[1]) Für Phlebotomia.

והוא מקדחות היומיות. אמר המחבר בהיות שכונתי בזה הכלל מהקדחות להמשך עם השר אבי עלי אומר שהקדחת היא חום נכרי מתלקח בלב ויוצא ממנו באמצעות הרוח והדם בדרך השריינים[1] והעורקים בכל הגוף; Ende Bl. 155ᵇ: והאמנם מהעפת הבשרים והעשבים תעשינה כפי כונתך וזה מדקת הזקנה ורפואתה בקצרה ויספיק לך. והנה נשלם זה הכלל מאשר ישתבח ויתעלה שם הרופא לכל מחלה, ולו השבח והתהלה אמן.

Bl. 155 verweist der Verf. auf die Recepte zur Wiedererlangung der Jugend im 7. Buch von Ovid's Metamorphosen, wozu der Uebersetzer bemerkt: אמר המעתיק הנה אלו ספורים של הבאי ישימו אותם הכמי (!) הפואיסיאה ואינם דברי תועלת ואין בהם אמת כאשר יעשו בעלי מלאכת השיר וההלצה ליפות מליצתם ודבריהם ולא רציתי להאריך בם כי לא יקובל בם תועלת. אך זה אינו יותר זר ממה שהיה עושה אלבירטוס מאניוס שעשה ראש אחד ממין העשבים תחת מבטים מה שהיה מדבר כמו אדם וכמו שעשו ג"כ אלו הבעלי המכשפים בלטיהם אך אמנם אתה תוכל לחשוב איך אפשר לעשות זה ולא דבר כזה על דרך טבע. וה' אלקים אמת ימחה שמם וזכרם מעושה כל זאת בלהט וכישוף. ואניח כל זאת ואעבור אל הרפואה אשר כבר הסכמתי לדבר ממנה דרך העברה כי לעולם או על הרוב תתחבר זאת המחלה עם חולי אחר מהאצטומכא והלב או מאבר אחר ואתה תבקש באותם הפרקים המיוחדים.

Aufser dem Prototyp in Cod. de Rossi 1365 befindet sich das Werk in Paris 1131⁴, 1134³,[2]) vgl. Wolf, B. H. III n. 2011ᵇ und 335ᵇ; nach Carmoly, *Hist. des medecins* p. 105, wäre der Uebersetzer ein Portugiese; er schrieb jedoch im J. 1473 eine Wiener HS. (Deutsch und Krafft S. 144) in Italien (vgl. Catal. Bodl. S. 1575), wo andere Männer der Familie Schalom lebten (das. 2478). Im Index des Pariser Catalogs S. 258 wird Salomo irrthümlich zum Verf. des שר המשקים gemacht (vgl. Catal. Lugd. p. 340).

Eine andere Uebersetzung desselben Werkes vom J. 1483 — vielleicht unserem Uebersetzer nicht unbekannt? (vgl. Ende der Vorrede) — findet sich in dem, erst jetzt erkannten Cod. Leyd. 40,² (Catal. p. 156); sie nimmt Originalwörter auf, welche unser Mose übersetzt; z. B. II, 1 hier רתחיית, K. 2. עפושיית; Pars II hier חיבור, Kap. 1. ידיע בו רפואת השלישית המוזקקת וישים רפואתה; hingegen III, 3 hier אותות וסבת איטיקה דקה (*etica = hectica*).

Das Originalwerk war mir nicht zugänglich. Fabricius, Bibl. lat. med. I, 124, citirt unter *Guaynerius (Gaynerus) de febr. lib. I*, 4 Lugd. 1518 und 1525, dann unter *Guernerius* nur *de mulier aegrit.* fol. 1474, und. vermuthet die Identität der Autoren, welche unsere Uebersetzung durch die Namensform bestättigt. Panzer im Index X, 388 hat nur *Opus ad praxin necessar.* fol. Ven. 1516, 4. Pap. 1518, Lud. 1525. — *Practica et omnia opera* fol. Ven. 1500, 1517. — *De medicina tractt. varii* fol. Papiæ 1481. — Vgl. auch Sprengel, Gesch. der Medicin II, 668 ed. III, Haeser I, 715, 795 (3. Ausg.); Tiraboschi VIII, 710 (nicht VI, wie im Index S. 190) ed. 1826; die Note zu Cod. Fischl 25, S. 14 des Sonderabdrucks aus Hebr. Bibliogr. 1871.

Den Rest des Codex füllen verschiedene Notizen, darunter Bl. 157: גם שמעתי זה הסוד מפי כמ"ר יקותיאל יזי"ו מקמרינ"ו (*Camerino*) למי שהוא נשוך מכלב שוטה ישתה חצי כוס ממי הים ותרחץ הפצע יב'.

[1]) Arab. Wort für Arterie, s. mein Alfarabi S. 248, 254, unten Cod. 553, S. 51.

[2]) Der von Carmoly angegebene *Titel* erscheint auch dort nicht; das in Cod. 1134 folgende Fragment ist die erotematische Bearbeitung der Einleitung des Honein, s. Catal. Hamburg S. 141.

63. (Ms. Or. Qu. 512.)

280 Bl., ungleichartige, Anfangs bis S. 82 runde italien. rabb. Hand, wahrscheinlich xv. Jahrh., dann ergänzt und beendet Dienstag 2. Ijjar 5281 (1521). Gehörte *M. Mortara*, welcher auf dem Vorbl. über den Uebersetzer auf המזכיר (d. h. Hebr. Bibliogr.) III N. 39 S. 125 verweist.

Ohne Titel, zuletzt פרקי משה, die medicinischen Aphorismen des Mose Maimonides, aus dem Arab. von Serachja b. Isak b. Schealtiel aus Barcelona übersetzt im J. 37 (ל"ז zuletzt, Mortara theilte mir irrthümlich 34 mit). Diese Uebersetzung war unbekannt, findet sich jedoch in Cod. Münch. 111, woraus eine Stelle in meinem Alfarabi S. 31; eine andere HS. besaſs der Buchhändler N. Coronel 1871. — Vorrede beginnt: אמר החכם הפילוסוף השלם רבי' משה . . . הקבה בני אדם הברו ספרים (Mose Tibbon hat אנשים רבים), Ende: להביא ראיה לדבריו לא דבר אחר.

64. (Ms. Or. Qu. 513.)

Baumwollpapier, 151 Seiten, alte span. mittl. rabb. Hand, xiv—xv. Jahrh., einzelne Stellen von Würmern zerfressen. Gehörte *M. Mortara*.

שלם המלאכה הרפואית הידוע· באלמלכי, eine bisher unbekannte hebr. Uebersetzung des كامل الصناعة genannt الملكى von *Ali b. el-'Abbas* (עלי בן אלעבאס אלמג'וסי, Bl. 72[b] Ende Tr. II), [1]) nämlich des 1. Theiles Tr. II und III, anf. המאמר השני מן החלק הראשון מספר שלם המלאכה הרפואות הידוע באלמלכי בעניני האברים המתדמי החלקים והוא ששה עשר שערים; folgt Index der 16 Pforten, dann מאמר השני השער הראשון בכלל דבור על האברים כבר זכרנו במה שקדם מדבורינו כי היסודות הקרובות לגוף האדם הם הליחות הארבע ויותר קרובים מהם האברים הפשוטים כי היה מהם הרכבת האברים הכליים וכבר ביארנו הענין בליחות ואנחנו נזכיר במקום הזה הענין בכל אחד מן האברים הפשוטים מאחר זה מאברים המורכבים ונתחיל מזה בהקדמות יצטרך אליהם המעיין בענין האברים ונאמר.

Zur Vergleichung diene der Text nach Cod. Šprenger 1886 Bl. 21[b] (Cod. 1887 ist hier defect), und die Uebersetzung des Stephanus:
قد ذكرنا فيما تقدم من قولنا ان الاسطقسات القريبة لبدن الانسان هى الاخلاط الاربعة واقرب منها الاعضاء البسيطة اذ كان منها تركيب الاعضاء الآلية وقد شرحنا الحال فى امر الاخلاط ونحن نذكر فى هذا الموضع الحال فى كل واحد من الاعضاء البسيطة ومن بعد ذلك الاعضاء المركبة ونبدى من ذلك بمقدمات يحتاج النظر (so) فى امر الاعضاء فنقول. „In precedenti nostri operis tractatu diximus elementa corporis hominis proxima: esse humores quatuor: et illis propinquiora membra simplicia cum ex eis membra componantur organica. Et de humoribus quidem jam dictum est. Hoc autem in loco de uno q°. (unoquoque) simplicium disputabimus membrorum. deinceps autem de compositis: incipiemusque a propositionibus quarum eget speculaturus membrorum naturã. Dico ergo.“

Unsere Uebersetzung benutzte wahrscheinlich Mose b. Elia Galiano (?), dessen Buch beginnt: . . . תולדות אדם מקובץ מס' השלם במלאכה. Derselbe citirt auch den arab. Titel, nach meiner Emendation (Catal. Bodl. p. 929, s. Add.).

---

[1]) Gest. 994. Ueber ihn und die beiden lateinischen Uebersetzungen, nämlich *Pantegni* des *Constantinus Afer* und des *Stephanus* (1127, s. Virchow's Archiv Bd. 39 S. 333), emendirt von *Antonius Vitalis Pyrrenensis* (s. Bl. 318[d] der Ausgabe 1523), s. Virchow's Archiv Bd. 37 S. 356, 400 und 408, Bd. 52 S. 479.

65. (Ms. Or. Qu. 514.)

Pergament, 451 Seiten; deutsche rabb. Hand des Abraham b. Usiel aus Salerno[1]) für seinen Lehrer und Collegen *Menachem b. Menachem;* Pentat. beendet 15. Ijjar 5049 (1289) im 14. J. des 266. Cyclus. — *Jehuda* b. Isak ha-Kohen verkaufte die HS. Sonntag 13. Tebet, 16. December (דיצימרי) 203 (1442) an *Hanna,* Frau des Josef b. Mose in Fano, und bestellte als Zeugen Jehuda b. Elia ה'כ'ב'י'א'[2]) und Benjamin b. Jedidja. *Rafael* b. Josef אצינקנים (?) verkaufte denselben Montag 22. Nov. 212 (1451) an *Jehuda* b. Josef. Andere Besitzer: *Sabbatai* b. Abr. b. Isak und (S. 3) *David* b. Isak. Gehörte 1867 dem Buchhändler *Lipschütz.*

[פירש] Commentar des Salomo Isaki *(Raschi)* über Pentateuch und Megillot, defect bis Anf. Abschn. Noah, mit vielen Correcturen und Randnoten von verschiedener Hand. Die HS., zu Berliner's Ausg. noch nicht benutzt, ist eine der ältesten des Werkes. — Man findet עזריאל S. 3, רבי' נתן בערוך S. 322 zu די זהב (Anf. מסעי), שמעתי מר' משה מרימא שאמרה בשם רבי' סעדיה ז"ל Threni 4, 6, מנחם בר הלבי Threni 3, 28.

66. (Ms. Or. Qu. 515.)

Quarto, 128 Bl., spanische Cursiv, etwa XVI. Jahrh. Besitzer: *Salomo* Ardit, Verf. des Buches שבט שלמה[3]); später *David Abulafia.*

חידושי [בבא] מציעא לרמב"ן ז"ל, Novellen des Mose Nachmanides (XIII. Jahrh.) über den talmud. Tractat Baba Mezia. Anf.: שנים אוחזין וכו' איכא לפרושי כמשים ותנא בפי' הגוזל . .; Ende: ואם תקנטנו לאסור עליו תפישת ידו יטול את עברו. כנ"ל לפרש שמיעה ז . — Ist meines Wissens nicht (wenigstens nicht unter dem Namen des Nachmani) gedruckt; eine HS. Aschkenasi's ist jetzt in der Bodl. Opp. Add. Fol. n. 19.

67. (Ms. Or. Qu. 516.)

98 Bl., spanische Cursiv, XVI. Jahrh.? Besitzer: *„Jacob a coen fante“ (?).* Gehörte *Aschkenasi.*[4])

תוספי רבינו פרץ זצ"ל ממ' מציעא, *Tosafot* des Perez [b. Elia, um 1300] über den talmud. Tractat Baba Mezia. Anf.: שנים אוחזין בטלית תימא אמאי כדרך מציעא אחר ב"ק; Ende: ושלפה עשר זימנן בקרקע פסק ויהב ליה למר יהודה. Die Blattzahl des Talmuds ist am Rande von einem Besitzer angegeben. Unedirt, bedarf genauer Vergleichung mit den enge verwandten gedruckten Tosafot. Nach Neubauer (bei Renan, Hist. Lit. de la France T. 27 p. 451) ist die Bearbeitung jünger; Gründe sind nicht angegeben, kommen vielleicht im nächsten Bande.

68. (Ms. Or. Qu. 517.)

Zusammengesetzt aus 2 HSS., I. 48 Bl. runde, sehr deutliche grösere und kleinere italien. Hand,. wahrscheinlich XV. Jahrh.; zuletzt פה סיינה Siena, wenn ich recht lese. — II. 112 Bl., sehr ähnliche italien. Hand desselb. Jahrh.

---

[1]) Nachzutragen zu meinen Nachweisungen über Salerno in Virchow's Archiv Bd. 38 S. 76.

[2]) Eine noch unsichere Abbreviatur, s. Zunz, z. Gesch. 369.

[3]) Rafael Sal. (1823) bei Zedner, Catal. S. 52.

[4]) Catal. Bodl. p. 2091 ist unter 3: בבא קמא, irrthümlich Kamma für Mezia gesetzt.

1 אפידימי (zuletzt), die Aphorismen des *Hippocrates* mit Commentar, wie in Cod. Qu. 511, jedoch in der ursprünglichen Fassung; der Commentator führt seine erste und die Schlufs-Bemerkung über die Weglassung einiger Aphorismen,[1]) welche er nicht im Lateinischen fand, durch אמר התלמיד „es spricht der Schüler"[2]) (z. B. II, 25 Bl. 11 א"ה"ת) ein, während *B.* dafür אמר האשל הגדול הר' Mose הרופא aus Rieti setzt (B. Bl. 14 אמר הר"ם ז"ל מריאיטי)[3]). Die sonst auf den Text folgenden Erklärungen beginnen in *A.* stets א"ה, in *B.* in der Regel אמר המפרש, und sind aus Maimonides, zu dessen Commentar, nach der (in beiden HSS. fehlenden) Vorrede, Mose Rieti eigentlich nur Zusätze gemacht. — Textvergleiche s. z. B. II, 37 (36) Bl. 13ᵇ, *B.* Bl. 16.

Die Uebersetzung, vielleicht vom Commentator nach dem Lateinischen revidirt (1, 1 liest *A.* והמלאכה מרובה, *B.* ארוכה), ist von Gaiotius edirt (Rom 1647) und rührt von Hillel b. Samuel (xɪɪɪ. Jahrh.) her, s. meinen Brief an Halberstamm zu תגמולי הנפש ed. 1874, S. 25. — Tract. I (endend Bl. 7ᵇ) zählt 25 Aphorismen, II (16ᵇ) 55, III (19ᵇ) 31, IV (30) 83, V (38ᵇ) 71, VI (44) 59, VII (48) 58.

2 [פרקי משה] Die medicinischen Aphorismen des Mose Maimonides [aus dem Arabischen hebr. von Natan Hamati (xɪɪɪ. Jahrh.), s. Catal. Bodl. 1926]. Bei der Unbrauchbarkeit der verstümmelten Lemberger Ausg. „1804" [wahrsch. 1834—35] sind die HSS. von Werth. Die unsere scheint aber diejenige zu sein, nach welcher die Ausg. veranstaltet worden; dafür sprechen einzelne auffallende Fehler, z. B. ספיר Anf. K. 24, איטליא K. 21 Bl. 45ᶜ (für אלאנטכיא, Antiochia, in der HS. Bl. 83 undeutlich), namentlich die Vocalzeichen vieler Wörter auf den ersten Blättern, welche in der HS. zum Theil mit dunkler Tinte hinzugefügt sind. Die Weglassung der Quellenangabe an einzelnen Stellen, z. B. zu Anfang, fällt den Herausgebern zur Last, eben so die Weglassung vieler Stellen, z. B. Bl. 84 (Ed. 45,[4] Kap. 21), unter And. der Schlufsstelle, hier zuletzt Bl. 111ᵇ, welche freilich unvollständig mit den Worten ואחר זה להפסק הממתיח abbricht, wozu eine frische Hand ע"כ setzte.

69. (Ms. Or. Qu. 521.)

Pergament, 364 S., italien. Hand des xv. Jahrh., sehr gut erhalten. Cod. *Benzian 8.*

[כוונות הפילוסופים] anonyme Uebersetzung von Gazzali's مقاصد الفلاسفة, Tendenzen, oder Ansichten, der Philosophen mit dem Commentar des Mose Narboni (1342??) und einigen Randbemerkungen von Mose Rieti (auch מאי"ר bezeichnet), die z. B. in Cod. München 10 (vielleicht auch in anderen HSS. ohne Namen) vorkommen. Der Comm. Narboni's findet sich selten neben einer der anderen Uebersetzungen (von Isak Albalag, Jehuda Natan). Eine nähere Vergleichung der, vielleicht nach den Commentaren modificirten Uebersetzungstexte ist noch nirgends gegeben. Salomo b. Jehuda, im Comment. חשק שלמה zu Cusari III, 5 (Cod. Asher 16),

---

1) In *A.* und *B.* לכן לא אשימם מכשול לפני בהחוכהם, in *A.* undeutlich, leicht לבני zu lesen; vgl. Catal. Bodl. 1042, Catal. Lugd. 289.

2) Ueber תלמיד vgl. Hebr. Bibliogr. 1864 S. 16.

3) Die betr. Anmerkung ist in beiden HSS. minder vollständig als in der Leydener HS., wo die Aphorisme n. 25 ist.

citirt הח' וידאל שלמון[1] בפתיחת העתקתו לס' הכונות, nämlich die Stelle am Anfang des Commentars; er hat also Narboni für den Uebersetzer gehalten, wie die späteren Bibliographen.

S. 364 Copie eines Briefes von Schemtob di Sforno an einen Jüngling in Ascoli, copirt von Mahallalel b. Mazliach aus Aquila.

70. (Ms. Or. Qu. 543.)

Pergament, hoch Qu., 12 Bl., ursprünglich mit den beiden folg HSS. Einen Band bildend; goth. Schrift, XIV—XV. Jahrh.; Einzelnes roth. *Köhler's* Anzeigehefte 1868 N. 168 S. 1; Hebr. Bibliogr. IX, 149; wurde von W. Adolf nach England verkauft, von dort durch Dr. Seligmann hiehergebracht.

Pseudo-*Aristoteles*, סוד הסודות, verkürzt aus dem Arabischen (سر الاسرار) des *Ja'hja ibn al-Bitrik*[2]) von einem Anonymus (XII—XIII. Jahrh.); Assemani zu Cod. Urb. 53 nennt Jehuda al-Charisi, höchst wahrscheinlich durch eine falsche Combination; den Namen des Uebersetzers kennt keine bisher bekannte HS.; s. die Aufzählung im Jahrb. f. rom. Lit. l. c. S. 367, dazu Cod. Cambr., woraus die Physiognomik (s. das. S. 375) bei Jellinek hinter der Predigt des Nachmanides ed. II, Wien 1873 S. 40 abgedruckt ist (vgl. *Jewish Lit.* p. 203, 372), jedoch ohne die einleitenden Worte: אלכסנדר דע לך כי לפי שחכמת הכרת הפרצוף היא חכמה (מן החכמות) שמעיינין בהם . . . מזכמים הקדמונים (bei Dukes, Litbl. d. Or. IX, 195; Cod. Sprenger 943 Bl. 16, latein. Bl. 17 Col. 4). Die Stelle והבט לאנשי אשכנז ist wohl vom hebræischen Uebersetzer eingeschaltet? Das Ende lautet Bl. 11[b]: אלכסנדר דע שזה מספיק לך . . . ולכן התבונן בו; die angehängten stereotypen Formeln: והשם ברחמיו ישכילנו בדרכיו ויאיר עינינו בתורתו אמן סלה, gehören wahrscheinlich dem Abschreiber; meine HS. hat z. B. וה' ברחמיו יצליחך בו. Biscioni (p. 531 ed. in 8°) führt 2 Stücke anonym auf.

2. (11[b], Rand: מלאכת מי הזהב) über Bereitung des Goldwassers, an Alchemie streifend, vielleicht nach lateinischer Quelle, etwa aus einem medicinischen Werke; anf. שמעו אלי בנים והטו אזנכם כי אגלה לכם רזי החכמה הנעלמה אצל הפילוסופים ואני הניגן מגלה סתרים ואעבור על דברי מורי' כי לא ראתה עיני למניע טוב מבעליו . . . ., eine lange marktschreierische Anpreisung der חכמה unter Anderem (l. Z.) כי לא הבינו דברי החכם הגדול אריסטוטלוס אבל אנחנו צעירי הצאן באנו בעקבי הגדולים ויגענו ומצאנו עד שהגענו לדעת הפילוס' הגדול עד אשר לא נשאר אצלנו ספק. Bl. 12 השמן הוא האויר ומועיל לזקנים, dann האש הוא ומהעפר גם יש לו פלאות גדולות . . . ותדשתי"ליר (!) אותו בתוך מופלא לעשות ויש מן האומנים שאינם יודעים להפריד' 12[b] פיטר"א . . . . תעלהו דרך האלנבי"ק[3]) . . . . ועתה אגלה סודות ממי הזהב . . . . והמשכילה והיודעה אשיהו ואשרי הה' יסודית; zuletzt יולדתו. אחרי אשר הננו הש' את הבנה ובינה. תם. Die Kunst Todte zu beleben schreibt der Wunderdoctor Gott allein zu (Bl. 12).

---

[1]) Vidal Salamon hiefs Menachem Meiri (Catal. Bodl. p. 1729); so citirt Natanel Caspi zu Cusari III, 1: כמו שפירש הח' בן וידאל שלאמון בבי' מס' משלי, den Comm. Meiri's zu Spr. 11, 17. Oben mufs בירשלים für שלמון emendirt werden.

[2]) Vom arabischen Text giebt es zwei Recensionen, s. meine Nachweisung im Jahrbuch für roman. und engl. Lit. XII, 369, wo nachzutragen aber auch zu berichtigen: Flügel (Wien) III, 258—60. Ueber Benutzung in den Schriften der „lauteren Brüder" s. Hebr. Bibliogr. XIII, 14, 104.

[3]) lies אלאנבניק? s. Alfarabi S. 245; H. B. XV, 103, XVI, 101 A. 1.

Zuletzt eine Notiz von 6 Zeilen הנהגת החכם מיישטר ארנט דווילא נובא לקורדייקא ולנשיניקופיש (so) ולעזיק.

71. (Ms. Or. Qu. 544.)

Pergament, 56 Bl. (s. vorige N.), S. 1 verwischt. Hebr. Bibliogr. IX, 170.

1 שושן הרפואה, anonymes medicinisches, unbekanntes Compendium (xiv. Jahrh.?) nach Avicenna, Galen, Hippocrates, anf. אמר המחבר הנה מאד כיוונתי .. (?) המאמר מהיות פועל ועושה . . . אחרית המעשה, והגיעני זמן להנסה, אם ירויץ הקולמוס ב . . א (?)[1]; soll 2 Vorreden und 3 Tractate enthalten. (?) ההקדמה ראשונה. אומר ואני נפשי (so) הצלתי. ערך העיון וההשקפה; Bl. 16 . . . ואמנם לקיים מאמר זה מחכמי התלמוד ע"ה יגעתי ומצאתי האמן לשום בזכרון זה לימים הבאים עלי אם יגיעני השם לעת הזקנה. Das Uebrige scheint in Unordnung gerathen; das Fragment bricht Bl. 8ᵇ im 9. Kap. von Nierenkrankheiten ab; s. Hebr. Bibliogr. l. c.

2 Bl. 9 מבוא המלאכה, Recepte über *Avicenna*, Kanon, Buch IV Fen 1 von *Bernard Alberti* (אלבירט), aus dem Latein. hebr. von Abraham Abigedor (geb. 1351); s. zu Cod. München 297 ². Das Buch ist unter dem Namen des *Gentilis de Fulgineo* gedruckt, s. mein *Letteratura Ital. dei Giudei*, Art. III § 7, und die Miscelle in Rohlfs' deutschem Archiv für Gesch. d. Medicin 1878.

3 Bl. 39 (מגלה) Verzeichniſs der einfachen und zusammengesetzten Digestiva und Purgantia von *Arnaldus de Villanova*, aus dem Lateinischen von demselben Abraham in Montpellier 1381; das Original scheint unbekannt und eine andere Uebersetzung von *Todros b. Mose·Jomtob* in Vat. 366,² (vgl. Virchow's Archiv Bd. 37 S. 384); s. Hebr. Bibliogr. IX, 172 und Cod. Hamb. 123.

4 Bl. 45ᵇ מבוא הנערים, aus dem Latein. des *Gerard de Solo* von demselben Abraham (1379), über Fieber in 5 Kapp., mit einer (in der Ausgabe nicht vorhandenen) Vorbemerkung Gerard's hinter der Vorrede Abraham's. S. Hebr. Bibliogr. l. c. und zu Cod. München 296.

5 Bl. 54 שער בסבת עקרות הנשים ורפואת עקרות הנשים. אמר סיבת עקרות הנשים היא דריסת העורקים; Ende 56ᵇ תניע רגלה הימנית לא מצאתי יותר. Ueber Sterilität der Frauen von einem Anonymus, nicht ohne superstitiöse Vorschriften (H. B. l. c. S. 174); citirt Bl. 56 Gordo; vielleicht Fragm. eines gröſseren Werkes.

Dann מספר אחר לתת הריון לאשה, kleine Notizen. Am Rande finden sich Excerpte, u. A. aus אלזהרביד (l. *Zahrawi*) 24ᵇ, עלי בן רסן *(Ridhwan)* 32ᵇ, בן שרפיון 53ᵇ und oft אלראזי.

72. (Ms. Or. Qu. 545.)

Pergament, hoch Qu., 62 Bl., bis 52 schöne Quadratschrift, dann deutsch-rabb.; Vgl. vor. N. — Beschrieben Hebr. Bibliogr. X, 23—25. Am Rande von Bl. 25 steht eine Notiz mit arab. Lettern. . . . فحرم كاتب الحروف . . .

1 Moses Maimonides, פרקים, Aphorismen [hebr. von Serachja b. Isak, s.

---

[1]) Die Phrase erinnert an das in HSS. häufige אנסה הקולמוס אם ילך (ירוץ) בנימוס (Catal. Hamburg S. 12 Z. 9, S. 156 N. 61); hier steht ein undeutliches Wort.

Cod. Qu. 512]; die ungezählten Tract. sind X—XVI, dann (Bl. 15ᵇ) IV—VI; Bl. 18ᵇ endet תמו פרקי ר"ב בכלל (so) אשר נמצאת אתו. Es folgt jedoch der Schlufs von XIII und (gezählt) XXI, XXII ohne Zählung der einzelnen Aphorismen; Bl. 25 eine untergeschobene Notiz: אמר החכם . . . הרמב"ם כי שרוצה לשתק ולעשות אלם גמור יקח דם קיפ . . . u. A. אם תרצה תתבולה להזיק אדם קח קאנטרידש בעריבהם (so) אלידה 25ᵇ: בלע' שינגא . . . להרוג אדם בדרך כבוד (!) תן לו לאכול הדיאבנס . . . — Tr. XXI, XXII sind am Rande von jüngerer Hand ב, gezählt; diese Randzählung geht auch durch das Nachfolgende, ist aber werthlos.

² Bl. 25ᵇ אתחיל תיקון המאכלים. דבש הם וזה מרבה הדם, über verschiedene Nahrungsmittel, und 26ᵇ שער במלבושים, end. והם טובים להתרפא בם. Sollte dieses Excerpt dem Abraham ibn Esra beigelegt sein? (Friedländer, *Essays* S. 245: תיקוני מאכלים)

³ Bl. 27 eine Reihe von philosophischen und diagnostischen Abhandlungen, grofsentheils nach *'Honein* oder *Hippocrates*, anf. ברוך אשר ברא את כל הברואים במאמר ולא ביגיעה;[1] nach einer zweiten ähnlichen Formel אשובה אל ראשי הראשון וכן אמ' בו איפוקרש שהגלגלת היא עגלה כמעט אלכסון; Bl. 29 von den Augen, dann von Erkennung der Elemente (Temperamente) an dem Aussehen des Menschen; Bl. 31 von den Zeiten; 31ᵇ von der Nahrung als Ursache der Krankheiten; 32 Winde, 32ᵇ Puls, 33 die Monate (vgl. München 245,⁵), 34 Todeszeichen, 34ᵇ שער תועלת ההקזה. אמרו חכמי הרפואות כי תועלת ההקזה הוא בתקופת ניסן, 36 שער במראות הדם; 37ᵇ שער הארבע יסודות; zuletzt eine Verweisung Bl. 38 תמצא הכל בסוף הספר פרטיקא שקוטאריאה (was ist das?). Dann אלו ימי החדש לחולה לידע אם ימות (in vielen HSS.).

Bl. 38. שער הפורונוטיקש (so) פירוש פרנושטיקאר החולים ר"ל לדון החולים כפי הסימנים; zuerst wenige allgemeine Bemerkungen, dann Symptome von Fieber; vom Auge, Athem, Urin, Schweifs, Niefsen etc.; end. Bl. 41 עולה לדפק ולראש ומכאיב העינים. — Der König קונשטנטינבלי fragt Hippocrates; end. 41ᵇ כל אלו אותות רעים והמבין יבין. נשלם שער הפרצוף מהח' איפוקרט (vgl. Catal. Codd. or. Lugd. Bat. III, 168 Physiognomik nach Hippocrates von *Honein?* הנין hier Bl. 32ᵇ, 43ᵇ). — 41ᵇ שער תיקון הד' טבעים ותיקון משקים בעשבים לפי הד' טבעים והם הד' תקופות. תקופת טבת ראש ההלידה (so); 42 שער תיקון הבתים והדירים והמלבושים. אמר אבוקרט החכם כי השם ית' ברא ד' זמנים וד' ריחות וד' טבעים הזמנים הם התקופות; 42ᵇ Diætetik nach den Monaten (vgl. 509⁴) אתחיל בחדש טבת והוא ראש זמן הגשמים וצריך אדם להשמר בו שלא יבא במרחץ מים חמים; 44 von Nahrungsmitteln; end. 44ᵇ והיא מרבה את הזרע בע"ה.

⁴ Bl. 45 חד אלאנסאן (Definition oder Beschreibung des Menschen), angeblich von Saadia [Gaon], in 8 Pforten (4. vom Menschen als Mikrokosmos), wovon hier nur der 1. „Theil", anatomischen Inhalts. Citirt Bibel, die (jüd.) Weisen, Aristoteles (nennt eine Ader אירטה 46ᵇ, אירדה 47, ist ἀορτή); arabische Ausdrücke sind manchmal (durch den Uebersetzer?) von occidentalischen begleitet, z. B. 46ᵇ אלעצב שקורין בירגא; 46 עצב אחד באלעצבי שקורין פיריצלא. Die specielle Anatomie, wozu einige Figuren gehören, behandelt das Gehirn, 47ᵇ Augen, Ohren, 48 Nase, Zunge, Mund und Kehle, 48ᵇ Leib (גוף). Lunge; Bl. 49 אלמלא שרצוננו דרך קצרה הייתי זוכר תבנית האיברים ותועלתם בפירוש אחד, Herz, 49ᵇ Magen und Speiseröhre (ושט), 50 Leber, 50ᵇ Milz, Galle, Nieren, Harnblase (כיס השתן = הלודלת), Eingeweide, genannt מיראק, dann כללים וחבורים

¹) Aehnliche Anfänge s. H. B. l. c.; vgl. auch Biscioni p. 425 Pl. 44 C. 22 Bl. 25.

über die Nahrungsorgane, mehrmal auf die Weisheit Gottes hinweisend, 52 Eier und *penis* (אמה), 52^b Brüste, Mutterleib. S. auch H. B. IX, 25.

5 Bl. 53 Moses Maimonides [הנהגת הבריאות, diætetisches Sendschreiben, s. zu Münch. 289,[7]].

6 Bl. 62^b: יבא אחר זה המאמר ההכרעה שיש לי[1] . . המאמרים. אמר משה [בן] מיימון שאזכיר . . . בן עובדיה; Fragm. der Abhandlung desselben über den Beischlaf (משגל), von einem Anonymus übersetzt, zu unterscheiden von der Uebersetzung des Serachja b. Isak in Cod. München 111[4] etc. Die Worte תם ונשלם zuletzt sind von jüngerer betrügerischer Hand.

73. (Ms. Or. Qu. 553.)

Zusammengesetzter Cod. I. Pergament, 49 Bl. span. rabb., XIV—XV. Jahrh. Ueberschriften Bl. 18 ff. roth. Bl. 1 eine astrologisch-geomantische Zeichnung concentrischer Kreise, deren äusserster dem Zodiak, die innern den 7 Planeten angehören, neben den Namen eine geomantische Figur enthaltend.[2]) Der Cod. ist stark verblafst. II. Papier, 197 Bl., span. nicht schöne aber deutliche Cursiv, zuletzt: זה הספר העתיקו מלשון
לא[טינ]י ללשון הקדש ההוא צורבא מדרבנן (so) דזיו ליה כבר בתי"א[3]) ה"ה החכם הרופא כמהר"ר
משה בכמהר"ר ליאון בוטאריל ז"ל בלשון זכה וברה ללמד לתלמידים חכמת הרפואה בדרך קצרה
ואני הצעיר יהודה בכהר"ר אשר המכונה בונגיודאש[4]) דיאולוברינאה פרווינצאל יצ"ו
העתקתי אותו מכתב ידי [ידו ?l.] פה קושטאנטי' רבתי במצות ההוא סבא זקן שקנה הכמה נר (?)
מצוה הפטיש החזק אשר פרץ פרץ בעוז"ה של תורה ה"ה החכם הרופא כמוהר"ר פרץ בכמהר"ר אליה
ז"ל הלוי והיתה גמר מלאכת הכתיבה ביום ב' י"ב לניסן שנת כי שם יי' נקרא עליך ויראו ממ"ך
[1563] וכו' פרשת בעדו ובעד העם. האל ית' יזכהו להשתכל בו בו (so) בהשתכלות אמתי הוא וזרעו
וזרע זרעו עד סוף כל הדורות כדכתיב לא ימוש וכו' כי אז תצליח . . . Bl. 1 (überschmiert)
לעולם יכתוב אדם שמו על ספרו . . . אני יקותיאל בלא"א יצחק קלניא (so) הרב הפילוסוף נרו
ממשפחת הסופרים. נאם יקותיאל . . . וארור גונבו והמעביר תחת רשותו בלי קנין יהרם כל רכושו
והוא יבדל מתוך העדה. Dieser Cod. ist theils zerfressen und am Rande zu weit beschnitten. Den ganzen Band kaufte *Lebrecht* von *Felsen*.

1 Ein Epigramm über die Aerzte (s. München 210, 243): בעלות מדוה יתעל הרפא אז יקרא שר או טפסר, 9 Zeilen, Ende: הותר נדר מעקרו בשתות יין ואכול בשר. Dann ספר הכבוסים והטהרות הגופיות, das Werk über Purgative des (nicht genannten) *Gerardus [Bututus?]* in der hebr. Bearbeitung eines Anonymus '[aus אברינגא Orange? um 1197—99], s. zu Cod. München 245[3], hier anf. הנני אחר (so) המתאחר (vgl. Cod. Asher 18), endend Bl. 17^b im 75. Kap. (von 85). Auch hier Bl. 16^b אמרו הכמי ההפלגה כי טוב שברופאים בגהנם, wie in Cod. Fischl 45 E.

2 Bl. 18 ספר המסעדים [der 2. Theil von Isak Israeli's كتاب الاغذيات nach der freien Bearbeitung des *Constantinus Afer*, als *Diaetae particulares*, hebr. von obigem

---

1) So auch in Cod. Paris 1120[4] (wahrscheinlich für כ"י), wo der Anfang des Schriftchens im Druck umgestellt scheint.

2) Geomantische Figuren, zwei oder eine, den Planeten entsprechend, finden sich z. B. in Cod. Petermann 66, Bl. 1; vgl. auch Zeitschr. d. D. Morgenl. Gesellsch. Bd. 31 S. 763.

3) Lies בתיה, s. Synhedrin 31^b, Anspielung auf Mose.

4) *Bon Giudas di Oulobrega* (*Valabrega?*); vgl. Hebr. Bibliogr. IX, 59 und über *Bon Godas* das. XIV, 95, 97 und S. VIII, Bd. XV, 55 Anm. 2.

Anonymus]. In der nachfolgenden Beschreibung sind die HSS. München 41 und 295 mit *B.* und C. bezeichnet, Cod. Wien 141 (über welchen mir Dr. Sänger im J. 1854 einige Mittheilungen machte) mit *W.* In Cod. Laurent. 40 Bl. 88, bei Biscioni p. 511, geht ein Gedichtchen: יגדל כבוד, voran (ob vom Uebersetzer?). Die Ueberschrift fährt fort היא[a] המבאר[b] כח כל אוכל אשר[c] יאכל לכל נפש אדם וכל[d] משקה אשר ישתה להתפרנס[e] ולזון ממנו ולהסעד[f] בו. ונחלק[g] לארבעה עשר שערים[h] ואיש על מקומו יבא בשלום. Hierauf folgt eine Tabelle der xiv Kapitel (s. Biscioni); dann בהיות[i] החטים נבחרים מכל מיני[k] התבואות יתכן[l] להקדימם ונחלקו דיניהם[m] לחמשה עשר והם אלה; hierauf folgt wiederum die Tabelle der 15 Paragr., 15 .ויראגא, C. וידיאגה, B. אירוגא, *Zizania* bei Const., bei dem nur eine Eintheilung in 5 [für 15?], aber dieselbe Reihenfolge in der Ausführung; B. schliefst diesen Index: וכה תמצא איש על מקומו. Anfang von I, 1: תולדות החטים. נמצאת[n] שני ענינים[o] האחד עב וקשה להשבר ומראהו כמראה דונג ומבית[p] לבן והוא חלק ובהיר. Die andern 13 Kapitel[1]) haben keine Unterabtheilung (C. zählt auch die Kapitel nicht weiter), nur Ueberschriften, wie die Paragraphen des 1. Kap. (welche in B. bis 14 gezählt sind). Bl. 21 מן ויראגא (B. 193 אירוגא הוא יזיל, C. ווידיאגא הוא גויינל) sollte der 15. § sein; folgt: מן השעור (השעירה B. C.); den Namen *Rufus* läfst der Uebersetzer weg, hat dennoch ואל תחשוב כי מחלקותם על הדברים האלה יהיה להם לשטן für: „*Nec arbitreris horum disputationes sibi esse contrarias*". 21ᵇ ריש (B. 193ᵇ הש!) ist *Risi*, im Latein. nicht abgetheilt und fehlt im Index; הדחן (B. מיליו בלע"ז, *milium*); פאניס (B. אורז פניץ בלע"ז, *panicum*), פולים (B. פבש בלע"ז, *de fabis*); 22 עדשים (B. לינטולייאש בלע"ז), 22ᵇ רובילש; 23 זרעונים, wie C. 295; B. 196 (so) אפונים אירבנסוש בלע"ז אפיזיאש, Const. *cicer* (also Erbsen oder *pisellas*?), פישולש u. s. w. Bl. 49 beginnt K. xi von den Fischen, welches nicht vollständig vorhanden ist. Vgl. Virchow's Archiv Bd. 37 S. 354; Bd. 40 S. 122.

3 העתקת ספר ן' סיני על דרך הקצור, Compendium des *[Kanon]* von *Avicenna* [aus dem Lateinischen], von Mose Botarel b. Leon (Uebersetzer des *Nostradamus* nach 1561, s. Catal. Bodl. p. 1584). *Unicum.* Der Titel folgt auf ein kurzes Vorwort, dessen Anfangswort abgerissen ist (vielleicht מלאכה) קטנה מעלה מועילה תכלית התועלת למתחילים בחכמת הרפואה ומוספים אליה ולמתענגים בה ושלימים בידיעתה אבד זכרונם לרגל הטרדות הזמניות כי היא כוללת כללי ופרטי כהונת רפואת השר הגדול אבן סיני בספרו הקאנון יוכלו להשיגם במעט זמן נצולו מהמונעים הצרים אותם חוברה ונבנתה על תלה בנין שלא הוזכר שם פועלו[2]. ואני המעתיק הקטן משה בוטאריל הגדלתי מעלתה בהעתיקי אותה ושנותי טעמה מלשון טומאה אטומה סתומה במחוז הזה ללשון הקדש ללשון רכה תשבר גרם המתפארים כנגדנו מאומות העולם הגדילו עלינו עקב. Auf den Titel folgt: הפרק הראשון מהאופן הראשון וזה החלי לעשות מהס' הראשון בגדר הרפואה וכלליו ה'. א' אומר הנה הרפואה היא חכמה יודעו ממנה ענייני גוף האדם מצד מה שהוא בריא ויסור מהבריאות לשמור הבריאות עומדת ולהחזירה בסורה. ב' העיון הנקרא טיאוריקה היא חכמה לדעת השרשים כמו שסוגי הקדחות שלשה.

Jedes der überhaupt bearbeiteten Kapitel zerfällt in gezählte Paragraphen. Die

---

[a] הנה היא W. [b] כל כח B. [c] יקבל האדם ויאכל C. [d] מכל אשר W. או משקה B. [e] ממנו W. [f] ילהסעיד W. [g] זה הספר W. [h] שנירים! B. [i] בעבור כי B. [k] מיני nicht in B., C.: אלו. [l] נכון B. [m] ושער התבואות נחלק לב"י שנירים [l. שעירים] יאלו הן B., הלקים C. [n] נמצא B. W., במציאות C., שני fehlt in B. [o] כל זה בספר א' מסבב המזונות לגאליינוס B., eine in den Text gekommene Glosse. [p] ומבפנים B.

1) החלק Bl. 24 und C. Bl. 6 dafür שער B. 198, aber schon zu Ende Bl. 33: והנה תם הספר השני, und so in den folgenden, auch in B.

2) Anspielung auf den grammatischen Ausdruck für Passiv.

Terminologie ist theils arabisch (manchmal נקרא בערב), z. B. Bl. 52b פראנישין הנקרא שירס"ם[1]); Bl. 50 Tr. II K. 1 במיני כאב הראש הנקרא שודאה בערבי אלצדע; 149 בשחינים הם הנגלים ובלאטין אולשיראש; 174 K. 9 בחזירים הנקראים אישקרופולאש; – Buch II Bl. 45; Bl. 48 § 5 מניח כללים נאים בלקיטת התרופות עיין שם; § 6 ואני לא רציתי לדבר בעניני סגולות ופעולות הסמים הפרטיים בשכבר קדמוני רבים ביותר נאה ממני כמו המקבץ והפאדואן והברישיאינשי והיואן דשאנ' מא"ן[2]) ואחרים רבים אבל יספיק לי במה שעשיתי באסיפה מהראשון והשני כללים הראויים להאמר לפני הכמים והכרחים בידיעת התחלת חכמת הרפואה ושרשיה וידיעת כונת הרופאים באיכות ההתעסקות וא"כ בע"ה הולך אני ומתדרך (!) לכללי הספר השלישי. B. IV Bl. 126 א' הקדחת היא חום נכרי מתלקח בלב ויצמח ממנו באמצעות הרוח והדם והעורקים שבשריינים[3]). Bl. 169 האופן הג' הפרק הא' במורסות. המורסה המתהווה מן הדם המשובה העב היא פליתמון האוחז העור והבשר יחד, womit zu vergl. Cod. Mich. 205 Bl. 43b? B. V Bl. 196 ... בצורך התרופות המורכבות; 197 מעצתי שלא יפילו דבר הוציא הנסיון הצלחתו. Das. אח"כ נמשך להשלים הספר בהניח נסחאות התרופות המורכבות כמו טריאקה . . . . הם לוק שירוק עוגות בשולים גרגרים שמנים משיחות תחבושות לנוסח שאר החכמים כמו ראזי שיראפיאון מישואי ואחרים רבים שתוכל לראות אבל אני אכלה חיבורי כי יש די בנאמר.

III. Handschriften in Octavo.

74. (Ms. Or. Oct. 136.)

47 Bl., spanische Cursiv, xvii—xviii. (?) Jahrh. Auf das Titelbl. ist eine Vignette geklebt, die Gottheiten der 7 Planeten vorstellend. Die HS. ist wahrscheinlich die im „Sammler" 1785 S. 47 erwähnte.

„עזר האמונה להר"ר משה כהן טורסילה (so) . . . . שנת הקל"ד" (Polemik gegen das Christenthum, von Mose Kohen *Torsilla* [Tordesila etc.] 1374 verfafst); die Ueberschrift ist aber falsch. Nach dem von neuerer Hand hinzugefügten Index (Bl. 47) bespricht das Buch in 17 Kapp. folgende Themen: 1. Behauptung, dafs Jesus gekommen sei, die Thora zu vervollständigen (להשלים) und die Sünde Adam's zu sühnen. 2. Dreieinigkeit (die zu dem Thema hervorgehobenen Bibelstellen übergehe ich). 3. Die Jungfrauschaft Maria's. 4. Erklärung von נעשה אדם, והנה שלשה אנשים u. s. w. 5. Opfer. 6. הנה ישכיל (Jes. 52) und Erlösung, anf. הנה ישכיל . . דעת הנוצרים הוא לפרשה על ישו אלוהם. 7. Stellen aus Jeremia, die angebl. neue Lehre Jesu und des neuen Bundes. 8—12. Verschiedene Stellen. 13. Die 7 Wochen Daniel's. 14. Warum die biblischen Verheifsungen körperlich, nicht geistig aufzufassen seien. 15. Das

---

[1]) سرسام; vgl. Puschmann's Einleitung zu Alexander von Tralles (1877) S. 94, wo die beiden arabischen Wörter umzustellen sind.

[2]) *Congregator (?), Paduanus, Brixiensis et Juan de San Man (Joh. de Sancto Amando).*

[3]) S. mein Al-Farabi S. 254, oben zu Cod. 511 Qu. S. 42.

Exil als Strafe für Uebertretung der Lehre, nicht für den Tod Jesu. 16. Gegen 9 christliche Glaubensartikel. 17. Schwierigkeiten in den Evangelien.

Das Schriftchen ist in Form eines Dialogs zwischen einem Juden und einem Christen abgefafst. Anfang: פרק א' יבאר ויבטל על ביאת יש"ו . . . ולכפר עון אד"ה. שאלה לא ידעתי למה תועלת היה (so) ביאת יש"ו כי הם אומרים למלאת התורה וכבר השלמה כמו שנא' ויכתב משה. Ende: ועוד תקן שהתפלות שחייב לומר הרשות בידו לאמר באיזה שעה שירצה אפילו שיהיה לעת ערבית או באיזה מקום שיהיה אפילו יהיה מטונף ובלי נקיות. ת"ושלב"ע. — Kap. 3 Bl. 15ᵇ liest man לינטירנה בלעז. Kap. 12 Bl. 32 מה שאמר חכם יהודי לפני מלך ספרד (vom geschlachteten Hahn). K. 13 Bl. 34ᵇ כתב ההגמון שלא מצא טעם. K. 36ᵇ והרמב"ן והראב"ע (!) בויכוחו עם פאדרו פאלו (so).

Im Wesentlichen identisch ist ohne Zweifel ויכוח in Cod. Michael 231 in 14 Kapp., 1—3. wie unsere HS., 4—13. exegetisch, 14. in unserer HS. 16. (nach meinen Notizen vom J. 1847). Ueber das Verhältnifs zu אבן בוחן des Schemtob Schaprut in Codex Mich. 4 erhielt ich im J. 1856 durch Dr. Aufrecht folgende Auskunft, zu welcher ich die Parallele unserer HS. setze:

Mich. 231 Kap. 5	Berl. 6	Mich. 4 Pforte II Kap. 22 ff.
- - - 6 (Jer. 31)	- 7?	- - - IV - 6
- - - 7		- - - V - 3

Der mitgetheilte Anfang von K. 6 findet sich (nach einer Auskunft des Herrn Dr. Neubauer vom Januar 1878) auch in Mich. 231 (jetzt 10), vgl. auch desselben *Fifty-third chapter of Isaiah* I u. II p. XII n. 29 über die, vielleicht verwandte, anonyme Schrift (HS. in Amsterdam), welcher ein Abschreiber in Venedig 1617 (1637?), vielleicht Abraham Kohen b. Matatja aus Patras (פט־ן), den Titel כבוד אלהים gab,[1]) auch in Cod. de Rossi 75 (Bibl. antichr. p. 25: Verzeichnifs der 18 Kap.). Nach einer Mittheilung des Dr. Brann in Breslau vom December 1874 enthält die levantinische HS. Saraval 59[2]) dieselbe Schrift ohne Titel, aber noch K. 19 über Stellen in Jer., Ezech., Hosea, Amos; 20. in Psalmen nebst שאלות הנוצרים ותשובתם [nach Kimchi?], 21. in Daniel ebenso, 22. verschiedene Bibelstellen, 23. über Aggadot des Talmud. Vgl. auch Cod. Schönblum-Ghirondi 72.

75. (Ms. Or. Oct. 138.)

Pergament, 303 Seiten, grofse schöne span. rabb. Hand, etwa XIV. Jahrh. Besitzer (aus den letzten Jahrhunderten): *Samuel Oestreich* (אישטרייך).

1 ספר מורה הקן (so zuletzt), anonyme Einleitung in die Philosophie des Maimonides (s. oben 498 Qu.[4]). Anf. defect. Kap. 2 beginnt S. 5.

2 S. 86 פירוש לרמב"ם ז"ל ממסכת אבות (zuletzt), Commentar des Mose Maimonides zum Tractat *Abot* (ohne Text, vgl. Cod. 567 Fol., 498 Qu.[1]). Der erste Abschreiber fand die Vorrede des Uebersetzers Samuel ibn Tibbon erst nachträglich und schrieb

---

[1]) Der in einer Note genannte Jakob Levi הבקי בלשון יון dürfte der Uebersetzer des Koran's (gest. 1636) sein; vgl. Polem. und apologet. Lit. S. 315, 384 (wo 1636 Datum der HS.?), Catal. Bodl. S. 1221. — Im J. 1617 disputirte Caracciolo in Ferrara, s. Hebr. Bibliogr. XVI, 49.

[2]) Nach dem Catalog חזוק אמונה (vgl. Catal. Lugd. 225), bei Zuckermann N. 114; s. dagegen D. Deutsch zur 2. Ausg. des ח"א 1873 S. 438.

sie S. 293—303, „weil kein Raum zu Anfang sei;" dennoch findet sie sich von anderer Hand mit kleinern spanischen Lettern S. 82—85.

76. (Ms. Or. Oct. 147.)

Pergament, kl. breit Oct., 210 Seiten, mittlere deutsche Hand, XIII—XIV. Jahrh., stammt von *D. Bellermann,* welcher auf dem Vorderdeckel 1803 (in Erfurt) bemerkte, daſs bei der Vertreibung der Juden aus Erfurt und Thüringen im J. 1349 dieser Cod. im Hause eines Juden gefunden worden, *„inde apud Senatorem Erford. Servatus est"* Eine junge hebr. Hand ist die des Besitzers *Jakob Fürth* (ווירדא), der das MS. einem Jakob Chassan geliehen.

Pentateuch, bis Levit. 19, 36 defect. Eine Beschreibung gab D. Bellermann, *De Palaeogr. hebr.* 4. *Halae* 1804 p. 38.

77. (Ms. Or. Oct. 148.)

135 Bl., unbeholfene deutsche Hand, vielleicht durchaus von Kilian Leib? Auf Bl. 1 schrieb *Bellermann:* „Diese Handschrift stammt aus der Bibliothek des Benedictiner-Klosters in Erfurt und enthält" u. s. w. Die Inhaltsangabe ist ungenau, St. 3 nennt Bellermann ein „hebr.-deutsches Wörterbuch!" Bl. 22^b liest man: (so) שלומה בר אברהם.

1 [הגדה] Pesach-Ritual, vocalisirt, anf. הא לחמא, endet Bl. 15 mit אדיר במלוכה.

2 15^b—17^b Excerpte aus dem talmud. Tract. אבות.

3 24: (so) שער ועיקר ספרים; Bl. 25: *„Rabi Moshe Kimhi Introductorium sive grammatica"*; in der That folgt die Grammatik מהלך שבילי הדעת vocalisirt, mit deutscher Uebersetzung in deutscher Schrift hinter jedem Worte; zuletzt, Bl. 120^b:

הקצה (!) ביום קדש	*Finis in die St.*
גראגוריי גדול	*gregorii Magni*
הכהן, על יד	*Sacerdotis per manum*
אח, ל, (so) כיליאן לאיב	*frat. Kilian Leib*
† שלום †	† *pax* †

Ob Kilian Leib Verf. oder Abschreiber der Uebersetzung?

4 126 das Tischgebet mit theils latein., theils deutscher Interlinear-Uebersetzung (vielleicht nach Murner?).

5 130 תהילה (so) למשיח לבן חי וקדש אלהים ולאדונינו, das Vaterunser.

6 130^b שלום ליך (so) מרים, *Ave Maria.*

7 131 מאמין אני, *Credo.*

8 131^b שיר מרים קדושה אם אלהים, Gesang Mariae.

9 132 שיר שמעון הנביא und 132^b שיר זכריה הנביא אב יוחנן, Gesang Simon's und des Zacharia.

Bl. 135, 134, von links nach rechts beschrieben, enthalten einzelne hebræisch-lateinische Notizen.

78. (Ms. Or. Oct. 243.)

Zusammengesetzter Cod., kl. Quart, 88 S., xiv—xv. Jahrh., abwechselnd spanische oder italien. oder griech. Hand. S. 26 bedeuten die Buchst. אילה, zu Anfang der Zeile hervorgehoben, wahrscheinlich den Schreiber Elia. S. 2 למקנה לי הצעיר דוד סיבטון בלא"א הכ"ר שלמה ז"ל יהיה זה יום ד' בַ לטבת השנ"א ה' יזכני להגות בו . . . Die HS. hat am Rand durch den Buchbinder gelitten, der auch S. 47—52 vor S. 3 hätte binden sollen. Ehemals Cod. *Luzzatto 1.*

1 אלו ההשגות שהשיג דונש בן לברט לר' מנחם בן סרוק על מחברתו, Anfang der Kritik des Dunasch b. Librat (x. Jahrh.), edirt von Filipowski im Namen der Antiqu. Gesellschaft, Edinburg 1855, vgl. Catal. Bodl. S. 897 und Add.

2 [דרכי הניקוד] das grammat. Schriftchen des Mose Nakdan (xiii. Jahrh.), unvollständig, aber mit Varianten und unedirten Stücken. S. 47 (wo von der Hand des Abschreibers: מכאן מצאתי ותחלת הענין לא מצאתי) entsprechen die ertsen Worte וכן כל אדבר ואדברה der Ausg. Frensdorff's (Hannover 1847) S. 8 Z. 3 v. u.; aber S. 51 Mitte Z. 8 beginnt eine andere Hand, welche bis S. 52 (Ausg. S. 13 Z. 5 v. u. ויש קיבוצין) S. 20 bis Mitte, vielleicht auch einiges Spätere geschrieben. An S. 52 schliefst sich S. 3. S. 6 bemerkte Luzzatto כאן חסר שני דפים; es fehlt nämlich von Ausg. S. 16 Z. 5 v. u. כי היא ע"מ עוד bis S. 21 Z. 1 החולם להפך. S. 14 Z. 8 (Ausg. S. 26) fährt hinter בפלגות fort שלמן מבטלי יהוא אמנם על פי מסורת יצאו כמה מלות, wie der minder correcte Cod. München 53 Bl. 158[b] (vgl. Dukes, Kontres S. 46) und endet S. 16 והיתה לי עטרת כבוד ותפארת. סליק יסוד הר"ם בה"ר יום טוב מלונדריש, welche Worte in Cod. München nicht zu finden sind.

Ob das in beiden Codd. nunmehr Folgende zum Werke gehöre, oder etwa dem 12. Kap. des הוריית הקורא entnommen sei, mufs untersucht werden. Anf. בין תבין כי כל מלה שיש לה שתי געיות קודמות לתנועת הנגינה; Ende S. 21 ויש אשר יעמידום מקצתם בהנהגתם כאחד מן המלכים. כלו משפטי הגעיות הנקראים מתגים. In *M.* folgt וזה משפט שכונת הנגינות. Hier folgen die Verse ויקבוץ את הכהנים u. s. w. mit den darüber genannten Accenten, wie auf S. 53.

3 S. 21 ein anonymes, bisher unbekanntes altes, interessantes, grammatisches Schriftchen (קינוניים S. 26, 29), anf. רבא אילנא ותקיף בתחלת תהנונך יצא דבר ואני באתי כי המודות אתה. בין בדבר והבן במראה והיה כי יפגשך איש ושאלך לאמר דברי שפת לשון הקדש איך מתכונתו ועל כמה חלקים יחלק תשיב לו ותאמר שהוא נחלק לשלשת חלקים. ואני רוצה לבאר לך אלה השלשת הלקים באר היטב. ואעמיד איש על מחנהו ואיש על דגלו באותות למען ירוץ קורא בו ויבין להשיב ולהעמיד איש על עבדתו ועל משאו. ואלה שלשת החלקים שאמרתי הם שמות ופעלים ותיבות הענינים וקודם שאחל להפריד ביניהם הנני אחל לסדר כל (S. 22) דברי סדר השמות. ואלה תולדות השמות למחלקותם לכל תוצאותם כי הם נחלקים לשני חלקים שמות פעלים ושמות קפואים[1] ושמות הקפואים הם כמו שנאמר שמים וארץ זהב וכסף אברהם יצחק. Ende S. 45: שאין שום חכמה שהיא נעדרת ונמנעת ממנה. ואמנם נוצר תאנה יאכל פריה כי עץ חיים היא למחזיקים בה ותומכיה מאושר. Citirt werden: כל הבכור אשר יולד כל עצמותי תאמרנה כל אהי יאש שנאיהו כך בר"ה לב"א.

[1]) Z. 4 v. u. sind folgende Worte, vielleicht aus einer Randnote, an die unrichtige Stelle gekommen: פי' כמו שמות הקפואים כמו יוצר ברזל ותרגומו' קפא ברזלא! Vielmehr ist der Ausdruck das arab. جامد, vgl. נקפאים für جماد Mineral, Hadassi § 164, Ahron b. Elia, Ez Chajjim S. 41, Narboni zu Moreh III Einl. Bl. 46[b] כח הקפאון הנק' כח דומםי; vgl. Zeitschr. d. D. Morgenl. Gesellsch. XXXI, 570.

יצאו בססורת יהודה בן עֶלָאן מבני טבריה, והמוסיף בהם שיקרא בגעיא חוץ מאלה השלשה טועה ר' יונה אבן, (המדקדק הגדול S. 28, 29, 38) ר' יהודה בר' דוד המכונה חיוג (S. 43), הוא (33, 37), ס' המשיג (35), ס' הרקמה (31), בספרו u. zw. (29) ג'נאח ממדינת סרקוסטא מאנשי ספרד כמו שפי' ר' פלוני על מלת הטפש יורה על כך, (28) ר' אברהם אבן עזרא, (40) ס' השרשים וכפי הקבלה שהיתה (S. 32, 43, u. zw. S. 32) ר' אברהם בר' עזריאל מזקני פהם; (32) וכך לי כך פירש עד שיצא חוץ לדרך עד למרחוק אך כשהזכרנו אותו מיד הזר בו ועל כמו זה נאמר (הוכח לחכם ויאהבך).

Der Verf. polemisirt gegen die talmudistischen Verächter der grammatischen Studien, gegen die über die Bibel hinausgehenden *Pajtanim*, gegen die unwissenden *Nakdanim*, emendirt Gebetlesearten, und erklärt zuletzt, auf Vieles nicht eingehen zu können, weil an seinem Orte das Pergament (הקלפים) theuer und die Besitzer geizig seien (קוניהם עצרנים). Das Schriftchen ist ohne Zweifel um 1230—50 und im Osten Europa's, aber vielleicht von einem Einwanderer, verfaſst (s. Hebr. Bibliogr. XVII, 84, vgl. oben S. 16 N. 36 A. 2). S. 26 heiſst es: ומה שאני קורא מקור בזה הקונטריס הוא המדקדקים שבזמן הזה במלכיות הללו. S. 31 מה שרגילים בני המלכיות הללו לקרי (so) שם דבר. Philosophische Bildung verräth S. 27 über Attribute. — S. 46 und 53 ist das Formular eines כתובה דאירכס (שטר), datirt Freitag 27. Sivan 5014, in Lecci (לצי) geschrieben.

4 S. 55 פירוש ספר יצירה לדנ"ש (so) בן תמי' הנקרא[1] אסחק אלישראלי (so) נ"ע והעתיקו מלשון ערב ללשון קדש המשכיל המבין ר' נחום בפיוט המשכיל ר' שמואל פרנקו יצ"ו, Commentar über das Buch *Jezira* von Dunasch b. Tamim, genannt *Ishak* (Isak) al-Israili (x. Jahrh.), hebræisch [aus dem Arabischen] übersetzt von Nachum für *Samuel Franco*, oder *S. b. Jekutiel* im langen Widmungsgedicht, beginnend:

שאלתך ידיד עלי יקרה   להליץ מפלאות ספר יצירה.

Erläuternde Bemerkungen zu diesem Gedicht schrieb Luzzatto im Ab 601 (1841) auf S. 54. — Der Commentar beginnt S. 56 בשלשים ושתים נתיבות הכמה . . . אמ' שי"י צבאות חקק נתיבות הכמה ומנהגי תעלומותיה ודרכי סודותיה בשלשים ושתים דרכים; S. 57 Mitte bis 59 reicht die Stelle, welche Luzzatto an Dukes (Kontres S. 5 nicht ohne Fehler abgedruckt) mitgetheilt hat. Ende S. 88 בערן בשבעה ונהגן בי"ב מזלות.

Ueber den streitigen Verfasser s. Catal. Bodl. 1118 und Add. In meinem Al-Farabi S. 248 (vgl. Hebr. Bibliogr. XII, 58) habe ich auf Citate des Buches vom Urin hingewiesen, welche hier S. 86: בעורקי' הנקראי' מאסריקא . . . וכבר ביארנו זה בספר האחר und S. 82 וכבר ביארנו זה בפתיחת ספרנו שחברנו במי הרגלים.

5 S. 88 Fragment eines Schriftchens von Josef b. Meir b. (ibn) Sebara, s. Hebr. Bibliogr. X, 99 vgl. XIII, 113, Berliner's Magazin I, 17.

79. (Ms. Or. Oct. 244.)

Klein Quarto, zusammengesetzt, jetzt 144 Bl. (eine ältere hebr. Paginirung zählt Bl. 21 כ"ח und 22 כ"א), meist italien. Hand des xv—xvi. Jahrh. Ehemals Cod. *Luzzatto* 114, von Letzterem für 28 Gulden gekauft; s. Kerem Chemed IV, 158.

1 המאמר ביסודות, Tractat von den Elementen von Isak Abravanel (gest. 1508), gedruckt u. d. T. צורת היסודות 1557 (Catal. Bodl. 1802).

---

1) Zu Ende יצחק אלאסראילי.

2 Bl. 8 Ueberschrift: לשון החכם הראב"ע ז"ל בפ' שמות. Eine anonyme Erklärung der bekannten mathemat. Stelle des *ibn Esra* zu Exod. 3,15, in der That die des Josef Schalom (XIV. Jahrh.), bei Zarzah Bl. 30,4—32,2 Z. 16 (תם) צדק החכם בדבריו.

3 Bl. 10 ככה העתקתי ממכתב הח' הראב"ע זלה"ה לך ה' הגדולה והגבורה דע כי גדולה השם; der erste Absatz (10b) schliefst כאשר פירשתי בסוד השם הנכבד; dann folgt: ודע כי האחד סוד כל מספר כי ממנו יחל לספור (vgl. zu Exod. 3, 15), bis Bl. 15 ועל זה הדרך תעשה בכל המעלות und eine Quadrattabelle der Zahlen 1—100. Dann Bl. 15b יש במועד עצרת דבר לתמיה, bis Bl. 16 יעיד לנו כי כל דבריהם אמת. Dazu bemerkt Luzzatto, dafs er dasselbe Stück in einer Pergamenthandschrift vom J. 1401 zwischen dem Comm. des ibn Esra zu Exod. und Levit. gefunden; s. meine Bemerkungen in Berliner's Magazin III, 141. Diese Stücke sind kürzlich in Friedländer's *Essays* gedruckt, s. Hebr. Bibliogr. 1877 N. 101.

Bl. 16b לשון הח' הראב"ע בס' מאזנים, ein Excerpt aus dem grammatischen Werke des ibn Esra.

4 Bl. 17 ספר העצמים להראב"ע ז"ל, das Buch der Wesen, angeblich von Abraham ibn Esra, wahrscheinlich in der hebræischen Uebersetzung, welche Jakob Alfandari für Samuel Zarza (also um 1369) anfertigte (s. Hebr. Bibliogr. II, 93; XV, 16; XVI, 109, wonach zu berichtigen Geiger, jüd. Zeitschr. IV, 187, vgl. zu Cod. Schönbl. 81).1) — Die HS. enthält nur einige (ungezählte) Kapitel mit den Ueberschriften: המאמר באלק' ית'; anf. הסבה הראשונה אינה גוף, Bl. 17b המאמר במה שנמצא ונשפע מאלו הכחות, Bl. 18 המאמר בבעלי הכחות השכליים על הכחות הנפשיות והיא הנבואה וההדמה לה הנימוסים והם אנשי הצבה [l. הצאבה] והכבט [והנבט] והכלדיים וכן האחרים אשר היו קודם המבול — ist Chwolsohn (die Ssabier) unbekannt geblieben, s. zur pseud. Lit. S. 35 A. 15 über das Kreuz.2) Bl. 19 המאמר בנפש; Bl. 19b המאמר בב"ה; Bl. 20 המאמר בגלגלים; Ende Bl. 21 אשר יתחזקו בהם וזה לרב חלשתם.

5 22—24 ערוגת החכמה ופרדס המזמה לרבנו אברהם בן עזרא זצוק"ל, von Abraham ibn Esra3), zuletzt 4 Zeilen mit Akrost. (eines Abschreibers?) איזק:

אמת נעלם. יחיד עולם. באין צלמון. והוא קדמון.
יכוננו לו. לאל גומלו. בהשגחתו. ונבואתו.
זכות תורה. בלי סרה. ביד משה. בחיר מעשה.
קרב הקץ. וגם הקץ. למיתינו (!). התוכינו.

6 25—33b אגרת השבת אל הח' ראב"ע ז"ל, Brief des Sabbat, 1158 in England verfafst, mit Randnoten von Luzzatto, welcher das Schriftchen aus dieser HS. edirte, *Kerem Chemed* IV (Prag 1839) S. 158.

7 34—47b יסוד מורא וסוד תורה, mehrmals edirt, mit vielen Randvarianten aus einer andern HS. (כ"א). — Die Noten derselben Hand begleiten sehr häufig die nachfolgenden Nummern bis incl. 13.

---

1) In *Perreau's* Beschreibung von Cod. de Rossi 1355 (*Bollettino ital. degli studii Orient.* I, 1877 S. 231) wird ס' עיגייאני הגבנייה gelesen und für „*Igiene*" gehalten, was höchst unwahrscheinlich ist.

2) Ueber das Zeichen des Kreuzes bei Juden werden Abhandlungen *Dassov's* citirt von Wolf, Bibl. H. I N. 726 (vgl. Abulafia in Cod. München 258 Bl. 78).

3) Alle nachfolgenden Stücke, unter welchen kein anderer Autor genannt ist, sind von ibn Esra.

8 Bl. 48—51b ס' השם; edirt Fürth 1834.

9 Bl 52 ein Stück aus Sam. Motot's Erklärung der obigen Stelle in Exod.; Luzz. schrieb darüber זהו לשון המוטוט; der Verf. des Catalogs Luzz. hat aber nur den Index zu Anfang des Bandes abgeschrieben.

10 Bl. 53—55b יסוד מספר, Das Schriftchen über die Zahlwörter, welches Pinsker seiner Einleit. in d. assyr. Punct. (Wien 1863) angehängt hat.

11 Bl. 56—57a . . . . אלו השלש שאלות, die chronolog. Fragen des Dav. Narboni und die Antwort ibn Esra's, welche aus dieser HS. in שני המאורות von Steinschneider (Berlin 1847) herausgegeben worden.

12 Bl. 57b—59b ס' האחד, das Buch vom Einen, schlecht abgedruckt in Kobak's *Jeschurun* Jahrg. I Heft 1 S. 3 (1856), neuerdings mit Comm. in Odessa 1867.

13 Bl. 60 ספר יסוד מספר, ein unedirtes, interessantes mathematisches Schriftchen; Vorwort beginnt: בעבור כי השם הנשגב לבדו ברא בעולם העליון תשע עגולות גדולות סובבות את הארץ שהוא (כ' שהיא Rand) העולם השפל, ובעל ספר יצירה אמר כי נתיבות החכמה הם בסֵפֶר וסִפּוּר וספר; es schliesst mit dem Index der 7 Pforten oder Kapitel, deren erstes (Bl. 62) beginnt: השער הא' כבר הזכרתי לך איך הם מעלות המספר; Ende (Bl. 111) עשו כן כדי להקל על התלמידים; dazu gehören die beiden Disticha (das erste in einigen HSS. wohl richtiger zu Anfang, das zweite eigentlich zu 10 gehörend!):

ראה ספר מחוקק באמונה ותמצא בו לכל מספר תכונה
אשר חבר בנו מאיר למאיר קטן שנים והכם בתבונה.

ראה ספר כליל שפר יסוד מספר שמו נקרא
לאברהם בנו מאיר סְפָרְדִי אֶבֶן עזרא.

Eine Notiz über diese HS. gab Luzzatto in der Zeitschr. *Zion* I, 116 (vgl. *Ker. Chem.* VI, 46, VII, 75), eine nicht ausreichende über eine pariser HS. (1050 des neuen Catal.) Terquem im *Journal des Mathematiques etc.* Tome VI, 1841, woraus ein Auszug im Litbl. d. Or. 1845 S. 472, 492; vgl. Hebr. Bibliogr. 1862 S. 95. — Andere HSS., in der Bodl., in München (s. zu 43,9), Florenz, Rom und sonst werden anderswo näher angegeben und Mittheilungen daraus gemacht werden.

Unsere HS. enthält einen anonymen Commentar (um 1300?), welcher auf das Vorw. und jedes einzelne Kap. folgt; anf. (Bl. 61b): ביאור ההקדמה הנזכרת. ספר וספר וספור פי' כי הדבור אצל ציור הלב . . . כך פי' אדונינו מאור הגולה החבר הידוע ר' משה בר' שמואל בן תבון ז"ל; Ende (111b) . . ונשמע מהדרגה הרביעית ר' אלפים. נשלם. Ob einige, zwischen obigen Distichen und auf Bl. 112 befindliche Tabellen diesem Commentator angehören, wäre zu untersuchen. — Eine הגהה am Ende des Textes K. 1 (Bl. 66) vor dem Comm. beginnt: ואני הנקדן שמעתי לכפול שני פרטים. —

Bl. 112b Multiplicationen von Brüchen (Ueberschrift: *Rotti*) in italienischer Sprache und (alter) Schrift.

14 Bl. 113 ספר האלזיברא לרבי שמעון מטוט[1], Compendium der Algebra von Simon Motot b. Mose b. Simon (so zu Ende) für (den bekannten Mathematiker)

---

[1]) Auch zu Ende so, aber nur in diesem Cod. (Hebr. Bibliogr. XV, 16); vgl. Hebr. Bibliogr. 1862 S. 109 Z. 9.

Mordechai Finzi (פינצי auch in Cod. Medic.)[1]) *b. Abraham* זלה"ה und *Jehuda b. Josef b. Abigedor*, also wahrscheinlich nach 1446 (vgl. mein *Letter. Ital. dei Giudei*, Art. III Anmerk. 214).

Das bisher nirgends näher beschriebene Werkchen beginnt mit einer Vorrede, anf. אמר התהלה לאל אשר שם תהלתו תפארת . . . ראוי שתדע כי הנוצרים בהשבון האלזיבר"א יקחו חלק אחד מן השאלה בלתי ידוע מספרו ויעשוהו בחשבונם דבר אחד שלם ויקראוהו קוֹסָא (*cosa*); diesen Ausdruck hat der Uebersetzer beibehalten; für צֵינְסוֹ (*censo*) setzt er מרובע, für קוּבּוֹ (*cubo*) מעוקב המעוקב. Dann schickt er 24 Lehrsätze (למוד שרשים) voraus, häufig auf Euclid sich beziehend, welche die Rechnungen mit Potenzen und Wurzeln betreffen. Dann folgt (Bl. 117):

ועתה בשם שמו בגוים נורא   אחל לדבר בלימודי חשבון האלזיברא
ואבארם כיד שכלי הקצרה   וטרם החלי אציע הצעה מבוארה

ואומר ראוי שתשכיל ותדע כי יחס מרובע המרובע אל המעוקבים; folgen 15 Lehrsätze; Ende (Bl. 119b) כיחס כל אחד מהם אל המרובע. תם

Dann ein Epigraph (Bl. 120): זהו שעור מה שבקשתי ומצאתי מחשבונות ספר האלזיברא בספרי הנוצרים זעיר שם ורבים מן הלימודי' האלה בדיתים (אני) מלבי. וראוי שתדע אחי הדבר (הדבק) היקר כ"ר מרדכי יזיי"א וחפץ ה' ביי"א בכ"ר אברהם פינצי זלה"ה כי מחבר הספר כל הלמודים האלה בלי ראיות בספרו הביאם([2] ואין אחד מני אלף מן המעיינים בו יודע דרך החכם ומאין הוציאם. ואני אחיך בראותי אותך ואת היקר מודעי ורעי ר' יהודה בכ"מ יוסף יצ"ו בכ"מ אביגדור זלה"ה נכספים לדעתו והיודע בקראנו אליו יודע צריך שיהיה יודע הדבר בדרכי ההקש המופתי למלאת רצונכם הוצרכתי להתבונן במופתים ולכתבם אליכם. אמנם קצרתי בהם לשתי סבות. האחת להשעני ברוחכם הטובה רוח אלהים מרחפת על פני כל הכמה. הסבה השנית לרוב טרדת לבי ובשרי בהרפתקי דעלו (דעדו) עלי ובחשבונות רבים בעסקי העולם מכל מקום אם דבר מה יעלם לאחד מכם לקצורו ולאות רוחי בהאריך במופתים אמרתי הנני, הנני מוכן להוסיף בו ביאור. ואין להאריך רק בהעתיר אל ה' ימלא כל משאלותך יפוצו מעיינותיך מעיני הישועה אמן כרצונך וכרצון אחיך הדבק הסר אל משמעתך שמעון בכמהה"ר משה יצ"ו בכמהה"ר שמעון מטוט (מוטוט .Fl) זלה"ה.

15 121—136b ליקוטים מספר המספר (so) לארישמידש, „Collectaneen aus dem Buche der Zahl von *Archimedes*“ — in der That ein Fragment aus Abraham bar Chijja's Encyklopädie (יסודי התכונה ומגדל האמונה), nur bis zu den Worten החכמות שאחריה, Ende der eigentl. Optik (Hebr. Bibliogr. 1864 S. 94; daselbst S. 91 Z. 5 כריתות, hier 135b richtiger כדורות, dann hier ספרי הצדדין לאיטימיש ספרי הכדורות לטולוקוס תנובי und ספרי המשקל והכימות (so) והמשא הכבד לאירס ודימומס.

16 138—144b ספר שער השמים אל הח' ר' אברהם א"ע, die beiden (edirten)[3]) Kapitel des dem ibn Esra fälschlich beigelegten Schriftchens, worüber s. Catal. Bodl. p. 686, 1131, Hebr. Bibliogr. VII, 64 Anm. 4 Ende, XIV, 83 unten, XVI, 78.

80. (Ms. Or. Oct. 257.)

Pergament, 70 Bl., kl. 8°; italien. rabb. Schrift, 1483. Bl. 70 אני שלמה הסופר בכ"ר

---

[1]) Plut. 88 Cod. 46, II, bei Biscioni S. 525, ed. in 8°, nach den Mittheilungen Lasinio's (Mai 1864); auch Cod. de Rossi 205,[3].

[2]) Vgl. ibn Esra, Vorr. zum Pentateuchcomm.

[3]) כרם חמד IV, 6 und S. Sachs התחיה I, 63.

שמואל לאג"ס[1] זלה"ה כתבתי ספר החולין הזה מרבי' ישעיה ז"ל בעד שמואל בני הש' ישמרהו והשלמתי אותו פה רינדא באחד בשבת שני לחדש אדר שנת חמשת אלפים ומאתים וארבעים ושלש ליצירה השם יזכהו להגות בו הוא וזרעו . . . והמסורת לפרט האלף הששי ר'ג'ל'י חסידיו ישמור. Randnoten von verschiedener Hand. — 1875 von Dr. *Berliner* gekauft.

Jesaia [de Trani jun.] zum Tract. Chullin; anf. (wie Cod. Paris 395): מי חכם ויבין אלה . . וזה אחד מהם שכתוב בתורה שנ' וזבחת מבקרך; der 2. Absatz: שחיטה זו הכל שוחטין אותה אפי' שאינן מומחין; Bl. 2b הלכות שחיטה שהייה דרסה חלדה הגרמה ועקור. שהייה כיצד הרי שהתחיל לשחוט בסימנין שהן הקנה והושט; 10 הלכה ב' כל שחיטה שאינה מכח אדם כגון שנפלה הסכין; 12 הלכה ג' שלש מדות בסכין אוגרת, מסוכסכת, עולה ויורד; 14 הלכה ד' כל צדי הצואר כשרין לשחיטה; Bl. 16 הלכה ב' הלכות שחיטה שאמרנו ואלו הן שהייה . . . כיצד שיעוריהן שיעור שהייה; 22b הלכה ג' השוחט את המסוכנת והיא שמעמידין אותה; 23b הלכה ד' השוחט בהמתו לע"ז אסורה; Ende Bl. 25: ישראל כמשומד שהוא כגוי לעניין זה כמו שבארנו und תמו הלכות שחיטה.[2])

Dann unmittelbar: אלו טריפות בבהמה. נקובת הושט במשהו ופסוקת הגרגרת; 26b הלכה ב' הגרגרת שנפסקה; 29b הלכה ה' הריאה שניקבה; 31 דיני מראות הריאה; 35b דיני סירכי הריאה; 39 כל הטרפות שמנו חכמים; 40b הלכה ו' ניקבה הקיבה; 41 ה' ז' ניקב הכרס, 47 ה' ט' הארי שדרס בידו; 49b ה' י' אין להוסיף על הטריפות; 55b ה' י"א סימני בהמה וחיה; 59b ה' י"ב ארבעה מיני הגבים; 62b פרק בהמה המקשה. בהמה המק' ללדת; 66 ה' ב' שנים שלקחו את הפרה; 67 פרק כיסוי דם. כי' הדם נוהג; 69b ה' ב' אין מכסין אלא בעפר; Ende ואפי' בעפר עיר הנדחת. — Das Buch steht also der Form nach zwischen dem talmudischen Compendium des Isak Alfasi (der citirt wird) und den selbstständigen Werken des Maimonides (als רבי' משה citirt), gehört zu den פסקים (הולין erwähnt *Asulai* I S. 112 Benj.; vgl. Bl. 9 וכבר ביארנו זה בהלכות ע"ז כפ' ר' ישמעאל), citirt häufig מו"ה (מורי זקני הרב, der homonyme Grofsvater, Catal. Bodl. p. 1390) und verweist häufig mit der Formel כמבואר ב"ה בראיה . ., d. i. בקונטריס הראיות, unter Angabe der Zahl. — In den Noten habe ich nichts Bemerkenswerthes gefunden.

Rollen (Ritualhandschriften).

(Sämmtlich in Quadratschrift.)

A. Pentateuch.

81. (Ms. Or. Fol. 133.)

Pergament, ungefähr 1 Meter hoch, deutsche Schrift, aus den letzten Jahrhunderten.

82. (Ms. Or. Fol. 134.)

Pergament, ältere verblafste Hand.

---

1) Das Wort hat die Abbreviaturschleife, wie בכ"ר; vgl. auch *Lanis* oder *Lagis* (mein Alfarabi S. 15), freilich mit vorangehenden *ibn*?

2) Die Anfänge verschiedener eigentlicher Compendien von Schlachtregeln s. Catal. Bodl. unter Meir b. Meir p. 1706.

83. (Ms. Or. Fol. 442.)

Leder, 11 Stücke, 58 Centimeter hoch, in einer Pappkapsel, worauf: „Seiner Majestät dem Könige ehrfurchtsvoll gewidmet von seinem unterthänigsten Graf *von der Schulenburg-Oeynhausen*". Seit 1853 in der k. Bibliothek.

Enthält Num. 7, 21 — 14, 7. 14, 33 — Deut. 9, 20.

84. (Ms. Or. Fol. 443.)

Leder, 60 Centim. hoch, aus Armenien stammend, erworben 1847; enthält Levit. 22, 27 — Num. 14.

B. Esther.

85. (Ms. Or. Fol. 129.)

Pergament, 18 Columnen, deutsche mittlere Schrift, etwa xviii. Jahrh.

86. (Ms. Or. Fol. 384.)

Pergament, 7 Col., etwas plumpe deutsche Hand; nach der Inschrift „altes (?) MS."

87. (Ms. Or. Fol. 385.)

Pergament, 12 Col., schöne Hand. xviii—xix. Jahrh.

88. (Ms. Or. Oct. 170.)

Pergament, 11 Col. zu 25 Zeilen, sehr kleine Schrift aus neuester Zeit.

[Vgl. auch oben N. 18 und 20, S. 6, 7.]

Arabische Handschriften
in hebræischer Schrift.

89. (Ms. Or. Fol. 627.)

136 Bl., verschiedene orientalische Schrift, ältere bis Bl. כ"ט, dann jüngere; 121ᵇ Epigraph: Donnerstag 24. Tebet 1962 (Ende 1650) in דיבונס, geschrieben von Sa'adia b. מעודד[1]) für Da'ûd ibn סאלם אלחמיצ'ה (auf Rasur), wohl identisch mit dem Besitzer *David b. Schalom b. Sa'adia.* Der Rest von anderer Hand, Einiges, auch Bl. 1—3, ganz neu ergänzt. Mit Ausnahme der Bibelbücher ist Alles babylonisch punktirt. Facsimile nach einer Durchzeichnung bei Curtiss, *The name Machabee*, Leipzig 1876. Der arabische Vocal *u* ist hier und in den folgenden HSS. durch einen senkrechten Strich bezeichnet. — Gekauft von *Shapira* 1873.

1 . . סדור גאמע ללברכות ואלתפלות אלמנצ'ומה, Rituale der Juden in Jemen, wohl insbesondere in Sana'a.[2]) Die Vorschriften sind vorwiegend arabisch. Enthält auch die Bücher *Threni* und *Esther* (Bl. 34, 58), Tract. *Abot* mit Zuthaten in K. 6 (17ᵇ), מגלת בני השמונאי chaldäisch (55ᵇ), Ritual für Todesfälle (63), עבור שנים 106ᵇ mit Datum 1784 Contr. (1472), Formulare von Contracten u. dgl. (114), arab. Uebersetzung des Buches Antiochus und von *Esther* (123), Bl. 13ᵇ ff. einen jüngeren Rand-Commentar.

Einzelnes ist in der Hebr. Bibliogr. XIII, 54—59 angegeben; eine Bodl. HS. (Opp. Add. Qu. 96), beschrieben von Neubauer in Monatsschrift 1871, 320 (vgl. auch Geiger's j. Zeitschr. IX, 151), scheint in Bezug auf Reichhaltigkeit der Hymnen zwischen unserer (vgl. unten N. 91) und der HS. N. 103 zu stehen[3]). Zwei minder gute HSS. (n. 28, 29) aus dem J. 1675 in ד'מא'ר und 1599 (A. 1900 Contr. in der כתובה) besafs Hr. Shapira 1877. Ueber den Ritus, die Hymnen und deren Verf. s. die Notiz von Zunz, H. B. l. c. S. 58 und unten zu N. 103.

2 Eingeheftet sind 6 Bl. 8° von junger Hand: Mischna, Tr. Joma.

90. (Ms. Or. Fol. 628.)

Oriental., starkes Papier, klein breit Fol., 266 Bl. und 3 neue vorne (I—III), dicke, sehr deutliche Kalamos-Schrift, zuletzt in Gitterform: שלים בסייעתא דשמיא במעלי שבא

---

[1]) In Cod. *Shapira 7* (Proph. pr.) liest man ... כתבתי ונקדתי ודקדקתי כיד אלהים . . אני קל הקלים ... יוסף בן זכריה בן מעודד בן סעדיה הידוע אלקיסי אלהים ימחול לי . . .; zu אלקיסי vgl. בני קיס in N. 104.

[2]) Im Formular Bl. 114 פוק פי פצ'ה טייבה כ'אלצה בוזן אלצאג'ה אלצנעאני אלמערוף לאלפצ'ה פי מדינה צנעא; Bl. 117 מדינה צנעא.

[3]) Nach Neub. S. 320 ist der Cod. 1473 geschrieben; dieses Jahr steht nach S. 325 in dem עבור שנים, wie in unserer HS. 106ᵇ (für 1329, s. unter N. 103); da aber die Tabellen Cyclus 282—91 geben, so ist die HS. wohl erst um 1570 geschrieben? — Ueber Orthographie s. unten S. 62 Anm. 1.

יום ששי בירח כסליו שנת אלפא ותמני מאה ותלתין שנין לשטרות [Herbst 1528] בבאתא (so) קריה אלגראבי יהא סימן טוב על מריה סעיד בן יהודה בן עזרא יזכה למהגי ביה היא וזרעיה וזרע זרעיה כדכתיב לא ימוש . . . ולילה! Dann in einer Einfassung ספרא חלשא מסכינא שלמה ביר' דויד בן מימון אלטוילי יזכה להזות בנועם י"י ולבקר בהיכלו. Letzterer scheint der, im Ganzen correcte Abschreiber. Die vom Verfasser angebrachten hebræischen Verse Bl. 12ᵇ, 52ᵇ und 223 sind mit babylonischer Punktation versehen, die, gleichfalls vom Verfasser herrührenden, illustrativen Figuren aller Art (Bl. 13, 16, 23ᵇ der Kreis der Wesen von אלעקל אלת'אני, אלוהדה bis אלאנסאן; 109ᵇ, 110, 111ᵃ·ᵇ, 112, 113, 114ᵇ, 124ᵇ, 146, 178, 207ᵇ, 215ᵇ), wie die kleinen Zeichnungen am Schluſs jeder Pericope, sind einfach, aber ziemlich regelmässig. Einige Blätter sind ganz kürzlich ergänzt. Das Arabische hat einige, auch sonst in hebr. HSS. vorkommende Eigenthümlichkeiten, z. B. צ' consequent für ظ,[1]) י am Ende für ا (z. B. כמי u. dgl.).

נור אלצ'לם (الظلم) ומצבאח אלחכם ואכ'ראג' אלמעאני אלי אלוגוד בעד אלעדם, Homilien über den Pentateuch von Natanel b. Jesaia (1329). Vorbl. II arabisch beginnende und hebræisch endende Anpreisung der Thora תורת ה' תמימה . . וידלון מגמעין עלי אן תוראה אללה צהיהה . . ., darin eine chaldæische Formel für die Pericopen: קדמאה נוח (so) בשם י"י . . אשכילך . . קאל אלגאמע . . . מברכיא אזל ואתגלי; IIᵇ beginnt das Vorwort אלפקיר נתנאל בי רב (so) ישעיה אלחמד לד'י (so) אלפאצ'ל אלכ'לקיה ואלד'את; geht von der Emanation (פיץ') der Intelligenzen aus und schlieſst mit dem Zwecke und Namen des Buches: וכאן קצדי פי הד'י אלמגמוע תד'כאר אלמעאני אלד'י הצלת לי מן דברי תורה לכלא תפות אן בעצ'הא אן אנסאהא כמת'ל מא קד פאת ונסי (وُنَسّا) שי כת'יר. ולם אתכלם פי בעץ' אלמעאני לבאב תגאסר ולא לכשף אלאסראר אלמכתומה ולא לחתי אשכר אלא כמא מת'לו ז"ל עת לעשות לי"י . . . וגעלת הד'י אלמגמוע עלי נטק אלפרשיות . . . וסמית הד'י אלמגמוע נור . . . וכאן אלאבתדא פיה יום שלישי חמיש כר יומין בירח תמוז שנת א'ת'ר'מ' לשטרות [1329] בעזרת שדי, ופי הד'ה אלמגמוע שי יצלח לעואב אלגמהור ויעגבהם ושי יצלח לאהל אלעלם ויעגבהם ושי לא יצלח לבעץ' אלנאס פי חסבה כאנה מא כתב. והו איצ'א כלאף מא גאז בה אהל אלדרשות פי אמר אלממתנעה.

Hierauf beginnt das Werk (Bl. IIIᵇ) . . . בראשית ברא . . תקון סופרים כי כל בראשית גדולה וימת שם משה ועאדה פי אלתיאה. ותמת בעץ' הפסיר ד'אלך אן אלמכ'לוקאת אתניניא; Ende Bl. 266 אלמעאני אלמנקולה מן נור אלצ'לם . . . אלעדם פי פרשת וזאת הברכה בעז' שדי ב"ה; diese Formel steht (mit verkürztem Titel נור אלצ'לם) als Schluſs jeder Pericope und folgt dort . . . נבתדי פי פרשת, hier aber . . . מא אעתנא בתאליפה נתנאל (הד'א?). Bl. 266ᵇ eine hebr. Nachschrift von feinerer Hand: וגר הייתי שמחו בשמחתי כי היה י"י בעזרתי; darin ואין מאסף אותי ולא יצא לקראתי, ולא מי יאמר לי, בוא בצל קורתי . . . ויזלגו עיני דמעות כאשר זכרתי, ואומר הלא זה דברי אשר דברתי, ביום היותי על אדמתי, על כן לברוח קדמתי, כי אין מנהם מגרי ואנשי ביתי, ולא מחבירי ובני אשתי . . . . ואשוחה בשיחתי, באלו הענינות [für עניינים] אשר אספתי אשר בלשון ערב סמכתי, לפי שבלשון הקדש קצרתי[2], שבין ישמעאלים גדלתי, וזה לפי קיצר דעתי; man solle die Fehler entschuldigen, das Buch möge das Andenken des Verf. erhalten;. Ende ונסו מהם יגון ואנחה אמן נצח סלה ועד.

Die V Bücher Mosis werden in den erwähnten Schluſsformeln genannt: I. הישר,

---

[1]) Vgl. Hebr. Bibliogr. X, 111, XIII, 54 A. 1, wonach sich das Ausrufungszeichen in Grätz's Monatsschr. 1871 S. 325 (vgl. S. 320 אלמנצומה) erledigt.

[2]) Das heiſst: ich verstehe zu wenig hebræisch; s. über diesen Arabismus Sam. ibn Tibbon, Glossar s. v.

II. מכלתא (Bl. 74ᵇ), III. תורת כהנים (125ᵇ), IV. חומש הפקודים (172), V. משנה תורה (209ᵇ).
Der Verf. erklärt entweder den Text direct oder bezügliche Stellen in Talmud und
Midrasch — er nennt z. B. קאל פי תפסיר אלמשנה 178, 41 מדרש ילמדנו 10ᵇ, אהל אלדרשות
בעין 209ᵇ קאלו פי אלהגדה ist die Pesachhaggada, — oft in philosophischer Weise —
אלפלאספה 3ᵇ, ומן הנא קאל אבונצר אן אבּתלאן אללגאת מן סבב אבּתלאף אלבקאע ומסאמאתחא
27ᵇ לפלך אלברוג פאד'י אנּחד'ו בבאתהא ושרבו מן אלמא אלנאבעה ומן תרבה תלך אלבקאע תגיירת
אלסנתהם ואבّתّלפّת לגّאתהם ואלראי אלפّאסד יפרק אלמגתמעين כמי קאל יתّפّרדי כל פّועّלי און (!)
— Eine Hauptquelle ist wohl der öfter genannte *Maimonides* (רבינו משה זצ"ל פי זרעים
Bl. 4, 5, mit vollem Namen 220); interessant für die Verehrung desselben ist die
Stelle 199ᵇ: Man sagt, die Prophetie werde zu Israel zurückkehren in ungefähr der
Doppelzeit von 2448 (בתמ"ח) = 4976 (דתת"ק וע"ו סנה), das sei die Zeit des משה ר'
הנני שולח לכם את Einige (בעّי' אלّנاצّ'רّين) behaupteten, von ihm heiße es בה"ר מימון זצ"ל,
קאל רّבינّי: ידל בד'אלך אן אללגאת אצّטלאّחّייّה (Mal. 3, 23); Bl. 19 zu 2, 20 ...אליהו הנביא
דلאלה לّא טביעّייّה כמي יצّ'נّי אلّטّביעّيّون הد'י נّצّ כلاّמה, ist eine schwerlich richtige Lesart in
II, 30 Bl. 71ᵇ ed. Munk (s. die Note p. 254 der Uebersetzung). Unser Autor
fügt hinzu, dafs nach den Physikern entsprechend der Lage der Orte und deren Zenit
(vgl. oben aus al-Farabi) sich die Mischung, Wasser und Luft, und danach die Sprache
richte; das sei aber falsch, wie die Aenderung der Sprachen zeige, da man in Baby-
lon und Aegypten jetzt arabisch spreche. Bl. 155 zu שעטנז (Levit. 19, 19) ist כّמّרّי
ע"ז היּ ה לّובّשّין צّמّר ופّשّתּים vielleicht nach Maimonides (vgl. Moreh III, 37 S. 252 Scheyer,
p. 284 Munk; vgl. Reinaud, Mémoire sur l'Inde 395), jedenfalls nicht der Zusatz ואלّי
אלّ יّם משّהّר עّנّד רّהّבّان קّבّט מّצّר הد'י אّללّבّאّס וّעّוبّدّي ע"ז כّאّنّוّ يّلّبّسّוّן אّلّمّחّצّ'אّدّראّת
[l. אّלّמّחّצّ'אّدّאّת] ويّרّכّבّוّن אّلّמّחّצّ'אّدّراّت يّשّבّהّוّن בّفّעّل אّلّטّבّيّעّه لّאّן אّلّצّוّف הّאّר ואّلّכّתّאّن בّאّרّד
תّעّلّם אّنّהّم כّאّنّ... . ديّהّيّگّוّن צّנّقّ חّيّואّן עّלّي צّنّק חّيّواّن תّאّنّي מّא لّم תّחّרّכّה אّلّטّبّيّעّه ... Diese Stelle findet sich
auch fast wörtlich in מדרש החפץ (N. 104 Bl. 181) vollständig arabisch:
45ᵇ כّمّרّي ע"ז يّلّבّסّ אّلّצّוّק וّאّلّכّתّאّن וّאّלّي אّلّيّהّם . . . אّلّלّבّאّס لّאّن בّزّעّמّהّם يّلّבّסّن
כّאّב s. dagegen מّאّבّן גّנّאّח פّסّר אّשّוּרّים אّلّקّאّفّيّוّن אّלّד'י يّعّרّفّוּן אّסّמّא אّלّנّאّס מּן מّעّنّי אّשّוّרّنّي
אّلّמّצّ Col. 74 und Mose ibn Esra אّلّمّחّאّצّ'רّה Bl. 10ᵇ (Polem. und apolog. Lit. S. 351).
Bl. 5 citirt כّאّב אّلّمّגّסّטّي; Bl. 213ᵇ zu Deut. 4, 19 handelt ohne Angabe einer Quelle
durch eine ganze Seite über Namen und astrologische Bedeutung der Planeten, den
7 Klimaten entsprechend. An den Leuchter werden 7 Quellen des Wissens geknüpft
(Bl. 111): אّلّמّכّתّוّב אّلّמّנّקّוّל אّلّמّדّרّשّد אّلّכّתّאّבّה אّلّרّמّز אّلّאّيّמّה אّلّקّيّאّס וّאّلّבّרّהّאّن. Polemisches
gegen den Islam s. in Polemische und apologet. Lit. S. 364. Die Christen feiern den
Sonntag als den Tag Christi הّן ע"ז עّوّבّدّي יّוّם אّيّדّם הّוّא וّהّنّצّרّيّם יّוّם רّאّשّוّן קّאّلّו, Bl. 66ᵇ.

91. (Ms. Or. Fol. 629.)

117 Bl. Orinetal. Hand, etwa 200 Jahre alt? Im Ganzen der N. 89 sehr ähnlich,
noch mehr ergänzt. Bl. 98ᵇ falscher Custos zur Verdeckung des Mangels.

¹ . . . סّדּור גّאّמּע לّלّברכות, ein etwas weniger vollständiges Exemplar des Rituals
in N. 89. Die Abtheilung עّבّور שּنּים beginnt mit a. 414 = 1965 (1654).

² Angebunden 17 Bl. (101—117 in 4°), enthaltend כّתّר מלכّות [von Salomo b.
Gabirol] und Bl. 107 einige Gebete, הّקّפّוּת etc. אّזّהّרּוּת, 111ᵇ ebenfalls mit babylonischer
Punktation, Bl. 117 Kalendertabellen vom J. 1933 (1622).

92. (Ms. Or. Qu. 554.)

Oriental. Papier, hoch Qu., 94 Bl., fette oriental. Schrift. Ueberschriften und Texte auf rothem Grunde, xv—xvi. Jahrh.? Vorne 2 längere durchstrichene Vermerke von verschiedener Hand,[1]) theilweise unleserlich: אשתרא מוסא בן מעוצה בן ישועה הד'א אלמדרש מן . . . והו מדרש החפץ מדרש יחיא בן סלימאן והו קטעתין אלקטעה אלאולא בראשית ואלה שמות ויקרא והדא אלכתאב והו שני הומשין במדבר סיני ואלה הדברים אבעת אליה דאלך ביעא תאבתא . . . וכאן דאלך יום אלתלאת יום שני בחדש ניסן שנת אתתקלן במתא אלעד . . (?) דעל בירא דמיא ביר אלמומה מותבה והכל קיים . . . ושהדתו אנא דוד בן יהודה אוהב (?) Der 2. Vermerk bezieht sich auf dieselben Bücher und nennt אלשהוד האדון ר' ברהאן וולדה דאוד, also hiefs der erste Schreiber (1625) ברהאן und Jehuda? Der ganze Vermerk war vielleicht ursprünglich zu N. 104 beabsichtigt? Oder übertrug er den Titel irrthümlich? — Der obere Rand ist stark von Wasser beschädigt. An dem Hinterdeckel kleben 2 Fragmente von פרקי אבות mit babylonischer Punktation.

[1] Arabischer Commentar über Midraschstellen (in einem homiletischen Werke?) zum Pentateuch, die grofsentheils, aber nicht durchweg, ausführlich mitgetheilt sind in einem anderen Werke (N. 104) desselben Verf. Yaḥya ibn Suleiman (hebr. Sacharja 'b. Salomo), auf welches hier Bezug genommen ist (Bl. 79): פאלתמכה מן פרש' בראשית מן מדרש החפץ פקד הו מביין אלכלאם ללא יטול אלכלאם הנא אד' ליס קצדנא וקד שרחנא פי תאליפנא אלכביר אן הנא אלא שרח מעאני עסראת הד'י אלמדרש. Bl. 18: לפנינו דואעי אלצורה ואחורינו דואעי אלמאדה, ist an der entsprechenden Stelle (פ' וישב) in N. 104 nicht zu finden; Bl. 10 שרחנא ללחבור ist wahrscheinlich ein Commentar zu Maimonides' Gesetzbuch. Die häufige Formel קד ביין (שרח) פי אלמדרש scheint sich auf den Midrasch selbst zu beziehen. Die stehende Formel קולה für die hebr. Texte spricht gegen die, sonst naheliegende Annahme, dafs die Texte aus der grofsen Literatur der Haggada herausgehoben seien. Allerdings beginnt Peric. נח Bl. 4: קאלך פי אלמכלתא למה נאמר בנה, was aber auch in dem commentirten Werke stehen konnte. Bl. 56[b] heifst es: הד'י נץ בראשית (!) רבה פי פרש' ואלה שמות, eben so N. 104 Bl. 174[b]. Exod. beginnt Bl. 26[b], Levit. 46[b], Num. 66, Deuteron. 18 mit einem hebr. Exordium: בראשית אלוה אדיר הבורא.

Die erklärten Texte enthalten sonderbare Varianten zu bekannten Stellen, aber auch anscheinend unbekannte Midraschim, welche vielleicht in östlichen Gegenden coursirten und eine solche Autorität errangen, dafs unser Autor der Erklärung von einzelnen Stellen eine besondere Schrift (oben N. 92) widmete. Einige Beispiele mögen hier folgen.

Bl. 8 ר' אימר ומבשרי אחזה אלוה לא עלת קרטקיא[2]) ולא אפיק לן מנה איגרתא היא דאבירין. טוב לגבר כי ישא . . . שמאי אימר מבשרי אחזה אלוה שהיתה כשירה שנצטויה . . על ידי משה. Bl. 11 . . וקו' י"ב אלף מלאכי חבלה ירדו להשחית סדום ועליהם קמואל המלאך ממונה וההריבוה (N. 104 Bl. 41[b], über קמואל vgl. Zunz, Syn. Poesie 478, Jellinek's Bet ha-Midrasch I, 58,

---

1) In der ersten sieht אל wie نل aus.

2) Der Verf. bemerkt מעני לא עלת קרטקיה לא אתהמל הד'י בבלבה ולא אפרק מענאהא פיבין מעני אלכלאם אן מן נאשב אלעלב יאלדרס פיה ערס יגיד אלאלאה (so) יקי' שבאי אי' שחיטה כשרה; wer richtig schlachtet, sorgt durch rechte Nahrung für den Geist. — Ich lese קטדיקי *κατάδικη* Strafmandat, Gegensatz von איגרתא Belobungsschreiben.

V, 165). — 43^{b} מנחם ונהוניא ובחיי[1] בר יוסף הוי הליכי במדברא אתא חד ערבאי . . וכמעשה ארץ כנען (s. Polem. und apologet. Lit. S. 353). — 56 מה היו עושין מעוותין המשקלות ורוכבין הבהמה למפרע וצובעין בגדיהם אדום. מעשה באחד שהלך הוא וחבירו במד' [במדבר] וכל אחד מהן יש לו לגיון במדותיו. אמר אחד לחבירו תן ונאכל מזונותיך תחלה וכשיכלו נאכל מזוני אני ואתה אמר הן אכלו לגיונו של ראשון וכו'; der Zweite verweigert und entflieht, der Erste hört auf einem Baum zwei שדים, die einen geschlachteten Menschen kochen, von der Wunderkraft des Baumes sprechen, und daſs die wahnsinnige Tochter des Königs מדינת (so) אלכסנדריא zu heilen sei, wenn man auf ihr einen fleckigen Hund schlachte. Er vollführt dies, heilt Verschiedene, auch die Prinzessin, die er heirathet (vgl. Hebr. Bibliogr, XIII, 136) לקיים פעל אדם ישלם לו וכו' (Hiob 34, 11). Auch sonst sind allerlei Geschichten aufgenommen. — Bl. 60^{b} Anf. פ' אמור קאל כל מקום שנ' אמר ואמרת מלמד שהקב"ה אומר למלאך ומלאך אומר לכרוב (vgl. Aehnliches aus Midrasch zu Kohelet 10, 20 etc. bei Maimonides, Moreh II, 6, französisch bei Munk p. 72), in N. 104 . . . ר"א כל מקום. Bl. 70^{b} שמונה תלמידים היו לבן ערך אחד מהן היבר מדרש איוב אמר לא היה ראוי להברות ולמה נברא להודיעך כמה הקב"ה נותן שכר לצדיקים וכו'. In den bekannten Quellen (Heilprin 74^{c}) findet sich das nicht. Von einem מדרש איוב wissen alte Quellen Nichts (Zunz, g. V. 270), am wenigsten kann von der Abfassung durch einen Schüler des Elasar b. Arach die Rede sein. 78^{b} ist eine Stelle über den Zodiak: טלה פניו דומות להר גבוה וכו׳ מעינות ונחלים ויעלים וצבאים, שותין ממנו ודועין בו ומשבחין להקב"ה u. s. w., stets mit einer Huldigung Gottes endend; dann heiſst es הד'א אלד'י ד'כרה אלחכ' (אלחכמים) ע"מ (עליהם אלסלאם) פי הד'ה אלמזלות אן כל ואחד מן הולאי לה תאת'יר כלן בחסב מא אהל לה. הד'י תביין פי גמר עקצין בגמרא דבני ירוש' פהולאי אלד'ין ד'כרה מן מעני אלתאת'יר הד'י גאיה תאת'ירהם ואלא פלהם תאת'יר צ'אהר. Hier wird also eine palæstinensische Gemara zu Ende Ordn. VI citirt, deren Existenz Maimonides ausdrücklich negirt (Frankel, Introd. in Talm. Hieros. 1870 Bl. 45). Den Zodiak kennt auch erst die groſse Pesikta K. 20, vgl. Baraita des Samuel (fehlt bei Levy, Wrtb. גדי I, 301). — Manches paſst gar nicht in den Text eines Midrasch, z. B. Bl. 80 לעולם אין אתה רואה צורה בלא גולם (vgl. 32^{b} גולם בלא צורה), Bl. 67 עיני בני מרון לגלגל המקיף את העולם; es scheint auch sonst Hebræisches jüngeren Quellen oder dem Verf. selbst anzugehören, wie z. B. 61^{b} ועוד יש לזה הזריות הרבה.

Der Commentator steckt Alles in die Zwangsjacke der mittelalterlichen Philosophie (citirt wird nur אלפילוסוף und 71^{b} כמי קאל צאחב דופיצה?), insbesondere Anthropromorphismen u. dgl., z. B. Bl. 4^{b} קו' כל מקום שנ' וזה הראה לו באצבע יהיד המש אצבעות הד'א אלקול יריד בה אן אלאנסאן מא ידרכה מן אלמעקול אנמא יצ'ח לה באלכ'מס אלחואס. גן עדן אחד מצרים ואדום* sind die Materie und die Phantasie (Bl. 86). Bl. 70^{b} משיבים בגי הנם הד'י עלי סביל אלתהייל ואלתכ'ייל כאנה יקול מא פאתה אלעלם (vgl. oben S. 13 A. 1). Der Verf. bemerkt auch öfter, daſs der betreffende Spruch nicht wörtlich (עלי צ'אהרה, für ט'אהרה) verstanden werden dürfe. Bl. 67 giebt astronomische Zahlsymbolik und erwähnt אלכ"ח מנזלה אלקמר (Mondstationen).

Anf. בשם יי' אל עולם נעשה ונצליה. בראשית. שרה תיגר לשון ריב. קול' [קולה] היה עלי התקיק ד'אלך מרהיב והולך בשתי פקעיות של שתי שרה ד'אלך כבב אלג'זל אלאדראך אלכאמל. הד'ה עבארה' קו' וגברו ידיו של משה. והד'י קדר מא תחצל לנא פי לקט הד'ה; Ende Bl. 90^{b}

---

1) So auch Bl. 47 und 53 für רב חייא; vielleicht für die Aussprache von בחיי zu verwerthen? Vgl. Litbl. des Orient VII, 651, Rapoport in השחר II, 34, Catal. München S. 64 Anm. 1.

אלמעאני בחסב אלקציר ומן אללה אסאל אלתופיק נחו אלצואב. Citirt scheint (aufser den oben erwähnten Autoren und גאלינוס Bl. 18b) nur אלדלאלה (Bl. 13 unten, 70, 82, 88b) des Maimonides, ס' יצירה Bl. 10. Auffallend ist folgendes Citat Bl. 89, nachdem der Cultus des Versöhnungstages mystisch weggedeutet worden: קאל אלשאער אלפילוסוף. תאה אלאנאם פי אליום צאחי אלקום ערבד. ואללה מא עיסי ומא מוסי אלכלים (!) ולא מחמד ולא גבריל והו אלי מחל אלקדס יצעד . . . מן אנת יא ארסטו ומן אפלאטון קבלך יא מבלד. ומן בן סינא היין הרד. . . . סבחאן מן לא יעלם מא הו אלא הו. Andere antimuhammedanische Stellen (theils neben antichristlichen) s. Polem. und apologet. Lit. S. 373.

[2] Bl. 91b (so) והד'י בעץ' שרח עלי אלדלאלה. קאל יחיא אלחכים קדס אללה בעץ' אלתלאמיד אלד'י יג'ב עלינא אנצאפה וקאל לי אן אבין לה מעאני מן אלדלאלה ואגבתה עלי ד'אלך והד'י אבתדא אלקול. מרשות פועל צדק ושוכן מעונה הו (so) אלהים מעון האמת והאמונה . . . . . שלה לבי בישע וגואל ממונה. קאל כנת יא איהא כמי (so) באן פי מס' בכורות עטומי מלתא (so) וקיל הם אלאקואם אלד'י זאהו הד'י אלכלאם. Fragment eines Commentars zu דלאלה אלחאירין des *Maimonides* von demselben Yaḣya, giebt die Kapitel nicht an (wohl aber in den Citaten), und geht in unserem defecten Codex bis פצל תמונה (K. 3); Bl. 93b citirt ותחקיק הד'י באן פי תלכ'יץ אלמנטק ohne Autornamen, vielleicht von Averroes.

93. (Ms. Or. Qu. 566.)

243 Bl., grofse starke Schrift, die Figuren, Bl. 91 ff., sauber gezeichnet. — N. 93 bis 101, *Shapira* 35—43, kommen aus Jemen.

Moses Maimonides, Commentar zur Mischna (1168?) mit dem hebr. Texte (eben so alle folg. Bände); Ordnung I. זרעים mit der allgemeinen Einleitung, welche meist (wie in Pocock's Ausg. 1655) fälschlich als solche zu Ordn. I. bezeichnet wird (vgl. N. 94); Anf. defect; דמאי Bl. 70b.

Dieses, auch wegen des hebr. Textes[1]) wichtige Werk wird u. d. Titel כתאב אלסראג' (hebr. ס' המאור) angeführt. Eine fortlaufende vollständige HS. des Originals ist nicht bekannt; einzelne Bände fast des ganzen Werkes besitzt die Bodleiana (Pusey, Index S. 704, vgl. meinen Catal. Bodl. p. 1884), Ordn. III—VI. unvollständig die Pariser Bibliothek (n. 578—80). Die Bedeutung des Originals für die edirte, theilweise uncorrecte hebr. Uebersetzung ist anerkannt, Berichtigungsproben gaben z. B. Neubauer in der Zeitschr. Ben-Chananja 1862 S. 148, 288, 312, B. Goldberg in המגיד 1866 S. 53, הלבנון V, 612, 725, VI, 86 (aus seiner Abschrift von זבחים).

94. (Ms. Or. Qu. 567.)

164 Bl., grofse Schrift.

Moses Maimonides zu Ordn. II. מועד, Anfangs defect bis Sabbat, Mitte Kap. 3. — Bl. 164b (in kleinerer Schrift) Ritus des Pesachabend und Anfang der הגדה, deren Anf. כאלו יצאנו ממצרים הא לחמא.

95. (Ms. Or. Qu. 568.)

269 Bl., mittlere dicke eigenthümliche Schrift, Ende 1222 (nur 18 Jahre nach dem Tode des Verf.); zuletzt: נִגְמַר חֲצִי סֵדֶר נְזִיקִין בְּעֶזְרַת ה' חצי החדש בשבת אתקל"ד לשטרות.

---

[1]) Lebrecht, Handschr. des Talmuds S. 37.

במדינת עדן היושבת על חוף הים ישע . . . (verlöscht) וד'לך ברסם כזאנה([1] אלשיך אלאגל אלכאמל אלפאצ'ל איש השלום ורודף שלום ואוהב שלום אשר גברו למאד חכמותיו, ורבו מפעלותיו כירדן מלא על כל גדותיו, להקטיר בריחַ מוהו, ויראת י'יַ היא אוצרו, השר הטפסר, איש המוסר כ'ק'ג'מ'ר' ור' משה בירב (so) דניאל ש"צ ה'מ'ק'ב'ת' יספק בידו לשמור את כל דברי התורה הזאת ויתקיים עליו קרא דכת' ומצא חן . . . || וכתב סעדיה הסופר בירב יחיא ברבי חלפון ידיע באלעדני נ"ע; über der letzten Zeile in einzelnen Buchstaben לישועה und unter derselben מחכה. Vgl. zu N. 109.

Moses Maimonides zu Ordn. III. נזיקין, nämlich Baba Kamma, מציעאה (47), Batra (97ᵇ), Synhedrin (158).

96. (Ms. Or. Qu. 569.)

Fol. 85 Bl., Schrift wie N. 89.

Moses Maimonides zu Ordn. III., nämlich Baba Mezia (defect bis K. 7), Batra Bl. 4, Synhedrin 16ᵇ, Makkot 35, Schebuot 40, Edujjot 48, Ab. Sara 61, Abot 68ᵇ, Kap. 4 Bl. 83.

97. (Ms. Or. Qu. 570.)

296 Bl., mittlere fette Hand (1386), mit sehr glänzenden Arabesken, farbigen Initialen u. dgl., die aber schon verblafst, theilweise abgesprungen sind, eben so Bl. 296ᵇ ein ehemals prächtiges Motto in arabischen Lettern. Auch das Epigraph 295ᵇ ist nicht ganz leserlich: נגז . . זה הסדר ביום שביעי תמני כר יומין בירח אלול שנת אלפים ושית מאה ותשעין ושבע שנין לשטרי במדינה (so) צנעה וכתב ברסם אלאכ'וין אלעזיזין . . .; Bl. 296ᵇ הד'י אלכתאב מלך סלימאן ן' [יעקיב] אשתראה בחכם אלביע ואלשרא אלשרעי; der Namen des Vaters ist radirt, aber in einem Vermerk mit arabischen Lettern zu lesen. — *Figuren* vollständig und in Farben ausgeführt Bl. 269, 271ᵇ ff., 279.

Moses Maimonides zu Ordn. V. קדשים, deren Tractate im Index Bl. 295 aufgezählt sind.

98. (Ms. Or. Qu. 571.)

198 Bl., bezeichnet י"ד bis ר"י (Bl. 194, bezeichnet קצט, hat nur die 4 ersten Zeilen von Bl. 184), mittlere schlanke Schrift eines David (ק'פ'מ'ק' nach der Permutation אתבש), dessen Epigraph hinter מדות Bl. 193 (bezeichנet רו):

שיר מוסר על הענין אמרו הסופר

אשר ירצה להבינה לסודות   וגם ידע בככל משל והידות
יהלך אל בני עודד הטובי (so)   ילוד ישע אשר הוא איש חמודות
והגדיל שמו ישע ואחיו   שמו נחום אריות התעודות
מבינים הם בעולם שלמטה   וכל נוצר בארבע היסודות
ועולם שלמעלה הוא בלבבם   כגון חשמל ודעות הפרודות
ומי יתן ולי אבר ואעוף   עדי אגע בלא הילוך צעדות

---

[1]) D. h. im Auftrag der Bibliothek (Hebr. Bibliogr. VI, 114), nicht „auf Befehl des Bewahrers der hohen Würden," wie Allioli übersetzt (Abhandl. d. Bayer. Akad. I, 1835 S. 59).

אמהרה ואבוא אל כניהם (בניהם?) יפי יפצח ברינונים להודות
לאל עליון אשר עזר לעבדו אני ק'פ'מ'ק' אשר כתב למדות.

Moses Maimonides zu Ordn. V., Anf. Sebachim K. 4; von Kinnim fehlt K. 3.

99. (Ms. Or. Qu. 572.)

364 Bl., fette mittlere Schrift. Bl. 1 Index mit Angabe der Kapitel, zusammen 126. Darunter: נבצע סדר זה בירח סיון שנת אלפא ותמני מאה ועשר שנין לשטרות נכתב במדינה אלטוילה תתבני עד דתשתכלל קרתא קדישתא ירושלם ב"א. וכתב בריסם אלסייד אלאגל עלי אלקאדר ואלמחל אלכאמל פי אלעלם ואלעמל אהרן ביר' עמרם ביר' יוסף אלהים יזכיה למהגי ביה . . . ספרא חלשא ומסכינא כ'לף בן דאוד אלטוילי[1] אלהים ימחול לי על כל מה ששגיתי . . . Bl. 1b אלד'י צח לשכר ן' יחיא ן' עואץ על פי הגורל הו אלבאב . . . (durchstrichen). Bl. 2 תוקיע אלמאל. פי אלקסמה אלד'י צח לאברהם . . . מן מא ולי יוסף ן' סעיד . . . ואלד'י צח למיסר תוקיע 'אלקסמה אלד'י בין עזאל עואץ' ן' Dann נצף בקעה . . . אלעבד ואלסבב קסים בלגם מחפוץ' [מחפוט'] אברהם ויחיא ומוסי. וד'אלך פי אלכתב ואלמאל ואלבית. אלד'י צח לאברהם מן אלכתב קטעתין מן מדרש הגדול קטעה בראשית וקטעה במדבר סיני וסדר זרעים משנה וס' קדשים משנה ומכלול ספר (so) השרשים וס' שופטים. אלד'י צח ליחיא מן אלכתב קטעה מן מדרש הגדול אלה הדברים וזמנים וס' טהרות משנה, וס' המצוות ערבי ותפסיר ונצה ארבע ועשרים. אלדי צח למשה קטעתין מן מדרש הגדול ויקרא ואלה שמות וקטעתין מן אלמשנה ס' נשים וס' נזיקים. ונצף אלכרך ארבעה ועשרים יהי אלד'י בינה ובין יחיא, וס' הקרבנות. Eine theilweise abgeschnittene Randnotiz bemerkt, dafs die Theilung im Sivan 1844 (1533) in der Stadt ק . . . מדע דעל עינא דמ . . . vorgenommen worden. Dann folgt die Theilung der Häuser. Unten (durchstrichen) אלד'י צח ליחיא בן עיאץ' כ'מסה חרוף . . . Als Besitzer nennt sich noch יהודה בן שלמה ציי.

Moses Maimonides zu Ordn. VI. טהרות vollständig. Im Epigraph ist אלף nachgetragen, ותשעים durchstrichen und darauf ותשע ושבעים richtig geschrieben.

100. (Ms. Or. Qu. 573.)

Pergament, 150 Bl., mittl. Schrift.

Moses Maimonides zu Ordn. VI., von Parah bis Ende ohne Epigraph; fehlt Kelim, Negaïm, Oholot.

101. (Ms. Or. Qu. 574.)

Breit Fol. 90 Bl., mittlere starke Schrift, zuletzt: נשלם זה הסדר יום רביעי דהוא עסרין ושבעה יומין בירח אדר שנת את"ח לשטרות (1497) במאתא צ . . ה [צנעה?][2] יהא סימן טוב על מריה ועל בניהי ועל בני בניהי עד עלמא זכריה הכהן ביר' הטר הכהן אלהים יזכה למיהגי ביה היא וזרעיה . . . ויזכה הכותב הלפון ביר' דוד ביר' ישע ביר' אברהם ביר' שלום ביר' עזרא ביר' שלום בן מנצור בן יחיא בן כת'יר בן יוסף בן מחפוץ' [מחפוט'] אלענסי ביר' יוסף הונדי (הכנדי?)[3] אלהים ימחול לי על כל מה ששגיתי ושעיתי. ויכתיב לחיים את Darunter eine theils radirte,

[1]) Hebr. Bibliogr. XIII, 60.

[2]) Der 2. Buchst. sieht eher wie ־ aus.

[3]) Der Buchstabe ist verbessert, scheint ursprünglich הקנדי.

theils verblaſste Notiz vom J. 1809 Contr., unterschr. דויד בירב עודד, den Verkaufspreis der HS. betreffend.

Moses Maimonides zu Ordn. VI., Anf. defect, Bl. 4 beginnt Negaïm. Epigraph des Verf. wie bekannt.

102. (Ms. Or. Qu. 575.)

162 Bl., eigenthümliche mittl. Schrift, א sieht so aus: | T, 161[b] aber so: |‑. Die Punctation einzelner Wörter ist die gewöhnliche. Bl. 78 (Verbote) ein colorirtes Rad mit 3 concentrischen Kreisen, im äuſsersten stehen 24 Zahlen in Buchst., nämlich: 1—19 (Cyclus?), 26, 32, 54, 73, 94, 143, 146, im innersten 24, nämlich: 149, 150, 152, 154, 155—170, 172, 175, 187, 188 (?), im innersten 12, nämlich: 193, 206—215, 195. — Cod. *Shapira* 44, 1877.

1 Moses Maimonides, Buch der Gebote [ספר המצוות], Anf. der Vorrede fehlt. Bisher war nur die Bodl. HS. (Uri 349, vgl. Catal. Bodl. 1880) und eine unvollständige, im Besitz des jüngst verst. Albert Cohn in Paris (המגיד 1861 S. 254), bekannt. Die Beschaffenheit der Recension und das Verhältniſs zu den drei hebræischen Uebersetzungen (welche Asarja de Rossi besaſs) bedarf einer Monographie; s. Catal. Bodl. S. 1881 und Add., Catal. München S. 111 n. 282.[1])

2 161[b] (Moses Maimonides) 13 Glaubensartikel, aus dem Mischnacommentar.

3 (am Rand) אנשי מערב סאלו רבי' משה ז"ל . . . מן שיעור קומה, das kleine Gutachten desselben (Catal. Bodl. 1909 n. 124).

103. (Ms. Or. Qu. 576.)

Pergament, 156 Bl., Anf. defect,[2]) mittlere fette Schrift (1508), das Hebræische durchaus mit babylonischer Punktation; 155[b], 156 von kleinerer Schrift, theils verblaſst. Zuletzt: נשלם זה הסידור בעזרת האל יום שלישי דהוא חמיש עשר יומין בירח תמוז שנת אתת"ט שנין לשטרי ונכתב על שם ההבר הטוב והנעים נטע שעשועים זכריה בן יוסף בן אבי גד (so) . . לבו לתלמוד תורתו הוא וזרעו . . . Daneben quer: והכותב יוסף בן בניה בן סעדיה בן [זכ]ריה בן . . ., vgl. N. 109. Das J. 1819 Contr. und הרס"ה ist auch Bl. 81[b] mit Worten und Buchstaben angegeben. Die Schrift ist leider an mehreren Stellen unleserlich oder undeutlich geworden. — Cod. *Shapira* 30, 1877.

(סידור) Sammlung von Gebeten, im Ganzen entsprechend den auſsergewöhnlichen des Ritus Jemen (N. 89 Bl. 73[b] ff.). Bl. 1[b] ist von den Gebeten für die ernsten Feste die Rede: וקד אלפיא בעץ' אלעלמא אלשערא (so) אקאויל כ'טביה מנצ'מה מהכמה' אלבנא ליתצ'רע

---

1) Die unedirte des Salomo ibn Ajjub besitzt auch Ginzburg (מעשה נסים von Abr. Maimonides, Paris 1867 S. XVI, fehlt in *Hist. Lit. de la France,* XXVII, 592). — So eben giebt Jellinek (קונטרס ... תרי"ג Wien 1878 S. 26—31) einige, nicht ganz correcte Proben aus einer (welcher?) HS. Die, nach seiner Vermuthung in der zweiten Recension hinzugefügten, Stellen stehen auch in unserer HS., woraus einige Berichtigungen in der Anzeige jenes Schriftchens in der Hebr. Bibliogr. N. 103 folgen.

2) Vorne fehlen jedenfalls 2 Bl. der 10. Lage. Bl. 9 ist יא bezeichnet, Bl. 19 יב u. s. w., Bl. 69 יז, dann folgt eine Lage von 8 Bl., daher 77 יח, 147 כה. Es fehlen also wahrscheinlich gegen 90 Bl. zu Anfang.

בהא. . . . וראית אן אכתב מן ד'לך טרף אד' הו כת'ירה לא ימכן איעאבהא וליכת כל ד'לך באלצ'רורי
Bl. 2: וחד'א מא ראית בד'כרה פי הד'א אלפצל עלי טריק אלתקציר ממא הו צ'רורי Bl. 2ᵇ: וחד'א אלד'י ראינא כתבה הנא. אול מא יג'וב מן הד'ה אלפסוקין איש מא אראד[1]. ואני ברוב חסדך אבוא. Auf diese Auswahl einleitender Bibelverse folgt: ת'ם יבתדי בהד'א אלקול. בשם אלהי אברהם אפתחה. Dieses alphabetische Stück ist am Rande mit א' bezeichnet; ein Register der bis Bl. 36 fortgezählten 95 Nummern hat eine neuere Hand auf einem Vorblatt als מפתח הסליחות geschrieben.[2]) Das nach jeder Nummer zu recitirende אל מלך (Bl. 2) ist nicht mitgezählt. Folgt 36ᵇ תפלה שומע als אלדעא ואלתצ'רע והו מגמוע לבעץ' אלעלמא ז"ל u. s. w. Bl. 38 רחמנא, chaldæische Litaneien mit hebræischen (הרחמן, u. dgl.) abwechselnd, darunter רחמנא דא הוא אוריתך די יהבתה 39ᵇ (N. 89 Bl. 91, 92, wo דאיתין קימין und מרן), Bl. 45—57 enthalten 45 Stücke mit Refrain והב לן, die ersten 13 chaldæisch und kurz, auch das letzte nur aus Einer Strophe bestehend. Bl. 57 וחד'ה סליחות לרבינו סעדיה ז"ל, 13 Stücke nach שחרית כפור zu recitiren, und 62ᵇ ובעד אלסליחות תקאל הד'ה אלאקאויל והי תמאם אלף בית. הרבינו לפשוע ובקש צור בעדינו. — 63ᵇ bis 68ᵇ Einleitung und סדר עבודה des *Abraham ibn Esra*, dann אשרי עין ראתה und andere Stücke von verschiedenen Autoren mit Refrain והב לן.

Der Rest des Buches enthält folgende Bestandtheile, nach den Ueberschriften: 74ᵇ נוסח הגטין והשטרות, arabische Anweisung mit chaldæischen Formularen ohne bestimmte Namen und Daten, anf. אעלם אן כמא אן מצות עשה אן יקדש. — 80ᵇ חסאב אלעיבור, Chronologie und Kalenderregeln, verfafst im J. 5089 (1329), wie in Worten und Zahlen gleich zu Anfang und wiederholt (93ᵇ und sonst) angegeben ist. Anf. תד'כרה פי תאריך'. אלעאלם עלי מא צחחה לנא אלנין; die Abschnitte sind durch פצל bezeichnet, aber nicht gezählt. Bl. 86 wird citirt: קולהם ראשון שבו פורים, שני שבו חמץ ביעורים, שלישי אכילת מצה ומרורים, רביעי מקרא ביכורים, חמשי תקיעת שופרים, ששה טבילה לטהורים [ערב יה"כ], שביעי יום הכפורים. Die Tabelle der 13 kleinen Cyclus (89ᵇ) beginnt mit Cyclus 275, „weil es nutzlos wäre, die schon verflossenen zu verzeichnen“. Im Abschnitt über Kenntnifs der תקופה (91ᵇ) werden die 28 מנזלה אלקמר aufgezählt und heifst es (92) richtig אלהיאה (كُتُب) פי כתב וכל ד'לך מבינין, am Rande: יעני חכמת התכונה (vgl. Hebr. Bibliogr. XIII, 56). — Folgen: קינות (94ᵇ, N. 89 Bl. 36ᵇ), hier 11 Stücke, שירות ותשבחות מגמועה מן תאליף אשכ'אץ כת'ירה מסדרות (100ᵇ), תוכחות ובקשות (104), (111), אקאויל לענין המועדות (115ᵇ), שירות לענין החנים (121), meist von Jehuda ha-Levi; dazwischen verschiedenartige Hymnen und Gedichte, z. B. Bl. 138 ולה איצ'א ז"ל לענין מילה; ja sogar Bl. 140 ליהודה אלחריזי לאשתר אלסנה [12 Strophen aus תחכמוני Kap. 5, in n. 1 Z. 2 besser עלי אמרי לקיל זמרי, n. 2 Z. 1 בטורי ציץ u. dgl.], 144ᵇ לאחר אכילה. Heiliges und Profanes, selbst Erotisches ist hier gemeinsamen Quellen entflossen. Zuletzt 155ᵇ, 156ᵃ ein prosaisches Gebet für Sabbatausgang: אלהינו י"א החל אלינו את ששת ימי המעשה הבאים לקראתינו, und ein Elia-Lied.

Wenn die eigentliche Liturgie oder der Ritus in Bezug auf Hymnen überall erst allmälig eine festere Gestalt annahm, so wissen wir von der Liturgie der Juden in Jemen noch zu wenig, um die Stellung des vorliegenden סדור, dessen Redacteur

[1]) Diese Phrase mit dem hebr. Worte איש wiederholt sich.

[2]) Es sind jedoch hier Stücke aufgenommen, welche ursprünglich und ihrem Character nach anderen Arten von פיוטים angehören.

unbekannt ist, genau bezeichnen zu können. Umfang, Inhalt, Seltenheit, resp. Neuheit der Stücke und Angaben über die Autoren verleihen der HS. einen so hohen Werth, daſs nähere Mittheilungen im Anhange zur Verwerthung anregen sollen.[1]) In Bezug auf allgemeinere Quellen finden sich folgende Angaben: Divan des *Mose ibn Esra* Bl. 17, des *Jehuda ha-Levi* 3, 94ᵇ, 111, 121; des *Abraham ibn Esra* 11, 94ᵇ.[2])

104. (Ms. Or. Qu. 577.)

287 Bl., gröſsere Schrift, Bl. 1, 195—98 und 218—83 kleinere aus neuester Zeit, wohl ursprünglich in 2 defecten Bänden und zum 2ten (Bl. 199) der Vermerk oben unter N. 92? — Cod. *Shapira* 34, 1877.

1 מדרש החפץ, Homilien über den Pentateuch, nebst Haftarot, und die Bücher Esther und Threni, haggadisch, ethisch und philosophisch im Sinne des Maimonides, von dem Arzte Yaḧya (Sacharja) ibn Suleimân im J. 190 (1430) in מצנעה' בני קיס. Die Vorrede, zum Theil hebræisch, beginnt: בשם י"י אל עולם . . . מרצין האל
המהולל יסייעני לחבר מדרש החפץ . . . אלחמד ללה אלד'י לא נד לה . . . נאום זכריה הרופא[3])
בי רב (so) שלמה הבדתי מדרש התורה הזה, והוא הנקרא מדרש החפץ מפרש עניני התורה בדרך
קצרה . . . והתחלתי בו בשנת אתשמ"ח[4]) לשטרות שהיא שנת הק"ע . . . ליצירה שהיא רביעית לשמטה לפי
ששנת אתשמ"ח[5]) שמטה נמצאת שלישית למען שבוע השמטה. נמצאת אתשנ"ב שמטה נמצאת אתשנ"ג (!)
רביעית לשבוע ל"ט משנת העיקר שהיא א"ת כמו שכת' בספר זרעים. ושנת אתפ"ז היא שנת כ"א מן
היובל . . .; Bl. 193 (בהר) heiſst es: ולפי השבון שאנו מחשבין השמטים והיובלות שנה ז שאנהנו
עומדין בה היא שנת אלף ושבע מאות ושמנה ושלשים שנה לשטרות אתשל"ח שמטה נת'ך (?) הד'ה
אלסנה הי אלאצל וסנתנא הד'ה אלתי הי אתשמ"ה[6]) לשטרות הי שנת חמשת אלפים ומאה ותשעים
שנה ליצירת עולם סימן הקץ תהא סוף וקץ לכל חטא וגליותינו ותחקיק ד'אלך קד תביין פי אול הד'י
אלמדרש. Bl. 283: קאל אלחכים יחיא אבן סלימאן אלמעלם גאמע הד'ה אלמעאני ליתד'כרהא
אנא אחלף באללה תע' למן אטל עלי הד'א אלכתאב אן ידון אותי לכף זכות פאן לקי פיה ג'לט או
זלל . . . בחסב צ'יק אלגלות . . וכאן תמאמה פי אכ'ר שנת הק"ע ליצירה תהא סוף וקץ לכל גליותינו.
וכאן תאליפה ואנא במצנעה' בני קיס[7]) תחרוב ותצדי וירושלם תתבני ותתחד' אמן. כן יאמר רחום.

Die Einleitung beginnt קאל אלמהולק (so) תעלם אני למא כ'צ'ת פי אלעלום בעץ' שי אעני פי
אלתורה ואלמקרא ואלמשנה ואלתלמוד וכלאם אלחכמים ז"ל ופי מעשה בראשית ומעשה מרכבה וגדתה ינקסם
ארבעה' אקסאם, nämlich 1. Dinge von offenbarem Nutzen für Körper- und Seelenheil, wie gewisse Gesetze, 2. Andeutung der Weisen, die nicht im Wortlaute (der Schrift) liegen, 3. Stellen, deren einfacher Sinn auf weltlichen Nutzen geht, der geheime auf physische und metaphysische Gegenstände (Lehren), 4. אמת'אל, welche nur auf Mysterien deuten, die man סודות nennt. Hieran schlieſst sich der hebr. Text der

---

1) Zunz, der alleinbefähigte, eine solche Sammlung zu beurtheilen und auszunutzen, muſste leider wegen Augenanstrengung die begonnene Untersuchung aufgeben.

2) „Von seinem Divan hat sich Nichts erhalten . . .," Zunz, Literaturgesch. S. 208.

3) So auch im Epilog der einzelnen Bücher.

4) Lies אתשמ"א.

5) Lies אתשל"ח, s. weiter unten.

6) Lies אתשמ"א.

7) Der Strich hinter ה bedeutet ة; der Vocal *u* wird durch einen senkrechten Strich über dem Buchstaben bezeichnet und paſst hier nicht. בני קיס sind 2 Wörter (*Beni Qeis*, vgl. אלקיסי oben S. 61 Anm. 1). Hiernach ist Hebr. Bibliogr. XIII, 60 und Polem. und apologet. Lit. S. 373, 455, zu berichtigen.

שלשים ושלש מדות שהאגדה נדרשת בהן, ohne Angabe einer Autorität; es ist eine noch zu prüfende, scheinbar uncorrect ergänzte Recension der dem Elieser b. Jose ha-Gelili beigelegten 32 Regeln;[1]) n. 21 hier מדבר שחוק של שתי מדות anstatt שהוקש לשתי! N. 24 der Talmudausgabe fehlt; n. 26 ist מרמז, 27 מכנגד, 28 מלשון (27 und 28 entsprechen 28 der Ausg.); n. 33 (Bl. 3, von alter Hand) ל"ג תדע לך שדברי זה המדרש בדרך קצרה . ., also nicht mehr zu den Regeln gehörig!

Bl. 3 (so) אתחיל בפרשת בראשית ברא בעזרת אל גבור ונורא. בראשית ברא ז'ה'ש'ה כה אמר ר' ... האל בורא השמים ונוטיהם שמשנה שנבראו נסתבבו; zwischen den Talmud- und Midraschstellen (תנו רבנן d. h. תנ"ר) finden sich auch philosophische in hebr. Sprache, arabische Erklärungen werden hinzugefügt. Nach Digressionen heifst es manchmal ונעוד אלי אלגרץ'.[2]) Die Haftarot werden hinter jeder Pericope mit der Formel וזה ענין ההפטרה kurz, manchmal mit einigen Zeilen erledigt, die der ausgezeichneten Sabbate (שקלים etc.) und Feste folgen Bl. 277—83. Hinter בשלח folgt 106ᵇ ענינות למגלת אסתר; hinter מטות 236ᵇ כזו הענין מפטירין בג' שבתות קודם לתשעה באב בדברי תוכחה, der 2. Sabbat hinter מסעי 238ᵇ, der 3. hinter דברים 241, hinter ואתחנן 247 וזה הענין לתשעה באב, 247ᵇ וזה ענין שבת חמישית בנחמות כבר נכתבה לעיל 265ᵇ, הנחמות בישעיה והן שבת ראשונה זה נחמו נחמו, 271ᵇ (hinter נצבים) וזה ענין שבת ז' בנחמות, 273ᵇ לשבת שובה und והיא רני עקרה האזינו ביחזקאל. Hinter dem Epilog (283, vgl. oben) beschwört der Verf. die Abschreiber, nicht ein einziges Wort wegzulassen, auch nicht das nachfolgende Gedicht in 9 Strophen zu 4 Zeilen, theils arabisch, theils hebræisch: anf. אב תחפצה (!) בחכמה טהר לבבך הבין; das Endwort einer Verszeile ist stets das Anfangswort der folgenden. — Die 5 Bücher werden in den Schlufsformeln und Anfängen (82ᵇ, 146, 199, 239) genannt: 1. ס' ישרים, 2. ס' הברית שהתחלתו פרשת ואלה שמות, 3. . . . תורת כהנים שהתחלתו, 4. . . חומש הפקודים, 5. . . . חומש משנה תורה.

Autoren werden nur selten citirt, mit Ausnahme von Maimonides (והרם במזל והוא משה בן מימון ז"ל [6ᵇ], meist nur רבינו, u. zw. Mischna-Commentar oder Gesetzcodex, nach den Büchern, auch פי אלדלאלה z. B. 236ᵇ), einigemal der Commentar des *Sa'adia* (פירוש רבי' סעדיה oder אלגאון, z. B. 42ᵇ, 241, 261ᵇ), *ibn Gannah* (z. B. 230ᵇ, 279), צאחב אלעירוך (55); Bl. 59 בריתא אותיות[3]) ר' חסדאי ראש המדברים אומר בזה הפסוק שם בן ל"א שעיה עלה וזה היא, ו'דאי י' ש'די א'היה . . . וצריך ארבעים תענית וטבילה כדי שיועיל במעשיך יאל תשתמש בו אלא לדבר שהוא לש"ש. זה היא דברי הסדאי ע"ה; daselbst קאל אפילוסוף רגענא ופי ספר יצירה קאלו — בטלמיוס (57ᵇ); Bl. 57 מן אלגהאד אלאסג' אלי אלגהאד אלאכבר ס' הבהיר 205 ;([4]) [vgl. Kusari IV, 25 S. 353 ed. 1853] תלי בעולם ... תלי בעו' הו אלגוזהר, 201 ויש מן המפרשים; aus Kusari II, 13 paraphrasirt ist ohne Zweifel folgender Passus (173ᵇ): וקד סאל אחד עלמא אלאומות אחד עלמא ישראל וקאל לה אנתם קלתם אן אלנבוית לא ת'ך[5]) אלא פי ארץ ישראל פליס מא אברהים תנבא באור כשדים ויעקב תנבא בחרן ומשה תנבא ולם ידכ'ל א"י . . . . פאגאבה אלחבר וקאל לה תעלם אן א"י אשרף אלבלאד . . .

---

[1]) Vgl. die Citate zu Cod. München 222,[3] und J. S. Bloch in Kobak's Jeschurun IX (1873) S. 47.

[2]) Bl. 174ᵇ: ותעלם אני מא פעלת הד'י אלמדרש אלא לאתד'כרה מנה מעאני מנהא מא אבין מנהא ראשי פרקים ומנהא מא אבין שי ילא לפצ'ה יאדה.

[3]) Einen Gottesnamen von 31 Buchstaben kennt Zunz (Syn. Poesie 146) nicht. Der שם בן ע"ב wird hier Bl. 102 mitgetheilt.

[4]) Ueber جوزهر vgl. Zeitschr. der D. Morg. Gesellsch. Bd. 18 S. 195, Bd. 25 S. 418.

[5]) تكن oder تكون, wie häufig י'ך يكون, z. B. 114ᵇ wiederholt.

Die Erklärungen des Verf. gehören derselben Richtung an, wie die in N. 92,[1]) und sind auch hier allerlei Themata herangezogen, z. B. Bl. 114—115^b Beweise für das Dasein Gottes, die 7 Erden (6^b); in תבל giebt es 365 Arten von Menschen mit 4 (!) Köpfen[2]), 4 Füfsen und 4 Händen, sie essen und gehen wie zwei; Astrologisches über die 7 Planeten (10, 293); über die 7 Klimata, in der Mitte Palästina (179); vom Throne Salomon's (arabisch 258^b פ' שופטים); über שמנה עשרה hebræisch (48^b); über eine Entlehnung zu שעטנז (Lev. 19, 19 Bl. 181) s. oben N. 90 S. 63. Eine Abbildung der Arche Noah's findet sich Bl. 25^b. Bl. 107 ומלכות יון ק"ף שנה ודע שישוע (so) הנוצרי היה קודם חרבן הבית בקל"ה שנים[3]) והישמעאלי היה שנת תתקי"ט לשטרות, also Muhammed 618, eine isolirtè Angabe (vgl. Polem. und apologet. Lit. S. 305 ff.).[4]) Polemik gegen Christenthum und Islam ist in diesem Werke kaum zu finden; jedoch Bl. 35^b ותוד וגוזל זו מלכות אדום וישמעאל . . . ואת הצפור לא בתר שלא ידע בקץ מלכות אדום וישמעאל שמשכה מלכותן . . . אימה זו מלכות בבל . . . נופלת. זו מלכות אדום וישמעאל תדע לך שהרי בבל גזרה על ישראל . . . ואדום וישמעאל מבקשין לצאת מן הדת בלבד (vgl. Polem. und apologet. Lit. S. 266, 373); N. 92 Bl. 7^b וקו' ואת הצפר לא בתר, יעני אן אלרוחאניין לא יפרץ' להם אנקסאם ולא תגזי . . . — Einzelne Wörter werden mitunter arabisch erklärt, z. B. 174^b die Namen der Finger (hebr. צרנדה für צרידה): אלאבהאם ואלבזע ואלסבאבה ואלכ'נצר ואלבנצר.

Bl. 284^b Kalendertabelle für Cyclus 285—297.

² 285, 286 Fragment einer Midraschsammlung, anf. את מוצא יצחק בא מכח אברהם, entsprechend פסיקתא זכור ed. Buber 1868 Bl. 22^b — 28^b mit Varianten; dann (286^b Mitte) Sifre § 296 und Baba Batra 21.

105. (Ms. Or. Qu. 579.)

Breit Fol., 303 Bl., grofse stärke Schrift, collationirt; Randnoten von jüngerer Hand; Bl. 104 (zu II Mitte K. 1): אמר הדל והאביון ה' כ' (?) יהיא 'ך מאור אלתרפי יצ"ו כל אשר תמצא כתוב בגליון אני כתבתיו מהעתק שלמה [l. שמואל] תבון להועיל לעצמי ולמי ע"כ ואח"כ נלקה הספר הנזכר ממני ואעפ"כ לא מנעתי עצמי מלפרש מה שנראה לי לקרב הענינים . . . ; dazu von kleinerer Hand שאינו יודע בלשון; es ist aber von da ab fast Nichts mehr hebræisch notirt. Bl. 188 Ende Th. II: (so) ענד קראתי פי הד'א אלכתאב ורד לדי סאל מן אחד מן טיב אלאסלאם והד'א מענא אלסאל ולד מא יד'כרה בהד'א אלנץ. קאל כיף קלתם אן אנתם אבנא ללה עז וגל ומעלום ומשהור ענד אלשריעה אן אללה עז וגל ליס לה אבא ואמא וליס לה ולד. Die Antwort weist auf אלאסאמי אלמשתרכה hin, Sohn habe auch eine weitere Bedeutung bis zum Schüler, ומן הד'א אלקביל קאל פי אלקראן ויאמרו בני הנביאים יעני אלתלאמיד' . . . — *Shapira* 45, 1877.

¹ Moses Maimonides, דלאלה אלחאירין, Anf. und Ende fehlt; Kapitel nicht gezählt: Bl. 1^b פצל צלם (I, 1), Bl. 304 אסם הכמה (III, 54).

---

[1]) Zu Gen. 20, 3 Bl. 42: בחלום הלילה הוא שפרשנו בקצור ist nicht eine Verweisung auf N. 92, vielleicht auf eine andere Stelle des vorliegenden Werkes.

[2]) Vielmehr mit zweien, vgl. Hebr. Bibliogr. IX, 16 und S. VIII; in der Geschichte von Asmodai, hier Bl. 202 בעל שני ראשים ולו ארבע עינים ושתי ידים ושתי רגלים; vgl. Zeitschr. D. M. Ges. 31 S. 222.

[3]) Vgl. meinen Catal. Codd. Lugd. S. 393, Catal. der Hamburger HSS. S. 71.

[4]) 16. Juli (לולייא, lies לוליו?) 622 in dem Fragment einer Geschichte Muhammed's in Petersburg, s. הלבנון VI, 72 (eigentlich 80).

[2] 97ᵇ, 98ᵃ (von jüngerer Hand) Gedichte, wenn man die Reime so nennen darf: 1. שירה נאה. סעד באהר לי ואתגל, abwechselnd תושיה und בית, über die Wissenschaften. — 2. אחרת. אלבס אלגור קטר אלת'ריה ואלבדריה, mit Bezeichnung 'פז für Strophenausgang, über den Tempel. — Bl. 98 שירה נאה סימן חכמה. אזכיר שבחך צי״ר ואודה hebræisch mit babylonischer Punktation, abwechselnd תושיה und בזמן (so) 3mal, dann eben so arabisch, und in letzterem מוסי אבן מימון אלחד הוא (so) רב ואיצ'א כ״ד.

106. (Ms. Or. Oct. 242.)

Baumwollenpapier, 8 Bl., grofse alte Hand, jedenfalls älter als das xv. Jahrhundert.

Fragment aus Jehuda Hajjug's arab. Schriftchen über die Verba ל״ה (Catal. Bodl. p. 1302); genau beschrieben von Rödiger in den Monatsberichten der k. Akad. Sitzung vom 23. Nov. 1868, mit Facsimile.

107. (Ms. Or. Oct. 256.)

Oriental. Papier, kl. Oct., 180 Bl., ursprünglich bis Bl. 137 oriental. rabb., dann karaitische Hand, meist ohne diakrit. Punkte. — Bl. 136ᵇ: بلغ معارضة الاصل المنقول منه والحمد لله وحده بلغ نقله من نسّخه للاصل على سبيل التحرير الحقيقى والحمد لله وحده. Daneben mit arabischen und darunter mit hebr. Lettern קרא פי הד'א אלכתאב אלפקיר אבראהים אלקרא אליהודי ולד מוסי אלקרא אליהודי. Dann mit hebr. und darunter mit arab. Lettern (andere Hand) אלכ'ט יבקי זמאנא" בעד כאתבה.. ופעל אלאנסאן מד'כורא" בעד מותה.. אן כאן כ'יר פהו עליה משכורא".. ואן כאן שר פהו לגהנם משהורא".. Bl. 137ᵃ, 137ᵇ und Bl. 138 hat derselbe Ibrahim (Abraham b. Mose) seinen Namen in verschiedenen Formeln angebracht, u. A. das Akrost. אברהם in Bibelversen. Bl. 138 מלכה הע' הצ' [הזני הצעיר] דניאל מתרפא[1]. Bl. 139 sind Namén verlöscht. Bl. 180 נג'ז נסך' הדה אלמבאחת פי שהר אדר אתרנ"ב לשט' [1341] עלי יד אצ'עף אלעבאד עזריהו הנשיא בן יהללאל הנשיא זצ"ל במדינה" בג'דאד לבהירנו ידידנו מחמדנו רבנא עובדיה הנקרא כמאל אלדולה עבד אלכ'אלק צור ברכו סלה בריה דהשובנו אצילנו יקירנו רבנא יונה סיפיה טב[2] הההבן ישמה[ו] סימן טוב סימן ברכה מעתה ועד עולם בן מדינה" מארדין אלמחרוסה. Darunter von anderer Hand: קיבל מן נסכ'ה" נקלת מן נסכ'ה" אלאצל והי אלמנקול מנהא הד'ה אלנסכ'ה חסב אלג'הד ואלטאקה ואלאמכאן בגיר היאמה (?) ולא נקצה (?) ישלים. Der Cod. wurde 1869 von Prof. Petermann gekauft, der ihn als vermeintliches *Unicum* im Orient erworben.

[1] תנקיח אלאבחאת' ללמלל אלת'לאת' (פי" אלמקאלה), Einwendungen gegen die jüdische, christliche und muhammedanische Religion und deren Widerlegung, mit einer Einleitung über die Prophetie von [dem geborncn Juden] ʿJzz-ud-Daule Saʿad b. Mansur b. Saʿad b. el-Hasan b. Hibet Allah, genannt *ibn Kemmune*, beendet Gumada II. 679 (1280). Von diesem, in seiner Art sehr interessanten Werke war nur die Bodl. HS. (Uri 361, Pusey p. 562) bekannt, welche ich vor 25 Jahren excerpirte und von der unseren kaum abweichend finde (s. mein: Polem. und apologet. Lit. S. 39 und S. 326), und die des Abraham Ecchelensis, jetzt in der Angelica in Rom (nach Mittheilung des Prof. Ign. Guidi).

[1]) Uebersetzung von متطبب.

[2]) Diese chaldæische Formel ist bei Zunz, zur Gesch. 315, nicht angegeben.

Anf. קאל אלשיך אלעאלם אלפאצ'ל אלמויד פי מסאלכה באשרק שמס עלאמה" אלאמם משיד חג'ג' אלאקדמין ואלמחדתין ומרשד כאפה" פר'ק אלבאחתין סידנא ומולאנא עז" אלדולה" . . . אחמד ללה עלי מא ארשד. — Bab II Bl. 28ᵇ Geschichte und Hauptlehren der Juden (Bl. 34 unter den Pflichten: הד'ה אלשריעה לא תנסך' ולא תבדל בגירה 35ᵇ ;ואכראם אלואלדין ואלעלמא); wogegen 7 Einwendungen, **1.** אן תואתר אליהוד מנקטע באקעה בכ'תנצר (35ᵇ), citirt Bl. 36ᵇ צאחב כתאב אפחאם אליהוד. **2.** לם נסלב תואתר אלתוראה"; es gab weder פרץ' noch Sunne, die Ahroniden hatten je einzelne Theile der Schrift, die Esra sammelte, "והי עלי אלחקיקה כתאב עזרא וליסת כתאב אללה (37ᵇ); **3.** die Thora enthält תג'סים ותשביה, gegen die Vernunft (Bl. 43); die Erwiederung erklärt die Anthropomorphismen und schliefst וקד צנף אלמתאכ'רין מן אליהוד כתבא תוצ'ח ד'לך ואמת'אלה איצ'אחא אבסט מן הד'א; **4.** die Thora enthält unglaubliche Erzählungen. etc. (46). Die Stelle Bl. 49 (aus Maimonides) s. Polem. und apologet. Lit. S. 40; **5.** der Thora fehlt es an Hinweisungen auf jenseitigen Lohn (Bl. 52), schliefst mit einem Citat וקד שבה בעצ'הם (Kusari II, 32—33, s. meine Mittheilung in ed. Leipzig 1841 p. XXI). **6.** אן זראדשת וכת'ירא ממן אדעי פי סאיר אלאמם אלנבוה" קד נקל מנהם מעג'זאת כת'ירה באלנקל אלמתואתר ענדהם מע אן אליהוד ג'אחדון לנבותהם לא סימא נבוה" אנביא עבאד אלאצנאם (56ᵇ). **7.** לם נסלם אמתנאע נסך' שרע אליהוד בל הו ואקע ולאזם לחם, wofür 5 Punkte angeführt und widerlegt werden. — Zuletzt (63) wird bewiesen, dafs alle jene Einwendungen nicht von Christen und Muslimen vorgebracht werden können; man habe daher zum Vorwurf der Fälschung der Thora gegriffen, welcher ebenfalls widerlegt wird (vgl. Polem. Lit. 324).

Bab. III, 66ᵇ: Glauben der Christen an Jeschua (ישוע), den Messias; dieser Abschnitt ermangelt einer übersichtlichen Gliederung (s. Pusey l. c.). — Bab. IV, 87: der Islam stützt sich auf 6 Beweise: **1.** Muhammed proclamirte sich als Prophet, verrichtete Wunder (89ᵇ), auch der Koran ist ein solches. Die מתכלמין haben darüber 15 Fragen aufgeworfen und beantwortet, wozu Bemerkungen des Verf. (אקול) kommen. Hier (106) finden sich verschiedene Citate (Polem. Lit. 314). 106ᵇ n. 13 וכד'לך יוג'ד מן ארבאב אלעלום כארסטוטאליס פי אלמנטק ואקלידס פי אלהנדסה ובטלמיוס פי אלהיה וכד'א אצחאב אלטלסמאת אלד'י לם יוג'ד פי זמאנהם מן יקדר עלי מעארצ'תהם והכי אבן זכריא אנה ראי אנסאנא יתכלם מן אבטה(1 בכלאם מפהום ואי שי שא ולם יוג'ד מן יעארצ'ה ולא ידל ד'לך עלי נבותה. Zuletzt Bl. 109ᵇ פכר אלדין אלראזי פי כתאב אלמעאלם (Polem. Lit. S. 41). **2.** הו אן מחמדא . . . אכבר מן אלמג'יבאת וד'לך מעג'ז דאל עלי צדקה פי דעוי אלנבוה" — citirt 112ᵇ: אבו אלברכאת צאחב כתאב אלמעתבר (s. mein Alfarabi S. 10) und פכר אלדין אלראזי פי כתאב אלמחצל ואן כאן פי כתאב 113: ;תאריך' אבן אלג'וזי נהאיה" אלעקול קד תכלף ענה ג'ואבא תפצ'ילא לם אדרכה לצ'עפה ולא שך אנה יעלם צ'עפה. **3.** Die Wunder Muhammed's (116); 117: Viele, die zum Islam übertreten, bekennen ihn nur äufserlich (s. unten Bl. 130). **4.** Verkündigung Muhammed's in Thora und Evangelium (120, Polem. Lit. 326). **5.** Die Menschen bestehen aus עואם, אוליא und אנביא, Muhammed erreichte die höchste Vollkommenheit, wie der Islam gegenüber den anderen Religionen. Die Einwendungen treten hier mit einer Schärfe auf, welche das Bekenntnifs des Verf. stark verdächtigen; erklärt er es doch fast ausdrücklich (130)

1) Ein Bauchredner? Ibn Zukk. ist Razi?

ולהד'א לא נרי אחדא אלי אליום ידכ'ל פי אלאסלאם אלא אן יבין עליה כ'יר או פי נל באלעז או יכ'ד' פי פראג תקיל או יהרב מן אלדל או יוכ'ד' פי סב או יעשק מסלמה" או אשבה ד'לך ולם נר רג'לא עאלמא בדינה ובדין אלאסלאם הו עזיז מוסר מתדין אנתקל אלי דין אלאסלאם בגיר שי מן אלאסבאב אלמד'כורה או מא מאת'להא; vgl. oben 3. (Eine Stelle über die Ka'aba Bl. 129 s. Polem. Lit. 313). **6.** Muhammed vereinigte in sich prophetische Gaben, sinnliche (Licht, Siegel etc.) und geistige (vgl. Polem. Lit. 303). Zuletzt (135^b) kommt der Verf. auf den Widerspruch der Juden und Christen, den er mit einer kurzen Verweisung auf das Vorangegangene abfertigt. Schlufsformel (136^b): ומן אללה תעאלי אסאל וכ'צוצא עלי מחמד יאלה אלטאהרין . . . und Datum.

[2] 139^b eine Schrift über die Differenzen zwischen den Rabbaniten und Karaiten, welche (gewissermafsen als Fortsetzung des תנקיח) untergeschoben scheint; anf. 'בש רח'. קאל אלסיד אלמולי אלעאלם אלפאצ'ל סראג' אלעלמא ותאג' אלפצ'לא אוחד עצרה ופריד דהרה עלאמה" אלעארקין ומפתי אלפריקין עז אלדולה ואלדין סעד . . . כמונה גפר אללה לה ויעפא אנה ורחמה פי דניאה ואכ'ראה. קד ד'כרת פי הד'ה אלמקאלה בעד חמד ללה תעאלי ושכר אלאיה (so) מא אלתמסה מני בעץ' אלסאדה" אלאפאצ'ל . . . . והו מא ענדי פי מא ד'כר עלי סביל אלאג'מאל מן פצ'איל אלחכמים אללד'ין יעתמד אליהוד אלרבאניון פי אמורהם אלשרעיה עלי נקולהם ואראהם מע כיפיה נקלהם ללשריעה" וביאן וג'וב אלעמל במקתצ'אה ופי אלמטאען אלתי אוררהא פריק אלקראיין מן אליהוד עליהם תקרירא וג'ואבא וכד'לך אלמטאען אלתי אורדהא אלרבאניון עלי אלקראיין והרית אלבראאת ואלאג'ובה" מע קלה" מערפתי בגו'יאת אלשריעה" עלי וג'ה לם אגד אכת'רהא (קלילא" darüber) אי כת'ירא מנהא פי כלאם מן סבקני ורתבת ד'לך פי ת'לת'ה" פצול ומן אללה אסתמד הסן אלמעונה" ואלתופיק. Der Verf. dieser Abhandlung spricht als Jude, citirt fortwährend hebræische Schriften und gebraucht hebræische Phrasen, ganz abweichend vom Verf. des תנקיח, allerdings mit Rücksicht auf das Thema und mit dem Scheine einer ähnlichen Objectivetät, hinter welcher wohl ein Karait sich versteckt, da die Rabbaniten zu einem solchen Scheine weder Veranlassung noch Neigung hatten. Auch fehlen selbst in den vorgeführten Ansichten der Rabbaniten gewisse übliche Eulogien und Formeln (z. B. אן אברם בן עזרא 160, jedoch Bl. 170. . . . רבינו משה בן מימון נ"ע פי הלכות תשובה), wie auch unser *Unicum* aus karaitischen Händen kömmt und die, die Echtheit versichernde Schlufsformel den Verdacht der Fälschung voraussetzt. Auch die Art der Benutzung des Buches כוזרי ist eine halb ehrliche, nach der Art raffinirter Plagiatoren. Dennoch verdient das Schriftchen eine ausführlichere Darstellung an einem andern Orte; hier folge eine kurze Inhaltsangabe.

Kap. I über die Tradition des Gesetzes und die Vorzüge der tradirenden Weisen (אלחכמים אלנאקלין להא ohne ז"ל) etc. Anf. "מן אלמשהור ענד אלרבאניין מן אליהוד אן אלנבוה לם תזל מסתמדה"; hier ist das Buch Kusari III, 65 ff. theilweise wörtlich excerpirt; Bl. 141 וד'כרו אן להם כתאבא יתסמי בפרקי ר' אליעזר פיה מסאחה" אלארץ' וכל ואחד מן אלאפלאך וטבאיע אלכואכב ואלברוג' ואלצור וביותהא והט'וט'הא([1] וסעודהא ונחוסהא וצעודהא והבוטהא ושרפהא ווכאלהא ומדד הרכאתהא ואן אלמד'כור הו מן חכמי המשנה אלמשאהיר (s. Kusari IV, 89 S. 365 und meine Mittheilung aus dem Texte); die Entlehnung springt bald zu Kus. IV, 31 S. 367; für גאלינוס daselbst hier אלאטבא הד'אק; 142^b וקד בין ד'לך ר' יהודה הלוי פי כתאב אלכוזרי; 143: יוסף בן יועזר ist aus Kusari III, 65 S. 291—92, aber die Stelle von

---

[1]) حظوظ Astrologischer Ausdruck, wie سعود, für Glücksstellung, im hebræischen Kusari [illegible].

קראים hier übersprungen; 145 ואד'א כאנו קד צ'בטו אלתורה ואלמקרא באלטעמים ואלפסוקים
ואלתנקיט ואלאלחאן ואלמסורת ist nach Kus. III, 31 S. 249. Der Rest scheint ebenfalls zusammengeflickt, z. B. 146: בדלו לפט'ה צדו מן צדו צעדינו, s. Kus. III, 27 S. 246. Auch in den folgenden 2 Kapp. ist dasselbe Buch stark benutzt. — Kap. II Bl. 147, die Angriffe (אלמטאען) der Karaiten, beginnt אעלם אני לא אקצד באלג'ואב ההנא תצחיח ראי
ואבטאל אכ'ר בל אקצד אולה" אלתשניע עלי אלחכמים באבאנה" אן מא ד'הבו אליה גיר כ'ארג' ען
מחאמל אלאג'תהאד ולקד אטנב אלקראיין פי ד'ם אלחכמ' ואלתשניע עליהם ואלאסתהזא בכלאמהם חתי
כ'רג' בהם ד'לך אלי אסתנקאץ עקול אלחכמ' ומן תבעהם ותכפירהם וקד אדעו מכ'אלפתהם ללמנצוץ
עליה פי אמור כת'ירה" וטענו במטאען יטול אסתקצאוהא לכני אד'כר מן משהוראת מטאענהם ואלאג'ובה"
ענהא מא יקאס באקי מא לם אד'כרה מנהא עליה ועדד מא אד'כרה מן ג'זויאת אלמטאען וכליאתהא
עשר מטענא "ת'ל'ת'ה". — Kap. III Bl. 169, die Angriffe der Rabbaniten auf die Karaiten. deren Zweck ebenfalls אלתשניע אולה, sollen 7 sein, ich finde aber nur ungezählte 6; n. 3, Bl. 171[b], die Karaiten verwerfen תורה שבעל פה, wird nur theilweise zugegeben. Ende Bl. 180 גיר מא קצד בה אעאדנא אללה מן אלכ'טא . . . ומנתהי אלרג'באת.

108. (Ms. Or. Oct. 258.)

Oriental. Papier, 201 Bl., verschiedene oriental. rabb. Schrift, XVII. Jahrh. (s. zu [3]), diacrit. Punkt. spärlich. Bl. 31 von blasser Hand: אבעת' אנא סעיד בן ש'כ'כ' (so) ד'לך
אלכתאב אלמסאמה (so) פירוש רבינו בחרפיין ביעין (?) ת'בתא צהא וכתי ישהד עליא סעדיה בן
יהודה; über den 3 letzten Worten steht ש ר ש, unter den 2 Namen je ein ש;

א ב ג

Bl. 102[b]: מעודד בן הדיד בן שמריה הלוי (so) und יוספקק בן קפק בן אביגמץ הלוי (undeutlich), nach der Permutation אתבש = מעודד בן דוד. — Ausgänge von Verszeilen und Strophen werden hier Bl. 28 und 30[b], 100[b], wie in N. 103, durch פז und פזמן bezeichnet; vgl. Siddur Amram und אבן ספיר Lyck 1866 Bl. 82 ff. — Cod. *Shapira* 46.

1 Commentar, oder vielmehr kurze Bemerkungen zu *Moses Maimonides'* Gesetzcodex; Anf. defect. Bl. 1 unten: הלכות גירושין. וקאל פי אלמשנה גטין לאן צאחב אלמשנה
ד'כר גטי נשים וגטי עבדים. Bl. 3 beginnt B. v ס' קדושה, 4 ה' מאכלות אסורות; 11[b] abbrechend וליס אלתי הו במאתים אלא ערלה וכלאי כרם. Gebraucht häufig die Formel אעלם אן oder תעלם, auch מסאלה und אלג'ואב.

2 12 Commentar zu *Moses Maimonides'* דלאלה, im Ganzen verschieden von N. 92 [2] (oben S. 66). Anf. בשם המלמד לאדם דעת. כנת איה אלתלמיד. פירוש דעא לה באלכון אלאלאהי
לאן אלכון כונין טביעי ואלאהי. ואלאך' יעני אלתלמיד. ד"א [דבר אחר] אך' פי אלכון אלאלאהי.
Geht bis gegen Ende des I. Tractats ohne Kapitelzählung. Ende Bl. 20: פצל אחור קאל
כמי סאביין ביינה פי נ"ד. שלים בסיעתא דשמיא. תם.

3 20: Bemerkungen zu haggadischen Stellen, anf. בשם רחמן. כיף קול אלחכמים ז"ל
שיעקב אבינו היה לו צאן והמלאך יש לו צאן, citirt רב' ע"ה פי צדר ספר זרעים, also Maimonides' Einleitung zum Mischnacommentar mit der, später üblichen uncorrecten Bezeichnung (Catal. Bodl. S. 1885), eben so unten [10] zu II, 41 Bl. 183. Ende Bl. 21 ממלאכי
השרת למדה. שלים ולא שלימו רחמי שמיא. הקטן הקל הסופר סעדיה בן מעודד בן סעדיה בן יוסף
ר"ת כתרמשו"א (vgl. N. 93 a. 1650), dazu von feinerer Hand שנשרש (so) נשלם בע"ה und 3 Distichen, vor dem 2. und 3. steht אכ'ר:

ילוד יוסף כגור אריה יהודה   ביום ולול אמת תטרוק תעדה
ממלא את מקום אבות בחכמה   וביראה וכל מדה המהודה

בני חכמה בני בינה והשכל   יעידון לידיד יוסף עלי כל
שהוא מומחה בתלמודו ומבין   כדת (so) אבות ורב הימן וכלכל

במדת הענוה אין כאברהם (so)   והתורה והמצוה מלאכתו
מסלסל עדית (so) צור מנעוריו   כאביו הוא ועל צלם דמותו

Das 1. scheint sich auf einen Jehuda b. Josef, 2. auf einen Josef, 3. auf einen Abraham zu beziehen, deren Verhältniſs zum Schreiber oder Verfasser noch zu ermitteln ist.

4 21ᵇ Erklärung geometrischer Stellen im Talmud mit entsprechenden Figuren und theilweise arabischen Ziffern, *a)* Anf. בשם רחמן באב פי אלערוגות קאלת אלמשנה ערוגה שהיא ששה על ששה . . . ואחת באמצע פ״ד' מסאחת (so) מא אנזרע מן הד'ה אלערוגה כ״ד פי תביין מסאחת אלכיל והו אלמסמא עומר זהו שיעור חלה. — *b)* Bl. 23ᵇ טפח והד'ה צורתהא וד'אלך אן רבינו משה זק״ל ביין פי שרחה מסכת חלה; diese Erläuterung hat einige Abschnitte (פצל). — *c)* Bl. 27 קאל רב' בפרק כ״ח מן שבת אם ריבה זה האחרון . . אין שומעין לו. עלי כיף אנה אד'י ריבה ת'ק'ו'פ' שומעין לו. אלג'ואב אעלם כל אמתא בריבועא אמתא.

5 28 astronomisches Excerpt? כלאם לאבי אלעקול. אלד'י צח באלארצאד אליונאניה אן אעלם באן בין אקטאר אלאפלאך ובין קטר קטר אלשמס מת'ל קטר אלארץ' (arab. Ziffer) 8; darin מראת ינצף אלארץ' ואלהוי נסבה מוסיקייה (so).

Bl. 28ᵇ von der feinen Hand (oben Bl. 21): מן מקאמאת טוביה זק״ל

ככוכבים אנחנו על אדמה   ואת סהר והמישור כגלגל
ושואל אות לקייב את דברו   אגל מלהיך מכוה ויגל
ואראהו דמות סהר בהומו   וזה איום וזה נורא ונדגל.

Der Schreiber will ohne Zweifel einen Verfasser Tobia bezeichnen; doch ist kein so genannter Verfasser von Makamen bekannt; hingegen begann eine מחברת des Josef b. Jehuda (ibn Aknin, Schülers des Maimonides) mit den Worten נאם טוביה בן צדקיה (Ersch und Gruber's Encykl. II Bd. 31 S. 49).

Bl. 29 (von der feinen Hand, jedoch 30ᵇ verändert) wiederum Geometrisches über Quadrat- und Kreisberechnung: בשם י״י אל עולם. אעלם אן חקיקה אלמרבע ומענאה אן תצ'איף אחד אלעדדין בקדר מא פי אלאכ'ר מת'אל ד'אלך אד'א קיל אמ'רבע ג' פי ד'. nennt אהל אלהנדסה. Ende Bl. 30ᵇ und dann Reime über Speisegesetze: קאל אלמוולף (so) זכר צדיק לברכה. שנו אלי בני הכמה ותורה והשיבו שאלתי מהרה. פו'. בהמה נשחטה בהכם ומצאה ומכל צד שהיטתה כשרה. פו'. endend: בהייכם הבירים הנבונים השיבוני תשובה הנכונה. פו'. ישלים עד בלי סהר והבונה יסובבכם לאל שוכן המעונה. פו'. תמת אלשירה. התלמידים האלו יזהירו כזוהר הרקיע . . .

6 31ᵇ Erläuterungen zu Maimonides' Mischnacommentar von Yahya b. Suleiman. Nach 3 einleitenden Distichen: אתחיל לכתוב פירוש המשנה || מהובר בחכמה ודעת ובינה || ששים מסכתות המה באמונה || החוזים אחוזים ביופי כתקנה || יבית בנות עשי ד״ל יאת עלית על כלנה || עיני אלהיך בה מראשית שנה ועד אחרית שנה || קאל אלמעלם יחיא בן סליימאן אלחכים אנא ראית אן נג'מע מא תיסר מן כ'לאל וג'ואב בן אלמשנה ואלאה תע' יד' ולי אלעון עלי ד'לך במנה ורחמתה. רב יסר בלטפך. התקבצו הכמים ועמדו על עבודתם ד'לך למא אראד אן יתבהם באלעדד והם אלהכמים אלד'י יקע ד'כרהם באלמשנה וכיף נסבת להם אלרואיאת באסמאיהם. Bl. 35 beginnt מסכת ברכות אעלם אנה יקול פי אלמשנה מסכת ופי אלתבור הלכות. ד'לך למא כאן

אלמשנה בבסט כלאם לם כאן בעד יקטע פיה אסתדלו עלי ד'לך מן קו' וסבת על הארון; Bl. 39 מס' פאה, 40b zu כלאים sind die geometrischen Figuren gezeichnet; 49b סדר מועד; 50b שאלה ששאלו חכמי מערב לר' משה בפקוח בשני בשבת ובכמה מקומות בהל' יום הכפורים; 63b ס' נשים, 69b ס' נזיקין (80 אבות), 83 ס' קדשים, 87b טהרות; Ende 92b ג'ואב ד'לך פי אראצ'י אלגבל אלתי הי צלבה. נשלם זה הפירוש בעזרת שדי ב"ה. Die Erläuterung hat meist die Form von Frage und Antwort (סואל und אלג'ואב), wie die Ueberschrift andeutet, citirt auch רבינו . . פי אלדלאלה" (vgl. N. 92).

Demselben Verf. gehören wohl auch die angehängten Erläuterungen zur Mischna 92b וה'דה מסאיל מלתקטה" מן סאיר אלמשנה. סואל קאל בפסחים ר' יהודה אומר שתי חלות; Bl. 93 zu סדר טהרות. 98b וקד אן יכתב עלי צ'הר [= ט'הר] אלכוורות לתמליסה שבה סטח אלארץ'. אנתהי הד'י (so) אלתאליק אלי הד'י אלחד . . . וה'ד'י אלד'י תייסר למן נאל רשדא עלי תחציל אלמעאני אלמנקול באלמעקול באלד'הן אלמסדר נחו אלצואב ואללה אלמשכור דאימא ומיאפקה". Folgen 4 Disticha: בלב ישר דרוש דברי חכמים, endend טוב לך מאכל בצל ושומים.

7 99 Logische Aphorismen (und verschiedene Definitionen): וה'דה מסאיל בין אלמנטק, הד' אלמנטק אנה עלם יערף מנה האל אלמעאני אלתצוריה ואלתצדקייה[1] . . . ורסם אלמנטק אנה anf. קאנון צנאעי . . . . Lose Zusammenstellung von Fragen und Antworten, nämlich Definitionen von verschiedenen Begriffen, unt. And. von Körper, Bewegung, sogar הנדסה und Schlaf, zuletzt, Bl. 100b: מא הו אלמכאן. ג'ואב ג'עלנאה מוג'ודא ליס ילזם מנה מהאל. Eine jüngere Hand fügte eine längere Schlufsformel hinzu.

Bl. 101a (von jüngerer Hand) זה שם י"ה הגדול. אדירירון בריהוהין י"י צבאות ק'ק'ק', גבריריין, nicht alphabetisch. Bl. 101b (von der Hand, welche die Schlufsformel 100b geschieben) שירה נאה לישע הלוי. ישע אני קטן האל יהיינו שלום והן אמצא לפני אהון קוני פז' עד כי אהא הכם בדורי ובהביני פז', und einige ähnliche.

8 102 מסאל בין אלדלאלה", קילה כנת איה אלתלמיד וג' (so) למא בדא בקו' כנת. ג'ואב דעא לה אן אללה מכונה (vgl. oben 2), nur eine Seite.

9 103 ליהודה הלוי אלגאז, Räthsel[2]): 1. פי הבת אלקמה (Ginse Oxford S. 45); 2. פי אלקלם. אביר מי שהיא [מה היא] אשר יען דברים בלי לשון וישיב מאמרים, ומאמריו למרחיק שמועים. ונגדו כל לשונות הם קצרים (Divan Bodl. n. 203, Luzz. n. 202). 3. פי סהאב אלמטר (Ginse 46, 66, dem Metrum angemessen: בעינה בשחקה). 4. פי אלמראיה (Edelmann, S. 11, Druckf. בלי bei Geiger ציצים S. 10). 5. פי אלקלב איצ'א. ומה דקה ורקה דברי חפץ והלקה ואלמות מדברת בחוקה והורגת בני אדם הרישות ודם אלים במו פיה מריקה (Divan B. 206, L. 295). 6. פי אלרמאן (Edelm. l. c. S. 12, hier angemessener יעבר). Dann מן מקאמאת בן שבתאי זצוק"ל (!), ist aus Jehuda ibn Sabbatai's מנחת יהודה, hier סיסים בציצים.

10 103b Commentar über *Mose Maimonides*, "אלדלאלה. Drei einleitende Disticha בעזרת מלך מלכי מלכים . . . אכתוב בסיועי . . פירוש כתב אדון הכמים ונסיכים והוי (so) מורה הנבוכים. Anf. כנת איה אלתלמיד אלעזיז מא מעני לפצה [לפט'ה] כנת לאנהא מסתגרבה פי כונה בדא בהא אלג'ואב. אעלם אן הד'ה אללפצ'ה מוג'ודה להם עלי ג'הה" אלדעא אן אללה יכוונה באלעלם ואלמערפה". Th. II Bl. 139b, III 190b und nur bis K. 13 vorhanden. Der unbekannte Verf. wirft ebenfalls häufig Fragen auf, ohne die Bezeichnung סואל, die Antwort hingegen ist öfter durch אלג'ואב hervorgehoben.

---

1) Vgl. mein Alfarabi S. 268.

2) Vgl. die in Calcutta 1856 gedruckten זמירות bei Geiger, jüd. Zeitschr. IX, 281 (320). זיבק ist زيبق Quecksilber.

Andere Autoren sind sehr selten angeführt, am meisten *Saadia*, z. B. gleich zu Anfang: (so) ומקאמתך הי עלי ג'הה" אלקאפיה מע תנצ'ים אלמעאני לא אן יכון קיל מקאפה יהיא עלי כ'לאף אלמעני מת'ל מא אנתקד עלי רבינו סעדיה פי עדד אלמצות וגירה מן עדד אלמצוות; I, 54 Ende Bl. 124[b] כל פקד קאל רבי' סעדיה גאון זצ"ל הד'א לא יעלמה אלא אללה; I, 63 Bl. 130 עצמותי . . כונהא אוג'בת תסביחה פסר ר' סעדיה כל עצמותי תאמרנה אקול מכ'לצא יעני למן אלאנסאן יעתבר תרכיב הד'א אלג'סד ומראבטה הד'א אלאעצ'א ומנאסבתהא סבה אללה ימג'דה מכ'לצא; II, 27 Bl. 156 בשמי שמי קדם פסר ר' סעדיה אלסמא אלקדימה. — Andere beachtenswerthe Citate sind: I, 43 Bl. 118 (zu כנף) וקאל בן גנאה אנהא תגי במעני אלסתרה כמא יקול אלערב כנפת אלשי במעני סתרתה לאן אלאגנחה תסתר עלי אלטיר וקד תסתר בהא עלי פראכ'הא והכד'י אלתיאב תסתר עלי אלד'י ילבסהא תג'טיה (vgl. S. 325 des ed. Wörterb.). — I, 5 Bl. 107. קאל פי כתאב אלמואזנה אצילי מן אצל אלשי ומבדאה מגאנס ללערבי לאן אצלנא הם אהל אללגה. Bisher war kein specielles Citat aus diesem alten, die Dialecte vergleichenden Werke bekannt, dessen Verf. (nach Mose ibn Esra) abu Ibrahim בן ברון (s. Hebr. Bibliogr. XIII, 91, wonach zu berichtigen Geiger, jüd. Zeitschr. XI, 234).[1]) Sie spricht auch gegen Munk's Identification mit בן קריש, da in dessen רסאלה S. 64 die Stelle nicht vorkömmt (vgl. daselbst S. 84 מואזנה" אלעבראני באלערבי und meinen Artikel: die Waage, in Kobak's Jeschurun IX, 67). III, 10 Bl. 198: קאל צאחב אלהדאיה אן קו' ונורא הוא על כל סביביו אנה ישיר בה אלי אלאשכ'אץ אלפצ'לא אלמדרכין אלמחקקין אנה נורא עליהם, wohl für אלהדאיה לפראיץ אלקלוב von Bechai. — I, 60 Bl. 127[a] (ענקא) קאל אהל לג'ה אלערב פי כתאב אלקאמוס אן הד'ה טיר יכון מסכנה פי אלהוא . . . למן תכלם עלי אלפיץ' — II, 11 אתא בהד'א אלפצל יחקק בה מעני אלפיץ' עלי מא קאלה צאחב כתאב צקל אלעקל; ein Buch dieses Titels ist in Hagi Khalfa, IV, V, VII, nicht zu finden.

---

[1]) Grofse Fragmente enthält die letzte Sammlung Firkowitz in Petersburg (Neubauer, Report of Hebr.-Arabic MSS. 1876 S. 5).

Nachtrag.

109. (Ms. Or. Fol. 1054.)

179 Bl., mittl. sehr schöne und deutliche feine rabb. Schrift (1484). Bl. 176 ein langes Epigraph: אברך את י״י . . . עזרני לכתוב זה הספר, הנותן אמרי שפר[1] והוא הנקרא אלמגיסטי[2]. וכתבתיו אני משה הצעיר בכ״ר שמואל ממזיתרא[3]. השב יהיה לנו למהו״ז ולתקרה(!) וכתבתיו ל . . . הגדול . . . (radirt und überstrichen) והשלמתיו יום ה׳ ד׳ לחדש כסליו בשנת הרמה ליצירה (א׳) למהזור עז״ר. והיא שעזרני והשלמתיו הוא יעזור את אדוני להגות בו הוא וזרעו וזרע זרעו כקרא דכתיב לא ימושו מפיך . . . אשר מלכותו לא תחסר ולא תוסיף. ועוזו וכחו לא יומר ולא יחליף. וחסדו להסידיו מעדיף. ועל פעולות בני אדם משקיף ומצדיק. לתת (so) לאיש כדרכו לאשר שמו מהלל ולאשר שמו מחריף. בנל״ך ואע״י. Die mathemat. Figuren sind sauber ausgeführt. In den Tabellen wird Null durch $\overline{\circ}$ bezeichnet. — Bl. 1—3 von neuer spanischer Cursiv ergänzt; Bl. 10—15 aus einer alten splendiden span. HS. auf Pergament; Bl. 15 oben: . . (so) קודש לאל על נשמת יעקב אברהם בכ״ר הייב נ״ע לא ימכיר. — Die HS. gehörte 1871 *N. Coronel.*

הספר זה (so) שמו אלמגיסטי והוא ספר הגדול לבטלמיוס (אלפלודי) החכם והוא ספר בחשבון המזלות והכוכבים ותנועות הנאותות אשר בשמים. ובספר הזה יש י״ג מאמרים בכל מאמר מהם מינים ממיני זאת החכמה ונזכירם בתחלת כל מאמר מהם ברצון הש״ית. אמנם המאמר ראשון (so) יש בו י״ד מינים; die Syntaxis des *Ptolemaeus* [aus dem Arabischen des *Honein?* von Jakob Anatoli, 1231—1235, s. zu Cod. München 70]. Zu Tr. I—V Varianten (נ״א, häufig נ״ע, auch בנ״ע הסר, ob נסה ערבי?) und Bemerkungen, oft überschrieben המבא,[4]) manchmal eine Stellenangabe מספר היוני von der Hand des Schreibers; zahlreiche Randnoten von jüngerer Hand, gezeichnet אב אם, meist nur אם, Bl. 27 עיין בן רשד. Einiges ist beim Einbinden weggeschnitten. In vielen Figuren steht: זאת הצורה מצאתיה בספר היוני והעתקתיה. Tractat II beginnt Bl. 17, III 40^b, IV 52, V 64, VI 79^b, VII 95, VIII 106, IX 115^b, X 132^b, XI 142^b (K. 11 Bl. 153^b unausgefüllt), XII 154, XIII 164.

Zu Ende I (41^b) נעשה לזה ספר מיוחד נפרד לזה vgl. Caussin, *Mém. de l'Acad. des Inscript.* VI, 28. — Vgl. auch unten zu N. 116.

110. (Ms. Or. Fol. 1055.)

Pergament, 208 Bl. Qu. (166 und 191bis) in 2 Col., grofse sehr deutliche span. rabbin. Schrift, wahrscheinlich XIV. Jahrh., sehr splendider Codex. Gehörte im J. 1851 *M. Soave* in Venedig.

Levi b. Gerson's Noten zu *Averroes'* Compendien über 6 physikal. Schriften,

---

1) Diese stereotype Phrase (vgl. N. 112[11]) lehnt sich an Sota 13 (Jalkut I § 162) אל תקרא אמרי שפר אלא אמרי ספר. Zu den Belegen in Hebr. Bibliogr. XIV, 3 soll anderswo eine reiche Nachlese (seit XII. Jahrh.) gegeben werden.

2) Bl. 95: אלמגשטי, sonst אלמגיסטי.

3) Der Ort dürfte, nach dem Character der Schrift, in Griechenland oder in dessen Nähe zu suchen sein. Am Rande von Bl. 20, 41^b, 73^b findet sich Türkisches mit arabischen Lettern.

4) Auf Bl. 10 ff. mehrmals א״ב ד״ל, ob ד״ל = דרי למבין?

des *Aristoteles*; die zusammengezogenen und erweiterten Textstellen stimmen mit der Uebersetzung des Mose Tibbon. Das kurze Vorwort lautet: אמר לוי בן גרשום כונתנו לבאר לפי קצורנו הקצורים אשר לאבן רשד בספרי הטבע ואע"פ שרוב דבריו מבוארים מאד הנה באו בהם דברים עמוקים לא בארם כראוי לאהבתו הקצור ומהנה נתחיל ונאמר ובאלהים נעזר. Hierauf folgt ohne Ueberschrift:

1 [שמע טבעי Physik] אמר כוונתנו בזה המאמר . . . המאמרים העיוניים היותר חזקים אשר יחויב ממנו תמיד דבר Ende (45b) ישפטו דרכו רצו' (רצונו) שלא יקח כל המאמרים העיוניים אחד בעינו. ובכאן נשלם הביאור בזה הספר ולא הקרנו הנה במקומות אשר הריב בהם ארסטו בזה הספר קדמות העולם כי זה דבר כבר עשינו בו (so) בספר מיוחד לנו לזאת החקירה[1] ושם בארנו שאלו הטענות אשר יחייב מהם ארסטו' קדמות העולם לא יתחייב מהם מבוקשו על כל פנים. Folgt das Datum der Beendigung: Ende Sivan 81 (1321). Im Tammus desselben Jahres sind die Noten zum mittleren Commentar verfaſst (Cod. München 278, Turin 40, Mich. 87, 5 HSS. in Paris, vgl. Litbl. d. Or. IX, 359, Wolf ³ 651). Unsere Noten enthalten Cod. Vat. 342 ¹ (Wolf ¹ 29), de Rossi 136, Paris 962 ¹. Die Erläuterungen schlieſsen sich durch ר"ל u. dgl. an die Anfangsworte des Textes; mehr selbstständige, oft dem Texte widersprechende Erörterungen beginnen oft א"ל (אמר לוי). Tr. IV Bl. 17: וזה הבאור הוא יותר נראה אצלי מדברי בן רשד. Tr. VI Bl. 31 ff. (Text Bl. 30b der Ausgabe) wird weitläufig gehandelt, auf אבן רשד בקיצור ההגיון אשר לו verwiesen, und vermuthet, daſs Averroes hier eine Note (הגהה) nachträglich hinzugefügt, worin er der Ansicht Abu Bekr's nicht folge, wie in dem ביאור לס' השמע. Bl. 34a ואולי ארסטו לא רצה . . . כמו שיאמר תמאסטיוס אלא המפרשים החטיאו כונתו כי דברי האיש עמוקים מאד כמו שזכרו קצת המפרשים; wenn der Text des Aristoteles vorläge, würde man vielleicht den Sinn feststellen können (היה אפשר שתפיל לנו בדבריו אם זאת הכונה ואם זולתה). — 16a Col. 2: והוא אחד מן המקומות המטעים אשר נמנו בספר ההטעאה כמו שעשה מאלסיש שהניח מה שאין תכלית לו בלתי מתנועע; 16b כבר התבאר בלמידיית בספר טולקוש, lies טולקוש *Autolycus*. — Tr. II beginnt Bl. 5, III 8, IV 13, V 22, VI 26b, VII 35b, VIII 40b.

2 46 ספר השמים והעולם כונתו (הכונה) בזה הספר המכונה . . לדבר בחלקי העולם הראשונים[2] ובמשיגים . . . וזה כי הוא מפני שהקדימו העיון בדברים המשתתפים לכל הנמצאים; über Himmel und Welt; Ende ובכאן הותרו כל אלו הספקות ונשלם הבאור בזה הספר והיתה השלמתו בחדש אלול של שנת פ"א לפרט האלף הששי והתהלה לאל לבדו יתברך על כל ברכה אמן. Tr. II Bl. 64, III 75 ², IV 78 ².

Andere HSS.: Vat. 342³, drei in Paris, 919⁴ falsch a. 5096 (vgl. Wolf ³ 651), Tr. IV München 59²; hingegen scheint de Rossi 805⁴ eine Erläuterung der Paraphrasis nach der Uebersetzung des Salomo ibn Ajub[3]); ob dieselbe in Par. 919³?

Citirt *Averroes*' Comm. (ביאור) zu „diesem“ Buche, oder השמים והע' (Bl. 52, 60b, 65, 71, 73², 76) und zu ס' האותות (54², falsch ארסטו für א"ר 69b), den eigenen zu

---

1) Wahrscheinlich ist hier מלחמות ה' (ausdrücklich citirt Bl. 12a) gemeint, wo Bl. 25a (vgl. zu Genes. I): בר' רבה בביאורנו לס' השמע; in דברי המענה zu Hiob 37 Bl. 257 Col. 2 der Amst. Bibel: למי שיעיין בטבעיות וכבר ביארנו זה בביאורנו לחכמה ההיא והשלמנו הסבה בזה בחמשי מס' מלחמות ה', was sich auf die Noten zum mittl. Comm. beziehen kann.

2) Tibbon hat לדבר בגשמים הפשוטים הראשונים אשר הם חלקי העולם תחלה ואליהם ילכו.

3) Anf. nach Mittheilung des Hrn. Perreau (Sept. 1865): הכלל הראשון מפני שזה הספר וכו' ועניניו מבוארים מפני ר"ל שהם עלולים מהנמצאות הטבעיות; end. unvollst. הפרק החמישי אמר והנה אפשר שיתבאר שהעולם אחד כשנעשה בזה ענינים שנתבארו בפילוסופיא הראשונה.

Av. ביאור über שמע (52^{2}) und verweist auf den zu כ' האותות (נבאר 54^{2}), auf מלחמות ה', dessen Erörterungen nicht wiederholt werden sollen (52^{2}, 62, 65, 69, 74^{b}, 75, 77, 79^{b}, 83 — auch in den folg. Schriften z. B. 100^{b}, 105^{b}, 111, 116^{b}, 119^{b}, 122^{b}, 179^{b} etc.). Anderes ist ohne genaue Vergleichung des commentirten Textes und bei den unmerkbaren Uebergängen in die Erläuterungen nicht mit Sicherheit anzugeben; יוחנן המדקדק (73^{b}, vgl. mein Alfarabi S. 123) ist aus dem Comm. citirt; אלהיתם בתכונה אשר הניח (74) ist das von Salomo Kohen ibn Pater übersetzte Werk des *ibn Heitham* (s. meine Noten zu Baldi, Vite di mathemat. S. 39 n. 2); בעל תכונה חדשה (66^{b}, auch unten 99^{b}) ist *Bitroǵi* (s. l. c. S. 88, vgl. Hebr. Bibliogr. XVII, 124 Anm.; *Bollettino ital. degli studii orient.* 1877 p. 205). Das Citat הרב המורה (68) gehört zu den sehr seltenen in diesen Schriften Levi's. Zu הקודמים מהיונים (68) bemerkt L., dafs hiermit Hipparch (אברכס) und Ptolemäus gemeint seien, כי הם היו המאמתים שבקדמוני היונים; die Babylonier seien לפי דעתי älter als die Griechen. — Bl. 50^{2} conjicirt L. eine bessere Leseart; 53^{2} מצאנו בספר הערב, ist wohl entlehnt?

83^{3} באור ספר ההויה וההפסד לקצור אבן רשד. הכונה בזה הספר הדבור בשנויים השלשה רצוני ההפסד וההויה (ההויה וההפסד) והשני באיך ובכמה ובתינת מה שבו; über Entstehen und Vergehen; Ende שלא יחויב מהיות הפועל (אחד) שישוב האיש בעינו. ובכאן נשלם הבאור בס' ההויה וההפסד קצור בן רשד והיתה השלמתו בחדש אלול של שנת שמונים ואחת לפרט האלף הששי. והתהלה לאל לבדו אשר עזרני ברוב רחמיו וברוב חסדיו א'א'ס'. Das Epigraph mit dem Datum fehlt in Cod. Reggio 11, III und München 246^{15} (Catal. S. 92); vgl. Vat. 342^{3}, Par. 962^{3}, 963^{3} (Wolf l. c.). — Tr. II beginnt Bl. 90; 91: בן רשד בביאורו לזה הספר.

98^{2} ^{4} באור. ספר האותות העליונות קצור בן רשד. בעבור שדבר.., Meteorologie; auch hier beginnt die Note ohne א"ל ($98^{b\,2}$): ירמוז בזה לפי דעתי אם לס' המחצבים אם למאמר בבחרות והזקנה והמות והחיים והכנסת הנשימה והיצאתה והבריאות והחולי שכבר ספר אבן רשד בס אחר המחצבים ולפני ב"ח. ובכאן Ende; החוש והמוחש שזה בלתי נמצא לארסטו בספר (so) הערב נשלם זה הבאור והיתה השלמתו בחדש שבת (corr. טבת) של שנת שמנים ושנים לפרט האלף הששי והתהלה לאל יתברך לבדו. Tebet 82 begann 22. December 1321.1)

Auch hier liegt das Compendium in der Uebersetzung des Mose Tibbon zu Grunde, wie ich im Serapeum 1867 S. 140 berichtigte;2) doch wird der Commentar (באורו לס' האותות, meist לזה הספר) hier noch mehr herangezogen (Bl. 100, 102^{b}, 112, 114^{b}, 116^{b}, 118^{b}, 119, 121 עשאו אחר הקיצור הזה, 122^{b}, 131^{b}, 132^{b}, 133 Ende III, 134^{b}), theilweise wegen der richtigeren Ansichten, während die des Compend. mitunter scharf getadelt werden, z. B. ראוי לשחוק עליו (115), דברי בן סינא עמוקים ולא הבינם (132^{b}).3) Tract. II

1) כמו שהתבאר (שנזכר) בס' האותות (Levi zn Hiob 36^{7} und 37 Bl. 257) bedeutet keinesfalls eine erste Bearbeitung gegenüber der unseren, wie Zunz (Addit. zu Delitzsch's Catalog der Leipziger HSS. p. 325) annimmt, weil er das Datum 1332 bei Wolf für richtig hält. — Bl. 111^{b} (Cod. München 36 Bl. 239 Z. 1): והנה ג"כ מעת ארסטו עד היום קרוב לאלפים שנה וארץ מצרים על ענינה ist mir unerklärlich, da es auch für 2000 nicht pafst.

2) Catalog München S. 15 hat sich bei der Kürzung meines MS. der alte Irrthum (Catalog Leyden S. 350) wieder eingeschlichen.

3) Dem Comm. sind wohl entnommen die im Compendium nicht vorkommenden Wörter אתיר (Aether, 102^{b}, M. 233), הלאמך (ib., M. 234), הדלק ר"ל האלמביק oder כלי (Alfarabi 245, Hebr. Bibliogr. XVI, 101 A. 1); ויביא בן רשד ראיה בזה מה שיראה באלנהרא והוא אחד (so) ממחנות הלבנה ר"ל שתראה כאלו הוא ענן לבן (105, Cod. M. 235^{b}).

beginnt Bl. 108^{b} 2, III, 123, IV, 134. — Andere HSS.: Vat. 342 4, Leyd. Scal. 9, Oppenh. Add. Qu. 38 (vom J. 1422), München 36 20, Paris 962 4, 963 4.

Tr. III 123^{b} über den Regenbogen heifst es: ואולם בבאורו לזה הספר באר שמה שהתבאר מזה בלמודיות הם סבות רחוקות ולזה לא השתדל ארסטו בנתינתם ומה שנתן ארסטו בזה היא מה שיחקור האיש הטבעי. ובהיות הענין כן היה ראוי לנו לקצר הבאור במה שזכר אבן רשד על צד השורש המונח ממה שהתבאר בלמודיות אלא שקצת הבאור בזה היא מועיל הנה על צד שהוא באור דברי בן רשד ואם אין החקירה בזה טבעית. In der That folgen lange mathematische Erläuterungen, worin ספר תאודוסיוס (124, M. 246^{b}) citirt wird — Bl. 116 (M. 241^{b}) אלפרגני, 132^{b}, 133 (M. 252) ספר (מאמר שלישי) איקלידיס, wie sonst ס' היסודות (99^{b}, M. 232^{b}, auch in anderen Schriften). — Die in der HS. fehlenden mathematischen Figuren habe ich aus Cod. München durchgezeichnet; Bl. 127^{b} ist eine Lücke. — Die Verweisung שבארנו בס' השמים והעולם 122 2 fehlt in M. Bl. 235; וזה יתבאר על אופן יותר שלם אצל העיון בענין בעלי חיים בע"ה (137 2, M. 254) bezieht sich auf die Noten zum mittleren Commentar (oben N. 58 S. 38), da für dieses Buch nur ein solcher existirt.

5 144 באור לספר הנפש להחכם הכולל ר' לוי בן גרשום נ"ע, Buch von der Seele, nach dem Compendium (כללי ס' הנפש). Anf. אמר לוי בן רשד הכונה בכאן שנביא מדברי המפרשים בחכמת הנפש וכו' (so) ושאין אחד מהם גשם ואם בהבורם ימצא הגשם וכו' שכבר התבאר שם שההיולי הנה כבר אמרנו במה זה תשלם זאת התנועה ואיך תשלם ומתי תשלם א"א שיפרד מהצורה; Ende ואמרנו עם זה במציאות הנפש המתעוררת ומהותה, ובכאן נשלם זה הביאור, ומי שיראה כי דבר יראה לו שהוא זולת המכוון מאבן רשד ידיננו לזכות כי מספר מוטעה מאד בארנו זה והרבה מהדברים אשר בארנו בו[1] היו מחשבה גוברת לבד ובהרבה מהמקומות העתקנו לשון (הלשון) הנמצא בספר אל לשון אחר מתחלף לו מאד אלא שאהבנו בכלל[2] השתדלנו שיהיה מה שאמרנו בבאור זה הספר צודק היה שירצהו אבן רשד או לא ירצהו. והיתה (והנה היתה) השלמת זה הבאור בחדש טבת[3] שנת פ"ד לפרט האלף הששי והתהלה לאל לבדו יהי שמו מבורך לעד ולנצח אמן. Andere HSS.: Vat. 342 5, Leipzig 40r (p. 306), Paris 919 2 unvollst. 962 4, Bodl. Oppenh. Add. 38 Qu. (vom Jahre 1422) und eine Bearbeitung des מאמר בעיוני in München 125 2 (vgl. die Randnoten zu 125 1), Pinsker 15 5.[4]) Eine HS. besafs Manasse b.

---

1) בו bei Delitzsch, Catal. Codd. Lips. p. 306.

2) בכללו in Oppenh. Add. richtiger.

3) Das im Leipziger Cod. vorangehende אדר, welches Zunz (Add.) als „obscurum" bezeichnet, ist einfach zu streichen. Tebet 84 begann 30. November 1323.

4) Dieser Abschnitt beginnt in unserer HS. (170^{b}) ואולם המאמר בעיוני הנה היא ממה שיצטרך באור יותר רחב וכבר התחלפו בו הקדמונים מזמן אפלטון עד זמננו וכו' (so) כי הצורות לא יחלקו תחלת כת הישמעאלים ואנחנו נחקור על [זה] לפי יכלתנו וכפי העזר הנמצא בזה במה שקדם ונאמר כי תחלת מה שראוי שנעיין בו, und endet כי ארסטו כתב כי השכל ההיולאני נצחי. נשלם המאמר בעיוני תהלה לאל. Im Allgemeinen scheint es als ob der Abschreiber oder Bearbeiter dieser HS. die Texte des Compendiums ausführlicher gegeben habe, daher auch nirgends das Abkürzungszeichen ('כו). Es fehlen aber auch die mit אמר לוי bezeichneten Glossen in der ersten Hälfte, nämlich Bl. 5 (vor 'הנה = B. 173 2; die 5 הבדלים beginnen Bl. 4^{b} in B. 173 1 ohne Zahlangaben), 6^{b} (vor 'הנה = B. 174^{b}), 11^{b} (176^{b} 2); erst Bl. 16^{a} (178 2) findet sich eine solche Glosse. Zur Characteristik der sonstigen sehr vielfachen Ergänzungen und Verkürzungen beschränke ich mich auf wenige Beispiele. Bl. 11 (ואולם הדבר אשר ילך) sind die 5 הקדמות des Textes gegeben (176^{b} nur 'וכו); hingegen sind von der Stelle über אבו נצר (s. weiter unten) nur in einer Randnote die ersten Worte angegeben. Bl. 12 Z. 18 ff. . . . . ולא אדע מה אומר בהתר זאת הסתירה . . . . וכ"ש כאלכסנדר ההיולאני נצחי, 14 Zeilen, stehen nicht in B. 177 1. Bl. 14 ist ein langes Stück (B. 178) in einer Nebenspalte, 15^{b} nach אי"א אל הלשון fehlen 9 Zeilen aus B. 178 3. Das Ganze in

Isral (Wolf, B. H. [1] 729, 730, 786), unter dessen Schriften daher bei Carmoly (Revue orient. II, 307, 22) ein „*Biour* ou Comm. sur le Traité de l'ame de Levi ben Gerson, inédit“, figurirt.

Die 1. Note beginnt מאמר בכה. — אמר לוי וכבר בארנו אנחנו בסוף באורנו לס' האותות beginnt Bl. 148^{b}, הזן 150^{b}, המרגיש 154, הראות 156^{b}, השמע $157^{b\,2}$, בריה 158^{2}, בטעימה $159^{b\,2}$, במשוש $164^{b\,2}$, בחוש המשותף $166^{b\,2}$, בדמיון 168, בכח הדברי $170^{b\,2}$, בעיוני. Die Worte ובכאן נשלם המאמר בכח הדברי ($180^{b\,2}$) stehen nicht in M. 125, wo die folgende Note Levi's als § ח bezeichnet ist; בכח המתעורר 182^{b}. Wie das Epigraph andeutet, betrachtet Levi den ihm vorliegenden Text, mitunter in den HSS. abweichend, als vielfach corrumpirt (לשון מבלבל 156, טעות סופר u. dgl. 162^{2}, $163^{b\,2}$, 178^{2}, 179), und wird der באור לס' הנפש oder לזה הספר herangezogen (153^{2}, $163^{b\,2}$, 165^{b}, 166^{2}, 178^{2}, 179). Die häufigen Verweisungen auf die Thiergeschichte (ס' בעלי חיים, auch תולדות und תנועות ב"ח $183^{b\,2}$) sind theilweise auf Levi's eigene Bearbeitung (oben S. 38) zu beziehen (בארנו 150^{2}, 151^{b}). 182^{2} (über die Gründe der Möglichkeit der הצלחה durch den Intellect): ונזכירם אנחנו בג"ה אחר השלמת זה הבאור, bezieht sich auf Levi's Commentar zu den Episteln des Averroes (vgl. Hebr. Bibliogr. XVII, 124); eben so 176^{b} וכבר האריכו קצת הפילוסופים האחרונים בהרחקת דעת אבו נצר במה שאין ספק בו ואנחנו נעתיק בג"ה דבריהם פה אחר שלמות זה הספר כי לעוצם מעלת זה הדרוש אין ראוי שנשען בו בזה האופן מהקצור. Zu $180^{b\,2}$ לרחק אפשרות המצא זה השלמות בנו השב אבו נצר שהוא נמנע והחליט הגזרה שהתאחדות השכל אשר בנו בשכל הפועל הוא מאמר ידמה להבלי הטפלות . ., vgl. mein Alfarabi S. 107.

[6] 184^{b} באור ספר החוש והמוחש קצור בן רשד, über Sinn und sinnlich Wahrnehmbares, wovon mir nur noch die HS. Oppenh. Add. Qu. 38 bekannt ist; doch dürfte wegen der Ueberschrift und der erst 185^{2} vorkommenden Notenbezeichnung א"ל unsere Schrift in einigen anderen HSS. verkannt sein; eine Ausg. Venedig existirt nicht (Catal. Bodl. 1614). Anf. אמר אבן רשד בעבור שדבר ארסטו . . . לכל ב"ה (מן) המיוחד ר"ל שהוא יבאר איזה מאלו הכחות הם משותפות ואיזה מהם הם מיוחדות לקצת הב"ח ובכלל הוא ואשר ימצא לארסטו בארצנו זאת יחקור; am Schlufs dieser Einleitung bemerkt Av. (185) מן המאמר באלו הדברים אשר יעד בפתיחת זה הספר לדבר בהם אמנם הב שלשה מאמרים לבד ונתחיל המאמרים בחוש והמוחש והדבור בכלל בזה וכו' (so); daran schliefst sich unmittelbar המאמר השני והוא יתחיל נכלל בארבעה חלקים מהם ידיעת מהות אלו הכחות בכלל. Bl. 192^{b} כאשר לא יגבר על מזגם הטבעי וכו' (so) 198^{b} בחקירה בזה המאמר מהזכרנות וההזדכרות; השינה והיקיצה העיון בהם תחלה הוא אם הם מיוחדים בנפש והגוף וכו' ומשני אלו הרשמים אשר רשמנו; 205^{b} המאמר השלישי כוונתנו בזה המאמר החקירה מסיבת אורך החיים וקצורם ונאמר

Paragraphen getheilt. — Die zahlreichen Randnoten in M. scheinen von denselben Händen, wie in den frühern Blättern herzurühren; doch ist mir die sehr frisch aussehende Hand auf Bl. 22 aufgefallen. Die Noten sind meist durch גי' (= גירסא?) oder נ"א (נסחא אחרת) oder הג' (הגהה) bezeichnet; aber auch die mit גי' bezeichneten enthalten nicht blos Varianten, also wohl Bemerkungen, die sich schon in dem Prototyp befanden; andere gehören wohl einem Besitzer. Es wird darin auf spätere Stellen des L. b. G. in dieser Abhandlung verwiesen (כמו שמבאר זה לב"ג בסוף זה המאמר); von andern Citaten bemerke ich: במאמר ב' מא"ה [מאגרת אפשרות הדבקות הראשון . . . וגם בכוונות הפי' (7^{b}, vgl. weiter unten), הדבקות?] כת' א"ר בשם אלכסנדר וז"ל והשכל אינו מתפעל . . . . אמנם לב"ג ירצה במלחמת השם . . . (Bl. 16). בבעיות לשון המפרש ס' הכוונות, מאמר בנפש האנושית וכבר באר ב"ר ששכל נפרד (16^{b}) d. i. *Narboni* zu Tr. IV (Cod. M. 121 Bl. 72^{3}); zu n. [4] 36 Maimonides (Moreh) I, 69 und מיישטר יידל (so), ebenfalls Narboni.

שהיא ראוי . . . אלו המקרים ר"ל איך ההיים יקצים. Ein Commentar des Averroes zu diesem Buche existirt nicht, der zu כ' ההויה wird citirt 207^{2}; zu den seltenen Anführungen gehört כמו שנאמר בס' הצמחים 199. Levi weist zurück auf seine eigenen Comm. zu כ' ההויה וההפסד קצור בן רשד 206, האותות 190^{b} und הנפש קצור ב"ר 192; über jüd. Ansichten von der Prophetie bedürfe es weiterer Erörterung והמאמר בזה יותר ראוי בחבורים התוריים ושם נשלים זה הדרוש אם ירצה השם. Oben 155^{b} heifst es ואולם בן רשד יעד לבאר אשר אמרו בזה המקום באור יותר שלם בס' החוש והמוחש ולא מצאנוהו בקצורי אמר בזה הענין דבר. — טעות סופר findet L. auch hier $187^{b\,2}$.[1]) — An den Schlaf knüpft sich der Traum $200^{b\,2}$; hervorzuheben ist 201: ואולם מה שאמר ב"ר שההמון יסברו בחלומות שהם מן המלאכים ראוי שתדע שזה לא יסברו אותו המון אנשי תורתנו, אבל הם יסברו שמה שיגיע מהמלאכים בחלום הוא נבואת האלהים אם לא שיקרא (שנקרא) מלאכים הכחות הפנימיות בשתוף שם מלאך . . . וכן מה שאמר שהם יסברו בקסם שהוא מהשדים הוא לפי דעת ההמון אשר גדל עמהם ואולם על דרך האמת אין סבת הקסם השדים כי אין חשדים דבר נמצא כ"ש שיודיעו העתידות; auch über die Prophetie widerspricht er als Jude. Die Mittheilungen über einen eigenen Traum ($201^{b\,2}$), seine Ahnungen im Wachen (204^{2}, erwähnt den kleinen Bruder), wissenschaftliche Argumentation im Traume (205^{b}) sind bei Joel (Levi b. G. 46) nachzutragen.

111. (Ms. Or. Fol. 1056.)

Pergament, 210 Bl., aus 2 HSS. zusammengesetzt: I. abwechselnd mittlere und kleinere, II. gleichmäfsig kleinere rabbin. Schrift, beide sehr deutlich, wahrscheinlich in Italien xv. Jahrh., splendider Codex, fast durchaus schön erhalten. Gehörte einem Deutschen, *Jakob Levi* (סג"ל), bis 1857 Dr. *Ad. Jellinek.*

1 *Gazzali,* כוונות הפילוסופים (vgl. oben S. 45 N. 69), hebræisch übersetzt von Jehuda[2]) b. Salomo Natan[3]) (1352—58?),[4]) dessen Vorrede (s. im Anhang) mit einem Gedicht über die 13 Glaubensartikel endet, welches unter dem Namen des Moses Nachmanides (1503) gedruckt ist (Hebr. Bibliogr. XI, 105, Cod. Schönblum-Ghirondi 25). — Anf. (Bl. 3) אמר אבוחמד אלגזלי הטוסי[5]) תהלה לשם (לאל) אשר הבדילנו מן התועים ושם חלקנו ביודעים. אולם אחר התהלה הנה בקשת ממני דבור מספיק ומבאר בהפלת הפילוסופיאה . . . כי העמידה על בטול הדעות טרם ההקפה בהבנתם (בהשגתם). Albalag's Uebersetzung hat: א' אבוח' ברוך ה' אשר הצילנו מן הטעות והודיענו מועד קרסולי הכסילים (ו)התפלה על כל הנביאים בכלל ע"ה. שאול שאלת ממני לתפוש על דברי הפילוסופים . . . כי מן הנמנע לעמוד על הפסד הדעות טרם ההקפה בהשגתם.[6]) — (I.) Logik (Bl. 3^{b}) הקדמה בהצעת ההגיון

---

[1]) Die Wörtlichkeit der von Levi excerpirten Texte ersieht man z. B. aus $185^{b\,2}$ ואמנם יעשה הכלי . . ., wozu der arab. Text bei Munk, *Notice sur Saadia*, S. 110.

[2]) Auch *Bongodas,* s. Hebr. Bibliogr. XIV, 97, XV, 113.

[3]) So ist auch wahrscheinlich für כהן in Cod. Turin 80 zu lesen (Catalog Codd. h. Lugd. Bat. 217).

[4]) Gegen die Hinaufrückung vor 1340 s. Add. zu Catal. Bodl. 2682.

[5]) Ich benutze Excerpte aus Cod. Michael 330.

[6]) Text des Narboni (und des Mose Almosnino, Cod. de Rossi 1218, s. Hebr. Bibliogr. VIII, 68) אמר אבוחמד השבח לאל אשר שמרנו מן הטעות והודיענו המעדת (הסרת) רגלי הכסלים והתפלה מן (על) הבחירה מן בעל המעלה. אמנם (אולם) אחר הנה אתה בקשת דברי מספיק בגלוי מגנות כל הפילוסופים וסתירת דעתם ומארבי (נ"א ומטמוני) שבושיהם ונעיותיהם (ומעותיהם) יאין תקוה בעמידתך על תכונת הענין אלא אחר ידיעתך סבריתה(ם) ב

וחלקיו [1]. אולם ההצעה הנה היא שהחכמות (שהידיעות) ואם יסתעפו חלקיהן הנה הן נכללות בשני
א'א'ה' הקדמה בהצעת ההגיון וביאור תועלתי וחלקיו. אמנם ההצעה .Alb .חלקיו הציור והאמות
.היא שהידיעות אע"פ שחלקיהן משתרגים כללם נכללים בשני חלקים והם הציור וההצדק [2]
(II.) Metaphysik Bl. 22 (Gosche S. 282) ונאמר (הזוכר) עתה החכמה המכונת אצלם האלהית.
ומנהגם ירוץ (جارية) להקדים הטבעיות אמנם בהרנו להקדים זאת כי היא יותר מסופקת והחלוק
בה יותר ולפי שהיא תכלית החכמות ומכוונם ואמנם תאחר לעמקה וקושי העמידה עליה קודם העמידה
על הטבעית אבל אנחנו נניח בה מן הדבור מה שיהיה כדי לסמוך עליו בהבין הכונה. Bei Albalag
המדע המכונה בחכמת האלהית אצלם. מנהג החכמים הוא להקדים המדע הטבעי אל האלהית
אבל אנחנו הקדמנו המדע האלהי לפי שהוא יותר השוב והחלוק בה יותר אע"פ שהיא תכלית
החכמות והמכוון בהם. והם מאחרים אותו מפני עמקו כי הוא קשה להבין קודם הבין המדע
הטבעי אך אנחנו נביא הדברים מן הטבע בענין שיוכל אדם להבין המכוון מהם.[3]) Tr. **2** Bl. 41,
3 44b, **4** 55, בגשמים השמימיים 61, **5** 67. — (III.) Physik 71 הטבעיות כבר זכרנו
שהנמצא יחלק אל עצם ואל מקרה והמקרה יחלק אל מה שהוא מבלי הצטרך אל זולת כמו הכמות
והאיכות ואל מה שיובן בהצטרך אל זולת והוא מסתעף אל העצם והכמות. Bei Albalag כבר
והנביא קרוב מן .Ende 98b .Tr. **2** Bl. 75, **3** 80b, **4** 84, **5** 92 ([4].באדנו . . . משתרג . .
המלאך והמלאך קרוב מהאל ית' ואחר יתחלפו מדרגות המלאכים והנביאים והחכמים במדרגות הקורבה
חלוק לא יספר (יסופרו). הנה זה מה שכווננו (שרצינו) להגידו מחכמתם ההגיוניות והטבעיות
והאלהיות מבלי התעסק להבדיל בין הרזה והשמן והאמת והשקר, ונתחיל אחר זה (ספר) הפלת
הפילוסופים עד שיגלה בו מה שהוא שקר מזה הכלל. והאל(הים) המכין השגת האמת מדת (מנת)
הלקי וכוסי כי אין אלוה זולתו ומושיע אין בלתו (תם). יתברך ויתעלה שמו המשגיה ממכון שבתו
שכוננו אמן אמן. Die von Isak Pulkar beendete Uebersetzung endet in Cod. Canon. 17
לספר . . . מבלי שנתעסק להבדיל בין האמת והשקר ולא בין הרזה והשמן, wie die lateinische
Uebersetzung; HS. Uri 296 und HS. Katzenellenbogen's (Litbl. des Or. VI, 210) fahren
fort: ונתחיל אחר זה (הספור) בס' הכחשת הפיל' כדי שיתבאר בו מה שהוא בטל מכל זה הכלל,
bei Uri noch: והאלהים ידריכנו בדרך אמת למען חסדו כי אין ציר בלעדו.[5])

Der Uebersetzer fügt hinzu Bl. 8b וזה בלשון לעז יותר גלוי, Bl. 23b ואמנם אם יזכר
המציאות בלשון הקודש ולא יובן כבר אמר בלשון לעז להבינו. Ein Beispiel von Aenderungen
des Uebersetzers bietet Bl. 23b כאשר ספר ממנו כל פעל י"י למענהו ואמר יצרתיו אף עשיתיו,

ולמידתך דעית(ה)ם כי העמידה על הפסד הסברות קודם ההקפה במושג מהם שקר אבל הוא השתדלות בעורון והטעות.
וראיתי שיותר קודם על ביאור הטענות נגדם דבור וספור כילל על הקרי כוונתם מהחכמות ההגיוניות . . . מבלי הכרה
בין האמת מהם והבטל . . . ומכוון זה הספר חקור כוונות הפיל' והוא שמו.

[1]) Gosche, Ueber Gazzali's Leben etc., S. 273 ff. (vgl. 278), erwartete mit Recht aus der Vergleichung der hebr. Uebersetzung die Berichtigung einiger Ungenauigkeiten; so z. B. ergiebt sich, dafs in der Berliner arab. HS. (59 Qu.) zwischen Bl. 22 und 23 das fehlt, was unsere Bl. 23 — 28b enthält. S. 275 (Bl. 37) fehlt صفات vor الأول, hier 44b בתוארים, wie im Latein. *de proprietatibus*; S. 277 (vgl. Schahrastani II, 310, 315, 327) das dort Fehlende hier 83b—89, und zwar die 10 Punkte richtiger so, dafs das latein. 2. Kap. den 1. Punkt bespricht.

[2]) Vgl. mein Alfarabi S. 147. Bei Narboni אולם ההצעה הנה היא שהחכמות ואם רבו, dann wie Jehuda.

[3]) Bei Narboni 72b מנהגם הולך בהקדמת הטבעיות ואבל בהרנו . . . יותר נחשב . . . ואבל אנחנו נביא בהלשת הדברים מן הטבעיות מה שיעמד עליו הבנת המכוון.

[4]) Bei Narboni 264b כבר זכרנו שהנמצא יחלק . . שיובן מבלי צרוף . . . והוא מסתעף.

[5]) Bei Narboni (שנהקהו) אח"כ ישתנו מדרגות . . שנוים לא ימנו. הנה זה שרצינו שנקהו מחכמותם (מהכמתם) ההגיוניות האלהיות מבלתי הכרת הרזה מהשמן והאמת מהבטל, ונחבר אח"ז ס' הפלת (הפלת) הפיל' עד יתאמת (להשגת האמת) בו מה שהוא בטל מזה הכלל. והאלהים ידריכנו . . ולאל המסכים להשגת האמת וימינו ודקותי (so) על אופן המשך ההישרה.

am Rande: אלגוראן [für אלקוראן] מי שבראם היישירם. אלגוראן נתן לכל דבר בריאתו יאהר הישיר. Mit derselben kleinen Schrift sind am Rande durch das ganze Werk häufig Varianten, meist Weglassungen, notirt. Von anderer Hand Bl. 26 am Rande: אלו הצורות עשאן המעתיק החכם מ"ר (so)[1]) יהודה נתן ז"ל כי לא היו בספר הערב שהעתיק ממנו צורות אחרות לדעת משה נרבוני ז"ל.

[2] Am Rande von [1] (bis Bl. 84, Physik, Tractat IV) ein anonymer Commentar, oft in שאלה und תשובה bestehend, anf. (2b) יש לשאול בתחלת הספר הנה ראוי לכל מחבר להציע תחלה נושאי הספר אשר ירצה לחברו . . . התשובה זה המנהג היה ראוי למחבר ספר מעצמו אך למשיב הדברים ומדבר דרך ספור והגדה . . . אמר אבוהמיד התהלה לשם . . . ראוי לכל אדם לתת שבח והודאה לאשר אליו תאות מברואיו כמעשיו ועניניו ובפרט לכל מחבר במה שהגיע מטובו להצילו מטיט היון וממצולות השגיאות.[2]) Bl. 3b ובאור המאמר בהגיון וכן עשה זה החכם ומנהגם II, 22 התועלת.[3]) ראוי לכל מחבר להציג תחלה הצעה על נושא הדרוש ואח"כ יזכיר התועלת יחזק . . שאלה איך לא חבר ג"כ הלימודית ר"ל שמנהגם יחזק להקדים הטבעיות.[4]) תשובה כי הטבעיות. המקרא יחזק . . . והאיכות III, 71 הלימודית לא חשש לזכרה כי כבר התגלו ראשונה יש שם Bl. 54b כטפה מן החי והזרע מן הצמח. Ende ר"ל שלא יצויירו מבלי הצטרף אל הזולת. חסרון מהביאור כי כן מצאתי מספר (so) ההעתק. Das Zeitalter des Commentators (jedenfalls 1350—1480) ist aus dieser HS. (ob eine andere in Paris?) nicht genau zu bestimmen, da Niemand citirt wird. — Bl. 40 (חלוקה שמינית) wird בן סיני als Quelle Gazzali's angegeben. — Höchst wahrscheinlich lebte er in der Provence, vielleicht in Marseille?; zu Bl. 35 im Texte כשיכוון ללכת מארץ משך אל משא,[5]) im Commentar שאם נרצה ללכת ממרשלייאה אל אורינגא אם לקחנו הבחינה ממרשלייא (so) תהיה שילון קודם אויניון יאב לקחנו הבחינה מאורינגא לבא אל מרשילייאה (so) תהיה אויניון קודם שילון; wenn man von Marseille nach *Orange*[6]) geht, liegt *Salon*[7]) vor Avignon.

[3] 99b *Averroes*, הפלת ההפלה, Widerlegung der Widerlegung der Philosophen von *Gazzali*, aus dem Arabischen von Kalonymos b. David b. Todros (Todrosi, nach 1328),[8]) dessen Vorrede (s. Anhang) unsere HS., ohne Ueberschrift, eröffnet.

---

[1]) Diese Bezeichnung ist aufserhalb des talmudischen Kreises in älteren Zeiten selten.

[2]) Vgl. oben S. 5 A. 1.

[3]) Diese Ueberschrift hat Cod. Mich. 330 im Texte.

[4]) Diese Worte scheinen irrthümliche Wiederholung.

[5]) Arabisch (MS. Or. 59 Qu. Bl. 29) بغداد قبل الكوفة انما قصد مكة من خراسان. Bei Narboni (N. 69 Bl. 124b) כאמרך מונפישליר לפני בדרש כאשר כוונה ההתחלה מלוניל . . . יאב לקחנו הבחינה מנרבונה שבה בדרש לפני מונפשליר.

[6]) Vgl. *Hist. lit. de la France* XXVII, 747.

[7]) Vgl. Hebr. Bibliogr. XIV, 98, XVI, 93; שלון und שילון in GA. des Is. Latas S. 98, 101, 107, wonach das ? in *Hist. lit. l. c.* 712, 724 zu tilgen ist.

[8]) „Kalonymos Todrosi" bei Carmoly (*France israël.* 1858, u. d. T. *Biogr. des Israelites etc.* 1868, s. Hebr. Bibliogr. XVII, 78) p. 93, ist vielleicht unstatthaft. Carm. behauptet, unser Kal. sei ein Onkel des Todros Todrosi b. Meschullam b. David in Arles [im J. 1314 geboren, nach Brüll, in Ben Chananja 1863 S. 496], habe 1328 unser Werk übersetzt und schon früher das widerlegte Werk Gazzali's. Letzteres scheint Mifsverständnifs eines Passus der Vorrede, worin die unvollendete lateinische Uebersetzung des Kalonymos [b. Kalonymos] erwähnt wird; letztere ist aber nach der Vatican'schen HS. in Arles 1328 für Robert angefertigt (s. mein *Giuda Romano* S. 6; Hebr. Bibliogr. XI, 54; vgl. Catal. Bodl. 1576, Catal. Codd. Lugd. p. 50, Catal. der Hamb. HSS. Vorr. S. XVI). Die Uebersetzung des הפלה von Gazzali findet sich nach Carm. in einer nicht näher bezeichneten Pariser HS.; der Pariser Catalog weifs Nichts davon.

Eine abweichende Uebersetzung habe ich in Codd. Leyden 6, 15 nachgewiesen, wo das Werk ס' התקומה oder ס' הבריית genannt wird.[1]) Ob diese, allerdings vollständige Uebersetzung die des Isak דנהנה ist, welche letzterer nach der Vorr. des Kal. bei der Auswanderung (1306?) unvollständig zurückliefs? Ein Fragment einer dritten Uebersetzung s. unten N. 111,[12].

Die gedruckte lateinische Uebersetzung des jüngeren Kalonymos ben David stimmt im Allgemeinen mit unserer hebræischen des älteren (s. Anhang); zu der Ausnahme Catal. Codd. Lugd. p. 51 A. 1 vgl. Polem. und apologet. Lit. S. 3 Anm. 2 und S. 104. Mose Narboni im Comm. zu ה"י (s. unten N. 119) benutzt die des Anonymus (Catal. Codd. Lugd. l. c., vgl. auch zu Moreh I, 74 Bl. 20 ed. Wien). Unsere Uebersetzung enthalten Codd. Vat. 502, Mich. 212,[2]) Leyden 18, 36, Parma (Stern 33, Perreau 55 in Hebr. Bibliogr. VIII, 68), de Rossi 143^6 (ohne die 4 phys. Quäst.), Paris 910^3 (ohne Vorr.), 956^3. — Ueber Gazzali's Schrift s. *Bollettino ital. degli studii or.* 1877 p. 292.

Metaph. Tr. **2** beginnt Bl. 49, **3** 124^b, **4** 145^b, **5** 150^b, **6** 154^b, **7** 166, **8** 170, **9** 172, **10** 174^b, **11** 175^b, **12** 180, **13** 181^b, **14** 185, **15** 187^b, **16** 189^a. Physik 193, Tr. **2** 200^b, **3** 207^b, **4** 208^b.

112. (Ms. Or. Fol. 1057.)

Pergament, zusammen 29 Bl. in 2 Col.; I. bis Bl. 19 ausgezeichnet schöne kleine Quadratschrift, etwa xv. Jahrh.; II. mittl. gleichfalls sehr schöne Quadratschrift, mathemat. Figuren sehr fein ausgeführt mit Inschriften in Minuskel, zuletzt נשלם ת"ל על ידי אני שלמה בכ"ר יהודה גרני[3]) יזי"א.

1 Bl. 1^b מאמר לאבונצר אלפאראבי במהות הנפש, ohne die kurze Vorbemerkung des Uebersetzers [Serachja b. Isak aus Barcellona, xiii. Jahrh., vgl. zu Maimonides, Gifte, in Virchow's Archiv Bd. 57 S. 64], wie in der Ausgabe 16. Warschau 1857 (תרי"ז auf Tit.; 1871 in Hebr. Bibliogr. 1872 S. 46), nach Cod. Paris 763^{10} mit dem falschen Namen זכריה. Edelmann edirte das Schriftchen in חמדה גנוזה 1856; s. mein Alfarabi S. 109, 247. Am Schlufs bemerkt eine jüngere Hand: בסוף ימיו כפר בזה כאשר נמצא במאמר כז.

2 2^b דברי ארסטו ביום הקהל . . . במחשבה הנכונה und כתב ארסטו לאלסכנדר [aus Ḥonein's מוסרי הפילוסופים, hebræisch von Jehuda al-Charisi, I, 10, 11]; vgl. Jahrbuch für roman. und engl. Lit. XII, 354, Zeitschr. D. M. Gesellsch. Bd. 31 S. 759 unten.

3 3. מאמר [בענין הצורות] לדיין המעולה אבו אלקאסם בן אדריס. יאמר מי שיאמר שבכאן צורות, Uebersetzer unbekannt; s. München S. 15^{18}, 318, XIII.

---

[1]) Dafs diese Benennung von *Mose Narboni* herrühre, habe ich Hebr. Bibliogr. VIII, 69 nachgewiesen. In desselben Commentar zu Averroes' Abhandl. (s. unter N. 111^9, Bl. 6^b Col. 2 und meine HS. der דרושים 16^b) heifst es: מה שאמר בסוף ספרו בהפלת ההפלה ואם כבר יחשב שהוא דבר שם בהעברה למה שהוא סוף הספר אשר בו כרת ברית עם הפילוסופי' נגד נגלי הדתות והחליק לשונו בסוף הספר כי התורות יניחו שמנה סבות עליונות.

[2]) Nicht הפלה von Gazzali, wie Michael bei Zunz (Geiger's w. Zeitschr. IV, 201, Ges. Schriften III, 187 A. 3).

[3]) גרני d. h. aus *Aire*, vgl. Cod. München 128^4 und *Hist. de la France* XXVII, 719—22, 747.

[4] 3 Moses Remos, קינה Elegie [um 1430], aus dieser HS. mitgetheilt in Schorr's החלוץ IV (1859) S. 68; vgl. Zunz, Lit. 515, 712, zu Cod. München 80 und über דבלשל *Hist. lit. de la France* XXVII, 665.

[5] 3b מאמר בחומר הראשון לשופט המעולה אבו געפר בן סאבק. אמר נרצה לבאר כי ההיותר
הראשון בלתי הויה, mit Commentar [von Mose Narboni, 1349], anf. הפירוש אמרו כי
החומר . . בלתי הויה ולא נפסד ירצה בעצמו במה היא היותר ראשון, s. unter [7].

[6] 4 מאמר לחכם אבואלקאסם (so) בן אדריס בחומר הראשון. אמר אבואלקאסם יכבר
יספק מספק ויאמר שמופת ארסטו על מציאות החומר הראשון בלתי מספיק זה הספק לאבובכר בן
אלצאיג במופתי [l. במופתו] אשר חדשו והשב שהוא יותר קרוב במופת [l. ממופת] ארסטו ושהוא
הפירוש אמרו וזה כי הוא ביאור . . שהוא Dann .כבר השיג בו ענין נעלם על מי שהיה לפני
כמו שאמר בעל ס' end. ;יתהוה. דע כי ארסטו אמנם ביאר מציאות החומר הראשון מהנחתו זה השרש
יצירה עשה אינו ישנו; s. unten [7].

[7] 4 Col. 2 מאמר לאבן רשד. אמר אבן רשד הזמן מליצה מהליכת מציאות המציאות
המתנועעת; wird in meiner HS. der *phys. Quaestionen* [הדרושים הטבעיים] mit Comm. des Mose Narboni Bl. 9, am Rande als המאמר הכולל bezeichnet (Catal. München S. 14 [18] II); in derselben HS. Bl. 6, 8 finden sich auch [6, 5]; vgl. auch unten [9, 10].

[7] 5 ספר איסור הקבורה לגליינוס קיצור יושע האשוריי טרם שבעים ושתים שעות, über das Verbot des Begrabens (تحريم الدفن) vor 72 Stunden [nach dem Tode], von [Pseudo-] *Galen*, abgekürzt von „Joscha“ dem Syrer — d. i. Abu Saʿid ʿObeid Allah *Bocht-Jeschu* (gest. 450 H.), hebr. von Jehuda al-Charisi (um 1200), für einen Arzt *maestre* Bonafos, oder Bonafoux. Das Vorwort des Uebersetzers lautet: אמר יהודה
בן שלמה אלחריזי נ"ע כן תוי עד לעצמו בהתנצלותי ברוע ההעתקה מזה הספר בהיות הספר המועתק
ממנו משובש מאד כנראה לכל מעיין בהעתקתי, ולזאת הסבה מציק להסירני היה ראוי לי להמנע
מהעתיקו כי מצד שבושו כמעט שלא יקובל בו תועלת. אבל מה אעשה והיה המושל תעלה עלי הוא
האשל המיוחד השלם בכל מיני השלמיות הרופא הנאמן מאשטרי (so) בונפוש, כי הוא מריב ודוחני
לאמת הפציר בי להעתיקו לו ונעניתי כי אין מסרבין לגדול ועל זכותו בטחתי וצדקתו עזרה לי
והעתקתיו כמסת ידי ובכל אשר הוספתי או הסרתי דבר לפי ההכרה לפי דעתי התודעתי בזה וסימתי
עליו ביני חטי[1] וכתבתי מבחוץ לשון הערב שיעין (so) בהעתקתי התנצלותי בששישי ותהיה
הגדול ואף אם הוא מעט אשר לפני. והמתקן אחרי חן ימצא בעיני אלהים ואדם. ועתה אהל בהעתקה
והאל יפדה נפשי מכל צרה וצוקה.

Hierauf folgt der Anfang הדבור על אסור הקבורה אשר הבר בו גליינוס ספר וקצרתי אני
יושע ממנו הנה התרופה[2] לבד. אמר יושע וזה מה שהתחלתי להעתיק ספר החכם אחד (so)
לקצר דבריו בתכיפת[3] אסור הקבורה טרם שבעים ושתים שעות. אמר גליינוס אני הנהתי ספר בד'
מאמרים. הראשון מי שיקבר ועודנו חי מפני כאב המיה. והשני מי שיקבר ועודנו חי מפני כאב הלב.
והשלישי . . . מפני הרעב או הדאגה המופלגת או השמחה המופלגת. והרביעי . . . מפני התרופות
המחלישות המקררות המרדימות או השינה הכבדה. המאמר הראשון אמר גליניס הנה יקרה במות ד'
מינים מן המקריים והוא מחב ד' עלות. In Tr. III liest man: (so) כאשר רצה פריוס המלך להליך
טיטוס הפילוסוף ולא יכול לו מרוב הכמתו התנכל לו וזה אשר הוראו בזה אסקלאריס הרופא
כשאמר לו שיכניסהו למקום אפל זמן ארוך ואחר והוציאהו פתאום לשמש ויבית . . . Der IV. Tr. schliefst mit der Ermahnung, das Buch zu verbreiten, וידי במה שכיוני לבאר; es folgt

[1]) Vgl. Ketubot Bl. 69 und Catalog der hebræischen HSS. in Hamburg S. 65 A. 1. Die vom Uebersetzer am Rand beigefügten Textstellen scheinen die Abschreiber weggelassen zu haben.

[2]) S. weiter unten.

[3]) Plötzlichkeit? dann müfste es אבדת תכיפת heifsen. תכיפת pafst noch weniger.

jedoch שער בהנהגת העלות הנזכרות ותרופתן. פרק הרפואות לעלות הנזכרות במאמר הראשון. הרפואה הראשונה היא לזקנים, endend (zum II. Tr.) וקלי החטה המשורפת, unvollständig?

Maimonides (Aphorismen K. 24, vgl. Catal. Bodl. 1308 [7]) bestreitet die Echtheit des Buches und nennt als Uebersetzer בטריק (mein: Toxicolog. Schriften der Araber in Virchow's Archiv Bd. 52 S. 365). Das arab. Compendium in der Leydener HS. enthält, nach dem Catalog (III, 243 n. 1333), 69 Bl., aber mit einem Commentar, dessen Autor also noch festzustellen ist. Ueber ʿObeid Allah s. mein Alfarabi S. 153 (vgl. Dugat, Journ. As. 1853, I, 338); Leclerc (Hist. de la medicine arabe I, 372) kennt unsere Schrift nicht — läſst auch die bei ibn abi Oṣeibia angegebenen Abfassungsjahre anderer Schriften weg. — Die hebr. Uebersetzung war bisher nur aus Cod. Vat. 41 bekannt, findet sich jedoch auch in Leeuwarden (Hebr. Bibliogr. XVII, 57).

9 5^b Col. 2 מאמר לאבן רשד גם כן. אמר בן רשד כונת המאמר הוא שנחקור מהכהות הנמצאים בזרעים, endet ושהוא יתחלק בכבוד והמעלה; dann הפירדש. אמר משה [נרבוני] למה שהיה זה המאמר חוקר בבריאת הב"ח, citirt ספר הב"ח ביאור בן רשד, spricht von בעלי ההטמנה (Evolution) gegenüber den בעלי החידוש; 6^b ובזה טעו הפילוסופים אשר לפנינו מאנשי אומתינו אשר בארצנו כתבו בחבוריהם כי מי שידע לשער ולמזג חום נאות ברא עצם ובשר מחומר המזון עד שיתהוה סוס או שור. 6^b Col. 2 giebt einen längeren Excurs, worin אבובכר ארסטו בשביעי מה, בן רשד . . בסוף ספרו בהפלת ההפלה, בן אלצאיג . . באגרת הפטירה [ממה] שאחר הטבע (7 Col. 1), אבו נצר citirt werden; den Schluſs bildet eine lange, gereimte Formel, u. A. והיתה צרורה בצרור המושפעים, end. לקץ הימים ורגעים. Catal. München S. 14, [18] VI.

10 7^b Col. 1 אגרת בן רשד לגשם [לגרם] השמימיי. אמר ב"ר וכבר ראוי שנחקור ממאמרם בגשם; der Comm. [Narboni's] besteht aus wenigen Zeilen, entspricht dem 5. Kapitel der Sammlung *de substantia orbis* [עצם הגלגל] in der latein. Uebersetzung; Catal. München S. 15 Z. 5.

11 7^b *Avicenna* [השמים והעולם], Compilation über Himmel und Welt, in 16 שערים [aus الشفا?], anf. אמר אבן סינא בשם האל אל עולם נחבר ספר, end. חי וקיים ונצחי לאין תכלית יתברך שמו ויתעלה זכרו || נשלם הספר הנותן אמרי שפר [vgl. N. 109] || תהלה לבורא היסודות הנותן לידעיו נכבדות || ובזה ימצא מרגוע כל חכם לב ואם יגוע. Der Uebersetzer [aus dem Lateinischen] ist nach anderen HSS. (s. die Citate in Catal. München S. 47 und oben S. 24) Salomo b. Mose Melgueiri (XIII. Jahrh.).

12 12 הצעה אחת לכל מתחיל בחכמה, end. בעלי רשות ורצון; Bl. 13 Col. 1 beginnt ein Absatz: אמר בן רשד כל מה שנאמר הנה הוא טוב; es ist in der That ein Excerpt aus *Averroes*, הפלת ההפלה, Metaph. Tr. III, in einer anonymen Uebersetzung; auch in Cod. Oppenh. Qu. 10 Bl. 130; in Cod. Benzian 5 (eigentlich des Rabb. Wallerstein in Rzescow) fälschlich dem Avicenna beigelegt, vielleicht wegen des dort folgenden, hier vorangehenden Buches.[1])

---

[1]) Anf. ראוי לו למי שמדבר באלו הדברים האלהיים לידע שהרבה מן הדברים שיתבארו בחכמות העיוניות אם נאמרו בתחלת העיון ויבוארו להמון ונסתכל (so) במה שמבינים ההמון מהם יהיו בערך אליהם דומה למה שישיג החולם הישן בחלום. In der anonymen Uebersetzung Cod. Leyden 15 Bl. 35 ראוי לאשר ירצה לדבר סרה באלה הדברים שידע שהרבה מן הענינים אשר יתקיימו מחכמות העיוניות כאשר לוקחו בתחלת העיון ואל מה שישכילהו ההמון מזה היו בצרוף אליהם דומים במה שישיג הישן בשנתו כמו שאמר. In der Uebersetzung des Kalonymos (N. 111) Bl. 135^b אמר בן רשד שהוא ראוי לאשר ירצה לישא וליתן באלו הדברים שידע שהרבה מהענינים אשר נתקיימו בחכמות העיוניות כשיכנסו בם בתחלת הדעת ואל מה שיבינהו ההמון בה מזה היה בהצטרף אליהם דומה למה שישיג החולם בחלומו כמו שאמר.

13 13^b Col. 1 ההקדמה שהקדים בן חריזי ז"ל בהעתקתו למורה הנבוכים, zuletzt נשלמה הפתיחה . . .; der Index des Jehuda al-Charisi zu seiner Uebersetzung des *Moreh*; s. Catal. Codd. h. Lugd. p. 273, Catal. München S. 186[7].

14 17 Col. 2 Moses b. Jehuda (xiv. Jahrh.?), מאמר במערכת, Index über die wichtigsten Materien des מורה הנבוכים, gedruckt 1574, s. Catal. Bodl. 1384 und Add., wo unsere HS. erwähnt ist.

15 19 anonymes Compendium der Astronomie (nicht jünger als xiv. Jahrh.), in einigen HSS. תמונת הכדור (oder תכונת) betitelt und in verschiedenen Recensionen vorhanden (s. Catalog der hebr. HSS. in Hamburg S. 130 n. 305[2]); Verf. (Vat. 292[3]: Meir Spira??) und Quelle sind noch zu ermitteln. Vorbemerkung (besser als in Cod. Reggio 47) מפני אורך הגלות ורוב הלחץ נאבדה חכמת חכמינו ובינת נבונינו תסתתר וקצרה ידינו להוציא מן התלמוד המפורסם מה שראוי ללמוד ממנו מה [für ממה] שיאות. והנה האומות מתפארים עלינו וגם משטים בנו בעבור מעוט ידיעתנו בחכמות וכ"ש בחכמת התכונה אשר תהלותיה מפורסמות אצלם לרוב קלותה ולזה חושבים (והם מחשבים .R) אותנו לעם לא בינות. והנה נראה זה בעיני חלול השם גדול ולכבוד הש"י וכבוד קדושת התורה המצאתי אגרת זו להיותה מזומנת לנערי בני ישראל אשר ירוצו אליה וילקטו ממנה מה שיסתום כל פה (פה כל .R) מרחיב עלינו מאמר. וכוונתי הקצור באגרת זו כדי שלא יצטרך לומדה (מלמדו .R) לבטל זמן ארוך ויספיק עם כל זה בכללי זאת החכמה על דרך הקבלה בקצת הכללים ובקצתם יספיק ע"ד ההבנה והתבוננות השכל. ומי אשר מלאו לבו אח"כ לעלות אל מעלות הדיעות עד תשלום המלאכה הנה השער פתוח אליו יהי אלהיו עמו ויעל והוא ישמרינו (יצילנו .R) משגיאות למען חסדיו אמן. ומהנה אתחיל ואומר. Darauf folgt der Anfang der anderen Recension: הסכימו כל חכמי המחקר הקדמונים והאחרונים שהארץ כדורית. Behandelt die Sphären (die Schiefe der Ecliptik wird ungefähr (בכדי) 23° 35′ angegeben, Bl. 19^b Col. 1), excentrische und Epicyklen (20^{a,b}), Lauf von Sonne, Mond (21^b Col. 1) und Sternen (22^b Col. 2), Entfernung und Gröſse; Tag und Jahr (25), Dauer von Tag und Nacht (26^b Col. 2), Mondphasen (27, die Figur zeichnet 8), — 27^c die Monddauer 23 T. 12 St. 793 Theile לדעת חכמי ישראל והאחרונים מאנשי זאת החכמה דעתם קרוב מאד לזה הדעת ואמנם דעת חכמי ישראל הוא הראוי לקבל, כי אם היה הנגין כפי דעת האחרונים מחכמי האומות לא היה אפשר להיות המולד השוה לדעת חכמי ישראל קרוב אל המולד לדעת האחרונים וזה קל להבין למי שיתבונן על זה, — Finsternisse (28^c), und schlieſst mit einer kurzen Hinweisung auf den astrologischen Einfluſs, end. וכלל (ובכלל) זאת החכמה חברו בה חכמי הנסיון ספרים רבים וברוך השם ויתב' המלמד לאדם דעת יחלק מחכמתו ליראיו אמן; folgen zwei Abbildungen des astronomischen Instruments, welches in Cod. Reggio ספירה (*Sphaera*) genannt wird; in unserer HS. Bl. 29 noch eine Notiz נרצה לבאר רביע התמונה הידועה. נרשום חצי עגולה על מרכז, end. שוה למרובע בדה"א. וזה מה שרצינו לבאר.

113. (Ms. Or. Fol. 1058.)

Pergament, jetzt 94 Bl. (am unteren Rand gezählt) zu 2 Col., ital. sehr deutliche mittlere Hand mit sehr vielen geschmackvollen Initialminiaturen, wahrscheinlich xv. Jahrh. Der prächtige Codex enthielt mehr als 212 Bl., nach einer alten Zählung (Bl. 1, 2, צא, צב, dann קא—קלג, Bl. 36—94, קנד—ריב). Am Rand Notizen von jüngerer, zum Theil span. Hand, z. B. Bl. 6 מספר התלים מבן ישר ז"ל (זה לשונו), auch 21^b לפי ב"ר, 22^b הזהרוי für Zahrawi. — Der Cod. ist beschrieben in dem „Verzeichniſs karait. und anderer hebr. Handschr." Hebr. Bibliogr. XI, 128 (*Fischl*) n. 45 (Sonderabdruck 1872 S. 30—33), worauf hier ein- für allemal verwiesen wird.

1 Fragmente vom IX. und das ganze X. Buch von *Razi* an Almansor; compendiöse, vielleicht aus der lateinischen des *Gerard* von *Cremona* fliefsende Uebersetzung (vgl. l. c. n. 44). Die 1. Ueberschrift מדם היוצא עם קיא ist am Rand von jüngerer Hand נו gezählt. Bl. 5[b] Index des X. Tr. und Anf. מן הקדחות. מן המקודחים צריך בחדים שלא לבד יראה אותו הרופא תדיר אמנם צריך שיעמוד לפניו. ואנחנו נשים בזה הספר הקיבוצים והכללים; Ende 23[b] (Randzahl 33) אספיק מכל אחד דרמ' והדק וקשור בבגד ושים בשירופו עד שיתבשל.

2 24 מאמרים של רבינו משה ז"ל aus Moses Maimonides, פרקי משה, und zwar nach der Uebersetzung Serachja's (oben S. 43); die Ueberschrift ממאמר י"א Col. 1 unten ist falsch; es ist aus dem (in der Ausg. fehlenden) Ende von K. 15, worin als Quelle u. A. אסקליביוס . . מפירוש לספר הדבקות, im Latein. *de reductione ossium*; vgl. Catal. der hebr. HSS. in Hamburg S. 144. — Bl. 122[b] verschiedene Mittel: רפואה קלה להשתכר ישתה המים אשר יהיה בם מבושל שיליאוס . . . u. dgl.

3 25 [*Hippocrates*, Aphorismen, in alphabetischer Anordnung, in anderen HSS. אגור genannt, aus dem Latein. von einem Anonymus aus Orange,[1]) um 1197—99]; s. Hebr. Bibliogr. XVII, 112 Cod. Fischl 56 und S. 114.

4 33 מחולי הנערים כפי ראזי, *Razi* über Kinderkrankheiten, direct oder indirect aus dem Latein., anf. תחלה משאפאטי. שאפאטי היא נולד בנערים, end. (am unteren Rand ergänzt) אי מקשטרנו [?l. מקשטוריא] עד שירפא. Ueber eine andere Uebersetzung s. Hebr. Bibliogr. XI, 129.

5 35 ספר הכבוסים, beginnt mit n. 64 oder 71 anderer HSS.; s. oben S. 49 n. 73.

6 44 *[Nicolaus Praepositus]* ספר האנטידוטריאו (so) חבר איש משכיל . . *Antidotarium*, hebræisch von einem Anonymus. Das Register, vom Schreiber nur bis רוהו זקרא הוא כוקרו רוסאה (als 63, 64!) gezählt, dann von einem Besitzer bis 100, schliefst תם סדר שמותם והם מאה ושלשים, für ושלשה; auch die ursprünglichen Randzahlen des Textes überspringen einige Artikel, גינגיבראט (so) ist 102 (Bl. 57), dann מרקחת אגוזים וזה נעתק מלשון ערב, andere 9 ungezählte Artikel und die Notiz über die Gewichte, end. (58) בהגיע אל מהוז חפצו בעזרת המושיע. Es giebt mindestens 4 hebræische Uebersetzungen des berühmten Buches, s. Hebr. Bibliogr. 1871 S. 120 zu Fischl 41.

7 59 (Index 58[b]) הספר הזה נקרא ספר נקיון ובלשון הגוים קורי, *Curae* [des *Petrocello*], aus dem Latein. von Menachem bar Techelet (תכלת, ob Namensübersetzung? Zeit unbekannt), auch in Cod. Paris 1197 und Leeuwarden 6 (Hebr. Bibliogr. XVII, 58); eine kürzere Bearbeitung (פיסיקא) ist häufiger zu finden. Vollständiger Index, Bemerkungen über das Verhältnifs beider Uebersetzungen zu den lateinichen Mittheilungen Renzi's und Specimen im Catalog der Hamburger HSS. S. 191—97.

8 88[b] הספר הזה נקרא צדה לאורחים ובלשון הנוצרים ביאטיקו וחברו יצחק הישראלי והילקו לשבעה מאמרות. ואני אברהם בר יצחק נ"ע העתקתיו מלשון ערבי לעברי. וזהו המאמר הראשון. והוא כ"ה שערים. [زاد المسافر des *ibn al-Ǵezzar*] aus dem Arabischen übersetzt von Abraham b. Isak,[2]) fälschlich dem Isak Israeli (Lehrer des Verf. X. Jahrh.) beigelegt. Tract. I, 1—12; *Unicum*. Der Uebersetzer scheint direct oder indirect (etwa aus יאיר נתיב?) die lateinische Uebersetzung *Constantin's* benutzt zu haben;

---

1) Vgl. oben S. 88.

2) Abr. b. Isak ha-Rofe übersetzte einige Halachot des Isak Alfasi vor 1454 (Hebr. Bibliogr. XVII, 3, 51, Catalog der hebr. HSS. in Hamburg S. 65).

neben spärlichen arabischen Ausdrücken, wie אלשהדה (K. 7), אלסעפה ואלרבה (K. 8), erscheint eine Menge von בלעז nicht blos für Mittel[1]) und Krankheiten, z. B. Anf. Kap. 1 וירטוש אין צשיהיא, Kap. 3 ושיבורו אשפירטטי בלעז, לידי עיכוב הרישול ניגליזינציאה, שפיסידודינש (so) בלע' ad spissitudinem bei Const., K. 4 השיבה קניציאיש בלע' (canis bei C.), K. 5 סבה נראית חוץ דרך איפכא כלומר פירקונטרריאוש בלע' für ex contrariis, K. 10 ואמר גליאנו בספר איקשטרינסיקה בלעז extrinsecus veniente, בחציו סומטאטי בלעז summitate, גליאנוס בס' החלאים והמקרים אלנעים (so) in lib. institutionum,[2]) הנקרא קרישטיטוציאונים (!) כך מלמד אקטוריטד (so) גליאנו הנק' אקסידינטי בזס את מורבו de accidenti et morbo,[3]) Bl. 93[1] בכספר התחבושות קלטפלזמי (so) לרפא, quod auctorizat Ga. in libro cataplasmatum (vgl. Virchow's Archiv Bd. 39 S. 318, Mose Tibbon hat כן התנה עלינו בס' התחבושות ובס' המזגים), K. 11 הודיטריקולי (so) ventriculi; am auffallendsten יואני דמשיני Johannes Damascenus für ibn Maseweih,[4]) obwohl der arabische Titel אלביצירה (so 94[1] für البصيرة) gegeben wird.[5]) Die Bezeichnung עשרה מאמרות (94[2]) für lib. decalogi hat auch Mose Tibbon (vgl. Dugat p. 323, Catal. Hamb. S. 143 A. 1). Das Register zu Anfang lautet: א' אלופיזיאה, ב' נפילת השיער, ג' בקיעת השיער, ד' הלבנת השיער, ה' פורפודיש, ו' גרב והיכוך וצביהי הראש, ז' פאוויש, ח' נתק, ט' כינים, י' כאב הראש, י"א מגרניאה, י"ב קרניאו, י"ג אשקוטומיאה, י"ד ליטרגיאה, ט"ו מניאה, י"ו סובית, י"ז הויגיללאש, י"ח פירניזיש [l. פריניזיש], י"ט שכרות, כ' חשק, כ"א עיטוש, כ"ב איפילינשיאה, כ"ג איפופלישיאה (so), כ"ד שפוזמו, כ"ה טרימור.

114. (Ms. Or. Fol. 1059.)

Klein Fol., bis רכו paginirt, schlanke, sehr schöne span. rabb. Hand, etwa XVI. Jahrh., S. 228, 229 Nachträge in span. Cursivschrift; 4 eingelegte Bl. von frischer Hand: Index nach den Reimbuchstaben und Ergänzungen zu S. 104 und 76. — Hebr. Bibliogr. XVII, 108 *Fischl* n. 51.

Salomo da Piera b. Meschullam (um 1410, vgl. oben S. 37), ספר שירים ומליצות וכתבים, Divan mit Vorwort des Sammlers Isak Chassan: ראיתי שרים משוררים רבים ונכבדים, עתם עת דודים, לשמוע בלמודים, הם המדברים שירים מהודרים, מאירים כספירים, ישמחו לבב אנוש, ועיני אדם לא תשבענה לראותם עוד עד עולם. אך אלה משלי שלמה, משרת השיר על שכמו, עלה על במותי התהלה, לו משפט הגאולה, כל השירים קדש, ושיר השירים אשר לשלמה קדש קדשים המתקדשים והמטהרים, באמרים ברים, כאור שבעת הימים מאירים שבעתים, וקם על שירות ותשבחות האמורות בעולם, כי כל דבריו האמת והצדק ונאמנים, יקרים מפנינים, דברי פי הכם חן הכמה ודעת ושכל טוב לכל עושיהם תהלתו עומדת לעד. ועל כי הוא נורא התלות, אשיר שיר המעלות. || אלה זמירות שיר והובר הבר הבר גדול השר להימן חבר; das Gedicht von 13 Zeilen hat das Akrost. אני יצחק הוֹ, Z. 10 beginnt לו נבאו קודמים, vielleicht ist das unbezeichnete נ zu חז zu ziehen; über Isak Chassan s. Hebr. Bibliogr. l. c. Auf die Ueberschrift זה הספר שירים ומליצות

---

1) והלגלוגות הם פורקקלי בלעז K. 3, vgl. Maimonides, Gifte S. 102 A. 57, Cod. Fischl. 44 D (Sonderabdr. S. 30); falsch כהיכות הליגליגיה in שער השמים von Gerson Bl. 15[2] ed. Ven., 18[b] Z. 9 ed. Heidenheim.

2) Für חלליים und אינטטינ', s. Virchow's Archiv Bd. 42 S. 106 unter Galen.

3) Fehlt bei Dugat, *Journ. As.* 1853, I, 323. Vgl. mein Alfarabi S. 164[9], 250, wonach Flügel, Fihrist II, 137 zu 289, 6 und Leclerc, *Hist. de la méd. ar.* I, 245, zu ergänzen.

4) Virchow's Archiv Bd. 37 S. 375 ff., Zeitschr. d. D. M. Gesellsch. Bd. 30 S. 144.

5) Dugat l. c. 331, Virch. Bd. 39 S. 319. Mose Tibbon hat תאר רפואה הבר הבן [אבן] מאסויה בספר האצטומכא מועיל מן הרוחות הקבות . . יעביר במקים הלוגודיאת. Const. (opp. Isaaci 144[b2]): „Aliud antidoton Jo. Dama. facit ventositati" etc.

כתב להחכם ר' משה עבאס folgt וכתבים להחכם המשורר הר' שלמה בר משולם זצ"ל דאפיירה
ז"ל. בארץ נד באין אונים ועצמה. Den Schlufs (S. 207—226) bilden 40 (bei Zunz, Litg., fehlende) Hymnen (Anfänge in Hebr. Bibliogr. XVII, 129) und zwei profane Gedichte. — Diese HS. ist die einzig bekannte eines selbstständigen Divans des Verf.; Bestandtheile in anderen HSS. (Halberstamm 242, 243, Fischl 34 D, Mich. 809); s. Hebr. Bibliogr. XVI, 86 und überhaupt den Artikel „Poeten und Polemiker in Nordspanien um 1400“ (daselbst Jahrg. XIV—XVII), welcher grofsentheils aus dieser HS. schöpft, aber von den Gedichten selbst sehr wenig mittheilt (s. Anhang).

---

115. (Ms. Or. Qu. 578.)

341 Bl., vielleicht aus 2 HSS. zusammengesetzt: [1] mittl. oriental. Schrift, etwa einige Hundert J. alt, die vocalisirten Wörter mit gewöhnlicher Punctation; [2] gröfsere, Text mit gewöhnlicher Schrift, Targum babylonisch punctirt, 1483, Epigr. Bl. 341:
ספרא יוסף בן בניה בן סעדיה בן זכריה פרחן [פרחן?] אלי ימחול לי על מה ששגיתי וטעיתי כדכ'
שגיאות מי יבין מנס' נקני בשנת א'ת'ש'צ'ד' בצנעא ישע יקרב. Bl. 341ᵇ zuerst ein durchstrichener halbverlöschter Vermerk v. J. 1797 (1486), wonach כאלב בן עמראן den Codex dem יוסף בן סעיד בן סלימאן אלעאשרי geschenkt hat. Dann: הד'א אלכתאב אלד'י הו ארבעה
ועשרים (!) לסלימאן בן סעיד ועאלה מוסי ויוסף וסעיד משתרא מן סעיד בן הבת [= הבה" אללה] בן
מוסי ואכ'והו (so) סלימאן בכ'מסה [ד'הב] ונצף אלד'י צרף (?) כל חרף ארבעין בקשה מן סכה' אלזמאם אלמהרי.
וכאן הד'א אלתביע פי ת'לת'ה ועשרין פי כסלו שנת אתתצא סנין לשטרי [1579] במאתא דאר עמר
דעל בירא דמיא ביר אלענב מותבא והכל קיים. Der nächste, meist verblafste und durchstrichene Vermerk nennt סול(?)טאן סלים בן סלימאן und ist (als Zeuge?) unterschrieben יוסף בן אברהם. Dann: אקר ואעתרף וצאטק (so) עלא נפסה סעיד בן אברהם אלמג'רבי וכד'אלך
שמעה ובדרה וזהדה בנאת אברהם אלמגרבי וד'אלך באן קד אבאעו האד'א (so) אלכתאב אלד'י
הו ארבעה ספרים יהושע ושופטים ירמיה ויחזקל (so) מן סעיד וסלימאן עיאלהבה מוסא (so) בת'מן
.. כ'מסה ד'הב ונצף . . . וכאן ד'אלך . . שנת קע"ה (so) לשטרות במאתא אלהגרה (?) . . עינא

א כ

הד'א אלכתב (so): Bl. 37: דמייא בית אלמקלד (?) והכל שריר וקיים אברהם בן יפת ש'ל

ב ת

ספר יהושע שופטים וירמיה, darunter אלד'י הו ארבע ועשרים מתרגם למשה בן שלמה ואביה יוסף
אני הצגיר (so) יצחק ן' יוסף ן' סעיד ן' סאלם ן' מעוצ'ה אלצ'בירי והאד'א אלכתאב :37ᵇ ;ויחזקאל ארבעה
אלד'י הו נביאים ראשונים מנה נביאים ראשונים ויהי אחרי מות . . . . הד'א אלכתאב . . יצחק
אלצבירי או מן יוסף ן' (so) מן פואץ' או מן יהיא ויתם אלעאדה . . . ומא (so) ירדהא לא יאבה
י"י סלוח אכי"ר. 38: . . . הד'א אלכתב למוסא אבן סלימאן; 39 von einem verlöschten Vermerk nur das Ende: מוסא ן' סוייד zu lesen; darunter קנין העבד הצעיר חיים בן ישועה
הלוי. — Cod. *Shapira* 6, 1877.

[1] Die von Derenbourg 1871 u. d. T. *Manuel du lecteur* edirte Schrift [מחברת התיג'אן], Anf. defect,[1]) Bl. 1 entspricht D. S. 11 Zeile 4 (Journ. Asiat. 1870 S. 319), 6ᵇ Ende D. 32 Z. 15, dann fehlt ein Blatt; 7 D. 36 Z. 11, 24 D. 99 bis 102 Ende. D. 103—107 Z. 15 nicht im Cod., wo Bl. 25 D. 107 Z. 20 — 109 Z. 2, שער מוסף . . wozu hier ברוך יי"י לעולם אמן ואמן. 25ᵇ unten חבור שבשניהם D. 111 Z. 3 שביניהן; der

---

[1]) Die hier folgenden Einzelheiten hat Hr. Prof. *H. Strack* verzeichnet (s. Vorrede).

Cod. hat hier die Bemerkung, dafs an manchen Orten die Thora durch 3 Jahre in 154 Parasch., genannt סדרים, gelesen werde. 29 D. 121 Ende; 29[b] fehlt D. 125 Z. 13 — 133 Z. 6. Bl. 31[b] D. 137 Z. 17 — 139 Z. 2. — Dann folgt (in der Zeile fortlaufend): ואלין סוף פיסוק; 32[b] אלין פתחין באתנחה ספר בראשית ותאכל ותרא האשה . . . בראשית החשך וירא אלה' את האור, endend 34: כל ליש פתוח. Dann מנין האותיות (angeblich von Sa'adia), wie D. 139—149 Z. 4 und ברוך י"י לעולם אמן ואמן. Die Lesearten sind manchmal hier besser, manchmal bei D.

2 39[b] *Josua*, 92 *Richter*, 146[b] *Jeremia*, 250[b] *Ezechiel*, mit *Masora* und zwischen jedem Verse Targum, letzteres mit babylonischer Punctation ohne Accente. Die Lesearten des Textes sind, nach den verglichenen Stellen (z. B. Jos. 7, 21 ואראה, Keri וארא, 8, 12 בית אל und לעיר, 10, 26 וימיתם) die occidentalischen. Die Punctation des Targum ist nicht die fein ausgebildete des Cod. Babyl. (Petersb. 916) ed. Strack, sondern nach dessen Ansicht für den Profangebrauch vereinfacht.[1]) Die 6 Vocale פתח, קמץ, חירק, צירי, חולם, שורק haben in langen und kurzen Sylben dieselbe Form; קמץ החטף, z. B. in קֳדם, wird durch ein senkrechtes Strichlein über dem Kamez bezeichnet, Schewa simpl. und compos. durch ein wagrechtes, Segol stets durch das babylon. Pathach unter dem Buchst., z. B. שַׁבט; Pathach furtivum ist hier stets angegeben, in Cod. babyl. nirgends. Dagesch forte und lene sind willkürlich gesetzt oder weggelassen; שׁ und שׂ haben im Targum nicht den diakrit. Punkt. — Die aus Arabien stammenden HSS des Targum sind in Bezug auf ihren critischen Werth noch nicht genau untersucht.

116. (Ms. Or. Qu. 645.)

133 Bl. (zwischen 10 und 11 fehlt eins), mittlere, sehr deutliche rabbin. Schrift, wahrscheinlich in Italien etwa xv. Jahrh.; der linke Fufs des ה ist meist an den rechten gehängt, wie im span. Character. — Gehörte bis 1869 *Os. H. Schorr*, früher *J. S. Reggio.*

1 *al-Fergani* (gest. um 833—844)[2]), זה הספר נקרא אלפרגאני על שם מחברו והוא לקוח על דרך קיצור מס' מגסטי להודיע תכונת הגלגלים . . (auch als יסודות התכונה, Elemente der Astronomie, angeführt), aus dem Lateinischen [wahrscheinlich des *Gerard* von *Cremona*] übersetzt[3]) und mit dem arabischen Text verglichen von Jakob b. Abba

[1]) Dafs die babylon. Punctation überhaupt einen profanen Character gehabt oder angenommen, ist bereits vermuthet worden (s. die Citate bei Strack, Zeitschr. für luther. Theologie 1875 S. 607, 608). Damit hängt wohl zusammen, dafs nur die biblischen Bücher in N. 89, 91 (vgl. Hebr. Bibliogr. XIII, 57) die übliche Punktation beibehielten.

[2]) S. Günther, Studien zur Gesch. der . . . Geographie, 1877 S. 66.

[3]) מפי נוצרי אחד (wie alle bekannten HSS. im Vorw. haben, s. כרם חמד VIII, 157) läfst allerdings die Auffassung zu, dafs ein Christ, etwa Michael Scotus, mitgewirkt (Zeitschr. d. D. M. Gesellsch. XVIII, 148). Cod. München 246, Bl. 124 Ende K. 32 hat nach מה שהוא די למבין noch: נשלם ס' אלפרגאני והעתיקו החכם ר' יעקב בר אבא מרי ז"ל מפי פקח אחד מפקחי הנוצרים ודקדק אותו מספרי (!) לשון ערב והוסיף עליו זה השער לפי שהוא נאות להבריו עם הספר הזה ישלים רב; andere HSS. haben nur נוצרי, wie im Vorw.. woraus dieses Epigraph gemacht scheint; unsere hat nur וזה השער נאות עם מה שלמעלה. Wüstenfeld (die Uebersetzungen arab. Werke in das Latein., aus den Abhandl. der k. Gesellsch. der Wissensch., Göttingen 1877 S. 101 ff.) findet, dafs Scotus aus dem Hebræischen übersetzt habe; doch kann darauf hier nicht eingegangen werden (vgl. *Hist. lit. de la France* XXVII, 583 und Hebr. Bibliogr. XVII, 123, 124).

Mari ben Simson ben Anatolio (vulgo Jakob Anatoli, oder Antoli,[1]) welcher das 33. Kap. hinzufügte.[2]) Das Datum der Uebersetzung ist unbekannt, wahrscheinlich 1231 — 35.[3]) Anf. nach dem Index: בשנות הערביים, Ende des Ganzen, Bl. 40 זריחת השמש במקום המזרח, dann נשלם שער התחלפות הימים והלילות, שבח לאל נורא תהלות. — Christmann, zur lateinischen Uebersetzung aus dem Hebræischen, vermuthete (und daher im Catal. Bodl. p. 1180, jedoch mit Fragezeichen), dafs Jakob die latein. Uebersetzung des *Johannes Hispalensis* [1134—35][4]) benutzte. In der Zeitschr. D. M. Gesellsch. XVIII, 148 deutete ich an, dafs die etwas jüngere Uebersetzung des *Gerard* von *Cremona* zu Grunde gelegt sei, die leider nicht vorliegt.[5]) Eine Vergleichung mit dem von Golius edirten arab. Original und dem zugänglichen Material der latein. Uebersetzungen ergiebt Folgendes.

Das hebræische Kap. 5 fehlt im Arab. und bei Joh., daher 6, 7, 8 = Ar. 5, 6, 7 (Theil); h. 9 = Ar. 7 p. 26 (quod si nosse), daher h. 10, 11, Ar. 8, 9; h. 12 fehlt im Ar. und bei Joh.; h. 13—21 = Ar. 10—18; h. 22 = Ar. 19, 20 (vgl. Christm. p. 98), h. 23—32 = Ar. 21—30. — Einzelne Stücke betreffend, hat Jakob K. 2 eine Stelle (bei Chr. p. 17), die auch bei Gerard fehlt; desgl. K. 3 (Chr. p. 19 und schon vorher etwas abweichend in Cod. München 246 Bl. 87, woraus ich Varianten am Rande unserer HS. Bl. 5b notirt habe; es kommen die arab. Wörter אלשפק und אלפג'ר vor). K. 10 Bl. 13 in Bezug auf die Schatten der Klimata heifst es: ובספר הרומיים[6]) לא נעתק ע"כ לא נכתב הנה, bei Chr. 38: *adscribemus*, vielmehr *adscriptum est;*

---

[1]) Ungenau „Jakob ben Anatoli" bei Wüstenf., l. c. S. 63. Ueber ihn s. meine Abhandl. *Letteratura Italiana dei Giudei* Art. II § 9 im *Buonarroti* 1873 S. 134 ff., auch für das Nachfolgende.

[2]) Biscioni trennt dasselbe als *Caput mensurae (!). Incerto auctore.* Ohne allen Grund wird es im Catalog der Wiener hebr. HSS. S. 176 als Einleitung u. s. w. bezeichnet.

[3]) In der *Hist. lit. de la France* p. 587 wird die Uebersetzung des Almagest und des Compend. von Averroes in die Jahre 1236, 1235 verlegt, aber die Gründe sind nicht stichhaltig. Es handelt sich hauptsächlich um folgende Punkte: **1.** soll aus dem „Epigraph des Organon" (s. p. 586) hervorgehen, dafs Jakob keine Uebersetzung vor 1232 gemacht. Die Nachschrift zu מופת (hebr. bei Delitzsch, Catal. 306, aus Paris 925, a. f. 304, bei Dukes, Litbl. IX, 195, wörtlich lateinisch bei de Rossi zu Cod. 771[6], kurz, nach Cod. Turin 40, bei Wolf [4] 751) spricht nur von logischen Schriften (ספרי חכמת הדבר) des Averroes. Hingegen sagt Jakob im Vorw. (Catal. Hamb. S. 182) לשאת משא על משא . . . אזרע בבקר בחכמת התכונה, ולערב בחכמת ההגיון . . .; also hatte Jakob nicht blos *l'intention de se mettre aux traductions de mathematiques et d'astronomie* (p. 587 Z. 6), sondern setzte letztere neben den logischen fort. — **2.** Für das Compendium des Almagest von Averroes haben die datirten HSS. 1231, nur Turin 7 (vgl. Wolf [4] 952) hat 1236, ob ein ה der Tausende mitgezählt ist? Die *Hist. lit.* hält sich an das J. **1235** in Cod. Par. 903[3], weil letzterer 1336 [nach dem Par. Catal. jedoch **1346**] von einem Mose Tibbon in Neapel nach dem Autograph corrigirt sei. In Zeitschr. D. M. Ges. XXV, 394 (vgl. 398) vermuthete ich, dafs 1246 und Montpellier zu lesen sei; ein Mose b. Isak Tibbon lebte jedoch **1406** in Kandia, s. Berliner's Magazin I, 65 (mit Fergani hat diese HS. Nichts zu thun). — **3.** Die Uebersetzung des Almagest (oben S. 81) soll **1236** datirt sein in Cod. Paris 1017 (vgl. המגיד 1862 S. 175); allein der Catalog giebt kein Datum an, eben so wenig Cod. Turin 6 (geschr. 1279 nach Wolf [4] 952). Letzteren citirt allerdings Assemani zu Cod. Vat. 384 (unvollständig), indem er das Jahr 1236 irrthümlich aus Cod. Turin 7 (oben unter 2) hinzufügt. Ich nehme daher für die 3 Uebersetzungen die Jahre 1231—35 an.

[4]) Wüstenfeld l. c. S. 25 zieht Hispanus vor. S. 26 weifs er mit der Zahl 1170 Nichts anzufangen, s. dagegen Zeitschr. D. M. Gesellsch. XXV, 398.

[5]) Eben so Wüstenfeld l. c. S. 63. Die *Hist. lit.* nimmt von allem dem keine Notiz.

[6]) האדומיים bei Gerson in Cod. München 65 Bl. 232b.

die Schatten hat auch Joh. (K. 8 Bl. 8ᵇ) nicht; in Cod. München 246 Bl. 95 steht jene Bemerkung nebst den Stellen, die im Arabischen fehlen. Chr. bringt die Schatten am Ende des Buches (p. 144, vgl. 6 und 43) nach, die in unserem Cod. fehlen, wohl gar nicht von Jakob herrühren? K. 13 Bl. 15ᵇ הגהה ונמשיל לך משל טלה ובתולה, 4 Zeilen, hat weder Cod. München, noch Chr. p. 61 l. Z. vor „At quia ascensio". Die Stelle Bl. 16 (Münch. Bl. 99) ועליות טלה ודגים fehlt bei Jo., bei Chr. 63 nach Z. 2 eine Stelle ומה שתשאר משתי שעות.[1]) — Ende Kap. 1 hat Joh. „Nomen vero annorum sive mensium Graecorum, vel Aegyptiorum et aliarum gentium, praetermisimus, quia iam alibi de eis tractavimus", worüber sich Chr. p. 13 wundert, „et merae sunt fabulae, dum Hispalensis *Alfragano* impingit, quasi is voluerit haec alibi pertractare." [Joh. spricht hier wohl in eigener Person?] Das von Joh. Weggelassene hat Gerard, der Hebræer, auch der Verf. einer englischen *summa de astronomia et astrologia* um 1264, HS. der Palatina, woraus Chr. das Citat lateinisch mittheilt. Die Tagesnamen hat Gerard weggelassen, wie er ausdrücklich bemerkt, der Hebr. thut es stillschweigend (Chr. p. 14 n. 8).

Andere HSS.: Florenz, Med. Pl. 88 Cod. 28 (Biscioni p. 484, vgl. oben S. 97 A. 2); München 246[12] mit Figuren; Vat. 385[4] (benutzt von Christmann), 398[1,2], 391 (bis K. 22), 429 (Frgm.); Wien (3 HSS. Catal. S. 176); Bodl. Hunt. 414 (Wolf [3] 125), Mich. 48, 49, 835; Paris 1021—23, 1044 (Index unter Fargani und Jacob zu berichtigen, s. Zeitschr. D. M. Ges. XXV, 398), Pinsker 1, Netter 28, Benzian 3. Ganze Kapitel in Gerson b. Sal. שער השמים, z. B. HS. Münch. 65.

[2] 40ᵇ Abraham bar Chijja (um 1136) צורת הארץ, Astronomie und mathemat. Geographie, edirt. Die mathemat. Figuren sind nicht eingetragen. Zeitschr. für Mathematik und Physik XII, 92, vgl. Hebr. Bibliogr. XVII, 92.

[3] 100 [*Joh. de Sacrobosco, de Sphaera* טרטאטו דלספירא], מראה האופנים, hebr. von Salomo Abigedor b. Abraham (1399), ohne Noten, mit den Figuren. Ende די למבין (ed. להבין), dann: ובכאן נשלם מה שרצינו להעתיקו בעז׳ ה׳ למען צדקו להגדיל תורה ולהאדירה (Lücke) מי שזכני להתחיל ולהשלים יזכני להתחיל ולהעתיק ספרים אחרים. נזכה ונחיה ונראה בביאת הגואל, ובימי כל ישראל הבריים. In die Lücke gehört wohl die Jahrzahl der Uebersetzung, s. Catal. Bodl. 2266.

[4] 118ᵇ *Arnaldus* (ארנבאט) *de Villanova [de judiciis astronomiae*, oder *Capitula astrologiae]* unter dem Titel פנים במשפט übersetzt in 17 Kap. (latein. ed. 11) von

---

[1]) Der vorangehende, im Arab. fehlende Passus lautet: וזה כלו העולה (M. עולה) בשתי שעות והצי, שהוא (והוא) אשר הוסיף האקלים הד׳ על הקו השוה ומצאנו בקצת עליות באקלים הד׳ מגלגל השוה בי (כי) עליות טלה באקלים הד׳ תחסר מעלותו (מעלייתו) בגלגל הישר ה׳ חלקים ול״ח דקים, ותהיה הקשת של (שלה) כ׳ חלקים, וזה מה שבין האופקים, ר״ל אופק קו השוה ואופק האקלים הד׳ וכפלנו זה החלקנוהו על ט״ו [החלקים שלהם nicht in M.] מעלות שהם שיעור שעה בינונית יהיה (והיא) שעה וחומש שעה, וזהו תוספת טלה. ומזל שור במצאנו עליותיו ד׳ חלקים וחצי חלק הלקנום על ט״ו מעלות יהיו חצי שעה ושליש וחלק ט״ו יהיו תוספת שור על טלה. Chr. p. 62: „Si ascensionem tauri *et piscium* in quarto climate, subtrahamus ab ascensione eorundem signorum in sphaera recta: relinquitur differentia 8 grad. et 38 minut.: quam si duplicemus et duplicatam per 15 dividimus, provenit hora una et $^2/_{15}$ horae, cum 16 minutis: atque hoc incrementum est arietis. Eodem modo si ascensionem tauri *et aquarii*" etc.; ein Beispiel der Ungenauigkeit dieser Uebersetzung. Mose Chandali im Comm. (Cod. München 246 Bl. 145*bis*) bemerkt, daſs die Leseart בשתי שעות וחצי שהיא אשר הוסיף nach seinem Ermessen die einzig richtige sei, die vorkommende העולה כשתי שעות ואשר הוסיף sei שעות גמורה ואין הדיפה הזכית בדברי שקר מעלה. ואם לנוסח זה אני צריכין לפרש היתרון האקלים הד׳ אמצעי יבין.

Salomo Abigedor, 15 Jahre alt, unter Aufsicht des Vaters (s. Vorrede im Anhang),[1]) Tabellen und Figuren vollständig; vgl. Catal. München S. 94. — Andere HSS.: Brit. Mus. Almanzi 212[2], Bodl. Reggio 13, Florenz Pl. 88 n. 30 VII (Biscioni p. 491: *Ranellus* etc., s. Catal. Bodl. 2265), München 249[10], Paris 1061[7] (der Catalog citirt nur eine HS. des Originals) und Excerpt 1181[8], Schönblum-Ghir. 2 und ehemals Soave (hinter dem für Sal. von Tanchum übersetzten פנים לפנים),[2]) beide jetzt mir gehörend.

117. (Ms. Or. Qu. 646.)

74 Bl. italien. rabbin., von Bl. 43 an undeutliche Cursiv; Bl. 1 ואת כל אלה ידי עשתה יוסף יהודה בכמ"ר יחיאל . . . (?) יצ"ו מפי ממולח טהור קדש כמהר"ר עמנואל זצ"ל. יצונו ורוחו קבצן; das undeutliche Wort heiſst vielleicht מילנסי, jedenfalls nicht בלנסי; der Schreiber dieser Zeilen scheint der Ergänzer der HS.

1 Immanuel b. Salomo (aus Rom, um 1300—1320), Commentar [ביאור] zum Hohel., einfach und mystisch (vom Intellect); s. zu Cod. München 25. Vorrede aus Cod. Vat. 85 bei Berliner, Magazin II, 57, vgl. III, 219. — Andere HSS. s. Hebr. Bibliogr. IX, 113 (wo lies: Paris 235), auch in Cambridge (I, 43 n. 30). Die Aufnahme dieses Comm. in der projectirten Romm'schen Rabbin. Bibel (Wilna) ist (wie mir mitgetheilt worden) aufgegeben, weil der Verf. bekanntlich wegen seiner frivolen Makamen verpönt ist. In seinen Commentaren herrscht ein ernster Geist und eine ideale Weltanschauung.

2 72 זה ענה היתום כמ' ישראל מרובײרה[3]) נגד היתומים ויורשי כמר דוד אנג' (?) מרטינו ז"ל ונגד העושים בעדם כמו אי ציסיאו"נאריי ג"כ מיורשי ר' חננאל גליגו ז"ל. ראשונה תובע ודורש מאת מע' הגאון יצ"ו שהוא שופט ומוכיח; citirt מהררי"ק שורש קי"א d. i. Josef Kolon. Der Schwiegervater des Israel heiſst Samuel. Ende: ע"כ דברי היתום . . לפני מע' הגאון יצ"ו הנ"ל אשר במשפט יעמוד האמת והשלום.

118. (Ms. Or. Qu. 647.)

225 S. und S. 233—34, kleine deutliche deutsche rabbin. Schrift, bis 212 zum eigenen Gebrauch geschrieben und beendet Mittwoch Abend (ליל ה') 22. Tammus 230 (1470) in Trini (טרין) von Jesaia b. Jakob Alluf;[4]) s. das Epigraph in Kobak's

---

[1]) Das Epigraph (1393) meiner HS. (ehem. Soave) lautet: שבח לאל ותהלה, נשלמה זאת המגילה, היקרה והמעולה, אצל היודעים ומכירים ערכה לא תשקול כסף מהירה, בשנת ה' אלפים קנ"ג ליצירה, מי שזיכני להעתיקה ולהשלימה, נותן לפתאים ערמה, לנער דעת ומזימה, ישפיעני מאור המדע להבין סודותיה ולהשכיל כל תעלומה, ויזכני להעתיק ספרים אחרים, בימי כל אוהבי ומיודעי חפצי שלומי דורשי שלומי בעדי ובעד בית אבי דורשים לאל ומעתירים, ובימי כל ישראל חברים. אמן.

[2]) Nach Pseudo-Galen, *de decubitu ex mathemat.*, s. Deutsches Archiv für Gesch. der Medicin 1878 S. 130. — Tanchum sagt in der Vorr. כי אף ההתעוררות הביאני לזה נזר החכמים כליל תפארת הבחורים אבי החכמות שורש המעלות צמרת ארז הרפואה נודע שמו בשערים החכם הכולל מאישטרו שלמה בכמ"ר אברהם ממשפחת האביגדורים; als „Lehrer" (de Rossi, Catal. Bodl. S. 2265) bezeichnet er Sal. nicht.

[3]) *Rubiera,* vgl. Hebr. Bibliogr. VII, 68 n. 8, oben S. 40 A. 1 und folg. Anm. [4].

[4]) Er schrieb angeblich 1449 für Menachem b. Isak aus Revera [?ob *Rubiera?* vgl. hier A. 3] Cod. de Rossi 6 (s. dagegen Zunz, zur Gesch. 219, Hebr. Bibliogr. VII, 77 und S. IV), nach 1464 den Rest von Cod. Turin 17 (Berliner, Magazin II, 16), 1477 Cod. Mich. 819 (Register S. 337, zu Baruch

ישׁרין‎ V, 151, wo dieser Codex überhaupt beschrieben ist. S. 225 Censur des Renato da Modena 1626.

[1] דייקת מרבני שמואל‎, Grammatisches von Samuel, wahrscheinlich S. דייקן‎ oder Nakdan im XII. Jahrh. (vgl. *Jewish Lit.* 328 n. 56), auf dem Rücken des früheren Einbandes fälschlich Samuel הנגיד‎; die Beispiele meist vocalisirt Anf. פקח עיניך וראה‎. Die, wenig System verrathenden Abschnitte werden meist mit pathetischen Anreden eröffnet und mit Reimen geschlossen; zuerst von Defecten (החוטפים‎) nach den Hauptformen, dann (8ᵇ) ... המשולשים [השלשיים] באותיות אשר לא ינתקו דלא יקרי שרשיהם‎ ובכלל אפרש לך פתרון ההחוטפים והשניים והקלים וההמיריס ההזק יחדה‎, beginnend mit einer Eintheilung in intransitive (נופלים בגוף האדם אפי' במשקל רפי‎) und transitive (אשר במשקל רפי‎), woran sich die Lehre vom Dagesch knüpft; 15 שערי‎ (שלהם תלוי פתרין הדבר' באחרים‎), שוב שביתינו כנגב אפיקים, בסילוקי עמקי הדבוקים, דייך טוב דברי הדבוקים‎ 17 (Status const.); שלמו אחה״ע למחלקותם, יען זאת בריתי אתם‎ 21 אחה״ע וגבורותיו אשר לא נתפרשו למעלה ..‎ שמועות הטובות, אלפים‎ 23 מפשע ועון הנכחם, נקי או איתם ושמני כחרים‎; folgt über Genus; חטף קמץ ורבבות, רהיקות וקרובות, ושמחת הלבבות, בהעלות נתיבות, זכרים יקבית‎, dann über אהזק ואאמץ, בסילוק חטף קמץ‎; folgt über das Dagesch im ך‎, ferner כל‎ 24 מלא פים‎ und איש אשר נשאו לבו ואשר נדבתו היהו לאחוז במעלות הקדש גשו נא אלי ואגודה לכם את אשר יקרא להבא שלמו מהלקות ותחלוכות השיברים והבאים, איך להפריד לתת ערמה‎ 26 ואת אשר יאמ׳ לשיבר לפתאים. מכם בני לדעת ולהבין בין תיבות המוסבית לדבור העליון או עימדין בעצמן וביו תיבת‎ המוסבת לדבור התחתון ובכלכן ובכלכן אפרש לך חילוק התיבת המבההרה בין הדב׳ הבירכה‎. S. 27 beginnt ein Nachtrag nach der Reihenfolge der Bibel, worin häufig auf die früheren Abschnitte, z. B. בשערים הראשיניב‎, שערי הדבקים‎ (32), auch auf שער‎ und שער השניים‎ und ושמא פי׳ לשון השלשיים‎ zurückverwiesen wird (יכבר מפי', ויכבר פ׳‎); 34 (zu Gen. 10²⁹) חשש מאיר פעולה כמו תשיעות מאיר טביר׳א דאב׳ן בל׳‎; S. 35 bemerkt der Schreiber, dafs er nicht weiter gefunden (ישׁרין‎ l. c. 147).

Der folgende Abschnitt über Accente, anf. שתי בך מהסי‎ (Akrost. שמואל‎), ist in Cod. Hamb. 80 Bl. 42 ff. minder vollständig (Catal. S. 70); S. 27 שער השניים‎, 46 שער‎ (הוק יהוא‎) 51 מלה השלשיים‎; 54 (am Rande עתה אבאר רובי מקומות של שכן הנגינות בקוצר‎) אלו י' דברים שאין בהן עלילת יהוא ונדגשים כי גאה גאה‎; andere Ueberschriften von gezählten שערים‎ s. ישׁרין‎ l. c.; von da ab finden sich Noten, z. B. 56 זו ההגה' ממקום אחר‎; Ende (84) דמות שנות ענות פרית. סליק הנקוד‎. Eine Verweisung auf die frühern Parthien scheint nicht vorzukommen: die Punktatoren heifsen נקדים‎, der Ausdruck קנצים‎ kommt öfter vor, z. B. שני קנצים בדב‎ (66).[1])

Für die Anfänge der Sprachstudien unter den deutsch-französischen Juden vor der Einwirkung der Spanier ist unsere Schrift wahrscheinlich die älteste und umfänglichste Quelle (vgl. Zunz, zur Gesch. 109, Citate zu Hiob standen vielleicht in den Noten zur Bibel?).

[2] 85 überschrieben מטבע אחר‎ ב' תיי״ן‎, d. h. andere Form; Anf. ב' תיי״ן המה אשר הנקדנים‎

---

vgl. Cod. de Rossi 660), 1482 de Rossi 78 und 1392 (Hebr. Bibliogr. XII, 31), Ende 1483 Schriften von Honein etc. (HS. Coronel's 1871), 1487 HS. des מנחת יהידה‎ (Zunz, l. c. S. 220); demnach ist 1503 in Cod. de Rossi 1420 (H. B. XII, 117) schwerlich richtig, ob 1483?

¹) Ueber קנצים‎ vgl. Hebr. Bibliogr. IX, 92 (XIII, 82 unten), Monatsschrift, herausg. von Grätz 1870 S. 403 A. 1.

מדגישון אותם בחוזק, וישימה תל עולם, וגבריא אילן תלתיהון, geht bald auf Accente über, S. 87 ובעל[a] הספר אלה השנים נכריות נחשבו לו (nämlich תביאמו und והטאמו), S. 90 יש לנו לדעת כי הנקוד נתן בסיני ולא שננקדו הלוחות . . . והספרדים בקיאים בדבר ויש לדעת כי חמשה מלכים הם וחמשה משרתים להם הרי עשר תנועות[1], über Vocale, Schewa, Accente der Verba, Nomina (97), Ende (99) במה כמה כלם למטה. תל"י סיימתי משפט הקוראים ושכונת הנגינות והמתגים. — S. 100, 101 kurze Notizen, 102—104 unbeschrieben, 105, 106 wiederum Notizen über Accente.

3 106 Jakob b. Meir (Tam), XII. Jahrh., Reime über die Accente, anf. אלהים לי מגן, mit Benutzung dieser HS. edirt in Kobak's ישרון V, 1866.

4 108 שער המתג. הוא הנגד. וכל אות הנקודה בקמץ, und שער אחר לדבר בו על י"ב טעמים. לפי שאין ביניהם מלך. והמאיילה mit אתנחתא in 112 abbrechend, הפזר בכ"א ספרים משני פנים המשרת לאתנחתא בי' יותר לא מצאתי.

5 112 Josef b. Kalonymos Nakdan (1238?), || וזהו לשון אחד בשם ר' יוסף נקדן אשיש באחדות אהגה בתורתו, פרק בשיר ה'ו'ד'ו' אזכיר נגינתו, Gedicht über Accente mit kurzem Commentar (vom Verf.?), end. יוסף יזמרך כבוד ולא ידום באמרות יהגה בתורתך, sonst unbekannt (vgl. Catal. Hamb. S. 44).

6 123 טעמי אמת איוב משלי תלים אלה המלכים פזר . . . אלה ישרתום·עלוי . . ., citirt נקדנים, behandelt inshesondere das Verhältniſs der Accente zu einander; end. (127) אבל אותן שנחטפין בראשיתן ונגינתן באות שנייה נקוד מונח כמו שפיר'. Hierzu scheinen die Worte zu gehören: זה השער של רביע כלו מצאתי והעתקתי.

7 127 היה לי צורי לצור מעוז להדריכני בדרך יושר בשלשה ספרים הללו תלים איוב משלי אשר נשתנו . . בשלשה פנים האחד עצם כתיבה ותיקון שרטוטה . . . שער על הטעמים אלו ג' ספרים משרתי רביע חמשה . . ומשפט הרביע העתקתי כלו למעלה; 129 ישרתום ח' טעמים והם פזר . . במטבע העליונה למעלה מזה . . . רק הזהר בזה השער ולא תהא בער. Hierauf (Zeilenanfang) אתנחתא. משרתי האתנחתא שופר . . . אם ישרתיה משרת אחד, end. (130) וטעם זה נראה למבינים במקרא, dazu von anderer Schrift בריך רחמנא דסייען. Dann noch eine Notiz נוטריקון über die Namen der Vocale, end. להיות נקודים כאלה, und mit blasser Tinte in Minuskel סליק דקדוק מר' שמואל ולא ידעתי אם ע"כ הוא הדקדוק שלו ואם חבר הוא כלך; diese Notiz ist werthlos.

8 131 Salomo Parchon (1160), Vorrede (Grammatik) mit den grammatischen Versen des Salomo Gabirol (133), welche einige bessere Lesearten bieten, S. 153 ist ein kurzes שער השמות, welches in der Ausg. Bl. 5 nicht steht und an dessen Schluſs ובכאן נשלם הקדמת אבן פרחון. S. 154—156 leer; 157 ליקוטים לקטתי מתוך אבן פרחון את אשר בחרתי בו, Auszüge aus dem WB. S. 183 וזהו מה שכתב בסופו של אבן פרחון || ערוך מלא (so) בעזרת הבורא וארצה לומר שער מעניני המקרא שצריך להם האדם . ., die syntaktischen Kapp. (Ausg. Bl. 5 ff.); hier S. 210, 211 noch שער הנפעל, שער התפעל, שער הבלעת אות, שער הדגוש, wie unter כחד (Ausg. 29^b).

9 214 Josef Sarco (זארק, 1429), רב פעלים Th. III, anf. כל קמץ שקריאתו מטופה, geht wie weit? Vgl. Catal. Bodl. 1524 und Add.

10 220 עתה אתחיל נגינת הכ"א ספרים וטעמיהם, המלכים והמשרתים אתנחתא . . . האתנחתא לעולם לא תהיינה שתי אתנחתות בפסוק אחד; end. 225 ממועצותיכם והאשתאלי und חוק ואמץ הסופר לא יוזק.

---

1) Die 10 Vocale führte David Kimchi ein (Pinsker, Einleit. in die Babyl. Punkt. S. XVI).

11 233 כבודי במקומי, das bekannte Epigramm [von Abraham ibn Esra] bei Dukes, Blumenlese S. 188 und Berliner, Magazin I, 95, anonym in דברי חכמים, Metz 1849 S. 85.

Bl. 234 unt. And. תפלה על סדר שם פרשיות שחבר כמר משה לטיף יצ"ו בן מהר"ר יצחק לטיף זצ"ל מירושלים. הראשון הנוה לך שיראו היי ויצחק יצא, durchstrichen und corrigirt; der Verf. ist wohl der von Asarja de Rossi genannte (Index ed. Wilna S. 155); vgl. Zunz bei Berliner, Magazin III, 157, wo unserer anzuführen war.

119. (Ms. Or. Qu. 648.)

150 Bl., Bl. 1 (entfernt), 8, 9, 16, 17 etc. (die äufseren der Lage von 8 Bl.) Perg.; bis 120b grösfsere, sehr deutliche, schöne span. rabbin. Schrift, dann ergänzt in kleiner, sehr deutlicher italien. bis 148, von dem bekannten Mathematiker Mordechai Finzi 1460 in Viadana:[1]) השלמתי כתיבת זה הספר היקר אני מרדכי פינצי בר"ה אדר ר"כ פה ויאדאנה וראוי להגיהו ולדקדקו כי מספר מאד משובש העתק ולכן השגתיו כאשר הוא (von seiner Hand sind auch durch den ganzen Codex Berichtigungen und Ergänzungen angebracht). Darunter 3 Censurvermerke, der 1. unleserlich, *Aless^dro^ scipione* (so) 1598, *Camillo Jaghel in lugo* 1611. — Bl. 43b ist für ein Bild Raum gelassen, das nirgends angegeben wird.

Ibn Tofeil [אגרת חיואן בן יקטאן], philosophischer Roman, aus dem Arab. übersetzt von einem Anonymus, mit weitläufigem Commentar von Mose Narboni [1349 nach anderen HSS.],[2]) welcher das Werk in 8 Theile zerlegt (**2** Bl. 24b, **3** 42b, **4** 53, **5** 72b, **6** 90b, **7** 99b, **8** 128) und (Bl. 128) eine Analyse von *ibn Baǵe* oder *aṣ-Ṣâiġ's* Epistel, באור כונת אבו בכר בן אלצאיג בהנהגת המתבודד והוא הלק מדינה, eingelegt. Näheres über dieses lehrreiche Werk[3]) s. bei Delitzsch, zu Cod. Leipzig 43c, Catal. Lugd. Bat. S. 21 Cod. 6[5]. Andere HSS.: Bodl. Uri 392 und Mich. 386, München 59, 272, Paris 913—16 (vgl. Wolf [3] 9, Munk, Philosophie etc. deutsch von B. Beer 1852 S. 115 n. 30), de Rossi 415[2], Excerpte 835[7] (vgl. Catal. Bodl. 1973), Turin 101 (Wolf [4] n. 1643b), 140 (W. [4] n. 997b, 512b, cf. [3] n. 31), Vat. 209[5[6]], Wien 132 (S. 145), Aschkenasi (Litbl. des Or. X, 369 n. 4). — Mose betrachtet sein Werk (Bl. 4) als eine Ergänzung der Commentare zu כונות הפילוסופי' (oben S. 45, hier citirt Bl. 66) und zu דרושים הטבעיים,[4]) deren Theil עצם הגלגל von Averroes (hier 27, 79b citirt); über Tendenz und Methode des Commentars spricht er sich Bl. 69 aus. Seine reichen Citate betreffend ist Bl. 33 hinter בן רשד zu ergänzen בס' הקולייט [für كليات, latein. *Colliget*] nach Cod. München 59 Bl. 39b; אבו בכר אלצאיג (99, M. 118b) ist aus אגרת הפטירה

---

1) Catal. Codd. Lugd. Bat. p. 216 Anm., vgl. *Letteratura Ital. dei Giudei* Art. III § 11 im *Buonarroti* 1876 p. 122 ff.

2) Zu einem Citat ans Averroes (vgl. Munk, Mélanges 316, Alfarabi 97) bemerkt Moses, dafs Aristoteles vor ungefähr 1700 (אלף ות"ש) Jahren gelebt hat, vgl. oben S. 83 A. 1.

3) Unrichtig vermuthet er in הכונה העליונית von Gazzali die כונות הפילוסופים (22b). — Der verpönte Narboni verschmäht auch die Kabbala nicht und behandelt die 10 Sefirot (124, vgl. zu Moreh III, 32). Die Erklärung von מטטרון (33b) haben schon ältere Philosophen. Ueber den (116b citirten) פירוש שיר קינה, nämlich Comm. zu Hohel., s. Hebr. Bibliogr. IX, 139, XV, 49, XVI, 110 Z. 2. — Auch Themen, wie דצ"ך עד"ש liegen ihm nicht ferne, s. Geiger's jüd. Zeitschr. VI, 127.

4) Vgl. oben S. 91[9] (von den בעלי התכונה etc. auch hier Bl. 32) und [10]

(ausdrücklich genannt 117b, M. 130b, vgl. Catal. Bodl. 1974); das lange Stück aus Averroes, הפלת ההפלה (118), ist aus Metaphys. 3 (Cod. Leyd. 15. Bl. 31; vgl. oben S. 89 N. 111 Bl. 131b). Der spanische Verf. des אגרת אפשרות הדבקות (K. 7 Bl. 120) ist Averroes, aus dessen Episteln darüber wahrscheinlich die Stelle Bl. 128, aus dieser HS. mitgetheilt in meinem Alfarabi S. 247, vgl. S. 103. — Ein Curiosum physiologischer Beobachtungen des Verf. und medicinischen Schriftstellers findet sich Bl. 45b: וכבר ראיתי אני אווז שחתכו ראשו בסיף והלך יותר מס' פסיעות עד שנשפך דמו ונפל ומת. — Einzelne Excerpte finden sich in den verschiedenen Schriften von Dukes, z. B. נחל קדומים S. 50 (und dazu in ישרון von Kobak III, 16, vgl. Litbl. des Or. XI, 719), שירי שלמה I S. XV.

120. (Ms. Or. Qu. 649.)

Pergament, 79 Bl., die Tabellen von kleiner sehr sauberer, Ueberschriften von gröſserer Quadratschrift, ־ס־ für Null, Erläuterungen in groſser italien. rabbin. Schrift, wahrscheinlich xv. Jahrh. Einzelne Noten von span. Hand, Bl. 5b nennt sich *Mose Altortos* אלטורטיש.[1])

[לוחות] astronomische Tabellen, nach Ptolemäus und al-Battani, wahrscheinlich die des Abraham b. Chijja (1104—23? Cyclus 257),[2]) mit Anweisungen, in welchen ibn Esra benutzt ist (כתב החכם אבן עזרא נ"ע אם היתה הקשת Bl. 15, לאבן עזר נג, 16 über der Tabelle, . . היסיף א"ע ז"ל ברצותך לדעת, 48). Das 1. Bl. fehlt, wie man an der Lage von 7 Bl. erkennt, war jedoch vielleicht unbeschrieben, da der Anf. לוח לדעת השנים מן המחזורות auch sonst ein gewöhnlicher. Die Randerklärung beginnt הבא השנים אשר בידך אל טור השנים, 1b סימני השנים במחזורות, dann verschiedene Zeitrechnung, 6 טור השברים, dann die Tabellen, welche in Cod. München 343 Bl. 174 לוח הערכים überschrieben sind; 14b לוח הקשתות והמיתרים המחצים; 15b לוח הנמיכות; 17 מצעדי המזלות על מפריש קו היושר . . .; 18b ערך ההלוך שבין הימים ולילותיהן . . ; 19b מצעדי המזלות nach verschiedenen Breiten; 22b מהלך חמה הבינוני, 23b Mond, 25 ראש התלי, שבתי und die anderen Planeten; 28 תקון החמה u. s. w., 47 Sonnen- und Mondfinsterniſs; 50 לוח חלופי מראות הלבנה; 55 Breitentab.; 57 . . מעמד הכוכבים המאירים מכוכבי שבת, Fixsterne mit hebr. und arab. Namen (vgl. Zeitschr. D. M. Gesellsch. XVIII, 166), auch mit Bezug auf die astrolog. Bedeutung; 60 . . מהלך לבנה השוה במרחקה והקה und so für die anderen Planeten. 61b סדר תקון תקופות השנים מן הלוחות האלה. — 64b Differenzen nach der Ansicht al-Battani's (vgl. Zeitschr. f. Mathem. l. c.), und entsprechende

---

[1]) Mose אלטורטוס in Venedig 1610 besaſs Cod. Zunz 23. Salomo אלטורטוסי (so in Bibl. rabb. ed. Amst.) wird in תורת הסד zu Ps. 148 angeführt, daher *al-Tokhtosi*, bei Carmoly, Hist. des médec. 188 (s. mein *Aven Natan* S. 8); Sal. הלטורטושי bei Geiger, Catal. der Breslauer Gemeindebibliothek, 1861 S. 127. Samuel b. Sal. in Benevent 1485 s. Catal. Codd. h. Lugd. 215, im Pariser Catalog n. 1001: אטורטוש. Der Namen bedeutet wohl ursprünglich aus Tortosa (vgl. Zunz, Zeitschr. 149). בני הטורטושי scheint Familiennamen des Schemtob b. Isak (1254), Catal. Bodl. 2549, vgl. daselbst 1738 טורטושי von Menachem Saruk.

[2]) Zu Bl. 3 zu שנים ערביות מושכות שנים מצריות, Bl. 4 über muhammed. Jahre etc. und 14b am Rande: אם רצית לדעת כמה נטיית השמש שקרא אותה הנשיא ז"ל נמיכות ferner ;בשער א' מחשבון המהלכות 16b; על דרך המפורש בשער החמשי בעזרת האל Bl. 18. Die Astrologie heiſst חכמת הניסיון. S. auch Zeitschrift für Mathematik und Physik XII, 15.

Tabellen des Ueberschusses (תותרת 66 ff.), der Correctionen (תיקון 69[b] ff.), Conjunctionen und Oppositionen mit Anweisung, end. (78) וישאר בידך מקומו בעת ההיא בעזרת האל. — 78[b]—79[b] מצעדים למרחב מ׳נ׳ג׳ט׳פ׳ש׳ל׳י׳י׳ר, ob ein jüngerer Zusatz? — Aehnliche Tabellen enthalten Cod. Uri 443 und Cesena Plut. 28 Cod. 14 bei Muccioli II S. 193.

121. (Ms. Or. Qu. 650.)

27 Bl., grofse deutliche span. Cursiv, etwa xv. Jahrh.

[Gazzali] ספר מאזני העיונים, Waage der Speculationen, hebr. von Jakob b. Machir (xiii. Jahrh.). Beginnt mit einer längeren, wiederholt ansetzenden Widmung und Vorrede ישכילך השם וישכינך השם אהי במשכן ההכמה; im 2. Absatz חברתי לך זה הספר הנפלא כדי שישימהו השם מראת לבך ולטישת[1] שכלך ומאזניך הצודק וקוד[2] . . . הרמזית הדת ומה שיש בעולם מן האותות והמאורות הבהירות וההוראות המובנות והעדיות המפורסמות לבורא הארץ . . . וקראתיו ספר מאזני העיונים לצדק הסרעפים היה בו מצליח . . . והזהר שלא תראנו לכופרים המכזיבים המכחישים אויבי הנביא והצדיקים . . שלא תתנהו כ"א לבעליו . . ואם תתנהו אחר אלו ההשבעות וההתראות לזולת בעליו והראוי לו נפשך עשקת ותורתך גנבת והשם ישמרך ויישירך בהסדו. Veranlassung zur Abfassung war die Widerlegung wichtiger, vom Gesetz verworfener Ansichten auf dem Wege העיון מהנימוס והקבלה ועדות השכלי. Bl. 1[b] l. Z. bilden die Worte דע אהי כי הסדי השם רבים den Anfang eines Auszuges aus der 39. Abhandlung der „lauteren Brüder“ (اخوان الصفا), aus deren Schriften die unserige vorzugsweise excerpirt ist.[3]) Noch auffallender ist die wörtliche Uebereinstimmung fast des ganzen ersten Abschnittes des Buches الحدائق (Cod. Sprenger 1821, als Annexum gezählt Bl. 167—195, mit hebr. Lett. bei Uri 400), von Abu Muhammed Abd Allah ibn es-*Sid el-Batalyusi* oder Batlajusi (بطليوسى),[4]) hebr. u. d. T. עגולות רעיוניות (الدائرة الوهمية) von dem älteren Verwandten Jakob's, Mose Tibbon (s. zu Cod. München 201[7]) [5]) Nach dem Charakter beider Schriften im Ganzen scheint Bat.

[1]) Ueber לטוש s. Hebr. Bibliogr. XII, 35; יחדדהו וילטשהו bei Chajjim b. Israel, מאמר בגן עדן (bei Perreau S. 14); ילטוש עיני שכלו in Vorr. von פתח דברי.

[2]) S. Kobak's Jeschurun IX, 76, 98.

[3]) Bei der allmäligen Nachweisung dieses Verhältnisses (Hebr. Bibliogr. IV, 14, 144, IX, 150, 170, X, 86, XIII, 14 A. 10, XIV, 16, Alfarabi 115) habe ich nur Dieterici's freie Bearbeitungen benutzen können, für welche Gazzali manche Berichtigung bietet. Die letzten Abhandlungen (41—50, vgl. Dieterici, Streit 233, Logik 233, Philosophie 136, Zeitschr. D. M. Gesellsch. XIII, 15), worunter die 50. für das Hauptthema Batalyusi's und Gazzali's die wichtigste, sind leider noch unbearbeitet (43, 44 benutzt in Philos. 89 ff.). — Ungenau ist die Angabe G. Dugat's (*Histoire des philosophes . . . Musulmans*, 1878 p. 160), dafs der arab. Text in Calcutta gedruckt sei; dort erschien nur die 21. Abh. im Gumada II. 1263 (Juni 1847, Sprenger 1947, 400 S.), Diet. Streit S. VI giebt 1812 (wie Zenker, B. Or. I n. 1344) und 1842 an.

[4]) Ueber die Aussprache s. Nicoll S. 528 zu p. 196, Flügel, H. Kh. VII, 577 und Catal. Codd. or. Lugd. III, 169 Cod. 1211, wo B. als Schreiber eines Werkes von Maslema el-*Meǵriti* (gest. 395—98 H.? Zeitschr. D. M. Gesellsch. XXIV, 369, XXV, 419), der als Verbreiter oder Bearbeiter der Abhandl. der lauteren Brüder genannt wird; falsch „Muslim“ bei Dieterici, Phil. 143, vgl. Zeitschr. D. M. Gesellsch. XVIII, 169, XXV, 402, Zeitschr. für Mathemat. XVI, 382, Noten zu Baldi S. 6, wonach zu ergänzen Wüstenfeld, Uebersetz. arab. Werke S. 52. Ueber die beiden Recensionen der Encyklopædie s. Flügel, Zeitschr. D. M. Gesellsch. XIII, 25, Aumer, Catal. Münch. HSS. 291, Haneberg, in Sitzungsber. k. Bayer. Akad. 1866 S. 91, 102.

[5]) Dies Verhältnifs der beiden Schriften ist im Wesentlichen folgendes: Cod. Sprenger Bl. **168**,

der Vorgänger, obwohl gewöhnlich sein Todesjahr 521 H. (1127/28) angegeben wird, nach Vorgang ibn Khallikan's.¹)

Das Verhältniſs Gazzali's zu den lauteren Brüdern ist folgendes: die 39. Abhdl. steht bei Diet. Weltseele 137 (zu Koran 3, 5 הנשקעים s. Hebr. Bibliogr. VIII, 65, X, 54); S. 138 Z. 14 v. u. „die Stütze bei etc.", hier Bl. 2 ודע כי עקר הדבר כלו בכל אמתת הדברים הוא בצייר האדם חדוש העולם ואיכות בריאת הבורא ית' אותו והמצאתו אותו ואיכות סדרו הנמצאות וישרו ההויות במה שהם עתה בו ולמה היה זה. S. 139 Absatz 3, hebr. ודע כי הבורא, hat Muscato (zu Kusari IV, 25 Bl. 232^b unten) nicht aus den Comm. vom J. 1422/24 (s. unten N. 124). Ueber den Spruch החכמים יורשי הנביאים (auch bei Diet. S. 175) s. Hebr. Bibliogr. XIV, 17 A. 1; bei Abr. Schalom נוה שלום IV, 3 Ende lies הנביאים ע"ה בדרך. S. 140 Z. 3 ff. ist hier mehr theologisch verarbeitet und schlieſst Bl. 3 ושוכני השמים העליונים ומלכות הגלגלים. תמה הפתיחה. Hierauf folgt eine neue Anrede: ישימך השם אחי מהחכמה במשכן היקר ויקריבך. — Ein Index der 27 Kapitel scheint nirgends zu existiren. Bl. 3^b K. **1** דע יודיענו האל ויודיעך שהדברים שהם עצמים [del.] צורות עצמים השפיעם השם, entspricht Welts. S. 140 Z. 13 v. u. (vgl. S. 127); vgl. Batal. Bl. 168^b und die imaginäre Sphäre der Zahl mit Beziehung auf den Schöpfer im IV. Abschnitt

Gazz. K. **3**; **170** K. **6** הערה; zu den 12 oder 15 Stufen vgl: Diet. Logik 117. — **172** Z. 7 خواص النفس النباتية وتسمى الشهوانية, K. **7** דע שסגולת הנפש הצומחת ותקרא המתאוה, Diet. Logik 118 ff.; über die 7 Kräfte vgl. K. 17 Bl. 12^b, Diet. Anthrop. 12, 185, vgl. 48, 67, Naturansch. 210. — **172^b** Z. 2 خ' الن' الحيوانية وتسمى الغضبية, K. **8** סג' הנ' החיונית ותקרא הכועסת, vgl. Hebr. Bibliogr. IX, 170, X, 77 A. 2. — **172^b** Z. 6 خ' الن' الانسانية وت' الناطقة, K. **9** ס' הנ' האנושית והיא המדברת; — **172^b** Z. 8 خ' الن' الحكمية الفلسفية, K. **10** סג' הנ' החכמה; K. 10—12 aus der Pariser HS. mitgetheilt von Dukes, אוצר נחמד II, Wien 1857 S. 196; zu הרגו למי שאין לו דת vgl. H. B. XIV, 44, auch bei Zarza, מכלל יופי V, 9 Cod. München 64 Bl. 426^b; Sam. Motot משובב I K. 3. — **173^b** l. Z. خ' الن' النبوية, K. **11** סג' הנ' הנבואית; zum Spruch Plato's vgl. K. 26 Bl. 26 unten; die Stelle hat schon Sal. b. Aderet bei Perles S. ל"ב; Simon Duran, מגן אבות in Fol. Bl. 2^b, wo ein Citat aus K. 12 folgt. Bei Levi b. Abraham, לוית חן (Cod. München 58 Bl. 17^b) כתב בן רשד בס' מאזני העיונים כי הנביא שהוא בעל הבריאה השלימה לא יצטרך לקנות הידיעות וכו'. Genauer bei den Comm. zu Kusari V, 12 und daher bei Muscato Bl. 269 (D. Cassel, Kusari S. 397, die Stelle fehlt S. XXX). — **174^b** خ' الن' الكلية, K. **12** סג' הנ' הכללית, am Rande des Schlusses wird vom Schreiber aus einem Citat in לוית חן die Var. notirt: קו יגיע בין שתי העגלות. קראו אותם סולם העליה ובו תדבק הנבואה בנפש הפרטית הטהורה; aus Batal. bei Caspi מנורת כ' Cod. München 265 Bl. 113^b, s. עמודי כסף S. 31 A. 2, wo וכן für ובו. Vgl. zu מאמר הידוד S. 12, vgl. Schemtob Schaprut פרדס 48^b שהסולם רומז לנפש הכללית. — Ende Tr. I theils überklebt: يسمونه سلم المعارج ويتصل الوحى بالنفس الجزية الطاهرة وبه تنزل [الملائكة] وتصعد الارواح الزاكية الى العالم العلى ولهم فيها كلام طويل اقتصرنا منه على هذه الجملة لان غرضنا فى هذا الكتاب غير ذلك. In dem, anstatt der letzten 7 Worte angefügten Satz liest unsere HS. הפריחה für הפרידה [etwa הירידה, ليلة التنزيل? oder הברוכה Sure 44²?] und ולא עצב für וייש bei Dukes.

¹) Englisch II, 63, daher bei H. Kh. (öfter nur in Klammer nachgetragen), s. Index $^{7}1166$ n. 6259; vgl. Catal. Codd. or. Mus. Br. 355, 788. Das Todesjahr **421** (1030/31) haben H. Kh. $^{1}222$ (verbessert $^{7}577$), d'Herbelot, Art Bathalmiusi (so) I, 601 deutsch. Ausg., und Hammer, Lit. V, 586 nach ibn „Chakan"; vgl. Makkari II, 469 (wo auch der Bruder abu 'l-Hasan Ali); Gayangos, Hist. I, 37, 62, 196, 197, 311, 478, 479 (II, 171?). Auffällig ist der Commentar zu abu 'l-ʿAlâ (gest. 1057/8), bei H. Kh. $^{3}601$ vor el-Khaṭib (gest. 502 H. und bei H. Kh. $^{3}311$ vor Bat.), weſshalb vielleicht die Hinabrückung el-Khatib's bei H. K. $^{7}759$? Der Commentar zu جمل des Abd el-Kahir (gest. 474 H.) $^{3}624$, scheint irrthümlich für Zeggag $^{3}626$. Casiri I, 462 n. 1102 giebt kein Datum an. Unser Werk kennen die arab. Bibliographen nicht. Abu Ali Hasan b. Muh., gest. 576 H., bei H. Kh. $^{1}223$ ($^{7}1038$ n. 1444), wonach zu ergänzen Hammer VI, 528; vgl. auch H. Kh. $^{7}1104$ n. 3954.

Bl. 179ᵇ bis 184, wo 183ᵇ كتاب طيماوس citirt wird; Diet. Propaed. S. 5 ff. (Hebr. Bibliogr. VII, 87 A. 8, XIII, 10). K. **2** (Welts. 141 Z. 16) endet אבל ידיעתי מעצמו כמו שהאחד אינו נראה אלא מעצם האחד (ib. 142 Z. 5 !). K. **3** תוספת באור, Nähe und Ferne. K. **4** דע כי יש אנשים, Welts. 143 Z. 8 (vgl. S. 130). K. **5** דע כי כאשר יחשוב, ib. Z. 6 v. u. (S. 144 Koran 22, 46, bei Simon Duran, קשת ומגן 24ᵇ aus מאזני החכמה). K. **6** דע כי היסודות, ib. 145 Z. 8—12. Die הערה und K. **7**—**12** sind Baṭal. entnommen. **13** בסדר הנמצאות, **14** Fortsetzung, zuletzt (Bl. 9) והיו הנמצאות בחקירה הזאת כעגלה סובבת בתחלת הבריאה עד שתדבקו שתי קצותיה והיה האדם תכלית העגלה אשר שב אל ההתחלה[1]. **15** בסדר הבריאה הגשמי (so) והעולם החשכי ההוה והנה העולם המאיר . . . **16** (Bl. 10) . . . **17** Pflanzen; wörtliche Auszüge aus Diet. Naturansch. S. 161—64, 167 ff.; hier Bl. 13 unten שנזכר בספרי הרפואות וספרי המזונות וספרי העשבים בביאורם עזבנו זכרונם לפחד האריכות, Diet. 170 Z. 8; hier 13ᵇ Diet. 170 bis Z. 19, und S. 173, hier endend . . . נזכר מהם קצת בספרי הרפואה בהיותך מן המזהירים בלשון ערב מבואר, dann דע אחי ,הישרה, zuletzt ממה שנזכר ונדע. **18** Thiere (Diet. 180 Z. 11 v. u.).[2] **19** במדות הנפש וסבת השקתה הגשמים (Diet. Anthrop. 132 Z. 5 — l. Z.), end. והבין זה. **20** בו שאלה ותשובה לאנשים החכמים הערומים מענין הנפש הנוטים מעצמותה, eine Paraenese über die Bedeutung der Seelenerkenntniſs (vgl. מאזני צדק S. 28 und die Verweisung S. 33 auf מבחן oder משקלת החכמה, Jeschurun IX, 77); zuletzt wird die Wiederholung dieses Thema's durch die Wichtigkeit entschuldigt. **21** . . ברמיזות ודמיונים נרצה לזכור בזה הפרק הנפלא (!) סוד הטבע ומעשהו (Diet. Naturansch. 141—142 Z. 7 v. u.,[3]) dann Bl. 17 רמז דע שהעולם, Nat. 143—144 Ende des Absatzes, 146—147 Z. 12 v. u.; Bl. 17ᵇ רמז, Nat. 149 Z. 5—152 Z. 3 v. u.).[4]) **22** דע שגשם העולם בכללו בדמיון גשם אחד (Nat. 153—58 Ende).[5]) **23** נזכור בו משלים

---

[1]) Vgl. das Citat בס' העגולות ובס' מאז' העיוני bei Levi b. Abr. in Kobak's Jeschurun IX, 76

[2]) Als unterste Stufe mit bloſsem Tastsinn wird angeführt כמו חלזון והוא תולעת תוך שפופרת תצמח זאת השפופרת בצורים אשר על שפת הימים; Diet. 180 übersetzt Rohrschnecke, oder Rohrlarve (vgl. S. 98 Koralle); bei Abr. ibn Chisdai, בן המלך K. 33, nur כמו אלצרף ומיני התולעים, bei Samuel Motot משובב I, 3 כמו החלזון והנקרא (הנקרא) אלצרף. صرف bedeutet Eingeweidewurm (Lane, Lex. 1697). Zweifelhafte Seegewächse s. bei Aristoteles, Thiergesch. VIII, 1 (II S. 113 ed. 1868); Seeschwamm (אספנג אל בחרי) bei Averroes, Comp. d. Logik Bl. 27, Simon Duran, מגן אבות in Fol. Bl. 50. אלצריף heiſst arabisch das Perlenthier in Pseudo-Aristoteles ס' האבנים (daher bei Gerson b. Sal. שער השמים II, 3, Jeh. Verga שבט יהודה K. 32 S. 58 ed. Hann., wo richtig בשנה), *Sabes* bei Aristoteles, de lapid. ed. Rose (Zeitschr. für deutsche Alterth. n. F. VI, 1875 S. 384), *Saten* bei Simon Januensis; ibn al-Ǵezzar אעתמאד HS. München Bl. 16ᵇ hat nur הג'ארה אלדר; die Uebersetzung des Stephanus (bei Rose S. 398): Perla vel *Zofar*; vgl. Diet. Naturansch. 98 unten, 120, 127. Das. S. 181 Z. 4 v. u. „Schmerzes" l. Geschmack, הטעם. — Das Gedicht ib. 183 hat Gazz. nicht. Bl. 14ᵇ steht das Citat bei Mose Chabib zu בחינת העולם XIII, 3 Bl. 108ᵇ, endend Bl. 15 mit der für die Brüder berechneten Formel ואזהירך אתה האח שלא תהיה מהם אי דומה להם ואנחנו וכל אחינו בכל מקום שהם, Diet. 183, Z. 3 v. u. (Aehnliches in K. 21 Bl. 18). K. 18 endet ולא תתאבלו. יגיענו השם אחי בהם וישימנו מהם ובכללם בחסדו ואמונו.

[3]) Die Verweisungen S. 141 l. Z., 142 Z. 4 lauten hier כמו שבארנו במה שקדם מזה הספר und כמו שבארנו, S. 143 hier כמו שהוא נזכר בספרי התכונה. „Herrliche Fürsorge" 144 Z. 3 hier וההשגחה הרבנית, also ربانى göttliche.

[4]) Sure 27, 85 (D. 150 Z. 3) hier יום תהיו נדחפים (!) מכל אומה פוג"א, also فوجا unübersetzt; der Berg Arafat heiſst הר הידיעות!

[5]) Ueber den „persischen Weisen" (*Buzurg mihr*) s. Hebr. Bibliogr. XIII, 30, 136, vgl. Catal. Codd. or. Mus. Br. p. 624. — Bl. 19ᵇ סדר (scheint ein Wort zu fehlen) über die Sternkräfte, umgestellt bei Palquera מבקש Bl. 38.

זרים וסודות נפלאות .., Erzählungen von Träumenden;[1]) zuletzt bemerkt der Verf., daſs er nun mit דברי הנבואה ותועלתם בחכמה schliessen wolle. **24** der Mensch wird durch seine Doppelnatur nach zwei Richtungen angezogen, die intellectuale Seite bedarf der religiösen Handlungen. **25** היאך הגיע (so) הנבואה לנביאים, Ende (Bl. 25[b] unten) ובאר אולם לנו ג"כ הנביא באמרו האנשים ישנים וכאשר מתו התעוררו.[2]) **26** über Ceremonien, anf. ובעבור זה לא נזכה הקבוצים והמועדים. **27** die 5 עבודות (vgl. Jeschurun IX, 78).[3]) Ende עם המעשים החמשה והבינהו. יבינך השם מה שלא נוכל להבין . . . ועליך ברית השם וקשריו שלא תתנהו לשום אדם אלא למי שהתבאר אצלך באמת שהוא מהאנשים הראוים לו . . . ואני אשאל המחילה . . . ירבו שבחיו ויתקדשו שמותיו אא"ס. Dann נשלם הספר . . . והעתיקו הח' הפי' ר' יעקב בן הח ר' מכיר זלה"ה.

Den Uebersetzer nennt auch Cod. Paris 893[8] (s. Litbl. des Or. IX, 362), den Autor keine mir bekannte HS.,[4]) während Cod. Uri 392[4] und eine jüngere Hand zu Oppenh. 834 Oct. Averroes angeben.[5]) Dieser fast unbegreifliche Irrthum ist älter als die hebræische Uebersetzung, da er bis zu Mose Tibbon hinaufreicht,[6]) und die hieraus folgende Verwirrung noch nicht zu übersehen.[7]) Auch nach anderen Seiten hin bietet unser Schriftchen den Mittel- oder Ausgangspunkt von Untersuchungen, welche hier nur angedeutet werden können.

Zunächst ist noch zu ermitteln, ob unsere Schrift identisch sei mit القسطاس المستقيم

---

[1] Die erste vom gefangenen Prinzen ohne Erwähnung der Frau, welche bei Diet. Anthrop. 157, das Gleichniſs ohne Traum in בן המלך K. 35. Die folgende Erzählung vom Träumer beim Gelage, der unter christliche lobsingende Geistliche sich versetzt glaubt, enthält einen Vers in arabischer Sprache uncorrect, auch ungenau übersetzt.

[2]) Vgl. Diet. Anthrop. 125, Baṭal. (Litbl. d. Or. IX, 621), Gazzali, Ethik 84, Munkid S. 8, احيا IV, 285 Z. 19; meine Noten zu מאמר היחוד S. 21, Manna S. 104; Dukes, Philosophisches 159; eine Risale darüber bei H. Kh. III, 448 n. 6384 (VII, 745). Häufig in hebr. Schriften, z. B. Mose b. Esra bei Dukes 81, 100 (M. Sachs, rel. Poesie 283 A. 1 substituirt Räthsel für Traum), Isak Crispin המוסר (משלי ערב) K. 3 in הלבנון III, 29, 30 u. s. w.

[3]) Sal. Almoli, מאסף לכל המחנות (die k. Bibliothek besitzt dieses sehr seltene Buch) Bl. 15, citirt מה שכתב אבוהמ' בס' מאזני העיונים בביאור הכ'ז' שהנה הידיעית בכלל יתחלקו חלוקה ראשונה לשלשה מיני מתחלפות. הא' הכמה שהיא תלויה במלות איך תורנה על הענין, הב' ההכמה שהיא תלויה בענין מצד שיורו עליה המלות, והג' ההכמה שהיא תלויה בענין לבד. Die 1. ist דקדוק והשיר, 2. הגיון, 3. umfaſst alle andere Wissenschaft, welche in עיונית und מעשית zerfällt, nach אבוהמד בהקדמה הא' לאלהיות (s. N. 111 Bl. 22). Das lange Citat ist in unserem Buche nicht zu finden!

[4]) Bodl. 4, nämlich Mich. 18, 176 (s. Register S. 320), Oppenh. 834 Oct., Uri 392[4]; Leipzig 34, London (s. א"נ II, 198 Z. 10), de Rossi 338[2], Turin 101, Vat. 209[4], Wien 131 (S. 144, Anf. defect; Goldenthal S. 83 [vgl. S. 12], und im Verzeichniſs unter מאזני, giebt Averroes an). Eine käufliche HS. ist mir nie bekannt geworden.

[5]) Nicht „eine groſse Zahl von HSS." (!), wie in *Hist. lit. de la France* XXVII, 607.

[6]) Eine Zusammenstellung der einander entgegenstehenden Autoritäten (zum Theil Citate einzelner Stellen) gab ich in Jeschurun IX, 174.

[7]) So z. B. citiren alle 3 Schüler des Prat Maimon (s. unter N. 124) zu Kusari III, 5 die 5 Religionserfordernisse nach Averroes, offenbar aus K. 27 unserer Schrift, welche zu II, 4 (K. 22), IV, 27 (Ende K. 14), dem Av. beigelegt wird, zu V, 10 (K. 11, s. oben) ohne Autornamen. Ja sogar das Buch עגלות רעיוניות schreiben sie dem Averroes zu (s. unten), weſshalb Dukes (Litbl. d. Or. IX, 621) annahm, daſs auch letzterer ein solches Buch verfaſst. J. Caspi, עמודי 91, citirt וכן בס' העגלות hinter Averroes, nennt aber sonst בטלמוס (für בטליוסי), s. Ersch und Gruber II, 31 S. 67. Abr. Gavison macht Gazzali zum Verf. des עגולות. — Bei Simon Duran מגן אבות Bl. 65 ist העיונים Schreibfehler für המעשים, s. die ed. Ethik S. 39.

oder einer der von Gazzali versprochenen Schriften (worüber ausführlich in Jeschurun IX, 73 ff. und in der Notiz über Cod. Escur. 628 im *Bollettino ital. degli studii orient.* 1877 p. 284). Sodann ist das literarische Verhältnifs zu anderen Schriften ähnlichen Inhaltes im Einzelnen zu untersuchen und verwerthen. Die Abhandlung über die Natur, welche Dieterici früher (Naturansch. XV) einer „anderen Hand" zugeschrieben, erscheint bei Gazzali an der Stelle, welche ich ihr vindicirte (Hebr. Bibliogr. IV, 14, vgl. Diet. Phil. 138). Im Buch בן המלך והנזיר, welches ich als eine Bearbeitung des „Barlaam und Josaphat" erkannte (Zeitschr. D. M. Gesellsch. V, 89, XXIV, 325, Hebr. Bibliogr. III, 120), K. 32, 33 findet Munk (Mélanges 257) Entlehnungen aus der *Theologie* des Pseudo-Aristoteles (vgl. Hebr. Bibliogr. XIII, 12, 14) X, 5, 6: eine Berührung mit unserer Schrift und den Encyklopädikern ist oben (S. 106 A. 2) nachgewiesen. Hier bieten sich Momente für die noch zu ermittelnde Zeit und Einwirkung jener Schriften. Der von Baṭal. und Gazzali (wenn den Zeugnissen zu trauen ist) praecisirte *imaginäre Cirkel* von 9 Emanationen [1]) hat eine weitere Geschichte. Auf *Raimund* Lull's geometrische Kreise hat Helfferich hingewiesen (Hebr. Bibliogr. II, 17), aber auch die kabbalistischen *Sefirot* scheinen unter demselben Einflufs sich entwickelt zu haben, anknüpfend an den im Buche יצירה durch נעוץ סופן בתחלתן ausgedrückten Kreislauf der Zahl, in Verbindung mit dem für Emanation und Offenbarung gemeinschaftliche Bild des Blitzes.[2]) Samuel Motot משובב Th. I (vgl. Hebr. Bibliogr. XV, 15) scheint für die Erklärung des B. יצירה den Gang unserer Schrift Gazzali's zu Grunde gelegt zu haben;[3]) er beginnt אמרו הפילוסופים כי מעלות המספר בעגולות מחשבות und giebt als K. I wörtlich fast den ganzen IV. Abschnitt des Batal. (bis Bl. 182ᵇ Z. 7 لما فوقه);[4]) K. 2 באמרם כי סדר הנמצאים מאת הסבה הראשונה

[1]) In der Kreisfigur bei Baṭal. Ende Abschn. 2 (Cod. Sprenger Bl. 177ᵇ) sind 10 Vermittlungen: [1] der thätige Intellect, [2] Hyle, [3] Feuer, [4] Luft, [5] Wasser, [6] Erde, [7] Mineral, [8] Pflanze, [9] Thier, [10] Mensch; eben so zählt Prat Maimon bei Jakob b. Chajjim zu Kusari Ende IV, 27, indem er die Figur (Cod. Halberstamm 214 Bl. 139ᵇ, sie fehlt in dem Berliner, unten N. 124 Bl. 123) aus אבן רשד בס' עגולה מדריגית (so dreimal) hinzufügt. Eine ähnliche Kreisfigur construirt er aus Ps. 148⁷ ff., indem er die Hyle wegläfst und die Menschen in המין המדבר und השלמים theilt. Aus der hebr. Uebersetzung des Baṭal. (Par. 893⁹) giebt Dukes (Litbl. d. Or. IX, 622) eine Kreisfigur, worin [2] Seele [Allseele], [3] Form, [4] Hyle, [5] Elemente, also nur 9. Dieterici, Phil. 226, giebt: [1] Gott, [2] Vernunft, [3] Seele, [4] Hyle, [5] 2. Hyle, [6] Welt, [7] Natur, [8] Elemente, [9] Procreata; diese Zusammenstellung scheint nicht die der laut. Brüder; s. Anthrop. 133: [1] Schöpfer, [2] Vernunft [act. Nous], [3] Seele, [4] Natur, [5] Urmaterie, [6] allgem. Körper, [7] Allhimmel, [8] Elemente, [9] „3 Producte, von denen das letzte [lies: erste, s. Welts. 151] das Mineral". Die Theologie des Aristoteles (bei Diet. Phil. 183, vgl. Munk, Mélanges 250) hat [1] Gottheit, [2] Intellect, [3] Seele, [4] Natur, vgl. Gazzali K. 5 Bl. 5ᵇ העניינים האלהיים הנה השכל הפועל והנפש והגלגלים והחמר הראשון והצורה המשיגה; bei Diet. Welts. 144 fehlt die Hyle. Auf analoge Eintheilungen und Rangordnungen der Sefirot kann hier nur im Allgemeinen hingewiesen werden.

[2]) רצוא ושוב כמראה הבזק Ezech. 1¹⁴; כמראה הבזק gebraucht der Uebersetzer Gazzali's Ende Kap. 5 hinter dem Citat Sure 54, 50; vgl. Sure 2, 16 und meine Note zu מאמר היחוד S. 23; Hebr. Bibliogr. V, 117; vgl. Pseudo-Abr. b. David zu יצירה Bl. 45ᵇ, Aug. Ricius, De motu 8. sphaerae 44ᵇ; Schahrastani II, 167; Welts. 142 unten.

[3]) Er nennt in K. 2 אבן הבאר, aber nicht unsere Schrift. — Ich benutze die HS. Halberstamm 219.

[4]) Eine HS. der hebr. Uebersetzung steht mir nicht zu Gebote; Bl. 181 ولاهل الهند وغيرهم في هذه الدوائر العددية رموز والغاز ضوى عن انفس . . ; Motot ולחכמי הודו וזולתם באלה העגולות רמזים וחידות נלאו (!) ב"א להבינם.

דומה לעגולה מחשבית שנעוץ סופה בתחלתה בצורת האדם ist Batal. Abschnitt 1 mit einigen Weglassungen und anderweitigen Citaten bis Cod. Spr. Bl. 172 Z. 8.[1]) K. 3 בסגולת הנפש beginnt mit den 12—15 Stufen (Gazz. K. 6 Ende bis 12, wo סולם העליה, vgl. oben S. 105); hieran schliefst sich die Stufenfolge der Seelen mit naturhistorischen Details;[2]) K. 4 שחכמת האדם חדמה לעגולה מחשבית, wörtlich Baṭal. Abschn. 2 ohne die Figur. — Abravanel (zu Genes. 19[c]) verwandelt die עגולה רעיונית in einen מאמר הקדמונים und (ישועות Bl. 15) in eine Redensart.

122. (Ms. Or. Qu. 651.)

115 Bl., italien. Cursiv, XVI—XVII. Jahrh. — Gehörte *S. J. Reggio* und *Os. H. Schorr.*

Abraham Farissol, מגן אברהם (in anderen HSS. ויכוח הדת), antichristliches Werk, verf. oder umgearbeitet nach a. 1505? (Polem. und apologet. Lit. S. 310, 380.) Anf. הקדמה. אמר אברהם פריצולו יצ"ו בן מרדכי נ"ע הדבור והויכוח והחקירה בענייני האלקות. Die Hauptstelle der Vorrede (1[b]) bietet allerlei Varianten zu Neubauer's Abdruck (*The 53. chapter of Isaiah*, 1876, p. XIV),[3]) z. B. Z. 1 hier: הלו על הדרך יותר (so) קצר שאוכל, Z. 2 גוגו (so) אחרים מהכמי העיר החכם ההגמון מטראייני בירשו ,עשהתי, Z. 4 והתשובות והספורים אשר קרו במשך ימי. Der Index zählt 74 Kapitel, aber K. 7 ist Bl. 18[b] übersprungen, daher die Zahl bis 24 um 1 zu niedrig.

[70]1 באופני דעות המאמינים. [64]2 באנשי נביאי האמונות והדתות הקדומות. [62]3 באמונות הנסים. [71]4 בשאלה . . באיש כופר כל הדתות. [60]5 על קצת דעות זרות יוצאות מכלל האמונות. [1]6 למה לא נתנה תורה תמימה אל השלמים שהיו קודם מרע"ה. [2]7 כבר רמז מרע"ה מציאות ג' אמונות [3]8 מדוע ייעודי משה זמניים. [4]9 נצחות תורת משה ושבת ומילה. [54]10 מה שיראה מקיום תורת משה הנצחית ומילה . . . והתר המאכלים האסורים. [5]11 אם ראוי שתורת משה תהיה רמז לתורתם החדשה. [6]12 קצת רמזים יוכל אדם לרמוז נגדם. [59]13 בקצת ספקות ושאלות מתיחסים שאלתי להם בויכוח. [7]14 בחטא אדם הקדמוני. [8]15 בחיוב או רצון ההגשמה. [69]16 בהפסק זוהמת נחש הקדמוני. [65]17 על ג"ע וג"ה ולימב"ו ופורגאטורי"ו. [8bis]18 תשובות מה על הגשמות והשילוש ועל שכל משכיל ומושכל. [9]19 הערות . . . על הגשמות והשלוש. [57]20 בסוד ירידת גוף האלוק . . תוך הלהם. [58]21 בענין הטבילה. [10]22 על אורך הגלות. [11]23 שההצלחות הזמניות אינם הוראה לאמתות האמונה. [55]24 בתארי משיח צדקנו . . מלחמת גוג ומגוג . . [12]25 שעכ"פ משיח לישראל ואף לדעתם. [13]26 שעכ"פ משיח לישר' לא בא עדיין. [14]27 שאין חטאת לישראל על מה שנעשה למשיחם. [15]28 על מה שיוחס המשיח לדעתם להיות אלוק. [66]29 בשנוי והלוף הה' המעתיק להם התורה. [16]30 בקצת שמות אלקיים שמכונה בהם המשיח והמלכים. 31([4] על מה שאמרו הם בשמות יהודה וישראל. 32 על ציון וירושלים. 33 על מלת אלקים שיורה ריבוי. 34 נעשה אדם בצלמנו. 35 הבה נרדה והריבוי בו. 36 על שלשה אנשים נצבים.([5] 37 לחם ויין למלכיצדק. 38 סולם יעקב אבינו 39 העקדה. 40 קרבן מצרים. 41 לא יסור שבט. 42 נביא אקים מקרבך. 43 כי

---

[1]) شهو المشפיע, Motot هو الذى افاض الموجودات واعطا كل موجود منها قسطه من الوجود; Gazz. K. 3 הלקו . . . אשר השפיע המציאות; zur Phrase vgl. הנמצאים ונתן לכל נמצא מהם חלקו מן המציאות Alfarabi S. 103, 247.

[2]) אלג'מאר קדר בלשון הנק' בראשו הגדול לולב, אלטלע בלשונו הנק' הדקל זרע und אלצרק, s. oben S. 106.

[3]) Mit Neub. stimmt die von mir l. c. erwähnte Abschrift Geiger's [aus Mich. 412?], welcher auch die unten folgende Nebenziffer des (abgekürzten) Index entnommen ist.

[4]) Von 31—46 [17–32]. — [5]) Index פשעי ישראל! Text richtig.

יקום מקרבך נביא. 44 אשר בהעותו והוכחתיו. 45 ידע שור קונהו. 46 והיה באחרית הימים
^{61}47 ביום ההוא יסיר ה' את תפארת. ^{62}48 יוסיף ה' שנית ידו בישעיה. ^{33}49 קדוש קדוש
קדוש. ^{34}50 העלמה הרה. ^{35}51 שלחו בר [כר]. ^{36}52 הנה ישכיל[1]. ^{37}53 נכריתה עץ בלחמו
בירמיה. ^{41}54 והתוית תיו ביחזקאל. ^{51}55 ואתה בית לחם אפרתה. ^{52}56 לא רוחמה . .
בהושע. ^{53}57 קול ברמה . . (ירמיה) וממצרים קראתי. ^{38}58 מה המכות האלה בזכריה.
^{39}59 והביטו את אשר דקרו. ^{40}60 נקבה תסובב (ירמיה). ^{42}61 נפלה לא תוסיף קום (עמוס).
62 מכרם בכסף צדיק. ^{44}63 הנני מרעיש בחגי. ^{67}64 מה שמו ומה שם בנו (משלי). ^{45}65
מזמורי תלים בכלל. ^{68}66 יקום אלהים. ^{46}67 אלי אלי למה עזבתני. ^{56}68 אלקים משפטיך
למלך. ^{46}69 נאום ה' לאדוני. ^{48}70 שבועים שבעים . . (בסוף דניאל). ^{49}71 מועד מועדים.
^{50}72 חקירת קצת דרושות של דופי. ^{72}73 הנשך והרבית. 074 על ידיעות קץ לביאת המשיח הזמן
תחה"מ.

Der angebliche II. Theil über die schwarzen Juden und den Sabbation, bei Sabbatai (de Rossi, Bibl. antichr. p. 32, Zunz, ges. Schr. I, 178), beruht auf Confusion mit אגרת ארחות עולם; vgl. Litbl. d. Orient VI, 7. — Kap. 1 beginnt האמונה והדת הנמשכת ואשים קנצי למיליך [למלין] בדבור הזה אחר התהלה לאלקים אשר עזרני ממנה איזה שתהיה; Ende ואמצני עד כה. — Das Buch enthält auch einzelne historische Daten, z. B. K. 5 n. 3 Bl. 16 von einem (christlichen) Pseudo-Propheten in Ferrara (בעירי) zur Zeit des Verf.; K. 72 Bl. 110[b] והיום בעיר מגורתי פירארא מפי חשובים שמעתי וספרדים מבני ציון (so) היקרים . . והודיע איך בספרד מעט קט הוא שקמה אגודה א' קטנה מתועי בני ישראל בחורים הי"ב (?) במספר וראש א' להם ואלה שמות ג' מהם אלטינציאו דיאולצין, וידאל די סאראגוסא דאראגון והג' אילציקיקו (so) דיאורשון הילא בביטי (?) אשר כתבו והברו קובץ א' קטן ממדרשות של דופי בדו מלבם דרך לשון הזוהר וב"ר והמדרשות אשר הדיעו (so) בהם גשמות האלוק וההשלכה [וההגשמה .?l] וההתפארות והתחיה והדרושים (so) אחרים רבים מעניני משיחנו עם ביאור פסוקים מורים הענין וכתבו בשם חכמי המדרשות ואמרו שמשם יצאו ומשם העתיקום וכאשר חפצתי [חפשתי .?l] לא מצאתי עד א' וכאשר הובאו לפני נשתוממתי וכפרתי. בם ובאלקיהם (?) לאמר כי לאלה מציאות בין היסודים וכו'. Vgl auch Polem. und apologet. Lit. 380.

123. (Ms. Or. Qu. 652.)

56 Bl., span. nicht durchaus gleiche Cursiv, etwa xv. Jahrh.

[Platearius], Circa instans (vom Anfang so genannt), über Heilmittel, hebræisch von Salomo b. Mose Melgueiri (xiii. Jahrh.); Epigr. נשלמה העתקת הספר סירקא איצטנץ הנקרא בלשוננו מדבר זיק (!) מהותו מגלה כל ענין צרוף הסמים והדברים הנכנסים ברפואות. ואני שלמה ב"ר משה זצ"ל מלגיירי העתקתיו תהלה לשם יתברך כי עזרני בשמו ובימינו עזרני לסיימו. Anf. fehlt, Bl. 2 unten beginnt § 2 ליקנא אלואין, Ende (§ 3 זוקרי) ולכל מדוה יבש באכילה יבשותיה. Eine Probe dieser, erst durch unsere HS. bekannten Uebersetzung (Virchow, Archiv Bd. 42 S. 103, fehlt im Index S. 110; *Hist. Lit. de la France* XXVII, 743, vgl. oben S. 24) gegenüber dem ספר העזר (aus meiner HS.) s. im Anhang.

124. (Ms. Or. Qu. 653.)

Pergament, 157 Bl., kleine sehr deutliche italien. Hand, xv. Jahrh.; Figuren unausgefüllt Bl. 22[b] (II, 20) und 111 (auch in Cod. Halb. Bl. 216 und 127), 114, 123

---

1) Abgedruckt von Neubauer l. c. Dasselbe Thema in 73 scheint von Saadia ibn Danan, vgl. Neub. S. XIII n. 31.

(vorhanden in H. 123, 129, 140); 31 (zu II, 50) בכאן מצאתי חלק, auch in H. 30[b] leer. — 10[b]: איסטי ליברו איס די אלס' אליהו הכהן זי"ע, Bl. 1 und 31 (נרו) הכהן (אליהו) אליהו, vielleicht der Verf. des שבט מוסר? — Gehörte Dr. *M. Kayserling.*

בית יעקב von Jakob b. Chajjim, gen. *Com[p]rat Vidal Farissol* (1422, im 17. Lebensj.), Commentar über כוזרי des Jehuda ha-Levi [übersetzt von Jehuda Tibbon], hauptsächlich nach den Vorträgen des Lehrers Salomo b. Menachem, gen. *Prat* (= Comprad?) *Maimon*, theils nach dem Wortlaut desselben; daher der Inhalt grösstentheils identisch mit den Commentaren zweier Mitschüler, des 13jährigen Salomo b. Jehuda, genannt *Salomon Vivas* (חשק שלמה, 1424),[1]) und des Natanel Caspi (Ende 1424). Von unserem Comm. ist nur noch die mir vorliegende HS. Halberstamm 214 bekannt.[2]) Diese ältesten Comm. (über deren Verhältniss im Allgemeinen s. Hebr. Bibliogr. XVI, 126—128) bieten reiches Material für Lesearten und Verständniss des commentirten Buches[3]) nebst anderweitig zu verwerthenden Citaten,[4]) in deren Einführung sich theilweise die Collegen unterscheiden und characterisiren. Beide HSS. beginnen mit dem Vorwort (s. Anhang), zählen nicht die Paragraphen (ich habe die Zahlen am Rand notirt) und machen nicht bei jedem Paragraphen einen Absatz; selbst der Anf. אמר החבר oder הכוזרי fehlt manchmal (in H. mitunter am Rand ergänzt). Anf. in B. אמר המתרגם ר"ל המעתיקו מלשון הגרי ללשון הקדש והוא ר' יצחק בן (so) קרדניאל, eine falsche Uebertragung von IV, 25; hierauf in beiden: אמר המחבר והוא ר"י הלוי ז"ל על מה שיש . . והתשובות כלומר מן הדברים שלא ראו עליהם מופת; II beginnt Bl. 16 (H. 15), III 40 (41), IV 89 (99[b]), V 125 (143). Ende אל התכלית האמתי הנצחי אשר כל נתיבותיה שלום.

In den nachfolgenden Angaben von Citaten ist meistens die bessere Leseart allein gegeben. In Klammer eingeschaltet sind die von Jakob *(J.)* gänzlich übergangenen Autoren und Titel nach meinen Excerpten aus Salomo *(S.)* und Natanel *(N.)* in Cod. Asher 17, 16, mit Weglassung der Verweisungen auf die Comm. zu רוח חן und שמנה פרקים (H. B. XVI, 128).

I § 1 Ende כמו ס' מצות (מדות) ארסטו או הנהגת המדינה שחבר ן' רשד, besser zu IV, 19

---

1) Die HS. Asher 16 scheint jetzt Bodl. Opp. Add. Oct. 25, nach *Hist. lit. de la France* XXVII, 746.

2) 179 Bl., wahrscheinlich bis 40 nachträglich von span. Cursiv ergänzt; *H.* ist oft correcter, manchmal ist am Rande ergänzt, was in unserer (*B.*) im Texte steht, z. B. 95 (B. 85 Z. 8); 178[b] verdeckt ein jüngerer Custos ein fehlendes Blatt; 155[b] (V, 12) fehlt ein Wort, wie B. 135[b].

3) Z. B. II, 57 מבוכה, wie ed. I, II (unrichtig die Note S. 164 ed. Cassel 1853, die ich mit *C.* bezeichne); I, 112 אמור כזה לגלותכם als Text (vgl. Muscato). IV, 3 Ende (*C.* S. 328) hat Jakob אך לא שיעור קומה, das einzig Richtige sei aber אך לא; Nat. (Litbl. XI, 509) stellt אך voran (vgl. Polem. und apologet. Lit. 351; Berliner's Magazin III, 192). Es werden ספרים מדוייקים genannt; V, 12 Bl. 133[b] בספר מדוייק מוגה מחכם ערבי. — Für אלכימייא II, 23, III, 53 Bl. 80, ארקימישאה (vgl. ארכימייא in הפלת הפי' N. 111 Bl. 193[b]) scheint Romanismus; vgl. קראמידה unten IV, 11; roman. Wörter dienen manchmal zur Erklärung, s. unten zu III, 5; III, 9: בלשונם (*dimanche* H. דימנגי) דימרגי ונקרא השמש בו שמושל היום ע"ד חבורם וקבוצם (דומיניקוש) ובלטין דומיניקנש; die Araber benennen die Tage mit Zahlen, nur Freitag ר"ל קבוץ וחבור (!) שגימאר אותו וקוראים תפלתם בבית, für *Jama* (s. Berliner's Magazin III, 194; Polem. und apologet. Lit. 332); נקור הבשר ובלעז פורגא"ר III, 35.

4) Einige aus Natanel sind mitgetheilt von Dukes (Litbl. d. Or. IX, 571, XI, 509), Geiger (החלוץ II, 23, אוצר נחמד II, 95), S. Sachs (כרם חמד VIII, 155, 193).

ס' הנהגת המדינה לאפלטון וס' המדות לארסטו; H. zu I, 1 noch וכן ס' מאזני צדק שחבר אבו חמד אלגזלי. § 75 Ende בשמע טבעי מאמר ראשון כלל שלישי. § 95 [S. החי' מסי' ליאון פרשת בראשית, מאי' ליאון III, 53, IV, 25 auch bei J. 116b, 118b und N.; ist Levi b. Gerson, den Dukes nicht erkannte]; ib. הר"ם בס' רפואות סמי המות, wahrscheinlich nach Levi b. Abr. (s. Maimonides, Gifte S. 64). [103 N. ארסטו, s. zu III, 1.] — II § 4 בן רשד במאזני העיונים, auch sonst, s. oben S. 107. § 20 לשון מורי לפרש זה המאמר צריך להקדים אמר בעל המאור וזה כי הנה (H. שהרהתי מריח) כפי מה מכח . . . הקדמות; N. מורי ר' שלמה בר' מנחם, auch am Ende dieser Erklärung (Bl. 24b עד כאן לשון מורי); Prat citirt darin הא"ע באגרת השבת und Bl. 24 כתב ר' משה מיימון ז"ל וז"ל ולהיות תגבורת הליחות ביום כשיתחיל מתחלת הלילה . . ., H. 23 תבון, wie S. und N. Hieran fügt J. eine nähere Erklärung mit Hülfe des Lehrers; S. gebraucht andere einleitende Redensarten und giebt angeblich eigene Erklärungen. § 26 אבן רשד בס' כלא"כ (בלא"ד) בשער כוה אל (כל) האברים, S. קוליטה, N. כלאר, l. כולייאת (s. *Colliget* I, 25); Bl. 28 בס' שער השמים [S. בס' החוש והמוחש vgl. zu III, 5], ארסטו בס' ב"ח. [§ 34 S. und N. aus עדות לישראל über Jes. 52^{13}, H. B. XVI, 126, abgedruckt von Neubauer.] § 40 בן סינא בספרו (Tr. I Fen 2 K. 4 nach S.) und כמו שביאר החכם מש' (מאי') אברם אביגדור נ"ע בביאורו שעשה, S. בביאור בס' ב"ס (s. Deutsch. Archiv für Gesch. der Medicin 1877 S. 124). [§ 44 S. . . ארסטו בן רשד בשמע.] § 53 [S. מסי' ליאון בביאורו לס' קהלת, N. . . . ר' לוי בן גרשום נ"ע.]. J. אבן סינא בס' אלש"י מחלק מחכמת הטבע, H. אלשפי מחלק הכמת, S. בספרו הגדול הנקרא כתב אלשפי, N. אלשיפי בחלק הכ'; die Quelle ist genannt Bl. 32b: ס' שער השמים[1]) (auch über צריק s. oben S. 105); שכתב ארסטו כי כח הצמחים תלוי בהכמה, ארסטו בשמע טבעי. § 54 ארסטו במאמר א' מס' הנפש (darin B. כמקרטיש, H. דימקריטוש mit Jod מובלע). § 60 הרמב"ן ז"ל בפ' ויצא (N. nur מה שאמרו, S. noch מחבורו הגדול בחלק הטבעיות החכם ר' לוי [vgl. III, 5] und ר' שם טוב בן פלקייריא, l. פלקירא). § 61 ב"ח מס' (י"ב) ט"ו ארסטו מאמר, אבן זהר und אבן סינא.

III [§ 1 S. und N., letzterer auch zu I, 103, כתב ארסטו וז"ל לפעמים אתבודד, ist aus der Theologie, s. H. B. XIII, 12. N. שן וידאל שלאמון בבי' בס' משלי, s. oben S. 46.] § 5 הר"ם ז"ל בשמנה פרקים. Bl. 42b כמו שאמר החכם האכזריות על הרעים המלה על הטובים[2]). Ib. ארסטו בס' הנפש במאמר החוש והמוחש und Prat Maimon's Comm. zu בתי הנפש; Bl. 43 אבן רשד . . בס' החוש והמוחש (auch N.; das Wort רממברר *remembrar* hat J. vor dem Citat, N. hier und S. zu II, 26 haben vorher אשינטיר *a sentir*) und ר' שמואל תבון בס' המצוה המדמה. [Zu המצוה המדמה C. 208 unten bei S. בפתיחה (!) החכם שן וידאל שלמון הנה הן פרק שני, s. oben S. 46; zu משכן משה citirt J. Bl. 44 Niemand, N. ר' לוי בס' ההעתקה לס' כונת החי' ר' לוי בספרו הגדול בחלק התורה והר"ם ג"כ . . . כמו שכתב ר' משה תבון, S. בתי הנפש בספרו נקרא הוה הן, wonach H. B. XVI, 128 zu berichtigen, vgl. Cod. Hamb. 251^{3}.] Bl. 45b, 46 רבינו סעדיה und בעל המלמד. [S. und N. noch ובפי' ר' לוי, s. החלוץ II, 23, כ"ה VIII, 199.] § 7 אבן רשד (ist Gazzali, s. oben S. 107) und Comm. des Lehrers (Namen bei S.) zu בתי הנפש. [N. שן בוניט דלוניל . . בספרו באור על ס' החכם הא"ע, s. H. B. XVI, 131, XVII, 118, ob Jedaia Penini?] § 11 werden hauptsächlich Excerpte

---

1) II K. 1 u. zw. aus יקוו המים S. 7; vgl. כ"ח VIII, 204; in Narboni ed. Wien S. 9 richtig אלשפא.

2) Wahrscheinlich aus Levi b. Abraham, s. Kobak's ישורון VIII, 13, Polem. und apologet. Lit. 422.

(vorhanden in H. 123, 129, 140); 31 (zu II, 50) בכאן מצאתי חלק, auch in H. 30b leer. — 10b: איסטי ליברו איס די אלס' אליהו הכהן זי"ע, Bl. 1 und 31 (נרו) הכהן (אליהו) אליהו, vielleicht der Verf. des שבט מוסר? — Gehörte Dr. *M. Kayserling.*

בית יעקב von Jakob b. Chajjim, gen. *Com[p]rat Vidal Farissol* (1422, im 17. Lebensj.), Commentar über כוזרי des Jehuda ha-Levi [übersetzt von Jehuda Tibbon], hauptsächlich nach den Vorträgen des Lehrers Salomo b. Menachem, gen. *Prat* (= Comprad?) *Maimon*, theils nach dem Wortlaut desselben; daher der Inhalt gröſstentheils identisch mit den Commentaren zweier Mitschüler, des 13jährigen Salomo b. Jehuda, genannt *Salomon Vivas* (חשק שלמה, 1424),[1]) und des Natanel Caspi (Ende 1424). Von unserem Comm. ist nur noch die mir vorliegende HS. Halberstamm 214 bekannt.[2]) Diese ältesten Comm. (über deren Verhältniſs im Allgemeinen s. Hebr. Bibliogr. XVI, 126—128) bieten reiches Material für Lesearten und Verständniſs des commentirten Buches[3]) nebst anderweitig zu verwerthenden Citaten,[4]) in deren Einführung sich theilweise die Collegen unterscheiden und characterisiren. Beide HSS. beginnen mit dem Vorwort (s. Anhang), zählen nicht die Paragraphen (ich habe die Zahlen am Rand notirt) und machen nicht bei jedem Paragraphen einen Absatz; selbst der Anf. אמר החבר oder הכוזרי fehlt manchmal (in H. mitunter am Rand ergänzt). Anf. in B. אמר המתרגם ר"ל המעתיקו מלשון הגרי ללשון הקדש והוא ר' יצחק בן (so) קרדניאל, eine falsche Uebertragung von IV, 25; hierauf in beiden: אמר המחבר והוא ר"י הלוי ז"ל על מה שיש . . והתשובות כלומר מן הדברים שלא ראו עליהם מופת; II beginnt Bl. 16 (H. 15), III 40 (41), IV 89 (99b), V 125 (143). Ende אל התכלית האמתי הנצחי אשר כל נתיבותיה שלום.

In den nachfolgenden Angaben von Citaten ist meistens die bessere Leseart allein gegeben. In Klammer eingeschaltet sind die von Jakob *(J.)* gänzlich übergangenen Autoren und Titel nach meinen Excerpten aus Salomo *(S.)* und Natanel *(N.)* in Cod. Asher 17, 16, mit Weglassung der Verweisungen auf die Comm. zu רוח חן und שמנה פרקים (H. B. XVI, 128).

I § 1 Ende כמו ס' מצות (מדות) ארסטו או הנהגת המדינה שחבר ר' רשד, besser zu IV, 19

---

[1]) Die HS. Asher 16 scheint jetzt Bodl. Opp. Add. Oct. 25, hach *Hist. lit. de la France* XXVII, 746.

[2]) 179 Bl., wahrscheinlich bis 40 nachträglich von span. Cursiv ergänzt; *H.* ist oft correcter, manchmal ist am Rande ergänzt, was in unserer *(B.)* im Texte steht, z. B. 95 (B. 85 Z. 8); 178b verdeckt ein jüngerer Custos ein fehlendes Blatt; 155b (V, 12) fehlt ein Wort, wie B. 135b.

[3]) Z. B. II, 57 מבוכה, wie ed. I, II (unrichtig die Note S. 164 ed. Cassel 1853, die ich mit *C.* bezeichne); I, 112 אמור כזה לגלותכם als Text (vgl. Muscato). IV, 3 Ende (*C.* S. 328) hat Jakob אך לא שיעור קומה, das einzig Richtige sei aber אָךְ לא; Nat. (Litbl. XI, 509) stellt אָךְ voran (vgl. Polem. und apologet. Lit. 351; Berliner's Magazin III, 192). Es werden ספרים מדוייקים genannt; V, 12 Bl. 133b בספר הפלת הפי' מדוייק מוגה מחכם ערבי. — Für אלכימייא II, 23, III, 53 Bl. 80, ארקימישאה (vgl. ארכימייא in הפלת הפי' N. 111 Bl. 193b) scheint Romanismus; vgl. קראמידה unten IV, 11; roman. Wörter dienen manchmal zur Erklärung, s. unten zu III, 5; III, 9: בלשונם (*dimanche* H. דימנגי) היום שמושל בו השמש ונקרא דימרגי ובלטין דומיניקנש (דומיניקוש); die Araber benennen die Tage mit Zahlen, nur Freitag ע"ד חבורם וקבוצם בבית תפלתם וקוראים אותו שגימאר (!) ר"ל קבוץ וחבור, für *Jama* (s. Berliner's Magazin III, 194; Polem. und apologet. Lit. 332); נקור הבשר ובלעז פורגא"ר III, 35.

[4]) Einige aus Natanel sind mitgetheilt von Dukes (Litbl. d. Or. IX, 571, XI, 509), Geiger (החלוץ II, 23, אוצר נחמד II, 95), S. Sachs (כרם חמד VIII, 155, 193).

כ' הנהגת המדינה לאפלטון וס' המדות לארסטו; H. zu I, 1 noch וכן ס' מאזני צדק שחבר אבו חמד אלגזלי. § 75 Ende בשמע טבעי מאמר ראשון כלל שלישי. § 95 [S. הח' מסי' ליאון פרשת בראשית, מאי' ליאון III, 53, IV, 25 auch bei J. 116^b, 118^b und N.; ist Levi b. Gerson, den Dukes nicht erkannte]; ib. הר"ם בס' רפואות סמי המות, wahrscheinlich nach Levi b. Abr. (s. Maimonides, Gifte S. 64). [103 N. ארסטו, s. zu III, 1.] — II § 4 בן רשד במאזני העיונים, auch sonst, s. oben S. 107. § 20 לשון מורי לפרש זה המאמר צריך להקדים אחר בעל המאור וזה כי הנה (H. שהרחתי מריח) כפי מה מכה . . . הקדמות; N. מגדי ר' שלמה בר' מנחם, auch am Ende dieser Erklärung (Bl. 24^b עד כאן לשון מורי); Prat citirt darin הא"ע באגרת השבת und Bl. 24 כתב ר' משה מיימון ז"ל וז"ל ולהיות תגבורת הליחות ביום כשיתחיל מתחלת הלילה . . ., H. 23 תבון, wie S. und N. Hieran fügt J. eine nähere Erklärung mit Hülfe des Lehrers; S. gebraucht andere einleitende Redensarten und giebt angeblich eigene Erklärungen. § 26 אבן רשד בס' כלא"כ (בלא"ד) בשער נתוח אל (כל) האברים, S. קוליינטה, N. כלאר, l. כולייאת (s. *Colliget* I, 25); Bl. 28 בס' שער השמים [S. בס' ההוש והמוחש vgl. zu III, 5], ארסטו בס' ב"ח. [§ 34 S. und N. aus עדות לישראל über Jes. 52^{13}, H. B. XVI, 126, abgedruckt von Neubauer.] § 40 בן סינא בספרו (Tr. I Fen 2 K. 4 nach S.) und כמו שביאר החכם מש' (מאי') אברם אביגדור נ"ע בביאורו שעשה, S. בביאור בס' ב"ס (s. Deutsch. Archiv für Gesch. der Medicin 1877 S. 124). [§ 44 S. . . ארסטו בן רשד בשמע.] § 53 [S. מסי' ליאון בביאורו לס' קהלת, N. . . . ר' לוי בן גרשום נ"ע.]. J. אבן סינא בס' אלש"ל בחלק מחכמת הטבע, H. אלשפי מחלק חכמת, S. בספרו הגדול הנקרא כתב אלשפי, N. אלשיפי בחלק הכ'; die Quelle ist genannt Bl. 32^b: ס' שער השמים[1] (auch über צריך s. oben S. 105); ארסטו בשמע טבעי, שכתב ארסטו כי כח הצמחים תלוי בחכמה. § 54 ארסטו במאמר א' מס' הנפש (darin B. כמקרטיש, H. דימקריטוש mit Jod מובלע). § 60 הרמב"ן ז"ל בפ' ויצא (N. nur מה שאמרו, S. noch החכם ר' לוי בחלק הטבעיות מחבורו הגדול [vgl. III, 5] und ר' שם טוב בן פלקירא, l. פלקיירא). § 61 אבן, ארסטו מאמר ט"ו (י"ב) מס' ב"ח הזהר und אבן סינא.

III [§ 1 S. und N., letzterer auch zu I, 103, כתב ארסטו וז"ל לפעמים אתבודד, ist aus der Theologie, s. H. B. XIII, 12. N. שן וידאל שלאמון בבי' בס' משלי, s. oben S. 46.] § 5 הר"ם ז"ל בשמנה פרקים. Bl. 42^b כמו שאמר החכם האכזריות על הרעים חמלה על הטובים[2]). Ib. ארסטו בס' הנפש במאמר החוש המשותף und Prat Maimon's Comm. zu בתי הנפש; Bl. 43 אבן רשד . . בס' החוש והמוחש (auch N.; das Wort רמימברר *remembrar* hat J. vor dem Citat, N. hier und S. zu II, 26 haben vorher אשינטיר *a sentir*) und ר' שמואל תבון בס' יהיה הן פרק שני. [Zu ומציה המדמה C. 208 unten bei S. החכם שן וידאל שלמון (!) בפתיחה העתקתו לס' כינית, s. oben S. 46; zu משכן משה citirt J. Bl. 44 Niemand, N. ר' לוי בס' בתי הנפש, S. הח' ר' לוי בספרו הגדול בחלק התורה והר"ם ג"כ . . . כמו שכתב ר' משה תבון בספרו נקרא יהיה הן, wonach H. B. XVI, 128 zu berichtigen, vgl. Cod. Hamb. 251^3.] Bl. 45^b, 46 רבינו סעדיה und בעל המלמד. [S. und N. noch וספ' ר' לוי, s. החלוץ II, 23, כ"ה VIII, 199.] § 7 אבן רשד (ist Gazzali, s. oben S. 107) und Comm. des Lehrers (Namen bei S.) zu בתי הנפש. [N. שן בוניט דלוניל . . בספרו באור על ס' החכם הא"ע, s. H. B. XVI, 131, XVII, 118, ob Jedaia Penini?] § 11 werden hauptsächlich Excerpte

---

[1]) II K. 1 u. zw. aus יקוו המים S. 7; vgl. כ"ה VIII, 204; in Narboni ed. Wien S. 9 richtig אלשפא.

[2]) Wahrscheinlich aus Levi b. Abraham, s. Kobak's ישרון VIII, 13, Polem. und apologet. Lit. 422.

aus מורה Th. III über Gründe der Ceremonialgesetze gegeben, einige sind anderen Quellen entnommen; Bl. 49 (Blut) כמאמר החכם היותר נכון לאיש לעבוד את בוראו ביותר אהוב לנפשו; ib. (Erstgeb.) אמנם מצאתי כתוב בשם חכם א' כי הזמן ההוא לא חמה ולא צנה (citirt ארסטו בס' ב"ח); 49^b (zu Pesach) כמו שמבואר בס' אהבה בתענוגים בחלק מדות (Catal. Bodl. 1834), S. hat diese lange Stelle nicht und citirt erst zu Lulab ס' נר אלהים, N. schon hier בס' נר אלהים הוא הנקרא אהבה בתענוגים; 50^b האמנם אני המבאר מצאתי טעם אחר[1] בלולב כתוב בזה הלשון כמה חכמים השתדלו לתת טעם . . . והר"ם ז"ל כתב מה שכתב החכם ר' יצחק אבן כיאת . . ., H. und N. richtig גיאת; hierauf עד נוכל לומר טעם אחר בלולב כמו שאמר החכם, besser H. כמו שכתב החכם האמור; 51^b לפי שאלו העניינים מאלו הכלים כמו המנורה והשלחן . . . האמנם נוכל לפרש ע"ד שפירש חכם א' לבאר שהם עניינים אלהיים וזה כי מצות הכרובים; S. mit längerer Formel לכן באתי המפרש לפרש נכת"ר אלו הכלים, theils anders und kürzer; N. mit anderer Formel לכן אכתוב מה שמצאתי מבואר בימינו כלי המשכן ואם לא אומר דבר בשם אומרו זה בסבת חסרון ידיעה כי לא ידעתי מה שמו מי הוא זה . . . וזה לשונו אמנם מצות כרובים (wie J.). Bl. 52 בפרה אדומה ואם לא פירשה הר"ם . . . והטעם לפי שנמצא בספרי הודו; auch bei S. anonym; im Namen Friedrich's II. in לקוטות Cod. München 252 Bl. 204 und in HS. Hamburg 253[7] (vgl. H. B. VII, 136); Bl. 52^b Prat im Comm. zu בתי הנפש. § 17 Bl. 60^b כמו שפי' הח' ר' לוי ע"ד האמת על הברכה שתקנו בשבת והיא אתה אחד (s. החלוץ l. c., כ"ח III, 199 fehlt מאמר ג'). Ib. כמו הנימוסי' שעושים האומות כמו הנהגת המדינה לאפלטון. Ende des Paragr. hat nur H. 68^b am Rande שהיה אומר ארסטו מאפלטון, wahrscheinlich excerpirt aus S. und N., welche die Personen verwechseln (s. מוסרי הפי' II, 2, Alfarabi S. 204, Collectio Salernit. III, 107 unter Plato, wonach A. Müller, die griech. Philos. 1873 S. 45[8] zu ergänzen). § 21 כמו שפי' הרב ר' שם טוב . . וקרנים מידו, dann מה שאמר אלפראבי כמו שהביא ר' ש"ט ואמר והמעלה הראשונה אשר בה האדם (die Stelle ist התחלות S. 4 unten, vgl. Alfarabi S. 242, H. B. XIV, 101 A. 5); 65^b כמו שכתב הח' ר' ש"ט דז"ל ולפי גודל השגחת הש"י. § 23 Bl. 67^b וכתב אדו' מור' פראט י"ן בס' עדות לישראל כי זה הדעת . . וג"כ דעת אבן רשד וזה באר בס' הפלת ההפלה; N. ונאריך עתה מעט יותר ונאמר כי דעת ההבר (H. B. XVI, 126). Bl. 68 דעות אבן סינא ואבוקרט, N. א"ס ואבו המד, S. ואבו המד בס' כוונות. Bl. 68 שין אשטרוג דשין נגרי נ"ע בתשובותיו (S. בשאלותיו, H. B. XVII, 92). [§ 35 über שחיטה, S. אמנם מורי פי' זה המאמר בדרך אחרת, N. אחר בא אצלינו ענין היתר אכילת החי אכתוב מה שמצאתי כתוב בענין אכילתו דז"ל והנני פותח לך מפתח גדול מה ראה הש"י לשמוט הב"ח לאכילת אדם והלא כתוב טוב ה' . . . § 39 S. und N.: David Kimchi, Comm. Psalm.; zu Ende S. כמבואר בס' המזלות.] § 43 בן רשד בס' החוש. § 49 Bl. 76^b, 77 שמע טבעי מאמר ד' כלל ב' פרק ב' und Tr: III K. 3. Bl. 77 (so) ארסטו הפליג . . . במאמר שני מס' שער השמים מאמר כלל שני, H. Bl. 86 השמים כלל שני, hier ist שער offenbar falsch und ס' השמים zu lesen.[2] Bl. 77^b הר"ם בפתיחת פי' המשנה מזרעים (vgl. oben S. 77[3]). § 53 Bl. 79^b אבו נצר בספרו במספר החכמות ומנית·חלקי כל החכמה (s. Alfarabi S. 244). [Ende des Paragr. S. הח' מאי' ליאון פ' אלה תולדות נח.] § 65 שין בונפוש בס' הסוד, N. hat ausdrücklich בונפוש כספי; dann והשיב לו שין משה דבלקיירי. Bl. 83 אולי ירמוז . . . הא"ל בס' העצמים, S. שחבר ולהיות זה הספר

---

[1]) S. אמנם אני המבאר מצאתי בתוכו (כתוב?) טעם אחר זולת מה שהביא עליו הר"ם; N. וגם אמנה בקשתי אני ומצאתי טעם זה ומצאתי כוונתו.

[2]) Vgl. אבן רשד כתב בשער השמים והעולם bei Gerson b. Sal. שער השמים Bl. 61[1] (70^b Z. 1 ed. Heidenh.) für בספר.

בלתי נמצא כ״א באיגרת החכמים אכתוב פה לשון הא״ע; das Citat ist eine Seite lang (vgl. oben S. 56). N. אמר מורי אולי . . . ירמוז . . הא״ע במה שקרית עמי מס׳ הע׳. Bl. 85 כאשר ונוכל לפרש שהוא ספר לר׳ ישמעאל והוא כ׳ שנאמר בו תמיד אר״א סה לי שסרגיאל (so) Ib. ספר אבן ישד. שר הפנים כדאיתא שם; H. 95 bemerkt am Rande, dafs der Platz dieser Erklärung am Anf. der Seite sei. S. הוא אשר חבר ס׳ היכלות אשר הוא מסכתא אחת משנא סדרי (!) גם חבר ס׳ . . . נקרא חבית הפנים; alle drei citiren hierauf ibn Esra, J. und N. בס׳ יסוד מורא. § 73 [S. אמנם אדוני מורי ביאר לי בזאת ההגדה ברמז מעט מה שיש בו די להסיר כל קלקול ובכב״ל . . . ואבארנה לך בקיצור ליראתי מהאריכות . . . ופן אצא ממכון הספר . . זאת ההגדה היא בברכות תניא ר׳ ישמעאל אמר פעם אחת.] Bl. 88 ר׳ פאט מיימון זצ״ל (H. ר״ע) . . בספרו ואולם ר׳ משה תבון נתן הטעם איך הנקרא נצר מטעי; an das lange Citat schliefst sich 88ᵇ היו אלו העשרה באמצעות הטבע ואמנם אין מבא הנה לזכרם; fehlt in H. 99, s. Hebr. Bibliogr. XVI, 126.

IV § 1 Bl. 90 הפילוסוף בס׳ השמים, 90ᵇ ארסטו בס׳ הנפש und תשובות שאלות שעשה גליאנוס למי״א; S. שאלות מוריא לגאלינוס, ist Pseudo-Galen ס׳ הנפש. [N. hat noch אבן סינא בספרו.] § 3 [Bl. 93 zu C. 313, S. und N. כמו שרמז בן רשד באמרו והנה טבע השלוש נמצא בדברים בטבע.] J. ואולם ר׳ שמואל תבון ביאר הטעם, falsch משה bei S. und N.; gemeint ist יקוו המים K. 8 [S. 30], welches N. gegen Ende des Paragr. citirt. Bl. 95ᵇ (zu C. 317) ס׳ תכונת הגלגלים הידוע ס׳ אלמגיסטא. [Zu C. 318, S. ממה שכתב ר׳ יוסף בן זבדא בספרו . . . בל׳ ערב אהול [l. זבארה], ist aus ס׳ שעשועים ed. Paris S. 32 Z. 1, vgl. Ersch und Gr. II, 31 S. 95 A. 13; H. B. XIII, 134.] Bl. 96ᵇ (C. 319) החכם במאמר א׳ מס׳ המדות (S. und N. ארסטו). Bl. 97ᵇ (C. 321) דמו הפילוסופים העולם באדם גדול ר״ל . . . וזה כי האדם בצורתו ודמותי, bei S. mit marktschreierischer Ankündigung כפי מה שראיתי בספרי הקדמונים. Bl. 98 כמו שאמ׳ ארסטו העולם אדם גדול. 99ᵇ (C. 324 A. 2 Muscato, vgl. Ersch und Gr. II. 31 S. 72 A. 74) שאמר אפלטון אני הייתי עם ירמיה, es könne sich auch auf Socrates (§ 13) beziehen. [§ 9 S. כמו שמבואר בס׳ ראשית חכמה, nämlich von ibn Esra, zuletzt: גורל sei homonym וזה הגורל הוא דבר לקוח בחשבון המעלות וגורלות העפר הם נקראו׳ כן למען היות מנהג הקדמונים יעשום בחול או בעפר והם צדקים יותר ברוב העניים באותם אשר יעשו בנקודות; vgl. H. B. XVII, 128.] J. erklärt die Stelle richtig hypothetisch, besser als C. 329. § 11 ר״ל אומת ישמעאל שמרוממים האבן הנקראת קרמידא, H. קראמידה *calamita* (vgl. oben S. 111 A. 3: Polem. und apologet. Lit. 310, 421). Ib. כמו תפלת ארסטו יסק(א)ב (H. B. XVI, 128 A. 5). § 13 ר׳ לוי פירש כי מלת אפיקורוס (ההלוך II, 23, ב״ה VIII, 200). § 15 שין בנפש, אשטרוק שין und דון משה, s. III, 65. § 19 הספרים השכליים כמו הנהגת המדינה לאפלטון וס׳ המדות לארסטו (vgl. I, 1). § 23 s. Polem. und apologet. Lit. 352 A. 26. — [§ 25 leitet S. wieder marktschreierisch ein, es gebe wenig Kabbalisten (!) ואנשים בה מעט היום בזמננו זה אף כי להבא . . לזה ראינו להקיר ולדרוש בהמצאת פירושים אשר נשיג באלו הלשונות מכתב השלמים הקדומים מבלי שנבין לחדש דבר מלבנו על זה; bald darauf וזה מבואר למי שיעיין ספרי ב״ס וארסטו וכן כתב ב״ס בראשון מן הקאנון כלל א׳ אופן ב׳ הז״ל וראוי שתדע שיש בדפק טבע מושיגא יכי.] Bl. 107ᵇ ר׳ אברהם בר חייא בס׳ מגלת המגלה (ist aber eine Stelle aus Saadia, s. H. B. XIII, 36). Bl. 109 (C. 347 unten) אבו המד בבינות אלהיות מאמר [ג] משנה שביעית (s. oben N. 111 Bl. 49ᵇ). Ib. כאשר אמר [א״ס] בספר מיוחס לו הז״ל יש סגולה בנפש . . . ואמנם אבן ישד הדה זה הדעת בנפש [S. מיוחס לי נקרא תפלת התפלה [l. בס׳]. Zu C. 348 ff., Bl. 109 ff. werden wiederholt angeführt die Commentare zu יצירה von ר׳ סעדיה (Pseudo-Saadia, meist besser als in der corrupten und defecten Ausgabe, Bl. 111 יצי״ה und יצי׳ ר״ת und 120 nur ר׳, auch

H. 136^b, für ר"ס) und ר' שבתאי (Donnolo), Bl. 110 מערכת האלהות und פי' ר' נסים בן מלכא (bei S. umgestellt). Zur Tabelle (C. 350) hat N. לפי זה הסדור כאשר יסודר בהעתקת ר' יהודה ב"ר יצחק בן קרדניאל (so); J. 111^b nach einer Stelle über תלי: והנה זה לך הצורה העתיקה הה' ר' יצחק (!) בן ק' וכו' (so), aber die Tabelle selbst ist die des Jeh. Tibbon! S. ולמען תתישר בהבנת . . . אכתוב לך פה הסדור הנמצא בקצת הספרים מהעתקת ר' יצחק בן ק'; hier hat N. nur כמבואר בס' הנתוח ולזה והכל מבואר ומסודר בזה הסדור. [S. zu C. 352 כתב אבן זהר.] Bl. 113 לדעת גלינוס שכתב הכבד נברא התחלה. 114 (C. 353—54) und 115 אולי ארסטו בס' מה שאחר הטבע. 115^b (C. 355 שני לועזים) ארסטו בס' ב"ח. 116^b (C. 357) וכן ירמוז לסבת [l. לסברת] הפילוסוף מיש לאין (מאי' ליאון) בס' בראשית (H. 133 כתב מישט' ליאון בס' בראשית (vgl. oben I, 95), woran sich eine Kritik schliefst (119): אמר שלמה הנה אני תמה, d. i. Sal. b. Menachem, S. hat מודרי; desgleichen 120^b (zu C. 359). 121^b ואמנם אבן רשד בסוף ימיו הודה ולא בוש כי הדברים שאמר טעות הם בידו. — § 27 אבן רשד בס' עגולה אמר שלמה (S. מורי s. H. B. XVI, 128), darin מאזני העיונים und האלמטוט רעיונית s. oben S. 107, dann מערכת האלהות und wieder אמר שלמה. § 29 בביאור דברי א"ע בפ' ואלה המשפטים (S. האלמליוט, N. האלמוטוט, ist Samuel Motot).

V § 6 בעל המלמד בפ' בא. § 10 Bl. 129^b פי' ר' לוי צדקתך כהררי אל. [S. und N. אבן רשד במאזני העיונים]. Bl. 130 ארסטו במה שאחר, 130^b אבן רשד בשם גלינוס. § 12 Anf. כמו שאמר ארסטו בס' שער השמים כי לפי דעת קצת הפילוס' הנפש היא אחת; N. giebt die Quelle an (s. כ"ח VIII, 155). [S. zu אר כח נפשי citirt גאלינוס בספרו הגדול.] Bl. 131^b ארסטו שער ב' מס' הנפש (N. בס' כללי הנפש); Jakob hebt die wörtliche Uebereinstimmung hervor (vgl. C. 388). Bl. 132^b וכתב ארסטו כי אדם אינו מוליד כ"א עד ע' שנה ואבן זוהר כתב עליו שהנסיון יכחישו. Ib. כתב החכם (!) במבא לחנן כי כחות הנפש הם שבעה והם הזן והמגדל והמוליד כדומה והכח המושך והמחזיק והמעכל והדוחה למותרות ומהם ד' עובדים וג' נעבדים.[1]) 133^b בס' שער השמים כי לפי דעת ארסטו מהמדמה (s. Bl. 55 ed. Ven., 76 Heidenh.). [S. zu C. 392 האהבה וההיזק . . וכמו שבי' . . ר' שמואל תבון בחבור רוח חן, s. zu III, 5.]. Bl. 135^b כמאמר החכם השכל יקום מפאת החכמים. 136 (C. 393) ולכן אמר היא בלשון נקבה כי אפלטון היה קורא להומר נקבה . . וכתב ארסטו בס' הנפש. Ib. Aufzählung der Schriften des Aristoteles (C. 393 A. 6), 137 הר"ם פ' ח' משמנה פרקים (lies פ' ה', H. 157^b ההרוזים für החרוטים, s. H. B. XII S. VI). 139 אלכסנדרי (אלכסנדר) בס' הנפש בסופו. 139^b החכם במאזני העיוני'. § 14 Bl. 144^b ר' שמואל אבן תבון במלותיו. § 18^7 אדוני ומורי . . בס' בתי הנפש (N. ר' לוי, s. החלוץ II, 23). § 21 Bl. 156 פי ר' לוי כי לזה אמר החכם נצחנו (כ"ח VIII, 201, vgl. Abulafia bei Jellinek, Ausw. 17, Saul Kohen שאלות 17^4).

[1]) Vgl. Avicenna, Zeitschr. D. Morg. Gesellsch. XXIX, 386, und oben S. 105 Anm. Z. 2.

Anhänge.

I. Vorwort des Salomo b. Mose Schalom (S. 41 N. 62.)

אמר המעתיק שלמה הרופא בכ"ר משה שלום הספרדי יצ"ו. זה הספר חברו חכם אחד שמו מיס' אנטוניאו פור"יאה חכם מפורסם בחכמות ובמלאכת הרפואה. וכאשר הגיע לידי וקראתי בו ושניתי ושלשתי וראיתי אותו רב התועלת וגם ראיתי רבים מחכמי הנוצרים מתפארים ומתיהרים בו ומגנים אותנו [l. אותנו] באמרם שאי אפשר לנו להגיע לשלמות רפואת הקדחות לפי שא"ס וגליאנו ואפוקרט ושאר החכמים הקדמונים כתבו אותם (so) בקצור ובפזור זעיר שם זעיר שם. לכן הציקתני רוח בטני וקנאתי קנאה גדולה ונתתי אל לבי להעתיקו כפי יכלתי אל לשוננו הקדש גם כי הפצירוני רבים מחבירי מאשר אני מחויב להפיק מאויים. והנה אני מפיל תחנתי לפני כל קורא בהעתקתי זאת שלא יאשימוני ולכף זכות ידינני במצאו בקצת המקומות מלות לועזות כי זה הוא לאחת משתי סבות, אם להעדרם מלשונינו הקדש לא לחסרון הלשון בעצמו אבל למה שנאבדו ממנו כאשר הוא ידוע לכל משכיל ואם שתמצאנה אך הם מלות בתכלית הזרות והם מדברי רז"ל שאם הייתי משים אותם באותו הזרות לא ימנע משני ענינים, אם שתגיע העתקתי זאת ליד רופא חכם קדמה ידיעתו בחכמות התורות ובתלמוד ובקלות יגיע להבנתם ועם זה לא יתוסף כבודו וחכמתו, ואם שתגיע ליד רופא אשר לא קדמה ידיעתו לא במקרא ולא בתלמוד וזה המין הוא הרוב ויראה כאלו ידבר עם יוני או אשכנזי לבלתי הבינו המלות ההם או השמות ההם ויעמוד נבוך על זה ופעמים רבות יתלה החסרון במעתיק או לסופר באומר וזהוא (so) טעות סופר לקוצר השגתו בם ויהיה הנזק הנמשך מכמו זה יותר מתועלת הנמשך מהצד האחר. ובהיות שכונתי היא להועיל לרבים עזבתי הדרך אשר יקרה בה מבוכה. ועוד אני מתחנן לכל קורא והוגה העתקתי זאת שלא ירוץ לתקן בו מלה או שם או לשון בחשבו שלא העתק כראוי כאשר יעשו פעמים רבות אנשים עוזרי רהב באמרם הנה ראוי לכתוב זה במקום זה כי אולי מה שיחשוב הוא כבר חשבתיהו והנחתיהו לסבה ראויה נעלמת ממנו כי לא אשנה בהעתקתי זאת מכוונת המחבר דבר, וגם כי לפעמי' יצטרך לשנות המלות ולהפך הלשונות ולשום המאוחר מוקדם והמוקדם מאוחר. כי יש הרבה לשונות ומאמרים בלשונם שאם יעתקו כאשר הם אות באות מלה במלה ימשך מזה בטול כאשר הוא מבואר לאותם שעיינו הלשון הנוצרי. וברוך היודע כי לא להתפאר ולא להתגדל אעשה זה כי אם להסיר מסוה הבושת מעל פנינו. גם אם יגזור ה' בחיים ובעתי חוזן לא יבעתוני אעתיק ספר הפנטיטה (Pandecta) אשר הוא גדול ההכרה, גם העצה מהמונטוניאנו ספר רב התועלת בעניני הרפואה וגם ספרים אחרים ואעפ"י שידעתי שכבר הועתקו אך הם גנוזים בגנזי המעתיקים והם כאלו לא יצאו לאויר העולם. אע"פ שידעתי בעצמי היותי בלתי ראוי לזאת המלאכה אבל בטחוני ביוצר הכל המבין מצפון לבי כי להועיל לבני עמי אני עושה שהוא יישר עקלקלות שכלי ויוציאני משגיאות ויבקני מנסתרות ולשון זרים לא ימשול בי ונקני מפשע רב כבני שאמר נעים זמירות ישראל שגיאות מי יבין . . . . ונקני מפשע רב. יהיו לרצון אמרי פי . . גואלי וזה החלי

II. Vorwort des ס' הכבוסים (S. 49 N. 73).

[Benutzt sind N. 113, Uri 417, München 49 und 245.]

הנני אהר המתאחר עם אחרים ואחר אחרונים אני (בא) לבאר סוד דרכי הכבוסים וטהרת הגופות (וטהרת הגופים) אשר יכובס בהן כל גוף וטהר אחרי צאתו מקו ישרו ומאמתת (ואמתת) תכונתו או להעמידו על תוכן מקומו הנקרא (שמו) העמדת הגופים בקו (על קו) השוה בריאות (so) והעמדתם (והמעדתם) משם הולו (הנטותם ממנו), ובהיות יסודות הרכבתם נרפים פוסחים על שתי הסעיפים ועל שני העמודים האלה בנו חכמי התולדות בנין המדות ויקרא (שם) השכל (שם) העמוד הא' בועז ושם השני יכין, בועז יען היות בו עוז להעמיד הבריאות על מתכונתו יכין (על כי) היא המוכן להכין את אשר עותו, והיה המעמיד את שני העמודים האלה אשר העולם הקטן נבנה עליהם עולה בכמה מעלות, מעלת הכבוד (והחוד), ומעלת האהבה והריוה, כבוד ההכמה, יחוד (ורב) המעלה רב האוהבים

ומשאת (כמשאת) מאת כולם עליהם (אליהם, אליו), ואם אמת הדבר כי תמורת כל מעלה מורד (ירידה, א"כ) תהיה לכל אחת מן המעלות תמורתה (ירידתה), ותהיינה המעלות (ותהיה מעלת) לידועים (לידעים) והמורדות אל המהלכים (והחפך למתעסקים) בין העמודים בהסרון (ה)דעת. ויען היות העמוד היכיני היקר והמעלה להכין הגוף להסיר מדוה (מַדוּת) מעליו הסכימה דעת חכמי הרפואה (הרפואות) לבנות בנין ספריהם עליו. ובעבור כי רבו המקרים לרוב (מאד) אשר בסבתם נשמטה (נשמט) הבריאות (ונמעד ממתכונתו) נשמטו (ונשמטו) ג"כ ולא בנו על העמוד ההוא כ"א מעט מזער ושמו מגמת פניהם אל העמוד השני ואמרו כי הפעלים סביבות (סביב) העמוד השני שנים, כבוס העודפים (ושמור הדברים) הקשים, כבוס העודפים היא (רצה לומר הרקת) הליחה העודפת אשר היא סבת (ה)חולי, ושמור הדברים הקשים סבה להעמדת בנין הגוף (להעמיד הבריאות) והרכבתו. ובראותי כי שמור הדברים הקשים נקל ו(ה)כבוס הנבון יקר ונחמד וכבאו ולא (ובבאו, ובבא לא) על נכון נאבדו המודותיו נטה לבי לדבר (לחבר) עליו וללקוט פניני הספרים המחוברים מן הענינים (בע') האלה (הענין הזה) בע"ה.

III. Ritualien aus Jemen (S. 69 N. 103 etc.).

Die nachfolgenden Verzeichnisse geben, mit Weglassung kurzer, anonymer, aus Bibelversen bestehender, verschiedenen Riten gemeinschaftlicher Stücke, zunächst den Inhalt von N. 103 in Gruppen, welche mit Buchstaben bezeichnet sind; innerhalb derselben habe ich auch einige in der HS. selbst nicht gezählte Stücke mit Zahlen versehen. Aus N. 89 sind die Parallelen in den Noten angegeben, das übrige hervorzuhebende Material ist unter L. angehängt, worauf einige kurze Proben und ein Autoren-Verzeichnifs den Schlufs bilden. Die Bodl. HS., deren Beschreibung in der Grätz'schen Monatsschrift (s. oben S. 61) mit beispielloser Liederlichkeit abgedruckt worden (so dafs der Verf. sich jeder weiteren Mittheilung enthielt), wird erst aus dem Catalog der Bodl. HSS. genauer zu beurtheilen sein; der Vollständigkeit halber sind die wenigen, in unseren HSS. fehlenden, Selichot unter A. 108 ff. aufgenommen. Die Anmerkungen bieten weitere Nachweisungen mit besonderer Rücksicht auf gedruckte Stücke und Ermittelung der Autoren. Dafs für letztere, namentlich auf Grund frequenter Vornamen, Vieles unerledigt geblieben, wird den Kennern solcher mühsamen Forschungen nicht auffallen; fehlt es doch leider an einem alphabetischen Register der Anfänge zu Zunz's klassischer Literaturgeschichte der synagogalen Poesie. Von Jehuda ha-Levi's Gedichten habe ich vor 25 Jahren nach dem Divan in Cod. Poc. 74 (s. Conspectus Codd. 1857, p. 20) ein solches Register angelegt, aus dem viertheiligen Index in der von Luzzatto begonnenen Ausgabe (דיואן, Lyck 1864) und anderen Quellen möglichst ergänzt. Dieser Apparat versetzte mich in die Lage, für die vorliegenden reichen Auszüge aus einem Divan des Meisters (abgesehen von der Entlehnung aus anderweitigen Ritualien) gröfsere Sicherheit, andererseits auch aus ihnen eine Bereicherung des bekannten Materials zu gewinnen. Dennoch wird eine Anzahl von Stücken, welche nur den Vornamen Jehuda aufweisen, noch der weiteren Kritik anheimfallen, wie Manches in den erhaltenen Divanen. Gröfsere Ausbeute erwartete ich aus den פזמונים, Calcutta 1856,[1]) in welchen eine Abtheilung (n. 59—70) לחכמי רבני תימן יצ"ו überschrieben ist.[2]) Die ganze Sammlung recrutirt sich aber vorzugsweise aus jüngeren Quellen und bot äusserst Weniges zur Vergleichung. Berührungspunkte der Ritualien Jemen's mit anderen des Orients, welche auch für die Geschichte der Juden zu verwerthen wären, z. B. Cochin (Zunz, Ritus 57, Hebr. Bibliogr. IX, 80), Haleb (das. 56),[3]) der Karäer u. s. w., lagen jenseits der Grenze dieses Anhanges. — Die unten gebrauchten Abbreviaturen bedeuten:

Amr. סדור ר' עמרם Warschau 1865; *B.* Bodl. HS. Poc. 74, Divan des Jehuda ha-Levi; *D.* Index des Divans ed. Lyck; *H. B.* Hebr. Bibliographie; *Kar.* תפלות הקראים Wien 1854; *Lh.* Landshuth, עמודי העבודה, Onomasticon, Berlin 1857, 1862; *P. L.* Polem. und apologet. Lit. von Steinschneider, 1877; *Zz.* Zunz Literaturgesch. und Anhang.

---

[1]) Beschrieben von Neubauer (Monatsschr. 1870, Bd. XX, 309), Halberstamm (das. 1871, XX, 85 und המגיד 1872, XVI, 101), Geiger (Zeitschr. D. M. Gesellsch. 1871, XXV, 484, auch in jüd. Zeitschr. IX, 275). — Eine ältere Ausg. Calc. 1842 enthält nach Halb. unt. And. nicht die Räthsel (vgl. oben S. 79[9]) und die Abtheilung aus Jemen.

[2]) Geiger's Exemplar wurde vergeblich in der Anstalt gesucht, welche seine Bücher angekauft; Hr. Halberstamm übersandte mir, in bekannter Gefälligkeit, sein Exemplar, als ich ihn darum bat.

[3]) Theils nach meinen Mittheilungen aus Cod. 290 bei Uri (vgl. Conspectus S. 10 und unten zu K. 49), wo von 48 Bufsgebeten 36 vorhanden; auch dort erscheint 'זכ am Ende der Strophen.

A. סליהות

^{1}1 בשם אלהי אברהם. ^{3}2 יעלו לאלף ולרבבה כבני צאן כל בני ארץ. ^{25}3 ישראל בהירי אל
עבדיך ועדיך בשיחתם. ^{24}4 רחמיך שאלתי יכלו לישעך עיני. ^{23}5 מה יתרון לאדם בעמלו ובכבודו.
^{29}6 משתחוים להדרת קדש הר אריאל. ^{10}7 אלהים שיהרתיך . . יהודה כיום מהרי. ^{27}8 יצו האל
לדל שואל ויהיו דלתיו פתוחות. ^{18}9 יה למתי צפנת חזיון תנהימיך. ^{28}10 לאט האל בעם נדכה
ומכאובים כל ימיו. ^{21}11 יה מלאך שמך בקרבו לסמוך ימינו ילסעוד. ^{22}12 אליך אלבה יעיני
למעוניך. ^{20}13 ידי דלים נחשלים מלהשיג כדי כפרם. ^{50}14 ילוד יעקב יצעק לאל שוכן גבוהים.
^{57}15 יצורים וצפון חובם כחומר בימיניך. ^{11}16 יום להטיב תקרא מי זה יכיל כובד. ^{40}17 יצרי
ראשית צרי תתעני. כשכור. ^{5}18 יעירוני רעיוני וסוד לבי ומשאלו. ^{9}19 ירושלם למגיך השקי
(l. השקי) את כוס מרוריך. ^{69}20 יונה פותה יקושת כל מעבר. ^{9}21 ירושלם האנחי הדמעך ציון נסבי.
^{17}22 יונה (so) גיאיות הומות בפחדן. ^{16}23 יונות השוי שכם בארץ ערבה ושוחה. ^{13}24 יונה נשאתה
על כנפי נשרים. ^{30}25 ישמעני אלהים בקראי לנגדו. 26 י״י שמע נא את קולינו . . אקום חצות ליל
להתחנן. ^{71}27 אלהי קדם מעונה ישובב יונה. ^{63}28 אם איבי יאמרו רע לי. ^{73}29 אלהי הודיעני את
ארח החיים. ^{59}30 אפתח שפתי בנגינותי אל הוד ביתיך. 31 אל בית המלך לבא נקראתי. — Bl. 12^b
לשלמה הקטן נע״ג. 32 סמר גבי צור משגבי. 33 י״י מה אדם הלא בשר ודם. ^{2}34 שלומי עליון
ישיני מכפלה. 35 שני חיי ומאויי לריק ספו בהובותי. ^{49}36 שחר קמתי להודות לך אלהי תהלתי.
^{47}37 שופט כל הארץ ואותה במשפט יעמיד. 38 שבועה קבועה פנה נא אליה. ^{48}39 שהורה ונאוה
כאהלי קדר. 40 שכולה עכורה מה לך בוכה. 41 שכולה אכולה למה תבכי. ^{60}42 שנותיני ספו
(בקלות ו)בדלות. ^{61}43 שבת משושי ורבו יגוני. ^{62}44 שדודים נדודים לציון תקבץ, מכיריב בלא
הון תשובב למרבץ. 45 שולמית בלי תרמית. Bl. 16^b מן דיואן משה בן עזרא ז״ל. ^{41}46 בשאת
שיר וזמירות. ^{42}47 אנא הנשא והעיר. ^{43}48 יונה זמיריך הרבי ושיריך. ^{45}49 אל דמי לכבי ילדי
איתני. ^{44}50 מדמי הלבבות וחלבי הכליות. Bl. 17^b למר יצחק בן גיאת ז״ל. 51 יום לבי סביתי,
ראות איה טובתי, צ׳ור ח׳לק׳י ומנתי להודות לבד מצאתי. 52. יצבתי עומדים באדני (so) פז מוכנים.
53 יה להלל ביום וליל גדלתך עזרני. 54 יום עירום אעמוד מצדקתי. 18^b בן אקיאל מר (so) לוי

2. 3, 4, 7—9, 13—24 gezeichnet יהודה, 5 מקבי (D. III, 148), 10 לוי חזק (D. III, 134), 12 א״ב. — 8 Kar. III, 25. 11 und 14 P. L. 283. 16 D. IV, 35, Lh. 73, 59; Amr. II, 34^b fehlt Strophe 4, was aber die Hypothese über ידיד נפש Lh. 46 nicht genügend begründet; vgl. auch Lh. 70, 5 (D. IV, 50?). 17 Amr. II, 25^b, הכרמל II, 351. 19 P. L. l. c. 20 vgl. Hebr. Bibliogr. XIII, 58, zu berichtigen Zz. 565 (Bodl. 613 n. 633), 721. 21 Zz. 721. 22 s. unten N., nachzutragen in P. L. 283. 23, 24 Divan n. 75, 74. — Von den bei Zz. 413 verzeichneten finden sich 2 hier ^{12}, 4^{13}, 5^{65}, 6^{9}, 7^{71}, 8^{16}, 11^{18}, 12^{3}, 14^{17}, 16^{76}, 17^{6} (Zz. 699), 21^{7}, 27^{11}. — Bei Lh. ist unser 2^{35}, 3^{93}, 6^{103}, 7^{14}, 8^{79} und S. 76, 9^{51}, 12 S. 76 unten, 13^{44}, 14^{71}, 15^{80}, 17^{82}, 18^{76} und S. 76, 24^{64}.

25 יוסף (הלוי?) und א״ב; Lh. 99, 30, Zz. 400, 27, vgl. 576, Hebr. Bibliogr. XIII, 59.

26—28, 30, 31 אברהם oder אברם, 29 zuletzt אבר(ם). 27 Kar. III, 280, Zz. 414, 7. 28 Zz. 213, 5. 30, 31. Zz. 541, 414, 6. 31 Lh. 6, 7, Amr. II, 25. 32 gez. סלימאן (nicht סלימן wie Pinsker S. 140, s. קט״ו, Gottlober, בקורת 206), Zz. 710, auch Tlemsen ms. 134^b; ob Gabirol? vgl. Calc. n. 110, 125, 126, 174, 207, 212, 215, 232; jedenfalls kein Karäer. 33 gez. גבירול, Zz. 411, 5, Amr. II, 5^b. 34 שמואל (und יעקב?) P. L. 290. 35 ff. שלמה, meist Gabirol. 35, 36 Zz. 412, 16, 14. 37 nach Zz. 312, 9: Sal. b. Abun; von Geiger, Sal. b. Gabirol 147 A. 116 unbeachtet; vgl. unten n. 45. 36, 40, 41 scheinen unbekannt, ob Gabirol? 39 Zz. 590, 33; darin: לשכונת דומה בין דומה ומשמע (vgl. Zz. Syn. Poesie 452). 42 Gabirol (P. L. 289), anstatt des J. 461 hier in beiden HSS. ישמעאל הרג והרס משבע עשרה שנה וחמש באורך, 517 H. = 1123/24! 43 auch Bl. 71^b! P. L. 289, Kar. auch I, 117. 44 ist nicht identisch mit Amr. I, 21^b (worin לבני קטורה), end. זרים תכניע כהורם בציון, nur 4 Strophen, Zz. 590, 24. 45 gez. Sal. b. Abun, Zz. 312, 8; vgl. oben n. 37.

46 Lh. 245, 71 und 252 Z. 6. 47 Lh. 246, 111 und 252 Z. 9. 48 Lh. 251, 184 und 253 Mitte. 49 Lh. 246, 108 und 252 Z. 9, Zz. 699, 30. 50 Lh. 242, 11, 246 Z. 3 v. u., 249 vorl. Z.

51 hat noch Acr. גיאת, endet ילא בגלל צדקתי, Lh. 115, 86. 52 das. 79. 53 Zz. 555, wohl ebenfalls von Gajjath. 54 Zz. 698. Amr. II, 54^b in Str. 1 nur יצחק, wie hier.

ז"ל. 55 לך עיני צופיות. 56 לאיש כמוני רשעי וצדקתי. 57 לבי יחיל בקרבי. Bl. 19^{b} אקאויל
מגמועה לאהאד מן שערא אלעלמא. 58 יום יום יחידתי הוי אודרת [חודרת?]. 59 בזכרי על
משכבי — בלעם. ^{72}60 ימינך נושא עוני פשוטה לקבל תשובה — יהודה. ^{56}61 כמפעלי צור
גואלי אלי חקי אל תמוד 62 יום עונות יענו בנו והרחיקו צור ממנו. ^{64}63 דלתיך הלילה לשבי חטא
היתרו — דויד. ^{58}64 בעשור לחדש בו כפור עוני. ^{36}65 ידידיך מאמש חין ותפלה סדרו — יהודה:
^{33}66 עם ה' השלחה לכם יום זה בשורה. 67 מנומם בעת קומם להוליכך בני רחמים. 68 ישראל
בחירי אל ילדי איתניך, צור ישעם השוק שועם. 69 ישראל עם קדוש יגל וישמח לבו — יעק(ב)?
70 אשר יסד ארקים ותלם על בלימה. ^{32}71 יה שמך ארוממך. ^{35}72 יחו לשון חוות אישון. ^{19}73 יה
אנא אמצאך. ^{26}74 יקירים אדירים משרתי אל. 75 בשם י"י אל עולם בשם י"י אדמות ומרומות נקראו.
^{4}76 ישן אל תרדם. 77 עת שערי רחמים להפתח — עבאס יהודה שמואל. ^{12}78 אבאר קצת פלאי
אלהים. ^{8}79 אפתחה שערי רנני לבוא בגבורות י"י. ^{68}80 אלהים בקדש חזיתיך. ^{14}81 את נתיבי
רעיון אכונן. ^{6}82 יונה מה תהגי. ^{15}83 שובי נפשי למנוחיכי . . יקרה מיקר. ^{7}84 לכם בני ציון . .
יקרע סגור. 85 אל מי נמשילך ואין ערוך אליך, שמחת לבבות בפעליך — אברהם ברבי מאיר בן
עזרה. 86 יום באתם להלות — יצחק בן . . ? ^{55}87 אבל אשמים אנחני, און זרענו ועמל קצרנו —
יהודה לוי. 88 שטפונו דמעות(י) ונגרו — שמריה. 89 אשר לו ים והרבה, וכל מושב ומצבה.
90 אדוני האדונים, השקיפה ממעונים. 91 ידיכם קדש תשאו, צבאים להלל נבראו — יצחק.
^{39}92 את גומל מערבות, לחייבים טובות — אהרן חבר. 93 מלא רחמים ונושא עון — משלם.
94 אמונתך יודיעו ויחד יכוננו — אברהם. 95 י"י אתה הוא עד לא עולם נברא . . י"י נגדך כל
תאותי — יצחק בן יהודה.

In N. 89 finden sich 12 Stücke, die hier der Bequemlichkeit halber mit fortlaufender Nummer gezählt werden: ^{33}[96] ירדו שמי כבדי הה לי — יהודה. ^{34}[97] ימי חרפי זכרתים — יהודה. ^{37}[98] יבושר עם לא אלמן — יהודה. ^{40}[99] בנשף קדמתי ולבית אל עליתי — משה. ^{46}[100] שירו ילדי אמונה שיר תהלות — משה קטן. ^{52}[101] ישעך יזכירו עם בך יכתירו — יהודה. ^{53}[102] יסף יגון יוספים — יהודה. ^{54}[103] יודעי הפיצוני ימי עוני — יהודה. ^{57}[104] אם עונות יענו בנו, והרחיקו צור ממנו. ^{65}[105] רומה אלהים שמך לקדש.

55—57 wahrscheinlich von Levi b. Jakob ibn el-Tebbân (P. L. 286), Zz. 217, 10, 218, 3, 217, 6.

58 schwerlich von יואב (wie noch bei Lh. 81), s. Catal. Bodl. 1396. — 59 wahrscheinlich Jehuda ibn Bal'am, Zz. 200. — 60 ha-Levi, Lh. 72. — 61 Bodl. 613 n. 575; Str. 3 אב רשעתי להבזות דת קדומה, vgl. Zz. Syn. P. 456; ובן אמה ברגזות, fehlt in P. L. 292. — 63 Zz. 677, 11: ibn Bakoda.

65 J. ha-Levi, Lh. 48, Zz. 413, 5, Amr. 58. — 68 folgen 7 lange Strophen זכור. 70 darin שמע נא קול עשוקים בכל לשון ואומה; vgl. Josef Kalai bei Zz. 687.

71—84, mit Ausnahme von 77 von Jehuda ha-Levi, zeichnen יהודה oder vollständiger, 71 Lh. ^{52}, Div. 65. 72^{70} P. L. 283. 73^{50}. 74 D. III, 153. 75^{40} P. L. 282. 76^{90} D. III, 142. 78 ציון I, 118 bei Zz. 205 A. 2. 79^{17} Zz. 205. 80 Zz. 204. 81 D. III, 102. 82^{63} Zz. 207 A. 1, D. II, 1, 5 und B. 98. 83 B. 97 (ein anderes von Salomo z. B. Kar. IV, 139 n. 100). 84 D. IV, 65. — 86 Gajjath, Lh. 115, 84. — 87 D. III, 135. — 88 Zz. 367, 9, in Amr. II, 14 fehlt eine Str. und in der 1. נפלא für אפלא, daher שמעון! — 89 Refrain השיבנו. — 90 Str. 2 und ff. beginnen זכור ברית, zuletzt זכור ברית נביאי שוא. — 91 יצחק in Str. 1 und in 1—4, in Str. 5 ב'נ'י' für בן יהודה? — 92 fehlt bei Zz. 357; über עמאני vgl. Geiger, Divan des Jehuda ha-Levi 95, 162 (P. L. 291), vgl. unten S. unter Zadok. — 93 Zz. 507, hier noch eine Str. הלו. הרעיד לבב ולמאד פחדן (aber nicht י folgend), end. ובהבלי שוא משכו עון. — 94 Abr. ibn Esra, nach Zunz, Pinsker S. 137, in Amr. 34^{b} die 4. Strophe jüngerer Zusatz; für שין דלת יוד hier דל, vgl. Hebr. Bibliogr. XVI, 90, 136. — 95 Refrain כל עצמותי תאמרנה י"י מי כמוכה, end. ומרומם על כל ברכה; ob Gajjath?

96, 97 nach Zunz (H. B. III, 58) von Jehuda ha-Levi, wie 98 (D. III, 60), 101 (D. IV, 43, Lh. 92 יזכירו und יכתירו umgestellt), 102 (von Jeh. ha-Levi? H. B. XIII, 58 und sonst bei Zz. und Lh. unter Jehuda nicht erwähnt), 103 (D. II, 57), 106 (D. II, 68). — 99 M. ibn Esra, Zz. 416, 3, Lh. 243, 49, 245 Mitte, 250 Z. 3 und Z. 12 v. u. 100 von demselben P. L. 288. — 105 nur א bis כ. — 107 unbekannt?

[106]^{66} יקדישון ביום שלש שרפי אש נשקה. — יהודה לוי. [107]^{67} דרכי שבעה רועים זבי״ר לעם שנדכאו. — דניאל.

Hiernach enthält N. 89 folgende Stücke (die Bruchziffer bezeichnet die obige Reihenfolge in N. 103): 1^{1}, 2^{34}, 3^{2}, 4^{76}, 5^{18}, 6^{82}, 7^{84}, 8^{79}, 9^{21}, 10^{7}, 11^{16}, 12^{78}, 13^{24}, 14^{81}, 15^{83}, 16^{23}, 17^{22}, 18^{9}, 19^{73}, 20^{13}, 21^{11}, 22^{12}, 23^{5}, 24^{4}, 25^{3}, 26^{74}, 27^{8}, 28^{10}, 29^{6}, 30^{25}, 31^{19}, 32^{71}, **33**, **34**, 35^{72}, 36^{65}, **37**, 38^{66}, 39^{92}, **40**, 41^{46}, 42^{47}, 43^{48}, 44^{50}, 45^{49}, **46**, 47^{37}, 48^{39}, 49^{36}, 50^{14}, 51^{15}, **52**, **53**, **54**, 55^{87}, 56^{61}, **57**, 58^{64}, 59^{30}, 60^{42}, 61^{43}, 62^{44}, 63^{28}, 64^{63}, **65**, **66**, **67**, 68 (Bl. 134)^{80}, 69^{20}, 70^{17}, 71^{27}, 72^{60}, 73^{29}.

Cod. Bodl. (bei Neubauer, Monatsschr. 1871 S. 323) enthält aufserdem: [108] יהודה וישראל לך צורי — יהודה. [109] אליך נערוג כאיל — א״ב. [110] אקום חצות לילה — אברהם. [111] י״י אמון אתה. [112] אתה אמון קנית. [113] דעת האל בקשי — דניאל. [114] יודעי יגוני יספו — יהודה. [115] מדת הסדיר יתנו לשעה(?) — משה הקטן. [116] זבין הבלי ימי סכלי [סבלי?] [117] שתיל עמי ושרשו לנס — שלמה.

B. רחמנא u. dgl.

Bl. 42^{b} רחמנא . . דאת הוא אלהא רבון כל עלמיא — א״ב, שלמה בן שר שלום. 43 דאבין יתבין בארע גלותא — סעדיה בן יעבץ. 43^{b} דאפיקתא יתהון בהילך מבית עבדותא — א״ב, דויד בן עמרם יזכה אמן. 46^{b} סי׳ 14 אליך אתודה שוכן מעונים — א״ב, תמים. 15 אליך נתודה על עונות ופשעים — א״ב, תמים בן יוסף חזק (כ״י 89 דף 94^{b}). 16 אנוסה עדיך לבקש רחמיך — משה ב[ן] כתיר (كثير, עיין למטה סי׳ 21). 18 מה לי ללכת אחרי ההבל — מסעוד בן יחיה. 19 אשא עיני אל צורי וקוני — א״ב תמים בן יוסף. 21 אשא עינים אקוד על אפים — א״ב, בן כתיר משה (לחיים זכרני?). 22 אחותי בסאתי אשר הייתי מודד — א״ב, דויד בן נשיא. 24 אלהים ה׳ שוכן שמי שפרה — א״ב, עזרא. 26 אפסו אמונים בעלי אמונה — א״ב (יבכיפו: יחיד משמים שעה וזכור תומת עמוסי מעים המוני האמת . . . ונין אדום הצמת, סי׳ ישועה?). 27 יה מתי תשבור קרן מצעירה (עד כי יון וזרוע מקדון פני הקדירה . . . היא דבני אמה גידוד עלי . . דומה ואדומה תדהך בם פורה . . אין לי מעמד עם הווא רביעאה דחילא יתירא) — ישועה בן יעקב יזכה אמן. 28 ירצה שוע קהל נועדו — ישועה בן יעקב יזכה נצח חזק. 29 אנא אלהי הנאדר במרומי רומה — (אברם?). 30 יגרתי מפני שמים קונה — יצחק בן קפירנש. 31 אדרוש בוטחי בורא רוחי גואלי וגוחי אלהי המלך — א״ב, סעדיה. 32 אוביך עליון בשובי ברציון — א״ב, סעדיה. 33 אנוסה לעזרה בעמדי בצרה — א״ב, סעדיה בן עואץ. 34 יונת אלם קץ ישעה כי משך ויגונה גדל . . אויה לי כי גרתי משך גם כי שכנתי עם אהלי קדר — ישועה. 36 לילי זכרון עמדתי מועיד אמסה מטתי ברוב דמעתי — לישועה קויתי. 37 דרכך היטיבי ושמעי את ניבי — דניאל ברבי(so) פיומי. 39 יום ישבתי להודות כהשי אנא שעה נא

---

114 Div. 84. 117 Gabirol? P. L. 289. — אמונה בקנה (l. אלומי) und אז בהאסף יוקף bei Neub. sind als zweite Hälften zu streichen.

B. N. 89 Bl. 44 in der Anweisung zu שחרית של יה״כ heifst es: ת׳ם יקול מן אלסליחה כא שא ויקול שומע תפלה ויסג׳דון ויקולון לפניך אני כורע, ויקום יקול בן אלמריבית כא שא ואנחני לא נדע וקדיש (vgl. Neub. S. 323, ungenau unter Kol Nidre). Ist das ein plur. von ברך? שומע תפלה steht in N. 103 Bl. 36^{b}; folgen einige רחמנא und הרחמן; Bl. 42^{b} ת׳ם יסגדו ויגיבו לפניך אני כורע ובעק׳ אלמואצ׳ע יגיבו מן הד׳ה אלאקיאל והב לן בעד אלסגוד יקף שליח צבור ויקול רחמנא רחם על עמך ישראל, דאת הוא אלהא (s. oben S. 70), worauf שאילתן ובעותן ולא נהדר ריקם מקמך, ברן דבשמיא לך מתחננין אנן כעבדא דמתחנן לבריה. Dieses והב לן wird zwischen den folg. Stücken wiederholt. In Cod. 89 Bl. 92^{b} werden die beiden Sätze umgestellt, daher zwischen den folgenden Stücken ברן angezeichnet ist.

7. 10, 13 s. unten L (N. 89) Bl. 93 ff. — 18 vgl. Zz. 579; מסעוד בן בוזיד המשורר in מאור ושמש Liv. 1839 Bl. 2 Z. 2. 22 N. 89 Bl. 93^{b}; vgl. Zz. 371 (Syn. P. 310). Auch in unserem Stücke kommt vor: הרבים, ברציני. 27 vgl. Pinsker לקוטי 139; Zz. 567 (Jeschua ha-Levi Lh. 132, Catal. Bodl. 1392). 29 s. unten O. 31—33 N. 89 Bl. 94^{b}, 93^{b}, 93; zu עואץ' (عوّاض?) vgl. oben S. 68 N. 99. [38 ist beim Zählen übersprungen.] 39, 40 N. 89 Bl. 95^{b}, 93^{b}.

ניבי ורחשי — (ישועה??). 40 יונה נודדת מקנך שובי לנותך ומקום אחלך הרחיבי . . . ונקמה יעש לך מרודיך ניני איש שעיר ובני ערבי — ישועה. 41 אנא אל שוכן גדודים ביטה בענייננו ופדינו ממשעבדים — א"ב, שלמה בן שר שלום. 42 אם עונינו רבו, והפשע גבר בחסדך בטחנו נותן כל סבר — א"ב, שמואל הכהן איסר חזק. — 45 יושב בשמים ומביט.

C. סליחות des Saadia Gaon (Bl. 57^b ff.).

1 אנשי אמונה נעלמו מדורות, באים בכח אומץ דרכיהם הישרות. 2 תפן להקשיב ממעונים, שועת עם קראתם בנים. 3 אזון שלש עשרה מדות מקוראי ויעבור, ואל תסך בעב תפלה מעבור. 4 תאחר מיום זכרון חותם קריאה. 5 אשחר תשועתך נוצר חסדים. 6 תהום השוטף על ראשי צפה. 7 אל תסתר פנים ועין אל תעלים. 8 אל תתעלם מתחנתי כי דרשתיך. 9 אביר יום העשור לכל המיחלים. 10 אערוך ביום צומי רוב המוני. 11 אב הרחמים אשר הסליחה עמך. 12 אתחננה לך רחום כי בך אושע. 13 אמרתי נגזרתי, בהרוב בית תפארתי.

D. והב לך (Bl. 70 ff.).

י״י אלהא די כרסיה שביבין בנהורא — א"ב. 70^b אתנו (so) על שמך אדיר במרומך (סופו ברוך עושה נסים?) — א"ב. 94^b71 אתחנן בבקשה בדברי מורשה — א"ב, משה. 94^b71^b להודות באתי, על חטא סתרי כי נטמאתי — משה. 94 Ib. אל שוכן רומי הרצה נאמי — אהרן אלוף. Ib. שבת משושי — שלמה חזק. 95 72 אשא עיני אל רם ונשא אשר הוא לי משען ומחסה. Ib. 96 אראלי מרומים, בשיר ושבח קמים — שמריה כהן. 96^b72^b שלמא לכון שארא דישראל קל דמבסר מריש טוריא — שלמה בן משה. Ib. נא אלהי שוכן רומה, הבט כי בגוים הייתי לשמה. 93^b73 אודיעך חטאתי עלי פשע בהתודעי — א"ב (סופו סליחה המציאני להפליטי ולהסרידי (!), הקשיבה לקול שועי מלכי ואלהי הודי). Ib. אשורר שיר אהיה אדון כל בריה. 73^b אפסי בעוני עצי המערכה — א"ב, דויד.

E. קינות (Bl. 94^b ff.).

1 אש תוקד בקרבי. 2 על נהרות בבל חשקה יפעת אורותינו. 3 יום חובי ענה בי. 4 יונה מה לך מקוננת תרבי תלונות ואנחות. 5 יום אכפי הכבדתי ויכפרו עוני. 6 אהר (so) ידועת מכאובות וידעו עת תבואינה: 7 אמרה ציון איך יצאוני בני . . אמר אויב — אברם. 8 אח ועבד הרימוני ויתנו ארצי שממה — אברהם. 9 ארץ צבי תפרש כפיה וקול נאקתה באזני — אברהם. 10 זכור י״י מה היה לאבותינו . . . זכור י״י יום אויב בא וגדודו — אברם. 11 אז בבית שביינו צר לא הניח לנו. — א"ב.

F. מספדות (Bl. 101 ff.).

מרעי ושכני ואהי נאמני Ib. אמונות יהגה חכי ואצדיק את דין מלכי. 101^b בטרם תקונן

45 nur 1. Strophe, drei N. 89 Bl. 85.

C. 2, 4, 6 תשרק, die anderen א"ב.

D. Die kleine Ziffer bedeutet Blattzahl von N. 89. — 71^b Mose ibn Esra, Lb. 246, 90 (לך), Zz. 413, 8. — שבת identisch mit A. 43! 72 אשא, darin למה צעירת רגלים שמחה וששה, ואומה נדגלה בכל צד מעושה, wohl Anspielung auf חזיר für Rom (Zz. Ges. Schr. III, 221, vgl. Brüll in Kobak's Jeschurun VII, 10). Schemarja s. Zz. 598, 729; vgl. Mose b. Sch. Kohen bei Pinsker, Anh. 140. — 73 אודיעך ohne Zweifel Sahl (unbekannt), vgl. (?) סהלו בן יסחר bei Pinsker l. c. (Gottlober, Bikk. 206); hat ungewöhnliche הפעיל: הרביך, העניד, הבחק, פנקיני להמגידי, הנקיד, הנגיד. In אשורר (über die Exile und Zeichen der Erlösung) וימטיר את המן ויגוז סלוית.

E. Vgl. Neubauer l. c. 323. In N. 89 Bl. 36^b ff. nur 1, dann בת ציון שמעתי ממררת אמריה (הלוי חזק), 7 und 11. — 3—5 יהודה לוי, 3, 5 D. IV, 85 und 8, 5 Lh. 57. 6 Akr. Str. 1 אבימת? Str. 6 (letzte) חזקו ויאמץ . . ממעונות אריות ומהררי נמרים; vgl. P. L. 301. 7 ועברו אלף שנים ועוד, also wohl ibn Esra (vgl. Zz. 213, 5 oben A. 29), wahrscheinlich auch die folg. 8 לעבד חנם מכרני . . עלי כל המשפחה קמה, תחת אשר לא עבדתיהו . . . אלך לעבדי יכני אבא לאחי ימוגגני . . . ולא יירש בן האמה, vgl. P. L. 278. 9: אני גולה וסורה ביד עבדי ויד אחי. 11 über 10 Märtyrer, vgl. Zz. Syn. P. 144, 475.

אנוש מתאונן. 102^b עלי כזאת תבכינה שאננות. 103 הה בתי השכחת משכנך. 103^b שובה עבד
עולם וספיק על ירדך. Ib. בת נדיב הגירת שק על בעלה. 104 נאסף אביר רעים ועדרי ה' תרעה.

G. תוכחות ובקשות (Bl. 104 ff.).

בקשה ליהודה הלוי ז"ל. אברך את ה' אשר יעצני. Bl. 109 אזהרה לשלמה הקטן זצ"ל
שובי נפשי למנוחיכי. 109^b לרב בחיי בר יוסף ז"ל, תוכחה, ברכי נפשי.

H. שירות ותשבחות (Bl. 111 ff.).

אול ד'לך מן דיואן יהודה הלוי זצ"ל לענין שבת. 1 יקר יום השבת תגדיל — יהודה.
2 שלום לבא שבת שלום ושמחה . . . שישו בני יעקב כי בא שביעי — א — כ'(הס־). 3 בצל
השבת מימי נח — יהודה. 4 יום שבתון אין לשכוח — יהודה. 5 בחירי אל ראו כי ה' נתן
לכם השבת . . . שבת אל למאד יקרה והיא האות על גדולתי. 6 שבח אומרים בני אמוני על שבת
ורב טובו — שמואל. 7 על אהבתך אשתה גביעי. 8 סעדה עניה שואפה וצופיה . . . יעלו
שחרים נסתרו מאוריהם — יהודה. 9 ידעי מכאובי אל תתמהמהו — יהודה. 10 איתיתי התמהמהו
— א' עד ח'. 11 צאן אובדות בגלות להו (so) תניח . . . ישמח לב מבקשי ישע עם גילה — יהודה.
12 ישעי צמח והצלח . . . התאחרו פעמיך לבא — יהודה. (Bl. 114) 13 גירה לאברהם בן
עזרא, תשבי שלח לי אלי לרפא מחלי, אל נא כאיבי תרחיק זמן הישע — אברם. 14 רני ושמחי
כי הנני בא . . אהובה חשוקה יעלת אהבים — אברהם. 15 מתי יבשר בביאת נגידי אליהו הגלעדי,
איחל לישעי בוא יום בשורה — אברהם. 16 אבטה ביום צר לי — אברם. 17 אלי עשה לי
למענך לא למעני, ושמע תפלה לעבדך את הונני. 18 אמון ישמח כי קץ פדותו — אברהם.

J. אקואל לענין המועדים (Bl. 115^b ff.).

לענין פסח. 1 מי כמכה אלהי ישראל . . . אותות אל לילה ויום לא שובתים — אברם.
2 יום נושעו גאולים מיד מתגאל . . . אז ישור שירה לדוד ידיד יודעה — אברם. (116) 3 זרע
ישורון צבאות מהנים . . . אותות ומסות עצומות ונוראות — אברהם. 4 ראו עם גבורות ים סוף
ורהו . . . אי לצד שורירין האביד אילו — אברם. (116^b) 5 שירו גאולים שירה נאה . . . היום
מנוק יצא המוני. — לעצרת 1 ליהודה הלוי ז"ל, יום בקול המולה נגד סגולה (?) ומשה עלה
אל האלהים. 2 גירה לאברהם בן חלפון ז"ל, זכרו אותות קדמוניות, האמינו בם לאותות, היום
יום מעמד הר סיני. (117) 3 לאברהם בן עזרא ז"ל. אם תאהב דרך אמת ללמוד — אברם.

G. בקשה Cod. 89 Bl. 114^b; unvollständig gedruckt unter dem Namen des Mose ibn Esra (Catal. Bodl. 1813, Cod. Schönblum-Ghir. 17); die 1. Abtheilung bis כי יש תקוה (Bl. 105: והאחים סביבותיך . . יהרעים יעים פתים, vgl. H. B. X, 112); 106 (N. 89 Bl. 122) ברכי נפשי. אזהרה. ולה איצ'א; 106^b (N. 89, 117^b) ולה איצ'א ז"ל ברכי נפשי, ברכי אצילה; 107^b (89, 118^b, vgl. Neub. 325) ולה איצ'א כוונה, אל מסתתר; 108 ולה איצ'א ז"ל השתחויה ווידוי, אי לי כי נדהתי und להטו, הנותני.

H. 1, 2 N. 89 Bl. 119; 4, 8 ib. 122^b; 2, 4—7 Calc. 64, 60, 65—67. Der Red. unserer Sammlung scheint 1—12 dem Jehuda ha-Levi beizulegen; für ולה איצ'א steht vor 5—7 nur אחרת. — 1 Divan 79, P. L. 283. In 2 על בן באהבתי אשתה גביעי (vgl. unten 7). 3 aus אמרי נועם in Litbl. VI, 150 (Lh. S. 79, 17), Cochin bei Zz. 564. 4 B. 97, Str. 3 wie in Calc. (Geiger l. c. IX, 277); Lh. 79, 22 und Zz. 565 nicht unter ha-Levi. 5 finde ich in keiner Quelle über Jeh. 6 vgl. שובו לאל בני אמוני von Sam. Chassan bei Zz. 729. 7 (nach Zz. 674 zweifelhaft) in B. Bl. 81^b überschrieben ולה עלי טריקה גזלה פי גיר הדא אלבנוני; öfter gedruckt (s. Lh. 74 n. 110 und S. 76, Halb. l. c. 86, Geiger, Zeitschr. IX, 277). Str. 7. 8 in Kar. IV, 92 unächt. 8 לענין הבדלה, P. L. 284. 9 ed. Litbl. d. Or. IV, 817 (Lh. n. 55). 10 B. Bl. 98 ולה הבדלה, Divan 80, Zz. 596. 674, 5, 729. 11 Divan 77, Lh. 123. 12 D. III, 154. — 13 غيرة (nicht eine Art von Pijjut, Berliner, Magazin II, 99), 14—18 stets ולה איצ'א. 13 auch N. 89 Bl. 119, darin ועוני ונפיש . . איש שעיר. 14 Zz. 212, 13: ואדום וקדר יבוש וארמי אשפיל ואשפיך עליהם זעמי. 16 מאהלי משך ירחב לך (vgl. P. L. 295). 18 Zz. 340.

J. פסח 1 auch in N. 89 Bl. 119^b. — עצרת 1 ib. (falsch zu פסח 3 bei Neub. 325), Lh. n. 55, Zz. 205. 2: יקומה באש אל דיבה ישבעבע (Autor fehlt in P. L. 278). 3 wie Zz. 212, 8; in N. 89 Bl. 13^b als זמון mit Leseart לא תחמד עמי אדיקך דרך ישיב עמי. ר"ה 1 Gabirol, Zz. 188, 23.

— להמשה עשר באב, לאברהם בן חלפון, התבשרו בני עליון, כי נחם י״י לציון, אזכיר חסדיך מלכי לנגד כל נבראיך. — (117^b) 1 לשלמה הקטן ז״ל, שעריך בדפקי יה פתחה — שלמה. 2 ולה איצ'א ז״ל, אלהי שא עונותי וכפר, ואם רבו ועצמו מלספר. — (118) לענין סוכה, 1 אל חי יואל ומנה (so) תפלותיני הזכות — אברהם. 2 גירה. אל חי יפרוש בעביר שמו... בני בכורי אשר אהבתי — אברהם. (118^b) שמיני עצרת, שבת ויום חג יגשו... אז הוד שביעי לאב תמים — אברהם. — ליום סיום תורה, 1 אזכור גבורות אל ושלוחו — אברהם. 2 אצולה לפנים בכסא ערבות — אברהם. (119) 3 שלום לך הר העברים. — לראש חדש, לאברהם בן חלפון ז״ל. אנא י״י הושיעה, והצמח קרן ישועה, והחיש שנת הקץ שבועה, כי לי״י הישועה — אברהם (חזק). — (119^b) לענין הנוכה, 1 לר' אברהם בן עזרא ז״ל, אבני יקר על הר צבי התפיקי — אברהם. 2 לאברהם בן חלפון ז״ל, ישע בשלי אום גולה כי בא יום גאולים... אהבת אב המונים העיר היום לעדתו, וישפוך עלי איש שעיר כאש את המתו — אברהם (בן..?). (120) 3 ולה איצ'א ז״ל, אשיר לאלי, כי לעשות לי הפליא, בקהל אמונים אגיד פלאים — אברהם (בן..?). — ליום פורים, 1 לאברהם בן עזרא ז״ל, קוראי מגלה הם ירננו לאל — אברהם. (120^b) 2 גירה סי' אלעזר, אילת אהבה הבשי פארך, וקומי אורי כי בא אורך. 3 גירה, שמח דודי ביום פורים וייטב לבביך ושורר על נבלים.

K. שירות לענין התנים (Bl. 121 ff.).

1 יונה על אפיקי מים... — יהודה הלו(י ח)זק. 2 בן פורת יפה עין. 3 יפרח החתן כששן — יהודה. 4 בתולות על שירתן וכנור על נגינתן. 5 שור אם קרעה בת שחר שחרות שריוניה... מה אטיף על בית ישחק. 6 שאלו מעפרי שלומי. 7 רב לכם מוכיחי בריב כמה תוכיחו, איש כבד... את לי בנער הזמן (.. על שב אב המון הפז הצרוף = אברהם). 8 מי יתנני כופר לעופר ישקני... את שעשועי אזכור וטוב ירחי קדם (סופו בל״ע: באן סידי באני אלקרדש תנתבאג, דשת אלזמאן בן פלוד בן אלדיאן). 9 הראיתם ברק בא מעוני... יום בבת מי זהב שחרני. (סופו בל״ע: יא חמאם יא הלאק יא חניני אן ג'בת אלבארח לם תגיני). 10 איך מעינית עיני אוכה במוסרי התאפקי... איך ארדפה צביי או נערי דמעה איך אעברם (סופו בל״ע: יא קום מא אצברני נדא אלחביב גארי ונעשקה, ליס כאן תכון סנה למן לקא חבה יעאנקה). 11 חמה בעד רקיע צמה איר לחייך גלי... אם הזמן למנעך חשב ויצפנך כמן (סופו בל״ע: חלי עקוד גידך למא אזרת בך אלחלי, אנת אלהלי והד'ה ענדי גמלה שזאגלי). 12 הבכוס הלבנה יין אדמדם הירק... כוס כלבנת ספיר אחוה עינים (.. לעשוק יד יצחק). 13 מפאתי היכל אש הסנה רכל על הכלי... אמרו להצפינו בכלי כעין שחק לא כלכלו (סופו בל״ע: חביבי קד ירחל, ועאדה לם יגזל, ואי צבר לי, לא בד לי אן אחמל, אד איש עסא יעמל, מן קד בלי). 14 דוד בחלום נטה ללון בחק עפרה... נפשי פדות שינה ארכו הבליה (.. ואמלטה לשני בני עזרא. שם הגביר יצחק...

---

3 von Jehuda ha-Levi, D. I, 114 defect, B. 288. סיום תורה 1 ib. סוכה 2 N. 89 Bl. 119^b. ומלכות ערב und ראה כי גברה יד אמה ויד בת גברת שפלה darin: bedeutet? etwa 5140 (1380) הקץ ob ר״ה. פורים 1 Zz. 214, 13, Lh. 9 n. 59; das Citat aus Mose Narboni (Litbl. XI, 719, vgl. Dukes, נחל 50) findet sich in unserer HS. (N. 119 Bl. 54) nicht, dort endet die Stelle mit den Worten רק על איפן מה. Ein Comm. von Natanel ha-Levi, oder ben Levi, Schüler des Jos. Kolon, in Cod. Poc. 280 II Bl. 200^b. הנוכה 3 N. 89 Bl. 119^b. תהיה קרועה.. 2 bei Zz. 547, 6 אהבים. 3 N. 89 Bl. 120.

K. 2–51 incl. ולה איצ'א ז״ל, also Jeh. ha-Levi. 1 fehlen Str. 8, 9, ed. in Virgo S. 30. 2 N. 89 Bl. 120, 2, die 1. Str. סירה החן לראות, ושתה בכוסות מלאות, בעלמה בעלמות אות, כי על כן בזאת יאות, לנזירים שתו יין, fehlt in Virgo 48. 3, 4 ib. 34, 48. 5 D. II, 2, 57; B. Bl. 81 וקאל פי אבי אסחק בן אלרביב (אלרביע?) חין תזוג' בנאת בן מאהגאר [מהאג'ר] נ״ע, u. zw. שור אם קרני בת שחרות שריוניה; zur Verlobung (לערוסת) derselben ישא צבי צבאות B. 17, D. 227 und להתונת הנ״ל B. 18, D. 222 בבנפי החלום. 6 als מושה B. Bl. 82^b, Geiger ציצים 8. 7 מושה B. 83^b, D. II, 2, 65. 8 B. 84^b ולה מושח פי אבו אלחסן בן אלדיאן נ״ע, D. II, 2, 71. 9 B. ib. ולה מושה פי ר' יוסף בן אלצדיק, D. II, 2, 72. 10 מושה B. 85^b, D. II, 2, 76. 11 desgl. B. Bl. 86, D. II, 2, 77. 12 B. 86^b ולה מושח פי אבי אברהים בן מאהגאר [מהאג'ר] נ״ע, D. II, 2, 28. 13 B. Bl. 87 ולה מושח פי (אבו אברהים) ר' יצחק בן ברון, D. II, 2, 80; vgl. unten K. 92. 14 B. 87^b ולה מושח פי אבנא עזרא, D. II, 2, 81.

משה הינשה . . סיפי בל"ע: חביבי לקד אבטא מן הבט 'אלבדרא, ען לקד אב'טא ואשגל 'אלסרא).
15 יום סוב הידיד מעלי אל ארץ ההיקה (עבר הים מספרד דיא מאיר והוא מור עובר. סיפי
בל"ע: אמא אן אחרקתני אלג'רבה נגע לי בלאדי, ואן לם ירק לי כ'לי ים (so) קום ואסאדי).
16 חתני מה מאד יקרה מנתו, ביעלת חן ושפיה נחלתי (. . אשר כרת לאברהם בריתי). 17 שלימות
נקבצו כיום המונים, לבית התן מפואר בהתמים. 18 נטה אל בית ידידך ויני, וכוס תסיב כשמש על
ימיני. 19 לבבי אליכם סגולת נדיבים . . . ושירי יהודה. 20 לשובב נית. בית אסובב פני הסדי,
ותשוב צבית הן לערשי ומרבדי. 21 אמרו בני ימים לבן נדיב ובבת נדיבים יחזיק ידו. 22 תימי צביה
נתני לבות, לעזוב מקום מולד ובית אבות. 23 מלינת הדסים ועש בשמים, לתומי צביה במזל תאומים.
24 מה אתנה בכופר עופר — יהודה. 25 מה לאהותי כי השבה — יהודה. 26 עיני כל ישראל
אליך. 27 מן ההדס על הדסה נשבה . . . 28 (127^b) את עפרה צבית אמון, ושביה ביין הרמון.
29 שחקים נקרעו להיות מעילים, וצבא קוצצי להב פתילים. 30 בכל אף יעלה ריח לבונה, ביום הילל
מהובר אל לבנה. 31 חתן תנה הודך עלי כלה, כלו לך לבה ועיניה. 32 ראו היפה ראו ערש רבידה.
33 אמור אל מי י ואלראות תמונה, לירה ושמש במעונה. 34 שמע מכל עבדיך (עבריך?) שלימות,
וקורות הזמן אתך שלומות. 35 אמור לעב ותשכיב הרסיסים, ולגפן ותתן העסיסים. 36 ערבי כיום
רעלוני והודו לי"י. 37 (129) לפלח הרמון אדמה רקתך, כגובה הארמון גבוהה קומתך. 38 יבא
דודי לגנו. 39 דורשי. תורה יתהלכו. 40 בי הצבי בי אהוני ייקר בעינך יגוני . . . ייחך לבבך
לנדכה (סיפי בל"ע: בס בס בס בפמי' הדע סיא ד'אך יא עמי'). 41 שלשו קדוש וכשרפים שמי קדשו.
יענה את מהלל יוצרו יציר נענה — יהודה (הזק). 42 (130) אהבת בת נדבה . . שאלו נא שאלו.
43 (130^b) הרידי לב הרהתים מניחם ומשכנם . . . ישירון מהר המור — יהודה. 44 ידידי די
(unten P.). 45. בוא ידידי בוא לבית בת נדיבים . . . יעלת הן בך תעלה להישק — יהודה.
46 (131) צאינה בנות נוא אמון במשחקים (unten Q.). 47 ימין עוזך אל ייד עוזך — יהודה.
48 ינוחם לבב נפעם ונחלה ונהיה, בשם אל אלהי צבאות ואהיה — יהו(ד). 49 (131^b) צבי הן
כליל יופי פלאות בתארו. 50 יצאה לקדמך כלה לך כלתה, — יהודה. 51 (131^b) הביו נא
לבת מלכים כבודה, האמונה עלי קציעות וקדה. (132) גיר ד'לך לשמואל הנגיד ז"ל 52 על
מרום קדשך כמגדל בניני. 53 התקבצו כי הזמן תמים. 54 הנה ימי הקור כבר עברו. 55 (גירה)
אחי כופר צבי הפר בריתי, ואהבתי בתוך לבי שמורה. 56 אם תאוה כמו נאוה בנסך יין שמורות
שמע הגיגי לשוני. 57 ידידך לבך המר, ואל בי כל יפי גמר. 58 שוע ורע נדיבים ושאר הסדים
וטובים. 59 הבשחק בכי וקולות ויהשה, נין מררי ונין שמואל ומשה. 60 בן מתי מוסר צניעים,
ואחי נדיב ושועים. 61 מושל בקצוי ים וגב דרום, ידי בך על אויבי תרום. 62 אם היקר אדון לכל
אדון, היא באמת עבד לאברהם. 63 אראה בתוך הכוס מעט יין לבה, אל איש מפיחה באשר נמכר
לך. 64 אראה לך הדר כשמש זהרו, ויקר ברקיע יהלו סהרו. 65 הרק שאון ים עד אשר יקרב, תלמיד
וישק את פני הרב, יד אהרן הרב. 66 אחי פדיון לעיפר האהבים, אשר בו כל מיתר יגן שמחים.

15 B. 88^b ולה מישה פי אבי אלחסן [מאיר] בן קמניאל ענד ספרה אלי אלמגרב, D. II, 2, 84 (vgl. H. B. XIII, 41). 16 B. 191. 17 B. 163, Virgo 46. 18 B. 111, D. 243 defect. 19 B. 110 לר' יהודה בן גיאת, ed. Litbl. XI, 646, so lies bei Geiger, Divan 142; D. 160. 20 B. 291, D. 38 defect. 21 B. 181, D. 34. 22 B. 182. 23 B. 183, Virgo 44. 24 Divan 69, P. L. 283. 25 D. III, 155 bei M. Sachs 38 (Lh. 98). 26 B. 79^b יקאל פיה [שמואל אלנגיד] איצ'א, Virgo 94. 27 Virgo 40, das zuletzt fehlende Wort ist אהבים. 29 B. 162, D. 197. 30 B. 165, D. 254 déf. 31 B. 180, D. 50 def. 32 B. 190, D. 35, ed. Litbl. d. Or. XI, 475. 33 B. 77, D. 266 def. 34 B. 196. 35 B. 175, D. 134. 36 B. Bl. 89 ולה פי רבינו יוסף הלוי ז"ל und ערבי, wie hier, und D. II, 2, 85; falsch ערבו in גנזי אוקספ' XII; vgl. D. Kaufmann, Jeh. Halewi 1877 S. 42. 38 Virgo 29. 39 B. Bl. 82 ולה מישה פי רב יוסף הלוי ז"ל. ed. גנזי אוקספ' 40, D. II, 2, 61. 40 מישה B. 83^b, D. 67. 42 auch bei Neub. 325, 20, scheint fast Akrost. שמואל, vielleicht auch חזק zu enthalten?? 44 vielfach nachgeahmt, s. P. L. 287, 292. 45 D. II, 44. 46 scheint an Jehuda ha-Levi bei der Abreise aus Aegypten gerichtet. 47 B. 286, Divan 17. 48 B. 317, Divan 15. 49 auf מזהיר von Jehuda Charisi, s. H. B. XIII, 89. 50 Divan 59 (vgl. Lh. 116, Zz. 207 A. 2) nur 4 Beit, hier das 5. השקם והאזינה ושמע לשירתה קריאה במו לבה ינפשה אשר בכלתה. 51 5 Zeilen, anf. ד, ה, ל, ש, י, ob Ende eines Gedichts mit Akrost. יהודה לוי??

67 שיר כי בנות ציון בהשקיפן, אש הסלה תבער באור אפן. (Bl. 133^b) לאברהם בן עזרא
68 אל אחד ואין זר אתו מופתיו אמצאה בי . . . ברא על כבודו רקמת גלמי עד היותי — אברהם.
69 אל אל וטובו יפחד וינהר עם קרובו. בוגד ידמה ש׳ אין צרי עוד ליגיעים לעד וחכמי גוים ישיחון
תעתועים — אברהם. 70 אהבת אלי לי ערבה, מאהבת נפשי נפלאה — אברהם. 71 שם אלי
מנת גורלי מגדלי וחילי . . . אהר אין לפניך — אברהם. 72 איהרה עת מועד מועדים וחצי —
אברהם. 73 אשמחה כי אפתחה פי להודות . . . בא זמן ציר נאמן — אברהם. 74 אודה יה
ולשמו יד אכתבה, הבוחר בעמו באהבה. במה אתרצה אל אוהבי — אברהם. 75 אלהי תהלתי
בשמך אשחרך, וזכרך פאר עולם ואיך פי יפארך — אברהם. 76 בטרם היות נפשי התומים ספריך,
ואיך אדרשה בלתך והכל יצוריך. 77 איך תחשה נפשי ומאויה, לחיות עדי תדבק בצור ההיה —
אברם. 78 אז בעלות מקוטרת מור ריחה למעלה . . בלאט צבי משכה בימי נוער ונהרה —
אברם. 79 לאט על מתים עובדו, ועל פתחך שקדו. אלהי פתח אזנך לצעקי ושים עיניך — אברם.
80 אנה אבקש לי צבי, ארץ צבי. ארץ צבי התקלקלה — אברם. 81 אמרתך אלי הקם לשביה
. . . בת ציון איכה בינות אכזרים נטשה. — אברם. 82 שמש ביום ולילה לא יזח עלינו זרח.
שמש אנוש נסה אור פניך (סיפי בל״ע: אן אכלת אלתפאח קם אעמל לי אח). 83 אודה לאלי
אקראה בשמו, לבי לזכרו אתנה מהדש — אברהם. 84 לנהל בין אשר מלא גדותיו, וכוכב בין
בני עש משכנותיו. (Bl. 136^b) גיר ד׳לך לאברהם בן חלפון ז״ל 85 צבי משקה בכוס העמיד,
ואחים זה לזה הצמיד. 86 אשביעך הודי בהי האהבה, ובחי גברת חן אשר נעמה. 87 (ולה איצ׳א
פי התן) מי זאת כשחר נשקפה ותעל, מפאתי שחק ורום ממעל. (Bl. 137) יצחק בן אלאזאני
ז״ל 88 אחר הצבי זנו רעיוני ולא פנו, ולקול תוכחות מריב ההרישו ולא ענו, שתות מזרק מעסיס וכוס
יין — יצחק. (Bl. 137^b) ליהודה הלוי ז״ל 89 עופר בין אנוש יתאחד . . . חי עופר לבבי
חושק. 90 אשמה בהלדי אשים בפי פי כדי. בינות צבאים לבי צבי הן בחר (סיפי בל״ע עינאך
סואדי, תעמל גראה פכבאדי). 91 יה בפי קדושים קדוש יאמר לו — יהודה. 92 שיר חדש בפי
כלנו. 93 (ג׳ירה) אב המון מל בשר יחידו לעבדי, כהלכה אשר בדת מחמדי — א(ב)רהם.
94 יהונך ציר בהמלתו, לבן נכנס בבריתו — יוסף (. . סעדיהו בניב אהיה בדמיך בני תחיה).
95 יפה מאד פניך עדי דבר וירעו פניך להוד מליו. 96 ימימה עת צבא צבאות בנות חן עלי ששים
מלכות היא גברת. 97 קרב וראה והתענג בערש הוד והתימר. ראה כהר אשר מאס זבול שכן בבית
חומר. 98 שלוב לעיר שלם. 99 הודי שתה עמי בצל גנה. 100 ערוגה ארוגה בשושני השוגה.
101 ידידים נחמדים ראיתים נצמדים. 102 לבי מעירי לעלות לבית קדשי ועירי (unten R.). 103 אי
ישן מהדש גילים אי שירת עגבים, כל דב נאסר לאצילים בלתי דם ענבים. 104 ליהודה אלחריזי
(oben S. 70). (Bl. 141) לשלמה הקטן ז״ל 105 שאלי יפיפיה מה תשאלי מני. 106 שער

69—84 stets ולה איצ׳א. 69 Zz. 212, 7, darin ובני בכורו גלה אלי קדר ושעיר. 72: בן בשור האמה איך אמה תצחק על בזק על מה בת כבודה היא שכבה. 73 Zz. 208. 74: קט במרוב תמריא על גבירתה קמה לארץ ושפחתה שגבה. 81: וראה בן אמה על בן האהובה מתגאה. 86 ולה איצ׳א ז״ל.

89 B. 83^b מושה, D. 2, 2, 68. 90 ולה איצ׳א ז״ל. 91 Divan 83. 92 B. Bl. 82 falsch ולה פי רב יצחק בן ברוך הין ולד לה אבן (!), nicht בן לבני, wie Edelmann, גנזי אוקספ׳ XIII. An ברין (s. oben S. 80 und K. 13) ist mit Kaufmann, l. c. 42, nicht zu denken, wegen ברוך אשר נתן לברוך ניר משרה, vgl. Virgo 25 שמו ברוך והיא כשמו מבורך. Das Gedicht gilt einer angesehenen Familie (ספרד גאון מגאון u. s. w.); Isak b. Baruch (s. Catal. Bodl. 1038 unter ^{5918} und Add., 2171) diente den Abbadiden (כ׳דם דולה״ אלעבאדיה, Mose b. Esra, אלמחאצ׳רה״ 39^b); sein Sohn Baruch war beim Tode des Vaters (1094) „gegen 17 J. alt“, also schwerlich schon Vater; das Kind hiefs Isak; die nothwendige Zeile ונודע כי בגלל יצחק fehlt in unserer HS. 93 Ende איש המודות יהי פלדני ידידי. 94 ff. stets גירה oder גיר ד׳לך, meist nur wenige Zeilen. 94 Zz. 572, 86 ed. 1545 und Cochin. 98—100 aus Jehuda Charisi, תחכמוני, 98 aus Kap. 50 Bl. 70 ed. Amst., 99 bei Neub. מלאכת השיר 52 nur 3 Zeilen hierher gehörig; Z. 3 אב (auch hier) emendirt Dr. Egers ידב; hier noch Z. 4 מי יתנני אהיה בכוס עד כי בעין האל יהי שנה. 100 K. 49 Bl. 69.

101 Akr. ישעיה? 103 Akr. אהבתן. 105—18 und 120 Akr. שלמה, 110 שלמה הקטן, aber bis 122 ולה איצ׳א ז״ל, also sämmtlich Gabirol beigelegt. 105, 6, 12—15 aus Cod. Leipzig 25 von Jellinek

אשר נסגר קומה יפתחהו, וצבי אשר ברח אלי שלחהו. 107 שהורה הבהירה מעלמות, שבהק צור תגנן
על עלמות. 108 שהרתיך בכל שחרי ונשפי. 109 שעלי אפישה תמיד למלכי, ואקיד לו עלי אפי
וברכי. 110 ששוני רב בך שוכן מעוני. 111 שהר אבקשך דודי ומשגבי. 112 שמעה אהון עולם
שמעה תחנתי. 113 שדי אשר יקשיב לדל ויעתר. 114 שלום לך הדדי הצח והאדמין, שלום לך מאת
רקה כמו רמון. 115 שורש בנו ישי עד אן תהי נקבר, הוצא לך פרה כי הסתיו עבר. 116 שוכן
עלי מטות זהב בארמוני, מתי יצועיה תכון לאדמוני. 117 שהריים אקראה עירה כבודי. 118 שתי בך
מחסי בפחדי וחרדתי. 119 (ולה איצ'א לגז) זכור אחי ביום שבתי בשמחה. 120 שפל היה שפל
ברך וקומה, אקדמך ברוב פחד ואימה. 121 טרם היותי הסדך באני, השם לאין יש והמציאני.
122 ידידי נהלני על גפנים, והשקני ואמלא ששונים. (Bl. 143) לשמואל הנגיד ז"ל 123 לך
ידידי אכול בגיל לחמיך, ובלב טוב שתה דמי ענביך. 124 כוס ישועות וכוס הסדים וטובות, שת בידי
אשר רכובו ערבות. 125 חכמים בחנו מה טוב לאדם, ולא מצאו לאיש טוב מידידים. 126 יונה
בעדי עדיה שביסים, תקונן באמירי ההדסים. 127 מלכה רשעה ממלוך התאהרי, שרה שנאה על משנאיך
שרי. 128 אבן מאוסה תשים לפנה, ולמואסיה תתן מגנה. (א'—יו"ד). 129 עת ששון הבנים ישמחו
. . . יום בשמחת תורה פרחו נצנים (. . זה דברי ואני בן יהוסף דוד — סופו בל"ע לנרא פי
עצרה מעג'זאת ואעג'ובאת. יא אלאה אלעלם יא אחב אלאחבאב אהדנא ואעננא אנת רב אלארבאב וארנא
יומן [يوما] פיה אנתפאח אלאבואב ללדעא אן יקבל פי קצץ מכתובאת). 130 בוא לשלום התן,
ושמחה במתן. בוא בשעת צדק (. . ושמעה בן יוסף הוא ראותך כוסף). 131 קול ידידי דופק
אפתחה לידידי, אענה מרחוק אומרה אל דודי. 132 (לאחר אכילה) נודה לאל על מפעלו — הריזי.
133 תמה איך נצמדו גחל וברד, ומוקדי אש יפוצון מאפיקים. 134 אתה ידיד נפשי טהר לב נאמן,
על כן דבריך לחכי צוף ומן. 135 את יונה יפת עינים, שמש בחצי שמים. מה תהוו יונה תמה.
136 יונה לחזיונות חוכה וצופיה, תזכור לראשונות לכתה בתוך ציה. 137 חתן חדה ושמח כי אל
בעזריך . . . אמרו אלי ימים חדלו להרע — אברהם. 138 מה תשבי עצובה, כאשה עזובה. שובי
לבית מסבך. 139 (וזן שלשו קדוש) אחוז אלים פני כסא כבוד נעמו . . . בניני עולם כמנין הספר
יוסדו — אברם. 140 נשמות ורוחות תהלל לך . . . אמת את אלהים וסוד היסוד — אביתר.
141 אל נהר סוד כלי יקר נהרי, מחוה שרים ומה תוכרו — אברם (. . כי כמו שורש יהי הפרי).
142 חוס ורחם אלי על פזורת שביון, מהרה הכלילי שלחה לה פדיון — חלפון. 143 אי גבירתך
ימין אל; לשמע אוזן שמעתיך — אברם. 144 הלא גדל הלי גידל יגוני, וכוחי מהמתי סר ואוני.
145 דודי אשר לבי בעיניו החליא, איך העבדתני ו.. נהיג (?) אלי. 146 הנה בנות עגור אשר נועדו,
שרות עלי פארות ולא לומדו. 147 כתב סתיו בדיו מטריו וברביביו, ובעט ברקיו המאירים וכף
עביו. 148 אמת כי הפירוד מחלה לבבות, ומבעיר בקרבות אש להבות. 149 יפה תיפה סהרוניה,
אור הענק מצוארוניה. 150 למה צבי תצוד בעיניך, תהרוג בעפעפי אשוניך. 151 הקור היטב
ידידי יג . . . (?), מצוא פלס לאהבתך ומעגל. 152 (לגז) תמורת מעשה רשף בלבי, אשר יפעל
ראה אחי ושורה. 153 דמות סהר יבקע במתי הוג, כברקת באהלמה הרשה. 154 אם תאהב להיות
באנשי חלד, ואם נפשך תגור שביבי סלד. 155 אשר ראה לכל צפין ההוה, ולא שקן ענות עני ובזה.

---

ed. im Litbl. d. Or. IV, $306^{5.4.1.2.6.3}$; 105, 106, 108, 11, 13—18 Zz. $188^{6.4.15.16\ 2.8.3.7.17.12}$; 105, 108, 110—13, 17, 18, 20 bei S. Sachs, Carm. S. 126, 137 (auch 110), 150 (Z. 4 hier בעת), 140, 119, 152, 156, 107. — 105 bei Pinsker, לקוטי A. 114 Z. 10 רס"ג l. רשב"ג? 107 bei Neub. 326 n. 27 hinter den Hochzeitsged. 109 Zz. 728, 69. 112 nur 4 Zeilen wie in Cod. Leipzig; Jellinek beanstandet mit Recht die 5; Anführungen bei Dukes נחל 43, zur rabb. Spruchk. 75. 119 Zeile 3 ודוד שאל, 4 וקם יתרו, als Gedicht des Abraham ibn Esra an Jakob Tam mit Comm. von S. Sachs, הכרמל VII, 210; vgl. Catal. Hamburg S. 6 n. 32[2]. — 124—26 ולה איצ'א ז"ל. dann גירה oder גיר ד'לך. 129 von demselben David b. Josef scheint מה יקרה שבת Calc. 62, letzte Str. זה סוף דבר דויד ילד יהוסף, was auch Halb. übersehen hat. 131 bei Neub. 325, 23. 132 nur 4 Str., wie in אוצר הכמה II, 36; ob die 5. (Kar. IV, 160) etwa später ergänzt ist? Verf. vielleicht Abraham Charisi, s. H. B. XIII, 112, P. L. 284.

140 vgl. Zz. 704, Calc. 259, 260. 142 vgl. Zz. 718 und Isak Ch. S. 218 (vgl. Catal. Bodl. 835, Geiger's j. Zeitschr. I, 239 und unten S unter Abigedor Ch. und Abraham Ch.).

156 הגשית מידעי אהבי, אשר לך נפלאו מבין אהובי. 157 עת נצבו בנד רסיסיה, ישלח דברו אל
וימסיה 158 שליט ירכב על כס מכורכב . . אנא גאל נא . . — שלמה. 159 שמך אלי תהלת
מהללי, אהללך בכל יומי ולילי — שלמה. 160 ציר כאז מקהלי, אל נוה היכלי, שובבה. 161
שובי בתולה לנוה זבולה — שלמה הקטן. 162 שלח.מנזה, לעם נפזר, אשר נגזר — שלמה חזק.
163 אני תמה, יפת צמה, עדן שמה, ביד שמה — אברהם. 164 (ליהודה הלוי) דלה ודקה
מבלי מדוה. 165 יגזול שנת עיני ולא אדעה, לא נראתה כזאת ולא נשמעה. 166 (ליהודה הלוי)
צבי שני אורים שילש, ובעד דמותו משאלי. 167 (לשלמה הקטן) נפש אשר עלו שאוניה, אנה תשלח
רעיוניה. 168 שלשים ושתים נתיבות שבילך — שלמה. (Bl. 153) 169 על פי ר"י נשאו מונים,
ראש כל בני הדור וגם פקדו. 170 אודו גביעים ממאור השר, ובצוף דבש חכו ופיו ערבו.
171 אשרי משכיל ימוד בלבב, השכל בשאול את מדותיו. 172 עלמה גולה צואר עופר, גם משמש
גנבה לה תור. 173 בהר מאהובים שכוני לבבים, ועל מי אהבים וצדק אמונים. 174 שר ירים את
גאות שפל, ובשיר פיהו מלך נוסך. 175 יבא הדר שמש כנגד אור עפר וישתה עד מאד נצהר.
176 צבית חדרים וילדת גבירים, וכפני מאורים מאירה ונאוה. 177 על הערוגות תן לה מושב, והיה
בצלי ההדסים דר. 178 ערוגת ורדים תנה לה למצע, ואל נא תשימם בצנית וצלצל. (Bl. 154)
תג'ניס איצ'א לאברהם בן עזרא ז"ל 179 בידי אל יהי אוריך אוריך, יאיר מאפל בוריך בוריך,
אנשי אל סהי לבקרים לבקרים — אברם. 180 ברוך שהשמחה במעונו והשלום במרומו. [181] פני
אדום וצח לבבי לבבו. [182] יונת רחוקים נגני — יהודה. [183] אמרו בני אלהים במה אתן
לפועלי — אברהם. [184] את יונה יפת עינים.

II. סדר סליחות ללילי אשמורות (N. 89 Bl. 63ᵇ).

(רשות לש"ץ) קמתי ותדד שנתי — יהודה. (פתיחות לך ה' הצדקה) 1 אלהי קדם מעונה,
נורא עושה פלא בכל רגע ועונה — אני יעקב חזק. 4 שדי עולם סובל, לך נכנע לפניך אנוש הדמה
להבל — שלמה. 5 לך ההוד והנצח, יושב עד וכל יסעד וקיים לנצח — יעקב. 6 לך העז
והמלוכה, ממך מענה לשון ומרומם על כל ברכה — לוי בר יעקב. 7 שדי אומר ועושה, מהה
פשעי וצוה ישעי בששת ימי המעשה — שמואל. 12 יושב בשמי מרומים וצופה כל נעלמים —
יוסף הלוי 13 יוסד ארץ וקונה, צור לא תהו בראה כי לשבת הכינה — יצחק. 18 יוצרי
וצור ישועתי תבא נא עדיך — יהודה. 19 שיר ושבחה ותהלה, ישורון לפני כסא כבודך ביום
ובהצות לילה — שמואל. 20 אל קורא ההורות. חוקר כל תעלומות . . . שמע שועת ענייך קוראים
בראש אשמורות — שמ(אל?). 21 יוצר כל היקומים, וכסאו מעל כל כס וממשלתו לעולמים —
יושף. 22 לך יאתה מלכותך, בקר חסדך אגיד ובלילות אמונתך — בחיי. 24 שומר נפשות חסידיו,
לא יתמו חסדיו — שלמה. 25 צור יושב ברום זבולה — צדוק. 26 הדבר צדק ומישרים, ושמך
מהולל בפי כל אדיר ואדירים — דויד. 27 דגול שוכן מעלה, ומלכותו בטרם כל והכל משלה —
דויד הקטן חזק. 28 לך זרוע עם גבורה, יה רציני וחלצני — יעקב. 30 אדיר שוכן מעונים, אם

---

162 P. L. 289. 164 B. 63, D. 47. 166 B. Bl. 85ᵇ [קרישבין] בן קרשבון [שלמה] ולה מושה פי,
D. II, 2, 75. 167 Dukes שירי 10. 168 Zz. 188, 21. 169 ff. aus Mose b. Esra, תרשיש. — 181—84 unter
26 Hochzeitsliedern bei Neub. 325: 2, 14, 25, 26 (die übrigen sind oben zu finden). 181 von Jehuda
ha-Levi, B. Bl. 84 מושח, D. II, 2, 69. 182 desgl. P. L. 283. 183 ibn Esra, Litbl. IX, 389 richtiger als
in גנזי אוקספ' 32, vgl. Zz. 213, 8, Lh. 8, 34.

L. Einleitungen (oder גמר zu לך ה' הצדקה) der 40 Bufsnächte). 1 Zz. 559. 2 Amr. II, 12ᵇ,
Zz. 590, 27, 728 Z. 1. 6 ibn el-Tebban, Zz. 218, 6. 7 Amr. II, 10. 18 Amr. II, 15, Zz. 721, 89.
21 in Bodl. 613 n. 303 (Zz. 572, 80) zur 24. Nacht. Auf ש in יושף ist wohl kein Gewicht zu legen;
vgl. יד הפלא Amr. II, 32, ישראל למטה Lh. 99, 31, בי"ר אצבה Zz. 569, 19, קדש ישראל Zz. 574, 127 (Bodl.
613 n. 501), besonders bei Josef ibn Suli (שובי נפשי Bodl. 613 n. 314 יושף בן סולי nach meinem Index,
vgl. Zz. 500, 7), der auch שולי zeichnet (Zz. 499, 3 vgl. Amr. II, 28ᵇ, wo ישלח das Jod vertreten
dürfte). Vgl. unten Bl. 95 שבריה. 24 Amr. II, 3ᵇ, Zz. 591, 55 und 728. 25 Amr. II, 16, Zz. 730, dem-
nach in H. B. XIII, 59 „Zaddik“ Druckf. für Zadok, eben so P. L. 291, wo lies Geig. 95, 103. 26, 27
wahrscheinlich b. Elasar ibn Bakuda, nach Zz. 677, 7. 8. 28 Amr. II, 5, Zz. 720, 63. 30 Amr. II, 9.

הרבינו פשע והטאת הזדונים — שמואל?? 31 יחיד הי לעולמים, צדקה עשה למענך ואל תפן
לאשמים — יצחק חזק. 32 יה מרומם ומתעלה, יוצר כל יצורים, ובהם כל אות ופלא —
י(צ)חק? 33 בוחן לבות יצורים — בחיי קטן הזק. 34 צור אשר לו המשפט, שעה נא שועתי
י"י אוהב משפט — שמואל ה(ק)טן. 35. לך אשא לבבי, צור אשר תבין בסוד הזבי — לו(י?).
36 עושה כל בצדקה, וכני בושת הפנים ואין עמנו צדקה — י(הו)סף? 37 אל נקדש בצדקה ולנו
בשת הפנים מתרצה בתחנוני' 38 שוכן מעלה, יושבי השך וצלמות אסירי תקותיך — יהודה.
40 לובש מלבוש צדקה, ונורא על כל סביביו המדבר בצדקה — לוי הקטן.

Bl. 67 שבט יהודה בדוחק ובצער, הישאג אריה ביער — שמעיה הזק. (Ib.) בעת רצון תהנתי
לך צורי ורנתי . . . כי נמכרנו לערלים אדומיים וישמעאליים, עמלקים וגם גבלים אשר שונאים
יחידתי — משה. Bl. 69 וידוי אחר לרבי יהודה זרובבל ז"ל: אבל הטאני ועוני ופשעני (א"ב).
Bl. 71 למתודה חטאותיו, ומודה על רוב אשמיו — משה. Ib. (תהנה לכל יום) י"י אלהי ישראל
שוב מהרון . . . איה הסדיך הראשונים — אברהם. 71ᵇ (ליום א') י"י שועת עמך הקשיבה,
ועשה עמם אות לטובה — שמואל. (ב') יחיד לבות כל בני אדם הוקר, עושה גדולות עד אין חקר
— יהודה חזק. (ג') י"י סלח נא לעון העם הזה ביום השלישי בהיות הבקר. (ד') י"י אב גדל
עוני מנשוא, והסכלתי עשו — אני דויד הקטן. (ה') י"י שעה נודד מקנו, וזורר שנת עינו, ויקם
בחצי הלילה — שמואל. (ו') י"י מושיב יחידים, שעה נא לעומדים, בבית ה' בלילות — אברהם
Bl. 73 (פזמון להן אהות קטנה) מבית מלוני קמתי בצוקי, ולבית אדוני באתי בחוקי — משה
Bl. 93 (7) אסתכל בעמך דגלא מניה יקריה. (33) אנוסה לעזרה. אמנם אב עיני הגדולים —
א"ב, דויד בן נשיא 93ᵇ (32) אומרך עליון אהילה לקדוש בעד עם קדוש — א"ב (יעקב?)
(Bl. 73) אודיעך הטאתי (40) יונה נודדת מקנך. אכן אתה אל מסתתר וגולה רזים. 94 (13)
אכן אתה אל מסתתר וגלי רזין. (Bl. 71ᵇ) אל שוכן רומי. 94ᵇ (ib.) להודות באתי. (31) אדרוש
בוטחי. (10) אלהא דישראל ומרי נהוריה. (14) אליך אתודה. 95 יושב בשמים ומביט עד קצי
מים. שאו נא עיניכם אל אלהיכם וקראו אביכם רוכב שמים — שעדיה בן מסעוד. (Bl. 72) אשא
עיני אל רם ונשא. 95ᵇ.(39) יום ישבתי להודות. את הוא אלהא דגלי קדמך עמיקתא (משה??)
(Bl. 72ᵇ) שלמא לכון שארא דישראל. (7) מרן דבשמיא מר כל מרי, אלהא מהימנא גיבר על גיברי
96 אזיל מעין דמעות כמו עין — אביגדר (so) חלפון. — (Bl. 72) אראלי מרומים.

M. Hochzeitslieder (N. 89 Bl. 120 ff.).

1 ליהודים היתה אורה — יהודה הלוי. 2 בן פורת יפה עין. 3 ההני מה מאד יקרה מנתי.
4 הראיתם ברק. 5 ראו חופה. 6 אל אל גדול ומהולל אצעק מעניי יצירי — אברהם. 7 יעבר
עלי רצונך כאשר עבר הרונך — יהודה. 8 לאל הי ברכו נפשות הסידיו — לוי. 9 והולאי (so)
הלילות, הללו יה קול ששון וקול שמחה קול התן וקול כלה קראו ידידים ועלזו בהתונה.

N. (Bl. 9ᵇ n. 22.)

ידני גיאיות הומות בפהדן, גלה מחמדן ונקלה נכבדן, יתרן והמדן ליתרן והבידן([1], ילדיהן ואבדן

31 Amr. II, 7ᵇ, Zz. 556. 32 יצחק ist in Zwischenworten und unvollständig gezeichnet, z. B. in Gajjath's יום צדי und יום צעקי, Lh. 113, 28, 29, Amr. II, 47ᵇ, 48. 33 Amr. II, 18, Zz. 705. 34 das Jod etwa im Endreim? 37 Amr. II, 6. 40 Amr. II, 13, für הרשעתי hier הטאתי!

Bl. 67 שבט s. Catal. Hamb. S. 55 n. 146, Kar. IV, 131 n. 83. Ib. בעת רצון ist Refrain; Str. 2 beginnt מאבני, 3 שלטוק, 4 nach Randergänzung הבית משמים. Fehlt in P. L. 287. Bl. 71 למתודה Mose ibn Esra, Lh. 244, 53 = 246, 75 (nicht bei Zz. 614 bemerkt), Zz. 699, 41.

Bl. 71 י"י אלהי Zz. 542. 71ᵇ 1 P. L. 290. 2 Jeh. ha-Levi nach Lh. 70, 4. 4 wohl b. Elasar ibn Bakuda, Catal. Hamburg n. 146 Bl. 55ᵇ, Zz. 677, 13. 6 Zz. 542. — Bl. 73 מבית Mose ibn Esra, Lh. 247, 117, Zz. 413, 10; בצוקי und בחוקי umgestellt in Amr. II, 17. — Bl. 93 ff. die Ziffer in Parenthese bezieht sich auf N. 103 oben B. — Bl. 120, 1 B. Bl. 80ᵇ ויקאל פיה [ר' שמואל הנגיד] ופי בניה, Virgo 96. 2, 4, 5 oben K. 2, 9, 32. 6 ibn Esra, Zz. 211 Meora 2. 7 ha-Levi, Divan 21, B. 305. 8 (ibn el-Tebban bei Lh. 156, 8), B. 336, D. 46.

[1]) Zunz, Syn. Poesie 453: „Ung[enannter]."

הוצבו כבדן, זה אלף שנים צנינים בצדן, כי לדינן אין דן ויספדו כל חלדן, עדן ועדנין ופלג עדן

החשכו נשפיהם ודעכו רשפיהם, ורפו כנפיהם וקלו רודפיהם, ונערו כפיהם מכבוד כספיהם, ובאשר אפיהם תנין שואפיהם, ערב לנשיאיהם אדום לאלופיהם, ומשך ופלשת נתנו על פיהם, ונבדלו הן לבדן ואין עוזר כנגדן, עדן

ונביות וכושים רדו בהמושים, והעלום והניחום רטושים בכל פנה נטושים, גדוליהם דרושים ובתיהם ברושים, ונשים ואנשים בכל רגע ענושים, ומרוב הכחשים דלקתם נחשים, והניחום הבושים ובושה מלובשים, נתונה על מדן כמו עורן ועדן, עדן

דברי הימים נפתרו לחכמים, וקצי נעלמים סתומים והתומים, ואין נביאים וחוזים ואין אורים ותומים, וצדק עולמים נחלף בקסמים, ובנות מלכים שפחות לעמים, פרקו הנזמים וזרקו הבשמים, ועבדן יתעדן בקנמונן ונרדן, עדן

העבר טבעתם מעל יד געתם, ומעל ראש קדר את פאר מגבעתם, ואוהבי מפלתם השקם קבעתם, וגלה קץ נסתם והאר אור נעתם, הדגלך הרם על דגלי משמעתם, ומהנה כהניך תנה בתוך ארבעתם, ויצעו מרבדן באר שבע ועד דן, עדן.

O. (Bl. 54 n. 29.)

אנא אלהי הנאדר במרומי רומה, רחם עלי כי הייתי לשמה, עברו הדורות כמה וכמה, ולא נושעתי ונלחצתי ביד כל אומה, מתי תרחם ותושיע לעדת איומה, מיד בני עשו ומיד בן האמה, נביות וקדר ומשמע ודומה, הדד ותימה יטור נפיש וקדמה, ומיד בני אליפז ונחת ושמה, ומיד עמלק ומבני אהליבמה, כַּלֵּה בקצפך והשמידם בחמה, וקבץ פזורינו מצפון וימה, ומכל הארצות תימנה וקדמה, ושכליל מקדשך וציון וירושלימה, ויזהיר ישראל כזוהר החמה.

P. (Bl. 130ᵇ n. 44.)

ידידי די באהבת בת כרמים, ונשיר שיר לנאדר דר מרומים
אהיבך בך ועוזך זך עצימים, רחומך מך והומר מר רהומים
פלאות אות ונסים שים לחוסים, עשוקים קים והאר אור תמימים
כאתמול מול לבבי בי עדי כי בכשרון רון אהלל ליל וימים.

Q. (Bl. 131 n. 46.)

צאינה בנות נוא אמון במשחקים וקול תודה, לקראת ראש ההמון נביא מיהודה.

הנר המערבי בהיכל לא יכבה, בהלו יהל ערבי אורו כל אור לא ילבה, מפיו חידה כנביא ושומע הלא ינבא, על מה שולח רזון במגידי החידה, יחתם מהם החזון ויגד ליהודה.

הארון (so) לכלובי האוכח הבא, אז מלך במסבי אל הכלים נחבא, שאגה לו כלביא לשומו היתה סבה, לכל מצרים אדין שכינה עמו ירדה, קשת על איש מדון דרכתי לי יהודה.

שמש זרח מים לאורו אלך חשך, חכמי צען אַים חכמי יון ומשך, מהכמתו דים גנבו משכו משך, ולשבטו אך יתרון באור תורה ותעודה, דרך כוכב הברון וקם שבט מיהודה.

הוא הוקם על כגבר שמעו לו וחכמו, אבי כל בני עבר אמריו כי נעמו, ברכות פיו אם אשבר־נאות פיו לא נדמו, ברכות הורי אב המון ויצחק הרד הרדה, נסעו מהר הרמון ויחנו ביהודה.

יים ילך למסעיו יום בו יחם לבבי, מי יתן בין צלעיו המעט מרוב כאבי, יחלום בו על יצועיו אם אחלום בו סביבי, בבוא גיא הזיון בו תכין העבודה, בו ישמח הר ציון תגלנה בנות יהודה

R. (Bl. 139 n. 102.)

לב מעירי לעלות לבית קדשי יעירי.

אל רם ונאור לבית באותותיו תמהים, כי שב לאחור צל מעלות בדבר אלהים, וישק שיהור הרי ספרד הגבוהים, הוא מאדירי עת אעמוד במקום דבירי.

מי יעזר לי אם אין בחיר שבט אבותי, חלקי וחבלי נפל במבחר משפחותי, מושי ומחלי מתרננים שיר מעלותי, לולי בחירי שבט קהת הולך עירירי.

כל שר למינו ישא חליפות שיר לחלפון, דורש רצונו ימצא שלום תימן וצפון, פגש חרונו יפגוש עלי אורח שפיפון, כי הוא כפירי יום צר ויום שמחה זמירי.

גן שעשועי פרדס כפרים עם נרדים, צמחו זרעי כי אין ידי חלפון כבדים, צלהו נטעי ויתנו מיני מגדים, בושם קצורי גם אשכלות כופר בצירי.

חלפון מקורא מחליק אנחה בהנחה, יום שוד וצרה הפך ליום משתה ושמחה תודה וזמרה, אז קדמו פניו במנחה צום העשירי, חגי ברב חלפון גבירי.

S. Autoren. (Einfache Ziffer bedeutet A.)

Abbas, Jeh. Sam. A 77. Abigedor Chalfon L 96. Abraham (meist ibn Esra) 26 ff., 85, 94 [110], B. 29, Bl. 63ᵇ, E 7—10, H 13—18, 115ᵇ ff., K. 68—84, 93, 137, 139, 141, 143, 163, 179 [184], L Bl. 71, 71ᵇ 7, M 6. Abr. b. Chalfon J 116ᵇ, 117, K 85—87. Ahron Alluf D 71ᵇ. Ahron Chaber 92. Bal'am (Jeh.) 59. Bechai L 22, 33. Bechai b. Josef G 109ᵇ. Chalfon K 142. Charisi [Abr.?] K 132. Daniel 107. Daniel ברבי פיימי B 37. David [b. Elasar ibn Bakuda?] 63, D 73ᵇ, L 26, 27, Bl. 71, 4. David b. Amram B 43ᵇ. David b. Josef K 129, 130. David b. Nasi B 22, L 93ᵇ. Ebjatar K 140. Elasar J 120ᵇ. Eljasaf (nach Zunz, H. B. XIII, 59, vgl. Samuel b. Elj., Zz. 653). Esra B 24. Isak L 13, 31, 32. Isak אלאואני K 88. Isak b. Capionas (? ein junger Mann) B 30. Isak ibn Gajjath 51—54. 86. Isak b. Jehuda (Gajjath?) 91, 95. Jakob 69? L 1, 5, 28, Bl. 93ᵇ. Jehuda L Bl. 63ᵇ und n. 18, 38. Jeh. Charisi K. 49, 98—100 K 104. Jeh. ha-Levi 2—24, 60, 65, 71—84, 96—98, 101—103, 106 [108, 114], E 3—5, G Bl. 104, H 1—5, 7—12, J 116ᵇ, K 1—51, 89—92, 164, 166 [181—82], L Bl. 71, 2 (?), M 1, 7, 8 (?). Jeh. Serubabel L Bl. 69. Jesaia (?) K 101. Jeschua B 26 (?), 34, 36, 39 (?), wohl identisch mit Jeschua ben Jakob B 27, 28. [Joab, irrthümlich, 58.] Josef (יהוסף 36?) K 94, L 21, vielleicht Josef ha-Levi 25, L 12, oder ibn Suli? Levi b. Jakob [ibn el-Tebban] 55, L 6, 35, 40 [A 10, M 8 von Jehuda ha-Levi?]. Mas'ud b. יחיה B 18. Meschullam 93. Mose D Bl. 71, L Bl. 67, 95ᵇ (?), vielleicht = Mose b. Esra 46—50, 99, 100, 115 (?), D 71ᵇ, K 169 ff. (תרשיש), L Bl. 71. Mose b. Kathir B 16, 21. Saadia B 31, 32. Saadia Gaon C. Saadia b. Ja'abez b. Saadia B 43. Saadia b. 'Awwaḍ B 31—33. Saadia b. Mas'ud L Bl. 95. Sahl D Bl. 73. Salomo (theils Gabirol, vielleicht b. Abun wie 45) 37—45, D Bl. 71, K 158, 159, L 4, 24. Sal. ibn Gabirol 32, 33, 35 ff., 117 (?), G Bl. 109, K 105 ff., 161, 167. Sal. b. Mose D 72ᵇ. Sal. b. Sar Schalom B Bl. 42ᵇ und n. 41. Samuel 34, H 5, L 7. 20, 30, 34, Bl. 71ᵇ. Sam. Kohen B. 42. Sam. ha-Nagid K 52 ff., 123 bis 126. Schemaja L Bl. 67. Schemarja 88, vielleicht = Sch. Kohen D Bl. 72. Tamim B 15, wohl T. b. Josef 14, 19. Zadok (nicht Zaddik) L 25.

IV. Vorrede des Jehuda Natan (S. 86 N. 111, Mich. 330, München 121).

נאם יהודה בן שלמה נתן ע"ה לזמן הזה צור הגיעני, בין (כי בא) הקץ (קץ אלי) ייעירני, לספר דברים אמרום צופים, חיות ושרפים, מקיצי נרדם וישן מעירים, הן הן הדברים הנקנים באמירה, מפי הגבורה, קול ענות גבורה, ואכתוב ספר ספר וספור[1] דרך כללית, להיות לי לפה ולמליץ ולהתנצלות, בכל יום ויום בת קול יוצאת ואומרת, יום כנגד יום שומרת, השמים מספרים ומגיד הרקיע, יום ליום יביע, הרי שלחן והרי סכין והרי בשר היורד מן השמים לא יחסר, טהור הוא (טוב) ואיכא מאן דאסר, וכי תאמר מי האנשים האל, הנה עם בני ישראל, בני ציון היקרים, ועליהם בכל הדברים

[1]) Anspielung auf die bekannte Stelle im B. יצירה; die Var. והספור ist daher schlechter.

שמעו כי נגידים (נגידים כי) אדבר, דברי ריבות ותוכחות אחבר, כי ריב לי עם זמני ועם אנשיו,
המשמרים הבלי שוא, מלאתי מלין קשין כגידין, ענושין מן הדין, איגרי גיראי ויסובו רבים, על שער
בת רבים, לגלות מומיהם ונגעם, וזה משפט העם, איש איש אל כל שאר בשרו יקרב להנאתו ולטובתו
בעד כסף צרורו, גמר קיחה קיחה [1] הביב עליו ממון חבירו, יתן בכיס עינו אשר שם הזהב, לאמר לו
הבא הבא והבהב, וכל חיך שטעמו טעמו פגמיו חלפו עם אניות אבה כסף וזהב ומגדנות, דבר תורה
מעות קונות, ואשר עפרות זהב לו וכעפר כסף כסף רבה, בני ישראל סומכין אותו רב ודיין אדם השוב
גברא רבא, ויותר מהמה להזהר מן הצבועים (הצנועים), זאבי ערב חיות וצבועים, אשר בידם החותמת
חותם תכנית, ספרי מינים והחכמה (החכמות) היונית, בוקי סריקי ביתוס וצדוק, כל היד המרבה לבדוק
מה למעלה מה למטה אחור ופנים, יודעים לטהר את השרץ מכמה פנים, עושים תורתם פלסתר, ולא
זכו לקלסתר, זהו דרך רוב העולם בלתי סגולות ויחידים, אנשי מעשה וחסידים, הנגשים אל י״י, בית
וההיכל לפני, יהל על ראשם נר מצוה ותורה, צבי עדים נקודות כספה ותורה, קובעים לה (לו) עתים
בהגיע תורה, נכנסין לפרדס ויוצאין בשלום האנשים האלה שלמים, אנשי אמת בחותמו נחתמים [2], כל
גבור תמים, חרד על דבר אלהיו וירא, (ולא [so] שם בשלשה) ידין ידין ויורה יורה, תמיד לא יחשה
קול הקורא בהרים, [3] ממוצא וממערב וממדבר הרים (הים!), באין אומר ואין דברים, יריע אף יצריח
כגבור מזוין, וזה לשון הענין, מי בכם ירא י״י הולך נכחו, כי [בי?] י״י אלהים ורוחו, ואצלתי מן
הרוח עליו אשפיך רוחי, יערוף כמטר לקחי, היש קורא אלי ואענו, מדי דברי בו זכור אזכרנו, יום
ולילה צווח וקובל, הימין פשוטה לתת ואין מקבל, וכשמוע האנשים, בנן של קדושים, ממשפחת רם,
בעלי ברית אברם, את הקול מדבר, וחיילים יגבר, פחדו פחד והרציהון משתריין, אחר שמלאו כריסם
(שאלם צריכים!) בשר ויין, ויאמרו לאמר מי יעלה לנו השמים, מתיבתא דרקיעא, ומי יורה דיעה,
במחברת השבעה, [4] מבלי אריכות והצעה, למען היות התלמוד עיקר, דגמירי דלא משקר. בעונותינו
שרבו יצאו מהם מה שיצאו, באהל יעקב בדקו ולא מצאו, כי אבדה חכמת חכמינו ואין חזון נפרץ,
ולכל (ובכל) בני ישראל איש לשונו לא יחרץ, לדבר באלו החכמות לא (ולא) יקרב, ותהי הזות הכל
והמשא בערב, ודברי אגור, בתוכם אגור, ויריעות שלמה באהלי קדר, חכמה מפוארה בכלי מכוער,
ובחמלת י״י עלי פקחתי עין בלשון ההוא, ותקח אזני שמץ מנהו, ויהי אתי קצת מספריהם, ובינותי
מעט בהם (מהם), ובכללם היה הספר שמו כונות הפילוסופים לאבו חמד אלגזלי הלך בו בדרך
קצרה וארוכה [5], שמורה בכל וערוכה, בהגיון ובטבע ובפילוסופיאה (הטהורה) הראשונה וכלל בו (כל)
כונותיהם ביותר נכון שאיפשר. וכשמוע (וכששמע) אדוני דודי ר׳ נתן ב״ר שלמה (שלמיה) נ״ע את
שמעו עם יתר אחי האוהבים החכמה ויושבים בצלה, אוחזים בכנף מעילה, באמת ובתמים ואין בו
משום מעילה, בקשו (את) פני בזה (על זה) והוא צוה עלי וידו היתה עלי להעתיקו אליו, ולהסיר
הבגדים הצואים מעליו, כי הוא טעם טעם דבשו ויאורו עיניו בשכבר העתיק מקצתו אחד מן
החברים אשר לקולו מקשיבים, ובגלות החל הזה אשר בצרפת הלך עם ספריו לארץ אחרת ויבוקש
ולא נמצא, [6] ואמנם הייתי בורח מזה לכמה סבות מצדי ומצד ההעתקה ומצד הספר, אם מצדי מצד
חסרוני בשתי הלשונות וכ״ש בידיעת החכמות אשר כללם זה הספר, ואולם מצד ההעתקה לרוב קשיה
ועמקה, וכבר הודיעו זה קדמוני המעתיקים, והדברים עתיקים, ובפרט העתקת ספרי זה המחבר,
אשר בעמקי שפה ידבר, בכל ספריו (כי הוא היה מליץ ומשורר כמו שיודע [שידוע .l] זה למי שיבין
ספריו) וספרי שאר המחברים, ואמנם מצד הספר כי הספר אשר העתקתי ממנו היה מוטעה ומשובש [7]
גורע ומוסיף משנה ומחליף, ומכל אלה הפנות, היה לי לפנות, ולירא מעלות אל הר מרום ההעתקה,
פן יהיה לי לפוקה, וכבר הודעתי זה אל המחלים פני בזה (על זה), ובאמרי (ונאמר!) משמט אני,
הם אמרו אע״פ כן, טבוח טבח והכן, ולקיים מצותם נתאמצתי במלאכת ההעתקה הזאת ושנסתי מתני
ההריצות והעתקתי את הספר הזה כאשר השיגה ידי ונמשכתי בהעתקתי זאת בדרך (אחר) המעתיקים הראשונים,
פעם להוסיף ופעם לגרוע ולחדש בנינים, לא אכוין אל צחות המליצה רק למה שאחשוב שהוא

---

1) Talmud Kidduschin Bl. 2. 3) Gottes Siegel ist die Wahrheit, Sabbat 55; vgl. zu מאמר הייחוד von Maimonides S. 32. 3) Im Erheben der Stimme. 4) Eigentlich Conjunction der 7 Planeten, hier der 7 Wissenschaften; vgl. unten. 5) M. ארוכה וקצרה gegen den Reim, über den Sinn s. mein Anm. zu *Prophatii . . Procemium* in *Almanach*, Roma 1876 p. 22. 6) s. Anhang V S. 134 A. 3 7) Ueber diese gewöhnliche Entschuldigung vgl. Catal. München S. 120 A. 2.

כונת המחבר, ונסמכתי (ונשענתי) בהעתקתי זאת אל (על) שלשה דברים, הראשון הבטחון בשם ועל
זכות (ובזכות) ההכמים שיעזרוני, ואשר שגיתי יורוני, והשני הספרים המתחלפים אשר אתי ההולכים
בדרך זה המחבר (הזה) והם קצת ספר אלשפא[1] בחכמת הטבע ומה שאחריו לישיש (בן סינא)
וס' ההצלה (ההלצה!)[2] הכולל (בקוצר) שבע הכמות (לו) ג"כ וספר הקירות המזרחיות
לפילוסוף אבן אלכטי"ב[3] וספרים אחרים רבים ועל פיהם דנתי כל טעות (ריב!) ושגיאה הנמצאים
בספר הזה שיש להם מבא בהבנת הענין, זולתי ארבעה או חמשה אפשר שהוא מצד חסרון הבנתי או
טעות נפל בספר ולא ידענא מה אדון[4], וכבר רשמתי עליהם[5] ולא מסרתים אלא להכמים; וכמעט
אומר שלא נשאר בכל זה הספר טעות שיש לו מבא בהבנת המכוון (הענין) זולתי שמירה (מזה) מקצת
השגיאות שהם בין לשון רבים ליחיד או זכר ונקבה וזולתם שאפשר שנשארו בו מעט, ולכן אחלה פני
כל מעיין בהעתקתי זאת בל ימהר ויחיש, לסתור ולהכחיש, את כל אשר הגדלתי והוספתי, או גרעתי
והחלפתי, כי לא מלבי רק כפי מה שהורוני הספרים ההם, וכאשר (וכבר) רשמתי על קצת המקומות
אשר תקנתים מקום הספר על פיו דנתי המשגה ההוא גם בקצת המקומות אשר נראה לי שקצר בם
החכם המחבר, העירותי על מקום הדרוש ההוא בשאר הספרים, ואל אלהים יודע וישראל הוא ידע כי
לא להתגאה (להתגדר) ולהתפאר עשיתי כי אם להעיר על מקומות העמידה[6] ולולי נחץ (נדין) מקצת
אחי וכספם לזה הספר הייתי כותב בסוף בקונטרס אחד כל הלשונות ההם ויהי כבאור לרוב דברי עד
שלא ינצר [יבצר .l] תועלת מזה הספר. והענין השלישי ראיתי בזה הספר שתי תועליות כוללות,
הראשון והוא אשר רמזתי אליו תחלה כי כל איש אשר מלאו לבו לקרבה אל המלאכה מלאכת שמים
והוא הפסק בחכמת התלמוד אשר יצטרך בידיעתו לזמן ארוך ולב רחב ויכסוף לדעת אלו החכמות על
מתכונתם בזמן קצר עד שלא יצטרך לבטל תלמודו, כי כל איש כוסף לזה בטבע, ימצא כל מבוקשו
בזה הספר אשר כלל [כולל] כונת הפילוסופים כולם ביותר קצר שאפשר ולא יצטרך אל ספר אחר
מהם ואמנם מה שרמז אליו בן רשד בראש קצורו לשמע טבעי באמרו שהוא לא השלים מה
שהתר מזה, אפשר שירצה בו שלא השיג תכלית המכוון אשר בעבורו חבר זה הספר והוא הפלת
הפילוסופים כאשר יראה מדברי בן רשד בספר הפלת ההפלה אשר השיג עליו ברוב הפלותיו,
ואפשר שירצה בו גם כן (כי גם) כללות כל כונות הפילוסופים לא השלים, וזה משני צדדין, האחד כי
הוא ערב בו קצת כונות הישיש בן סיני (so) אשר נטה מעט (מקו) מדרך ארסטו בקצת המקומות,
והנה רשמתי אני על המקומות ההם שהם דעות בן סיני, והנה מצד [זה?] לא כלל כונות הפילוס'
כי שם הפילוסוף כמו שיראה מקצת דבריו יאמר על ארסטו ופילוסופי יון שאין דת להם ועל כל אשר
זולתו מפילוסופי ישמעאל וכ"ש מבני אומתינו במין מן הספוק, והצד השני כי הוא בקצת המקומות
אשר בא עליהם מופת מוחלט עזב המופתים המוחלטים שיצטרך לישבם על אריכות גדול ועשה מופתי
המציאות ובקצתם המופתים הנצוחיים המקנים האמת לתועלת אשר זכר בתועלות הנצוח, וכל זה לא
יזיק במכוון לדעת אופן כונותיהם בזמן קצר על השלמות או קרוב לו. והתועלת השני להעיר כל בעל
דת לנקום נקמת תורתינו הקדושה מיד המתפלספים המהגי"ם והמצפצפים, הרפות וגידופים, ולהשיב
עליהם על דלתי העיון ישקוד, וטרף זרוע אף קדקד, כמו שכוון בזה מחבר זה הספר אשר הייתה
כוונתו בו להפיל בספר נפרד כל מה שהוא סותר פנת דת מהם[7] אשר זכר, ומי ראה [ומי יראה?]
אלו יוצאים ולא יצא ולא יעור מתנומת הסכלות למן [ללמוד .l?] בעצמו ק"ו שאין עליו תשובה
שאם זה בחק שומרי דתם הנמוסית על אחת כמה וכמה בחק תורתינו האלהים שירדה מן השמים
ויתעורר להכיר האמת מן השקר ולבור האוכל מן הפסולת, ישליך הסובין ויקח הסולת. ואחרי הצעי
דברי התנצלותי אחל בהעתקת דברי המחבר ולמשופטי אתחנן בתחנון משיחי העבר עיני מראות שוא
בדרכיך חייני. האמנם בעבור היות זה הספר כולל כונות הפילוסופים זכר דברים סותרים קצת פנות דתינו
אשר מפיה אנו חיין, סדרתי בראשו את שלש עשרה הכריתות, אשר על הלוחות חרותות, הם י"ג
עקרים כסדר הר"ם ע"ה להיותו תמיד בין עיני המעיין ואותם לא ישה וברומז הרוצים [הרוזים?] ההל
וגמר וזאת ליהודה ויאמר אגודה זו ואלו הקשרים וכו'.

---

[1]) S. oben S. 112 A. 1, Hebr. Bibliogr. X, 23. [2]) النجاة. [3]) Razi der jüngere, H. B. VIII, 69, XVI, 64. [4]) Bis hierher geht Cod. München. [5]) Diese Bezeichnungen scheinen von den Abschreibern weggelassen. [6]) עמידה Anstand nehmen, Zweifel, Skepsis. [7]) מחמד oder דתיהם? Für dieses letzte Stück konnte ich nur unvollständige Excerpte aus Mich. benutzen.

V. Vorrede des Kalonymos b. David etc. (S. 88 N. 112[3], Mich. 212).

אמר המתרגם עד בשחק נאמן, עש כסיל וחדרי תימן, כוכבים ממסילותם מאימם [מאירים] ואפלים,
קטנים וגדולים, בשש מערכותם כל בני אלהים, ישרים ונגוהים, אשר מראש טלה עד זנב דגים, כי לא
להתגדל ולהתנשא, בשביל שאקרא רב או תלמיד לשבת על בימה וכסא, דחקתי ונכנסתי בהעתקה הזאת
הכבדה, אשר בני עליה והם מועטים מכירים ערכה ויודעים סודה, יודע אני ומכיר קצת מחסיונותי ותקח
אזני שמץ מכללם ולולי מאמר החכם באמרי לא אדע אקיים כי אדע, הייתי אומר שאני מכיר כולם
יען נקבצו בי כל הסבות המונעות ההעתקה ומפסידות אותה, על כן לא סרתי הייתי[1] ירא מגשת אליה
פן אשחית את נחלתה, בינותי בספרי הערב מעט מעצמי מבלתי מלמד הורני, לא שכרתי אבן עדי
ולא המדקדק יחני,[2] לא ישבתי בארץ מצרים ולא שכנתי עם אהלי קדר, ואיך ישמעני פרעה ואני
ערל שפת העברים ואורה בלשוני קידר ויותר מהמה מיעוט הבנתי וקוצר השגתי באלו החכמות, אשר
הם באמת לי ולכיוצא בי נשאות ורמות, כ"ש וכ"ש דברי זה המחבר, אשר הוא עמוק המליצה מאד
ובעמקי שפה ידבר, וגם דרושי זה הספר הם היותר עמוקים והחזקי (so) העיון ורבי ההקירה מכל
דרושי חכמת הטבע ופרי חכמת מה שאחר, ועליה [ועליהם?] ועל כיוצא בהם אמר נגיד האל ומשיחו
אשר בו בחר, רחוק מה שהיה ועמוק עמוק מי ימצאנו, ומי היודע דרכי השם ית' והנהגתו במציאה איך
הוא וידיענו. ואולי יענה עזות גוי כביר, אשר אמרו ללשוננו נגביר, דרך קשתו כאויב ובחץ לשונו
אותי דקר, באמור האח זכרתה (so) הטפל ושכחת העיקר, מי נתן לך רשות לעמוד, מן אור הבקר עד
עתה משתכיר בין תכלת ללבן עד שתכלה רגל תרמוד,[3] ואף כי היית מומחה בכל, כהימן וכלכל, איך
תמציא זה אל לשוננו, ודבר זה מתורת משה רבינו ע"ה לא למדנו, הזאת חשבת למשכינו, לפשט
ולפרסם באומתינו הקדושה טענות זה הכופר בן רשד באלו הדברים אשר הם יסודות האמונה, איני
רואה אותך, אלא שכבר השלכת פנות הדת, למה לך בהדי כבשי דרחמי', חי י"י אשר עשה לי
את הנפש, כי לא פרקתי עול מלכות שמים בזה ולא לבשתי בגדי הופש, שויתי י"י לנגדי והוא יודע
ועד ודי בו עדות,[4] המעביר על פשע והרבה עמו פדות, כי אני לא סרתי לדחות רצוני ולמשוך ידי,
זה כמה בצפייתי צפיתי ועמדתי על עמדי, אבל מה אעשה וכבר חברו עלי חברים, מקשיבים לקול ספר
הפלת הפילוסופים לאבוחמד ויאשרוהו על טוב חריצותו לטעון באלו הדברים, ויעירוני ויאמרו לי,
אנא אחינו, בבקשה ממך העתיק זה הספר ולדעת את דרכיו הבינו, כי במעט הדבש אשר בדברי
אבוחמד יאורו עינינו, והרצון אל הקרוב אל ההירשים ההם, אשר לגודל מעלתם צואה עלי דבריהם,
אנכי נערתי הצני שמעתי לקולם בהתחננם אלי במתק שפתיהם, דנתי ק"ו בעצמי אי שמים לא תהא
תורה שלימה שלנו כשיחה בטלה שלהם, אם האיש אבוחמד אשר גדל בדת נימוסית קנא קנא לאלוהיו,
הכניס ראשו בין הררי הפילוסופים וערך אתם מלחמה, ויאכל חיל וחומה, קעקע בירתם עד היסוד
והרס בנינם, אשר השבו השביהם [השוביהם] שראיות השכל הביאום עד אמתת עניינם, מה יעשו אנשי
קהל התורה בעלי ברית אברם, אשר הפנות האלו קבלה הם בידם מנביאי האמת אשר כל רז לא אנס
להון ועדנה עונינו גרם מעת הוסר התמיד והבית הזה חרב, ויתנצלו בני ישראל את עדים מהר הורב,
כל ימי שבת הבית העמד איש נגדם, הרב רב עם ישראל בטענות הטעיות (so) אם נלחם נלחם בם
עד מגן גבורהו מאדם, ועתה אין חזון נפרץ מופתי הכרהי, אב לא בדרך הספור ההגדי ההנחי, אין איש
להביא אניות התורה ביבשת האמת יחתר, כמו שיעדנו רע בעונותינו ואבדה [חכמת] חכמיו ובינת נבוניו
תסתתר, ע"כ אמרתי ציון היא דרש אין לה, מכלל דבעיא דרישא קנאתי לה קנאה גדולה, ויהי עם
לבבי להעתיק זה החבור להשאיר (so) אוהבי יש ולהשאיר ברכה, לטעת בלבבם הפנות התוריות ולא
ישאר בם ספק ומבוכה, ולמען ירגיל כל אדם נפשו לטעון כנגד החולקים וכל ראיותם יהרוס הרס,
יהיה שקוד ללמוד תורה [לדעת?] מה שישיב לאפיקורוס, יאזור חיל כגבר, ואף אם ישב על משבר,
להמית בטענות כל איש שואל בתרפים בהצים קלקל והיילים יגבר. וחי האמת לו יש ספר ההפלה
לאבוחמד בידי או אם היו פרקיו שלמים בזה החבור, לא השלטתי נפשי להעתיק מתשובות אבן
רשד אפי' מלה אחת לא ברמז ולא בדבור, האמנם יען הוא מקצר לשון אבוחמד ברוב הפרקים
ומבאר בלשונו העולה מעניין הפרק על צד בהירות הקיצור כמנהגו לא ראיתי לחלק החבור, והעתקתיו

[1]) הייותי? Arabismus? [2]) Maimonides, Moreh I, 71. [3]) Berachot 9, Sabbat 21^b. [4]) Der fromme Schreiber wufste schwerlich, dafs seine Phrase dem Koran entstamme: كفى بالله شهيدا 4, 181; 10, 30; 17, 98; 29, 51.

כולו על סדרו מצורף לוף סבה אחת (אחרת) הייצה ידי והניעה קולמוסי, היות תשוביותי וקושיותי חלושות ורפות בקצת המקומות, כמו שיחשוב מי שנתפלסף באהוו דעתם ימדבר על צד בקשת הנצוח לאיש נוקם ובעל חמות, וזה יתבאר למי שיקרא מהלוקת שני אלו האנשים על פני כולה, ואם קראה סרוגין לא יצא,[1] ובזה יחליש טענות הפילוסופים והוא לא ישער, ואז יהיו דברי אבוהמד התוריי אצל מטיבי העיון יותר מקובל ויותר מרוצה

וכבר היה עם לבבי אני המלקט בשבילי (בשביל) ההכמה אהר קוצרי האמת אלומים בתוך שדיהם מאלם, בגלל הסבות המזכרות זה שמי לעולם,[2] אך מזה הדלתי חדול, פן יתלה סורחוני באילן גדול, הוא החכם המפורסם ר׳ יצחק (דנחנה),[3] אשר על פנינו חנה, ושמענו שהעתיק זה הספר זה ימים, וילך אל ארץ[4] לגלות במקום תורה ולישב בין הכמים, או אולי בנשיא. אלהים אשר שמי כשמו,[5] אשר ברכבי (ברכנו) בטוב טעמו, הבקי בלשון הגרי, הצח מאד בלשון עברי, וילמוד ספרי הלשון כשדי (יוני) וגפטי, וכשהתחיל (עד שהתחיל) להעתיק (זה הספר) בלשון לטין, והאיר עיני הכמי פרובינצא בהעתקותיו הברורות, ויתן להם נבחר (מבחר) משנה ואלף, אשר הם כמו שאמר שלמה ע״ה יבזה הלשון בעצמו אמר גלינוס אדם אחד מאלף

וזה החלי בדברי הספר, אני קלונימוס בן דוד ב״ר טודרוס הנותן אמרי שפר, שבח ותודה לאל הגומר עלי ולפניו ישפוך שיחו, ולמשופטי אתחנן בתחנון משיחו, יהיו אמרי פי לרצון, ואל ימשלו בי לצים חמדו להם לצון, והמתקן שגיאותי וגם דברי, מוכיח אדם אחרי, אם אני והאמת אוהבים אבל האמת יותר ראשון,[6] הן ימצאו ממחליק לשון.

אמר קלונימוס בן דוד הידוע בטודרוסי השאלות אשר כלל אותם ספר הפלת הפילוסופים לאבוחמד הם ששה עשר שאלות באלהיות וארבעה בטבעיות. אולם באלהיות א׳ בספר (בספור) ראיותם בקדמות העולם . . . אלה הם כל השאלות אשר כללם כל הספר. ראיתי לכותבם בתחלת הספר להמציא לדורש את דרושו בנקלה ולהקל על המעיינים בבקשם אחת אחת מהן.

אמר המעתיק אמר השופט הישיש אבו אלוליד מחמד בן אהמד (מחמד) בן מחמד בן רשד אחרי השבח לאל בכל תהלותיו. הכונה[1] בזה המאמר שנבאר מדרגות (מדרגת)[2] המאמרים המסודרים[3] בס׳ ההפלה לאבוחמד[4] בצדק[5] והספיק וקוצר[6] רובם ממדרגת האמת והמופת. אמר אבוחמד מספר[7] לראיות הפילוס׳ בקדמות העולם נסתפק מראיותיהם[8] בזה האופן על מה שיש[9] לו נפילה בנפש. ואמר וזה האופן מן הראיה[10] ג׳. הראיה הראשונה אמרם מן השקר שיבא[11] מחודש מקדמון מוחלט[12] לפי שאנו[13] כאשר הנהנו הקדמון לא יסודר[14] ממנו העולם דרך משל אחר כן[15] סודר . . . אמר בן רשד[16] זה המאמר הוא מאמר שבעליונה שבמדרגות[17] הנצוה ואינו מגיע הגעת[18] המופתים[19] הם מן הענינים העצמיים המיוחסים וזה ששם האפשר יאמר בשתוף. — Lateinisch (von Kal.): „Proleg. Averrois. Intentio nostra in hoc sermone est declarare ordinem *et apparentiam* opinionum sermonum positorum in lib. destruct. philos. Algazali et diminutionem (!) plurimorum dictorum eius a gradu veritatis et demonstrationis. Ait Algazel, *recitans* rationes philos. de antiquitate mundi. *Sufficit* autem nobis narrare ex rationibus eorum, id quod est *conveniens* animae. Et dicimus quod hic modus

---

1) Megilla 18. 2) Reim und Anspielung auf Kidduschin 71 erfordern לְעַלֵּם: der Uebersetzer würde sich nicht genannt haben. 3) Oben S. 89 Z. 4 lies: „welche derselbe mit sich nahm"; ich habe, aus dem Gedächtnisse schreibend, den Uebersetzer der כוונות (Anh. IV S. 131 A. 6) und den hier folgenden Kalonymos confundirt. Carmoly, *France Israël.* 93, hat *Boniac* für Isak. 4) Fehlt אחרת oder ein Namen. 5) Kalonymos b. Kal. נשיא (s. Hebr. Bibliogr. XI, 54), der als noch Lebender genannt scheint. 6) *Amicus Plato* etc., s. Catal. Hamburg S. 112 Anm.

1 Abweichende Uebersetzung in Codd. Warn. 6 und 15: אחר שבח האל ית׳ הנה הכונה. 2 סדרי. 3 המקוימים. 4 לאבי חמד fehlt. 5 באמית. 6 וקיצור. 7 חקור. 8 ונקצר מראיתם. 9 שלו. 10 הראיה הנה היא. 11 שקר כדי. 12 משולח. 13 שאנחנו (שאנו Cod. 6). 14 יסודה C. 15, ... C. 6 (יתגלגל C. 36 auf Rasur). 15 כן fehlt, יתגלגל C. 36. 16 אמרתי. 17 ביותר עליון בסדרי. 18 מגיע אל. 19 Hier fehlt in unserer HS. der Satz לפי שהקדמותיו הם כוללית והכוללות הפשוטות, C. 6 בין השבים בין המשתתפים für השתוף.

rationis est triplex. Primus quidem, cum dicunt impossibile est ut *proveniat* innovatum ab antiquo *absoluto*, nam cum posuimus quod ab antiquo non *provenerit* mundus ex. gr. *deinde* provenit . . . . Ait Av. Iste sermo est sermo in supremo *gradu graduum* Topicae et non pervenit *ad* demonstrationem, quum propositiones eius sunt generales." — Der 2. Absatz beginnt:
אמר בן רשד זה המאמר הטעאיי וזה שלמה שאי אפשר לו שיאמר באפשרות התאחר מציאות הפעול מפעל הפועל לו והסכימו על הפועל כאשר היה פועל ביחד אמר בהשארות התאחרו מרצון הפועל.[1] „Ait Av. Iste sermo est fallax, quoniam, cum impossibile sit ei *dicere possibilitatem retardationis* esse acti *actioni* id agentis et *deliberantis* actionem ipsam, cum fuerit agens *eligens*, dixit *possibilitatem retardationis* eius *provenire* a voluntate agentis." — Ende der Metaph. אחר כן נאמר אחריהם בשאלות הטבעיות אם יאבה הש"י, W. 36 Bl. 128ᵇ ירצה, W. 15 אחר נאמר אחריהם אם ירצה האל; „et deinde loquemur de disput. phys. si Deus Gloriosus voluerit." — Ende Phys. ואמר בזה הספר שלא יאמר אחד מהישמעאלים בגמול[2] ההוהני ואמר בזולתו שהצופים יאמרו[3] בו. וכפי זה (הנה) לא יהיה כפירה מי שיאמר בגמול[4] ההוהני ולא יאמר במוחש קבוץ ואפשרות זה המאמר בגמול[5] הרוחני. וכבר ישיג (ישיב)[6] ג"כ בזולת זה הספר בכפירה בקבוץ . . . ואין ספק שזה האיש טעה כפי[7] התורה . . . כמו שאמר גליניוס (גאלינוס) אדם אחד מאלף והמניע(ה)[8] אל שידבר בו מי שאין מאנשיה . . . וירים המכשול[9] בטובו וחסדו[10] כי הוא חונן (ומטיב) לכל; „et sicut ait Galenus unus ex mille . . . quia est tribuens et benefaciens omnibus."

VI. Avicenna, השמים והעולם (S. 91 N. 112[11]).[1])

השער הי"ג נדבר בו מטבע השבעה כוכבים ומטבעם (so). בשער הזה נחפש ונחקור ענין טבע הכוכבים לדעתו ובתחלה נשאל אם הכוכבים הם מטבע האש כמו שחשבו קצת אנשים והביאם לשגיאה הזאת חוש הראות והמשוש (so) בראותם שהכוכבים בהירים ומאירים ומחממים ומפני שהחום והבהירות הם סגולות באש כמו [דמו?] שטבע הכוכבים בטבע האש אחר שהסגולות האלו בם וזה דבר שאינו (so) כי כל דבר שיחמם דבר אחר יחמם אותו או בעצם או במקרה, בעצם כמו האש שיש לו בטבע לחמם כל המתקרב לו, במקרה כמו שתמצא הרבה דברים מחממים הגוף אע"פ שהם בעצמם אינם חמים בטבע כקור והתנועה שהתנועה הגדולה אע"פ שהתפרסם שהיא מחממת אין החום טבע לה וכן הקור מחמם ולא בטבע כי זה הפכו אבל סבת חמומו הוא שהוא סותם הנקבים הדקים מגופי הבעלי חיים ויתחמם גופם מפני שהחום הטבעי בורח מפני הקור כמנהג ההפכים ונכנס באיברים הפנימיים והגוף מתחמם בזה במקרה. על [פי?] הדברים האלה נבטל דעת כת החושבים שהכוכבים מטבע האש מהיותם בהירים ומחממים לפי שיש דבר שיחמם דבר אחר ואיננו חם בטבע כמו שהתבאר, וכזה נמצא דברים בהירים ומזהירים שאינם המים בטבעם כעיני החתולים וקשקשית הדגים א"כ אין הכרח שנאמר שהכוכבים מטבע האש מפני היותם בהירים ומחממים אבל ההפך נמצא אצלינו בראיות אמתיות שאין טבעם טבע האש.

VII. Aus Salomo da Piera's Divan (S. 94 N. 114) S. 78.

שלח[2]) לי שיר הדש אשר מצא כמוהו בשירי לשון הנוצרים וכה אמר:

לצפור ביתך יום יום אקנא   ומי יתן אני אהיה דרורך

אמרתי זה (ה)מאמר הטעאיי וזה שהוא אחר שא"א לו העברת עזיבת מציאות פועל והפעול (שנוי פעל[1] הפעול) מפועל הפועלו (הפועל) ומהשבתו על (אל) הפועל כאשר היה פועל בוחר (so!) אמר בהעברת עזיבתו מרצון הפועל. [2] ביעוד. [3] שהצופייה ידברו. [4] (ביהוד!) על כפירת מי שדבר ביעוד. [5] ולא דבר במוחש הסכמה ובעבור (והעביר) זה המאמר ביעוד (ביהוד). [6] חזר. [7] שגה על. [8] איש אחד והרמת ראש. [9] ולהסיר המכשלה. [10] Ende.

1) Vgl. die Probe der latein. Uebersetzung bei Rose, Aristoteles, de lapid., in Zeitschr. für Deutsch. Alterth. n. F. VI, 342.

2) Vidal b. Benveniste ibn Labi, s. Hebr. Bibliogr. XV, 79. — Für Kenntniſs und Anwendung

דרודך לא אבקש כי בכל לב   אהבתיך ואיככה אמירך
אמירך גרגרי שכל בראשו   מריקים בין למלאת את צרורך
צרורך משכו יקר ומתקו   רגביך כמו צופך ויערך
ויערך עץ תבונה בו ועמו   לשבעה די לכל יבא בעירך
בעירך כל בני בינה והשכל   ולכן אחזה רגלם אשורך
אשורך אך בעין לבי ותוכו   נטעתיך ומנהו לא אסירך
אסירך הנני ואסיר נדודך   אבל לבי יקו לאור באורך

(S. 105) ועל מצבתו (של דון בנבנשת) כתב בנו דון וידאל בנבנשת ׳ן לביא(1)

הוה עלי הוה ושוד על שבר   נוסדו לבית יעקב ולבני עבר
יום נאסף רועם ועדרם נשאר   נודו בכל פנה ואל כל עבר
על מי מנוחות נהלם לאט הכי   חכמה ומעלה חברו בו חבר
אכן במותו התהלות ירדו   אחריו ופה לקחו אחזת קבר

ועוד כתב:

עש יאכלהו עש וירוץ אל   הבור צבא מרום והגלגל
הן זאת הקרנוהו והאבן   הזאת לזכרנו ועד הגל.

VIII. Salomo Abigedor's Vorrede (S. 98 N. 116[4]).

[Benutzt sind Cod. Reggio 13, München 249 und meine beiden.]

אמר המעתיק לא מסכלותי ומיעוט בחינתי (בחינותי, כחותי) בקצורי, בחכמת המשפט ובדרכי לשון נוצרי (הנוצרי), העירני רוחי להעתיק זאת המגלה בלשוננו לשון עברי, ולא מגאותי והתנשאותי על בני דורי, ולהתפאר להיות בשם המעתיקים הגדולים (גדולי) עמודי עולם שמי וזכרי, לא נופל אנכי להכיר חלשת דעתי ושכלי, כי בער אנכי מאיש ולא בינת אדם לי, אמנם הביאני והעירני לזה טוב הכוונה והמחשבה בראותי כי לאורך גלותנו, נאבדו רוב (כל) ספרינו, ושבנו אומה סכלה (שפלה!) דלה ועזובה, והספרים הנמצאים אצלינו מזאת החכמה ומשאר החכמות הם בלתי מתוקנים כראוי, והסולת מעורב בפסולת, והלבות עם הקליפות, והמוהות עם העצמות, וכמעט (והמעט) ימצא בספר אחד כתוב ונרשם, כלל אלה העקרים והשרשים הנכללים בזאת המגלה אשר חברה החכם (חשלם) הכולל (מאישטרו) ארנבט (ארנב, ארנאבאט) דוילא נובא כי אם צו לצו זעיר שם זעיר שם. ובראותי (וכראותי) ג״כ (כי) עניני זאת המגלה למי שירצה להתעסק במלאכת הרפואה אשר שמתי מגמת פני אליה מועילים ונכונים והכל חייבים בקריאתה אנשים ונשים ועבדים וקטנים, הנה בעבור כלל אלה הסבות אשר זכרתי, אני שלמה בן אברהם בן משולם אביגדור בהיותי בן חמש עשרה (ט״ו) שנה התאזרתי (נתעוררתי) וקמתי, (ו)לעלות (להעלות) במרכבת העתקת המגלה הזאת התאמצתי, ובגדולות ובנפלאות ממני הלכתי,

---

christlicher Poesie Seitens der Juden (H. B. XIV, 78, Jahrb. für roman. Lit. XIII, 367: Ysopet) sind die ältesten Belege noch zu sammeln. Schon Jehuda ha-Levi (Anf. XII. Jahrh.) schliefst hebræische Gedichte nicht blos mit arabischen Versen, sondern auch mit castilischen (Geiger, Divan S. 138: ארמית, 141). Die provençalischen Dichter *Folquet* und (Peire) *Cardinal* (s. K. Bartsch, Grundrifs zur Gesch. der provencal. Lit., Bielefeld 1872, S. 47) nennt Abr. Bedarschi (הרב, Z. 124). Im XIV. Jahrh. blühte der bekannte Santob de Carrion; vor 1350 schrieb Mose Azan (חזן?) sein Gedicht über Schach im catalan. Dialect (mein: Schach bei den Juden, bei A. van der Linde S. 177); 1405 besang der Leibarzt Heinrich's, Don Mose Zarzal, die Geburt Juan's II. (Kayserling, Sephardim 53, vgl. H. B. X, 109, XVII, 62). Um 1320—1340 erwähnt der Portugiese David ibn Bilia in seiner Anleitung zur hebr. Verskunst (Cod. de Rossi 861) die Metrik der Landessprache (מלאכת השיר של לעוזות, bei Dukes, שירי שלמה 79). Bald darauf dichtet Mose b. Natanel (H. B. XV, 112, XVII, 123) zugleich hebræisch und in der Landessprache (ללעוזות בלעז, *Hist. lit. de la France* XXVII, 727). Der Arzt Josef Orabuena verschafft 1391 für Leonel die *Romance de Lancelot* (Kayserling, Gesch. der Jud. etc. I, 89). Salomo da Piera wechselt auch rhetorische Briefe in spanischer Sprache mit Mose Abbas (H. B. XIV, 79).

1) S. H. B. XV, 56, 82 und S. VII.

מצורף כי במשענת שלמות ידיעת אדוני אבי נשענתי, ובבקיאותו בזה הלשון אשר ממנו העתקתי, ואם יקרני שגיאה או טעות מצד דרכי הלשון יש לאל ידו לתקן המעוות ובצל חכמתו חמדתי וישבתי, גם כי כללי זה הספר רובם מלוקטים מספרי המשפט(1 אשר למדתי. והאל הבוחן לבבי השומר רגלי חסידיו ומשגיח בדבקים, פלאות חכמתו לא ישוערו ועוז יסד מפי עוללים ויונקים, הוא יעזרני ויישירני אל הנכונה אם אהיה שוגה ותועה, כי הוא ידע יצרי וכונתי, ורחמנא לבא בעי. ולהיות האדם יכוין בפניו אל הדבר אשר ירצה לכוונו, והיה זה הספר למי שישכיל איכותו ועניננו, הוא (ה)ספר אשר ראוי שיפנה אליו כל משכיל בשכלו ורעיונו, לקצורו ויופי מעלתו וסדרו ותקונו, קראתי שם הספר הזה (הנכבד) פנים במשפט. ואחרי הקדימי זאת ההצעה והתודותי מקצורי מאל עושה שמים וארץ אשאל עזרי (so) יעזרני לחסום (לתחום!) פי(ות) כל מקנא ומהתל דובר סרה על לא חמס בכפי חכם יהיה או סכל פתי או יודע, כמאמר נעים (בעל!) זמירות מהולל אקרא ה' ומאויבי אושע.

IX. Platearius, *Circa instans* (S. 110 N. 123).

Die hebræischen Uebersetzungen, welche mindestens bis Mitte XIII. Jahrh. hinaufreichen, bieten sachliches, sprachliches und literarhistorisches Interesse, auch für den lateinischen Text, dessen Ausgabe *Henschel* (Janus, und bei Renzi, *Collectio Salernitana* II, Napoli 1853, p. 23, 24) für ein jüngeres selbstständiges Werk hält, das aus dem Breslauer *Liber simplicium medicinarum* von 432 Artikeln excerpirt habe.[2]) Ich bezeichne mit *E.* das anonyme ס' העזר (meine HS. vom J. 1414), *H.* Henschel's Abhandl. l. c., *M.* Melgueiri's Uebersetzung, *P.* Platearius, nach Ausg. Lugd. 1525 hinter Serapion.

1. Eintheilung und Anordnung. Unser *Unicum* von M. hat am oberen Rande eine Blattzählung א—פ. wonach jetzt Bl. 1, 2, 5, 11, 14—16, 22, 27, 34—48, also 24 Bl. fehlen, סא ist beim Zählen übersprungen. Die ziemlich treue Uebersetzung zählt XVII Kapitel, hat jedoch irrthümlich zweimal XV; Buchst. *d* ist IV, *l* IX, *t* XV*bis*, *z* XVII. Wahrscheinlich ist der einzige Artikel in *h* Hermodactylus zu einem benachbarten Kap. gezogen (bei H. p. 19 steht *Hircus* zuletzt unter *i*!). Zu Anfang des Kap. wird die Artikelzahl mit Worten angegeben (Bl. 1—24 und 42 ff. auch vor jedem Art. mit Ziffern), z. B. 23[b] עתה נדבר מן הרפואות שהאות ראשונה שלהם דלת. השער הרביעי חמשה חלקים. א' דיאגרידיאום . . . ה' דיאפטרוש; manchmal wird der Buchstabe doppelt bezeichnet, z. B. 35[b] אי"ן ר"ל נו"ן, 44[b] איר"י הוא רי"ש. Am Rande finden sich Spuren einer durchgehenden Zählung, wonach *a* 37 Artikel zählte, wahrscheinlich mit dem unedirten אנטירא הוא פרח שושן E. 29 (Anthos bei H.?); am Rande von Bl. 39 *(p)* ist פלאמולה (*Flammula* E. 198) angefangen.

E. hat durchgezählte 281 Artikel (im Index ist קפרי nur angefangen, die Zahl רמז vergessen, daher letzte 280), nach den hebræischen Buchstaben (מחברת האלף etc.) vertheilt, also unter א *a* 1—37, dann *e* — 51, ארמודאטולו (Hermod.) 52; § 53—55 *i* 2, 4, 5 (*i* 1, 3, 6 unter יו"ד § 110, 113—15), 56—64 *o* 1—9; das Fragment in Leyden (s. unten **3** zu Bl. 28) zählt die Artikel der einzelnen Buchstaben.

---

1) = משפטי הכוכבים, Astrologie.

2) Henschel's Verzeichniſs der unedirten Artikel scheint nicht ganz correct; einige findet man unter dem Buchst. selbst, wie *Lapis calaminaris*, wohl *calamitaris*, unter *l. magnetis* 17 (in beiden hebr. Uebersetz., s. mein *Intorno ad alcuni passi . . . rel. alla calamita*, p. 5 des Sonderabdr. aus Boncompagni's *Bullettino*, Roma 1871), *Panis*, *Panicum*, ist wohl *Penidii* 10 (s. unten), *Petroselinum* 6, „*Sillapi (?)*“ *Sinapis* 15, *Tetrahit* 10, *Tela aranea* 6. Manche scheinen nur unter andere Namen gestellt, wie *Citonia et Melogranata m* 11, 12, *Lap. calcis* unter *calx* 35, *Leucopiper* unter *Piper* 4, *Thus* unter *Olibanum* 9, wo es ausdrücklich genannt ist, *Zipule* unter *Cepe* 36. Eine Spur solcher Umstellung verräth die Verweisung am Ende des Index zum Buchst. c der Ed.: „De cicorea quere in sponsa solis“ [20]; vgl. weiter unten. — Das Citat unter אציטו lautet in der anon. Uebers. כמו שתמצא בספר ששמו קומפנדיראו (so) סלירנו.

M. Bl. 10 II, ב zählt 23 Art., nämlich unedirt Bl. 12ᵇ n. 12 בידיגר הוא אגילנצייר,[1]) E. 75 הוא אגילנטייר, *Bedeguar* bei H., und n. 15 ביגולושה הוא לינגא בוביש, E. 78 בוגלוסא הוא לינגואה בובא, *Buglossum* H. — Bdellium hat E. 92 unter דיליאו הוא אבדיליאון. — Bl. 13 III, Buchst. צדי או קוף (aber gleich n. 1 סיקלאמין) zählt 36, bis 27 wie P., 28 בצלים, im Index סיבא הוא בצל, E. 238 ציפולי הבצלים *(Cipolli)* = *Cepe* P. 36 und *Zipule* H. angeblich uned. In E. vertheilen sich diese Art. auf צ 231 ff. und ק 242 bis 267, indem 248 קוריאולא uned. scheint. — Bl. 28, X, *m* zählt 24, als 14 מילא רובוס, E. 147, bei P. *poma dulcia* unter 13. Art. 1 ist מוסק P. 27, wie in E. 133 (wo 132 מירקורילה הוא לינויטיש *Linochites* P. 6, M. Bl. 25 לוגניטוש, am Rand von and. Hand לינונאייטיש). — Bl. 47ᵇ, XV, *s*, Index zählt 41, Text nur bis 39, nämlich 3—11 P. $^{9-17}$, 12, 13^{19,20}, 14^{28}, 15—20$^{21-26}$, 21 אשקמוניאה, E. 180, *Scammonea*, 22—4$^{29-31}$, 25^{18}, 26^{34}, 27^{32}, 28^{35}, 29^{33}, 30—32$^{36-38}$, 32bis ערבה, E. 192 סלצי הוא ערבה *(salice)* fehlt auch bei H., 33^{5}, 34^{4}, 35^{3}, 36^{6}, 37^{8}, 38^{7}, 39^{27}. Diese auffallende Umstellung gewahrt man auch in E. 164 ff. unter ס, mit Ausscheidung von P^{17,23,8,3} unter שט' 278—81 (Ende des Buches); P^{20}, M. 13 אשפנש שוליש, E. 228 . . ציקוריאה בשם אחר נקראה אספונסא סולי; s. oben S. 137 A. 2; P.^{22}, M. 16 אשטרוציום, E. 268 קאוליצילי *(caulicelli)* הוא אשטרוציאום. — Bl. 54, XVbis, *t* und E. 100—109 P.$^{8,1,3,10,2,4-7,9}$. — Bl. 55ᵇ, XVI, *v* und E. 44—48, *v* 2^{3}, 3 ויטריאולא *(vitriola*, Rand זאג', vgl. Donnolo, Glossar 40), E. 96 ויטיצילה, auch H. *Viticella*! 4^{2}. — Bl. 56ᵇ, XVII *z* s. unten § 2.

2. Namen und Orthographie. P. giebt äuſserst selten Synonyma, fast nie am Anfang des Art. vor Qualität und Grad; E. scheint die Schlagwörter in italienischer Form zu geben, ist reich an unmittelbar folgenden Nebennamen, theils nur dialectisch oder orthographisch abweichend, und übersetzt hebræisch,[2]) M. dürfte, nach seinem Vaterlande (Melgueil), provençalische Formen bieten, ohne Nebennamen; er setzt oft nur die hebræische Uebersetzung in E., was ich in der nachfolgenden Auswahl instructiver Beispiele durch *h.* bezeichne. Am Rande von M. hat ein alter Besitzer häufig die arabischen Namen gegeben, wovon ich hier absehe.

Bl. 2, I, 2 ליקנא אלואין, E. עץ אלואי. 13 אניטום הוא אניט, E. א' הוא שבת. 14 אפודיליש אלביניסטוס סינטום קפיטא, E. אמפודולי היא פורארא היא אלבוסיאום הוא צינטו קפיטום, *Affodili cecum* [l. *centum*] *capita albutium*. 15 אליש הנקרא בלשוננו שום, E. אלייך הם שומים. 16 אקרוש הוא שורש גלדיול, E. אקורון הוא שורש גילידלו, *Acorus . . . radix est gladioli.* (19 E. אשינצו הם אפאסנתין.) 20 E. אנקרדי הוא באלודור, M. אנקרדטש, am Rand von derselben Hand הוא בלאדור. 22 E. ארישטולוגיאה היא ספלול (s. Donnolo, Glossar n. 27). 23 M. אמבר . . . והוא זרע בלינאה, E. אמברא הוא זרע באלינה, *sperma aceti (!)*. 25 אוקשי הוא חומץ, E. אציטו הוא חומץ יין, *Acetum*. — E. 27 אורו פומינטו הוא זרניך הוא ארסיניצי (Maimonides, Gifte 107 A. 104), 30 ארנוגלוסא היא פלאנטייני (hat auch טחורים wie P., s. H. S. 21), 32 אפרוטאנו או אמברודיאר, 33 אסרון או אסרא בקרא, 35 ארון הוא יירוש *iari* (vgl. *i* 3: alio nomine *barba aaron*, E. 114). 36 אנא גלידוש הוא זרע ייגישטי, P. 35 semen *mirte*.

---

[1]) Ich gebe die Namensformen unverändert, aber nicht jede Verstümmelung der einen Uebersetzung neben der besseren Leseart der anderen.

[2]) § 108 heiſst es טאסו ברבסו הוא עשב ונק' בלשוננו (!) פאנו באטימאלי ובלשון אחר נקרא אבינבוני, P. 7 *Tapsus barbassus et flosmus et ponfiligos idem*, M. 9 nur טפשוש ברבשטוש. — בלשוננו heiſst sonst hebræisch, s. unten *a* 15.

M. Bl. 11^{b}, II, 5 בנציאה [בוציאה] היא פשטנאגא, E. 69 באבאסיאה [באבסיאה] היא פאסטיינאדרא und später פאסטינאקי. 11 בלירקוש מרון, E. בלירוקו מרין, *Belliculi*. — Bl. 18^{b}, III, 16 סינאמומי הוא קנה, E. 234 צינמר ה' ק'. 20 סימנום הוא כמון, E. 235 צימינו ה' כ'. 21 קרוצי הוא זעפראן, E. 257 קרוקו הוא כרכום. 22 (Lücke) סיקוטא היא, E. 237 ציקוטא היא קוקאק רק לא הוא את [אותה?] שלנו; קוקאר scheint Sucara bei Serapion § 347 unter Cicuta. 30 קאנטאברום הוא סובין, E. 263 הוא סובין של חטה, P. 29 später: furfur tritici. 31 קולופוניאה הוא פיץ גריגא, und später וע"כ נקראת פ' ג', wie P. 30 *pix greca* und E. 264 פיצו גריקא. 32 קוקורביטי הם דלועים וסיטרולי הם סיטורנש [סיטרונש], E. 265 ק' הן דלועים וציטרולי, P. 31 Cucurbita et citruli. 34 קוליאנדרי הוא צליאנדרי, E. 266 קוראנדי הם סאליאנדרי היא פיטארטימא, ob etwa aus *putei??* vgl. Maimon. l. c. 101 A. 55, 104 A. 66. 35 סליתיקא הוא אשפיקא סל', E. 241 ציליטיקא היא ספיקא ציליטיקא, P. 34 Celtica. 36 קלקאש הוא סיד, E. 267 קלצינה ה' ס'. — Bl. 24^{b}, IV, 2 דרגנטום הוא דראגנאץ, E. 89 דראגאנטי, P. *Dragagantum* (vgl. Donnolo, Gl. 40). — Bl. 27^{b}, IX . . . לבריאולה והוא אטד, E. 128 לאוריאולא . . . היא אטד, P. 15 *frutex* est.

Bl. 32, X, P. 11 מלסיטוניאה הם חבושים (E. מיליסטוניאה); *h.* רמון und דבש unter מילגרנא (E. 145 מילגראנאטו) und מילי (E. 150) P. 12, 16. Bl. 35 (P. 23) מוראש הם תותים, E. 156 nur מורא. — Bl. 35^{b}, XI, 1 נשטרוציאום הוא נריטוריט, E. 157 נשטורציאו הוא בריטרוט, zuerst נשטרוציאו, aber corrigirt; die Nebenform ist corrumpirt. Für *nux* in M. אגוז, E. נוצי. Bl. 36^{b} ניאילה, letzter Art. (P. 4 Nigella) und so E. 163: ני'לו הוא ניילא. — Bl. 38, XII, 6 שיעור, E. 61 אורדיו הוא שעורים, ob *orzo*, oder l. אורדיו? 7 עצם לב איל, E. אוסו דקורי דצירבי (*osso de core de cervi*). 8 עצם שיפיאה, E. אוסו דסיפיאה הוא סיצא. 9 אוליבנום הוא לבונה, E. 64 אוליבנו ה' ל', vgl. Donnolo, Gl. 4. — Bl. 39^{b}, XIII, 2 פלפל, E. 207 פיפר פלפל שחור. 10 פאניש, E. 214 פיני הפניטי. 11 שילידם, E. 215 פשילידם הוא שיליאו. 15 (P. 17) פיראש, E. 220 פרוטץ! 16 *h.* E. 239 ציטרו האתרוג, P. *Pomum* citrinum (*Citreoli* bei H.?). 17 פשאולי [פאשילי] הוא ענב, E. 221 פאסולי הם ענבים צמוקים, P. 19 *Passuli* (nicht *Fasoli*, wie in Virchow, Archiv Bd. 40 S. 113). 19 und 21 *h.*, E. 223 פלומו הוא עופרת, 225 פיצי הוא זפת. 22 (P. 6) פיטריסילי, E. 226 פיטרוסינולו! 23 פלאנגידם הוא פלוגריגלי, im Index פוליגיאום, P. 16, E. 227 פולייו הוא פגלו.

Bl. 44^{b}, XIV, 1 וורדים, E. 269 רוסא. 5 (P. 3) ראיץ הוא צנון, E. 273 ראדיצי ה' צ'. 9 רובוש הוא אגילנצייר, E. 277 רובו הוא אגילנסייר (*églantier?* würde für die Priorität von M. sprechen). — Bl. 48^{b}, XV, 5 (P. 11) שילשיאום הוא ציר מונטאן, E. 168 סיל מונטאנו הוא סיסיליאום. 6, 7, 9, 19 (P. 12, 13, 15, 25) *h.* E. 169 סולפו הוא גפרית, 170 סאנגווי דראקוני הוא דם תנין, 172 סינאפא הוא חרדל, 178 סאפוני הוא בורית. — Bl. 54^{b}, XVbis, 3 und E. 102 haben אנגיטריא (ארייגטיקא *argentea*) und שראשיניקא (סרציניסקא *saracenisca*) erst am Ende. 4 E. 203 היא עשב יהודים, P. 10: „*herba īdiaca*" für judaica. 8 (P. 6) יריעת העכביש, E. 107 טילא ראניירו הם קורי עכביש. — Bl. 56, XVI, 4 *h.* E. 95 ויטריאו הוא זכוכית. — XVII, 1 זנגביל, E. 98 זינזיבירי הוא זנגביל הוא צינציבארו, P. *Zinziber*, vgl. Donnolo, Gl. 45. 2 זיטובהל, E. 99 זידוארא הוא סיטואלי, P. 3 *Zeduar*, Donnolo, Gl. 42. 3 זוקרי, E. 229 צוקרי, P. 2 Zuccaro.

3. Text und Styl. M. und E. adoptiren häufig technische Ausdrücke aller Art mit dialectischer Modification, häufig neben der hebræischen Uebersetzung, manchmal fügen sie בלעז hinzu, was auch hier wohl auf den lateinischen Text zu beziehen ist.[1]) Sie übersetzen im Ganzen wörtlich und bieten mitunter bessere Lesearten als der gedruckte Text. Beispiele nach verschiedenen Gesichtspunkten können hier nur in äuſserster Beschränkung gegeben werden.

Buchst. *a* 1: Quod autem de sophisticatione huius et aliarum specierum rogatu *sociorum* scripsimus: ad sophisticationes vitandas et fraudulentias conficientium et vendentium fecimus: non ut ab aliquo committatur sophisticatio: sed ut fraudulentia devitetur deceptio, virtus enim sese diligit: et aspernantur contraria, nec potest vitari vitium nisi cognitum. M. והוצרכנו להודיע לבני אדם השקרנות והזיוף הנעשה בו ובשאר ענייני הרפואות כי על זה חלו פנינו תלמידינו לנהותם הדרך יחלק אור הנר הרמאות והשקרנות והזיופים שעושים הזייפים (so) והמרקחים הסמים (so) ע"כ הארכנו לכתוב בזה למען לא יאמינו בשקרי המוכרים וברוב דבריהם ויבחנו דבריהם האמת אתם אם לא. E. מה שאנו אמרנו מהמרמה העשוייה בזה ובדברים אחרים נאמר בעבור כי הילו מאד פנינו תלמידינו להורותם, למען יוכלו להשמר מן המרמות והשקרים מן המורקחים ומן המוכרים, כתבנו ולמדנו זאת כדי שרבים לא יאמינו בשווא וישמרו מכל מרמה, ובצער גדול יכול אדם להשמר מן המרמה אם אינו מכירה והוא מרומה בזה הענין. — § 2 ut *Constantinus* dicit in *lib. graduum* . . . in insula *cumear* . . . et quod est *nodosum*; M. nennt Autor und Buch nicht,[2]) באי סמיאה . . . ומקושר נודוש בל'; E. כמו שאמר קוסטאנטין הא' הוא . . בא' מאיי ארץ סימיי. Der Schluſs des vorletzten Absatzes[3]) von Apium (P. 8) „Nota quod . . . mortis", fehlt in M. und E., in M. auch der Schluſs: ויע"כ נקרא שמו אפייו מזרויידארו. — 19 Bl. 8 ואבן סיני ודיאסקורידוס, E. דיאסק' ואב"ץ (vgl. Virch. Arch. 39 S. 326 A. 2 und Catal. Hamb. S. 131 A. 8); Avicenna für Macer führt mindestens auf eine gemeinschaftliche Quelle, wenn nicht auf directen Zusammenhang. — Bernix 8 endet: Nota quod bernix kakabre et *ventosice* (!) idem est: sed bernix dicitur *grece*. M. ודע שברניקוש וקאקברי ודרוניסי מין שרף אחד הנקרא ווירניץ או קלאשא, E. 72 דע שבירניצי וקאקברי וקיקברי (!) ודורניג'י כולן שרף אחד הן והוא הנק' וירניצי או קלאשא; *Classa* ist ohne Zweifel das Richtige für *grece*, s. Donnolo, Gl. n. 34 S. 77 (134); beachtenswerth ist das gleiche *doronice* für *ventosice*, wahrscheinlich *veronice* zu lesen. — Bl. 27^{b} לפיש מקנטש, E. 130 לפיס מגניטיס היא קלמיטה, P. 17, s. mein: *Intorno ad alcuni passi . . rel. alla calamita*, p. 5. — Muscus ca. est et sic. in II. gra. Muscus est quaedam humiditas: quae in ap̃atibus quorundam animalium reperitur. Sunt autem in India in locis desertis et capriolis sunt similia. M. Bl. 28 מושק הוא מור (!) והוא חם ולח בשנית והוא לחות נמצא בתוך צמח היה נמצאת בארץ אינדיאה ביערים [fehlt ודומים] בגברליש. Am Rande als נ"א der Anf. des Art. fast wie E. und Scal. 10^{b} (Catal. Lugd. 355): מוסקו חם ויבש בשנית, הוא לחלוח אחד באפושטימא היה אחת שהיא במדינת אינדיאה במדברות (R. באינדיאש ביערות) אשר שם והוא דומה לצבי בלנגרש (R. בלינגידיש) שלה. — Unter מנדרגולא Bl. 31^{b} החכמים הראשונים, E. 142 והקדמונים, P. ab auctoribus, fehlt *veteribus* oder ein ähnliches Wort. — Der Art. אמיא: E. 33 entspricht P., die HS. bei H. 23 scheint eine Doppelrecension zu enthalten.

---

[1]) Vgl. *Letteratura Ital. dei Giudei*, Art. II A. 61 (Buonarroti 1873 S. 35), Zunz, ges. Schriften III, 64, Catal. Hamb. S. 72 unten; Wagenseil, נצחון 171, übersetzt לעז durch *diverso*.

[2]) Const. heiſst in M. Bl. 31 (מומיאה) und 39^{b} (פלפל) קונטשטי, vgl. Donnolo, Index S. 105 (167), in E. 141 קוסטנטיני.

[3]) H. 21 giebt eine andere Leseart aus der HS.

X. Jakob b. Chajjim's Vorrede (S. 111 N. 124).

[Lesearten aus Cod. H. sind in Parenthese, aus Cod. B. in Klammer gesetzt.]

אמר יעקב ב"ר חיים אמרתי ימים ידברו יאירו יזהירו כזוהר הרקיע יום ליום יופיע (יביע) ישפיע אור שכלם כאור שמשי, נאה לזקן שילמוד יום ליום יסוד (יהוה) דעת, ואשרי המדבר באזן (על אזן) שומעת, יודעת דעת עליון, וחכמת ילד מסכן [אינה] כי היא מצויה בזויה תכלית הבוז בזיון דבק בנפש, לכן אמצא תועלת בהחרישי וזאת (וקודם) ההסכמה כבר שקטה בלבי בקרבי בראשון באישון לילה ואפילה במטתי וערשי האמנם אחרי ראותי חכמי הפילוסופים כתבו במשלם כתב׳ מורה על שכלם כתב בכתיבה (כתוב כתיבה) תמה, מסחת (משחת) לפי תומה, נמנו וגמרו ואמרו, לולי כתיבת התלמידים מה ששמעו מרבותיהם לא הגיע אלינו שום חכמה כ"א בתכלית הטורח והקושי, העירותי משנת האולת[1] וראיתי לקבל האמת ממי שאמרו וכי עוללים ויונקים החוקקים בשכלם מה שידעו כפתוח (בפתוח) על האבן ידם תקפה, ויפה כח הבן היקיר המכיר יתרון היותו בעל הלשון משכיל במחשבה ועיון ומעלת נפשו הנאצלת מעולם השלישי, טוב לגבר כי ישא עול תורה בנעוריו וישלים נפשו בשלמות האנושי, כי טבע המקור ראוי שיהיה כמה (ממה) שיחוצב, אכן (לכן) אמרתי אני לנפשי אין (איך) צור ילדך תשי

ויהי בשנת מאה ושמנים ושתים ליצירה לפרט אלף (לפרט היצירה לאלף) הששי שנת טו"ב משנותי, שמתי כל (על) עשתנותי, למצא דברי חפץ דברי אלהים חיים בעודי (ובעודי) באבי לא יקטף ושרשי, ולבאר (לבאר) לעצמי זה הספר מצד היותו תל שכל פנות (פיות) תורתנו הקדושה פונים בו, כפי אשר ראיתי בו בחקרי ודרשי, וג"כ ראיתי החכמים הקדומים (הקוד׳) לעולמי׳ מלפניהם (מלפננו) השליכוהו אחרי גום וטעמוהו והיה בפיהם כלענה ורושי, וגם עתה התחלה לזמן העתיד היו רוב שרשיו משתכחים והיה בה חסר דרושי, לא שנתכוונתי בזה חלילה ליטול עטרת תפארת מרי הוד לנפשי, כ"א כפי מה שהקדמתי (שהקדמתיו) כבר, וקראתי (וקראתיו) בית יעקב מצד היותו ספר ישר נוכח לאמונת בית יעקב והיותו מסכים לפרט קטן (הקטן) שחובר בו מצד (ומצד) היותו מורה [ג"כ] על שם קדשי[2] ואני יעקב ברבי חיים הנקרא (המכונה) ללעוזות (ללועזות) קמראט וידאל פריצול ביד אדון דורי (אדוני מורי) ר׳ פראט החכם בכל וידע כל בדרך כל וחלק ומעלת (ולמעלת) השכלים הנפרדים התלוננתי בצלו בהלו נרו עלי ראשי, היתי כשומר מה מליל ומאור שכלו האיר עמו (עיני), והש׳ (והאל) ית׳ יאיר עיני במאור תורתו[3] ויעזרני להשיג מבוקשי, בלי שגיאה (שגיה) ולהשלים באורי (באורו) עד החלק החמישי.

---

1) Der „Thorheitsschlummer“ ist schon in den Schriften der lauteren Brüder typisch und stereotyp.

2) יעקב zählt 182 und ist der שם קדש im Gegensatz von Comprad.

3) Stereotype Phrase; die Belege bei Zunz, Lit. 627, lassen sich vielfach vermehren, namentlich aus kabbalistischen Schriften — z. B. Ende בהיר [etwa von Isak dem Blinden?] — bis es durch יראנו נפלאות מתורתך verdrängt wurde.

Fach-Index,

chronologisch geordnet (anonyme Kleinigkeiten sind weggelassen). Die Nummer ist die des Catalogs.

I. *Bibel* und Apocryphen, s. unter Titeln S. 148.

II. *Exegese*, Midrasch, Homilien: Targum Proph. mit babyl. Punkt. 115. Raschi zu Pent. 14, 48, 65; Pr. und Hag. 15; Psalmen 51^{2}. [Menachem b. Sal.?] Megillot 34. Abraham ibn Esra, Hohel. 46^{3}, Frgm. 56^{3}. Mose Nachmani, Pent. 31. Immanuel b. Sal., Hohel. 117. Levi b. Gerson, Koh., Hohel. $61^{2 \cdot 3}$. Deutsches Glossar zu Psalm. 50^{2}. — Arab. Natanel b. Jes. נ׳ר אלט׳לם 90. Yaȟya b. Suleiman מדרש החפץ 92, üb. Midraschstellen 104.

III. *Philologie*: Menachem b. Saruk 13. Dunasch, השגות 78. Jehuda Ȟayug' Verba כ"ה Frgm. arab. 106. Sal. Gabirol, Verse 118^{8}. Sal. Parchon, Auszüge 118^{8}. Josef Kimchi זכרון 36^{3}. Jakob b. Meir, Verse 118^{3}. Abraham ibn Esra יסוד מספר und מאזנים Frgm. 79^{10} 3. Samuel Nakdan דייקות 118. Josef b. Kalonymos Nakdan, Reime 118^{5}. Mose Nakdan דרכי הנקוד 36^{3}. Gramm. Compendium (Simson Nakdan?) 36. Mose Kimchi מהלך 36^{2}, mit deutsch. Uebers. 77^{3}. Anon. Compend. (1230—50) 78^{3}. Josef Sarco רב פעלים III. 118^{9}. Elia Levita פרקי אליהו 36^{4}. Ahron b. Abraham נקודות הכסף Frgm. 36^{5}. מחברת התיג׳אן 115. Verschiedenes (über Accente) $118^{2 \cdot 4 \cdot 6 \cdot 7 \cdot 10}$. Gabriel Felix und Tobia, Tabelle 18 III.

IV. *Poesie*, heilige und profane (Rhetorik, Stylistik): Gebete 54, Rit. Jemen 89, 91, 103. מחזור 5, 22, 23. הגדה 8, 25, 77. סליחות 9. Verschied. Frgm. 34 C, Tischgebet 77^{4}. Ahron b. Abr. זמר לחנוכה 36^{6}. Christliches 77^{5} ff. Sal. Gabirol אזהרות. 108^{9} Jehuda ha-Levi, Räthsel 108^{9}. Tobia (Jos. ibn Aknin?) aus Makamen 108^{6}. Jehuda Charisi רפואת גויה 61^{2}. Mose Remos קינה 112^{4}. Sal. da Piera, Reimlexicon 57, Divan 114. Jakob (und Immanuel) Frances, Divan 56. Jakob ibn Zur und Chananja b. Zakkari, Gedichte etc. 54.

V. *Halacha* (Talmud etc.): Mischna mit Comm. von Maimonides 24, 93 ff. Excerpte aus Abot 77^{2}, Joma 89, Frgm. Pesachim 20 VIII; arab. Erläut. von Yaȟya 108^{6}. Isak Alfasi 6. Isak b. Reuben שערי שבועות 24^{5}. Raschi, Gutachten 15^{2}. Mose Maimonides, Gesetzcod. 7, 30, Frgm. 23 II; arab. Bemerkungen dazu 108; Comm. Mischna arab. 93 ff., hebr. 24 (Glaubensart. arab. 102^{3}, Abot 60, 75^{2}); מצוות arab. 102. Baruch b. Isak תרומה 19. Mose Coucy מצוות 42. Isak Corbeil עמודי גולה 21, (Mose Zürch) 37. Jesaia de Trani, zu Chullin 80. Mose Nachmani חי׳ ב"מ 66. Perez b. Elia תוספות 67. Salomo ibn Aderet תורת הבית und Compend. 26, 27.

VI. *Theologie* (und Kabbala): Dunasch b. Tamim (?), Comm. יצירה 78^{4}. Abr. ibn Esra העצמים [unächt], ערוגת החכמה, אגרת השבת, יסוד מורא, השם 56^{4} ff., שער השמים [unächt] 79^{16}. Mose Maimonides מאמר תחית המתים, אגרת תימן, אגרת über Astrologie $24^{2 \cdot 3 \cdot 4}$; דלאלה arab. 105, ital. 55; arab. Comm. 92^{2}, $108^{2 \cdot 8 \ 10}$; רוח חן 60^{4}. 75. Jechiel b. Jekutiel מעלות המדות 61. Sa'ad b. Mansur תנקיח 107. Differenz zwischen Rabban. und Karaiten 107^{2}. Jakob b. Chajjim בית יעקב 124. Isak Abravanel מאמר ביסודות 79. Abraham Farissol מגן אברהם 122. — Antichristl. Werk (angeblich Mose Kohen) 74. Calvin's Catechismus 38.

VII. *Philosophie*: (Griechen) Aristoteles, Schlaf und Wachen 46[2], (pseudo-) סוד הסודות 70. (Araber) Ḥonein מוסרי הפילוסופים 44. Farabi מאמר במהות הנפש 112. Avicenna, Himmel und Weit 112[11]. Gazzali כונות mit Comm. Narboni 96, Uebers. des Jeh. Natan, mit anon. Comm. 111; מאזני העיונים 121. Ibn Baǵe הנהגת המתבודד 119. Ibn Tofeil אגרת חיואן mit Comm. von Narboni 119. Abu'l-Qasim b. Idris über Form und erste Materie 112[3, 6]. Ǧaʿafer b. Sabiq desgl. 112[5]. Averroes הויה והפסד 46, אותות 47, ב"ח 45, דרושים הטבעיים mit Comm. Narboni 112[7, 9, 10]; הפלת התפלה 111[3], Frgm. anon. Uebers. (הצעה) 111[12], Levi b. Gerson, Noten zu Averroes, Phys. etc. 58, 110. מסאיל מן אלמנטק 108[7].

VIII. *Mathematik*: Ptolemäus, Almagest 109. Fergani 116. Abu'l-ʿAqul, astron. Excerpt 108[5]. Abraham b. Chijja יסודי התבונה 79[15], לוחות 120, צורת הארץ 116[2]. Abraham ibn Esra יסוד מספר, האחד, שלוש שאלות 79[11, 12, 13]. Sacrobosco, Sphaera מראה האופנים 116[3]. Isak Israeli יסוד עולם 53. Josef Schalom und Samuel Motot zu ibn Esra 79[2, 9]. Simon Motot, Algebra 79[14]. תמונת הכדור 113[5]. Mordechai Comtino, Geometrie 49.

IX. *Medicin*: (Griechen) Hippocrates, Aphorismen mit Comm. (nach Maimonides von Mose Rieti) 62, 68, alphab. אגור 113[3]; פרונושטיקא 62[2]; Verschiedenes 72[3]. Galen אסור הקבורה 112[7]. (Araber) Honein 72[3]. Razi, an Almansor (IX, X) 113. מחולי הנערים 113[4]. Ali b. el-ʿAbbas שלם המלאכה 64. Ibn el-Gezzar צדה לאורחים 113[8]. Avicenna, Compend. des קאנון 73[3]. (Salernitaner, alphabetisch) Gerardus (Bututus ?) כ' הכביסים 73, 113[5]. Maurus הקזות 62[4]. Nicolaus Praepositus, Antidotarium 113[6]. Petrocello, Curae 113[7]. Platearius, Circa instans 123. (Christen) Bernard Alberti מבוא המלאכה 71[2]. Arnaldus de Villanova מגלה 71[3], פנים במשפט 116[4]. Gerardus de Solo מבוא הנערים 71[4]. Ant. Guarnerius קדחות 62[5]. (Juden) Saadia (?) חד אלאנסאן 72[4]. Isak Israeli מסעדים 73[2]; (pseudo-) מראות השתן 62. Moses Maimonides הנהגת הבריאות 72[5]; במשגל 72[6]; פרקי משה übers. von Natan 68[2], von Sarachja 63, 72, 113[2]; (angebl.) Verse 61[3]. — (Anonyme) Regimen der Monate 61[4]. Uroscopie 62. שושן הרפואה 71. סבת עקרות הנשים 71[5]. תיקון המאכלים 72[2]. Epigramm 73.

X. *Verschiedenes*: Maimonides über שיעור קומה 102[3]. Josef Sebara (Einleit. zu בתי הנפש ?) 78[5]. Prozeſssache 117[2]. Schemtob di Sforno, Brief 69 S. 364. Jakob ibn Danan und Jehuda ʿAṭṭar, Schriften 53[3, 4]. Elieser b. David Fried שיח עבדי אבות 33. Colvill, Brief 38. Bruns, Adversarien 39, 40, 41. — מלאכת מי הזהב 70[2].

Register.

Autoren.

[Cursivlettern bedeuten Nichtjuden, Artikel ה und ספר sind weggelassen, Exc. bedeutet Excerpt, übers. übersetzt, einfache Ziffer bedeutet Fol., Q. Quart, O. Octav, ar. die arabischen HSS. S. 61—80.]

Jakob ibn Danan מכתבים Q. 486³.

— Frances, Gedichte Q. 488.

— b. Josef b. Joel, Karte Palästina's u. s. w. 121.

— b. Machir, übers. Averroes, בעלי חיים, Gazzali מאזני העיונים.

— b. Meir, Reime über Accente Q. 643³.

— ibn Zur עט סופר, לשון למודים Q. 486¹, ib. ².

Jechiel b. Jekutiel מעלות המדות Q. 509.

Jedidja (Amadeo) b. Mose aus Recanati, übers. Mose Maimonides מורה, ital.

Jehuda ibn ʾAbbas יאיר נתיב Exc. Q. 7 Bl. 8.

— ibn ʾAṭṭar מנהגי פאס בטריפות Q. 486⁴.

— Charisi רפואת הגויה Q. 509²; übers. Galen מוסרי הפילוס׳, Honein איסורי הקבורה, Vorr. zu Uebers. des מורה 1057¹³.

— Hayyuǵ (Chajjug) über Verba ל״ה arab. Frgm. O. 242.

— ha-Levi אלגאו (Räthsel, hebr.) O. 258⁹ ar.

— ibn Sabbatai מנחת יהודה Exc. O. 258⁹ ar.

— b. Salomo Natan, übers. Gazzali כוונות.

Jesaia de Trani פסקים O. 257.

Jescha (Jesaia?) ha-Levi, hebr. Verse O. 258 ar.

Joscha der Syrer, s. Bocht Jeschu.

Josef ibn Aknin, s. Tobia.

— b. Isak Israeli מראות השתן Q. 511³.

— b. Jakar(?), Gedicht Q. 2⁶, s. Ahron b. Abraham.

— b. Kalonymos Nakdan, Gedicht über Accente Q. 647⁵.

— Kimchi זכרון Q. 2³. Comm. Hohel. Exc. Q. 7 Bl. 13ᵇ.

— Lorki, übers. Avicenna קאנון.

— b. Meir b. (ibn) Sebara, Frgm. O. 243⁵.

— b. Samun, Brief Q. 486 Vorblatt.

— Sarco רב פעלים Th. III Q. 647⁹.

— Schalom, Supercomm. zu ibn Esra über Exod. 3, 15 O. 244².

— b. Schemtob, Comm. zur Nicomach. des Aristoteles Exc. Q. 7 Bl. 17.

Kalonymos b. David, übers. Averroes הפלת ההפלה.

Kalonymos b. Kalonymos, übers. Comm. des Averroes zu הויה והפסד.

Levi ben Gerson, Comm. Kohelet und Hohel. Q. 498². ³. Noten zu Averroes phys. Schriften Q. 490, Fol. 1050.

Maurus, מן ההקזות . . . דברי Q. 511⁴.

Meir Alguadez, Vorrede zur Uebersetz. der Nicomach. des Aristoteles Q. 7 Bl. 18ᵇ.

Menachem b. Jakob, Bemerk. Q. 291³.

— b. Salomo (?), Comm. Megillot 707⁶.

— b. Saruk מחברת 120.

— b. Techelet (?), übers. Petrocello קורי.

Mordechai Comtino, Mathemat. Compendium Q. 308.

— b. Hillel מרדכי 11, und s. S. 16.

— Luzzatto, Gedichte Q. 5¹².

Mose Botarel, übers. קאנון Avicenna.

— Couçy מצוות Q. 8.

— b. Jehuda מאמר במערכת 1057¹⁴.

— Kimchi מהלך Q. 2², mit deutscher Uebersetzung O. 148³. Comm. Proverbia Exc. Q. 7 Bl. 56, latein. Uebersetzung Q. 5⁸.

[— Kohen Torsila עזר האמונה O. 136, falsche Ueberschrift.]

— Latif הפלה Q. 647¹¹.

— Maimonides אגרת (über Astrologie) Q. 567⁴. אגרת תימן ib. ³. דלאלה״ אלחאירין Q. 579, aus hebr. מורה ital. Q. 487. הנהגת הבריאות Q. 545⁵. מאמר תהה״מ 567². arab. מצוות Q. 575. משנה (פי׳ המשנה) אלטראג׳ Q. 566 ff., hebr. 567; פי׳ פ׳ אבות תורה 12, 463³, 583. Q. 498. O. 138². פרקי משה h. von Serachja Q. 512, 545, Kap. 15 Fol. 1058², von Natan Q. 617². Ueber Beischlaf Q. 545. Gutachten über שיעור קומה arab. Q. 575³. Comm. zu Hippocrates' Aphorismen, s. Mose Rieti. Diaetet. Gedicht (angebl.) Q. 509³.

— Nachmanides חידושי ב״מ Q. 515. Comm. Pentat. ib. 584.

Mose Nakdan דרכי הנקוד O. 243[2].

— Narboni, Comm. üb. Averroes דרושים 1057[7. 9. 10], über Gazzali כוונת הפילוס', über Q. 521, über Tofeil אגרת חיואן Q. 648.

— Remos קינה 1057[4].

— Rieti, Noten zu Hippocrates, Aphorismen, s. d.

— aus Zürich (הגהות טמ"ק) Q. 3.

Nachum, übersetzt Dunasch b. Tamim פי' ס' יצירה.

— ha-Maarabi, übersetzt Mose Maimonides אגרת תימן.

Natan Hamati, übers. Mose Maimonides פרקי משה.

Natanel b. Jesaia [אלט'לם] נור אלצ'לם 628 ar.

Nicolaus Praepositus אנטידוטריאו 1058[6].

Onkelos תרגום 1, 5, 8, 9, 463 (Frgm.) Q. 1, 306.

Perez b. Elia הגהות טמ"ק Q. 383. תוספי ב"מ Q. 516.

Petrocello, קורי 1058[7].

Platearius, מדבר זיף סירקא איצטנץ oder Q. 65[2].

Ptolemaeus, אלמגסטי 1054.

Qasim (abu 'l-) b. Idris מאמר בענין הצורות 1057[3]. מאמר בחמר הראשון ib. [6].

Razi an Almansor IX, X 1058. מחולי הנערים ib. [4].

Saʒad b. Mansur תנקיח אלאבחאת etc. O. 256[1. 2].

Saadia Aschuraki, Brief Q. 486 Bl. 60.

— Gaon (?) חד אלאנסאן Q. 545[3].

Sacharja b. Salomo, s. Yahya ibn Suleiman.

Sacrobosco, Jo. מראה האופנים (טרטאטו דלספירא) Q. 645[3].

Salomo Abigdor, übers. Arnaldus de Villanova פנים במשפט, Sacrobosco מראה האפנים.

— ibn Aderet ת' ה' הקצר תורת הבית 570. 572.

— ibn Gabirol אזהרות Q. 289. כתר מלכות 629 ar. Gramm. Gedicht Q. 647[8].

Salomo Isaki, Comm. Pentat. 121, Q. 1 (nebst Haft.), 306, 514 (nebst Megillot). zu Prof. und Hag. 122. zu Psalmen Q. 361[2]. Comm. Alfasi (Talmud) 11. תשובה 122. (zweifelh.) Comm. Abot 361[2].

— b. Mose Melgueiri, übers. Aristoteles השמים והעולם, השינה ויקיצה, Avicenna Platearius סירקא איצטנץ.

— — Schalom, übers. Guarnerius כלל מהקדהות.

Salomo Parchon, Excerpte aus Gramm. und WB. Q. 647[8].

— da Piera b. Meschullam אמרי נואש Q. 489. שירים ומליצות 1059.

Samuel b. Meir, Noten zu Alfasi 11.

— Motot, Erkl. zu ibn Esra Ex. 3, 15. O. 244[9].

— Nakdan (Dajkan) דייקות Q. 647.

— Tibbon, übersetzt מאמר תחה"מ des Moses Maimonides (auch Vorr. zu מורה in ital. Uebersetz.)

Sartorius, Jo., Neujahrswunsch 118.

Schemtob di Sforno, Brief Q. 511.

Serachja b. Isak b. Schealtiel, übersetzt Moses Maimonides פרקים, Farabi מאמר במהות הנפש.

Simon Motot אלזיברה O. 244[14].

Simson Nakdan [?] מפתח הדקדוק Q. 2[1].

Tobia [Josef ibn Aknin?] מקאמאת hebr. Exc. O. 258[6] ar.

— Moschides, Gramm. 130 II.

Tofeil (ibn) אגרת חיואן בן יקטאן Q. 648.

Tremellius, Imm., Initiatio . . . . latein. von Colvill (?), Th. II. Q. 4.

Yahya ibn al-Baṭriq, übers. Aristoteles סוד הסודות.

— ibn Suleiman (Sacharja b. Sal.) מדרש החפץ arab. Q. 577. Comm. zu Midraschstellen ar. Q. 554. שרח עלי אלדלאלה ib. [2]; Comm. zu Mose Maimonides Mischnacomm. ar. O. 258[6].

Schreiber.

Abraham b. Meschullam Q. 489.
— b. Usiel Q. 514.
Ahron ha-Kohen b. Chajjim 585.
Asarja b. Jehallalel O. 256 ar.
Benjamin Q. 361.
Chalfon b. David b. Abr. etc. Q. 574 ar.
David Q. 571 ar.
Elia O. 243.
— b. Berachja Q. 9.
— (b. Mose di Recanati) Q. 487.
Elliot de Rollot (?) Q. 1.
Isak 120 — O. 244^{5}?
— b. Jechiel 388.
— ha-Kohen Q. 485.
— b. Simson 123.
Jehuda b. Ascher Q. 553.
— b. Jakob Q. 290.
Jesaia b. Jakob Alluf Q. 647.
Josef 122. — Q. 306.
— b. Benaja b. Saadia Q. 576 ar., 578.
— (Jeh.) b. Jechiel Q. 646.
Khalaf b. Daud al-Ṭawili Q. 572 ar.
Kilian Leib O. 148.
Mahallalel b. Mazliach Q. 521 S. 364.
Mas;ud Minir (?) Q. 486.
Menachem Q. 1.
Mordechai Finzi Q. 648.
Mose b. Salomo aus Misitra 1054.
Saadia b. Meoded 627 ar. O. 258^{3} ar.
— b. Yaȟya b. Ȟalfon (Chalfon) Q. 568 ar.
Salomo b. David b. Maimon 628 ar.
— b. Jehuda גרני 1057.
— b. Samuel O. 257.
— b. Zidkijja 583.
Samuel b. Menachem Q. 511.
— b. Samuel 581.
Simson 11.

Besitzer.

Abraham Alfandari b. Elia Q. 490.
— b. Mose, Karäer O. 256 ar.
— b. 'אריצק Q. 572 ar.
Ahron b. Amram b. Josef Q. 572 ar.
Akiba b. Gerson 1.
Almanzi, Jos. ? 583.
Ascher b. Josef ha-Levi 15.
Baur (Dr.) 707.
Bellermann, D. O. 147. 148.
Benjamin b. Israel Q. 3.
— (Seeb) b. Mose Jesaia 1.
Berliner, A. O. 257.
Chajjim b. Jeschua ha-Levi Q. 578.
— b. Josef ha-Levi 121.
Coronel, N. 1054.
Daniel מתרפא O. 256 ar.
— b. Jekutiel Q. 509.
— di Medina b. David Q. 458.
David Abulafia Q. 515.
— del Bene 569.
— b. Isak Q. 514.
— b. Jakob 12.
— Roches 569.
— b. Schalom b. Saadja 627 ar.
— סיבטון b. Sal. O. 243.
Efraim b. Joab 567.
Elasar b. Jehuda Q. 3.
Elia Kohen Q. 653.
— Mohr 383.
Fischl 1058.
Gerson b. Josef 11.
— Kohen 383.
Hanna, Frau des Josef b. Mose Q. 514.
Hirsch b. Benj. Neumark 1.
Immanuel Q. 646.
Isachar Bärmann b. Benj. Neumark 1.
Isak b. Chananel Q. 361.
Isak b. Josef b. Sa;id b. Salim ibn מעוצ'ה Q. 578.
— b. Menachem 569.
— b. Mos. Margalit Q. 1.
Israel b. Ahron Kroneburg Q. 3.
Jablonski Q. 290—2.
Jakob (Abr.) b. Chajjim 1054.
— Fürth O. 147.
— ha-Kohen Q. 516.
— b. Mos. aus Olmütz Q. 8.
— b. Sal. ha-Levi 12.
— b. Sam. Q. 3.
Jechiel b. Natan 583.
Jehuda (Sundel) b. Gerson 1.
— b. Josef Q. 514.
— b. Isak ha-Kohen Q. 514.
— b. Salomo Zuri Q. 99 ar.
Jekutiel b. Elia Q. 509.
— b. Isak קלניא Q. 553.
Josef b. Gerson 11.
— b. Sa;id b. Suleiman el-;Aschiri Q. 578.
— b. Salomo Q. 578.
Josua b. Mord. Benj. Rava 583.
Kayserling, M. Q. 653.
Lebrecht, F. Q. 553.
Luzzatto S. D. O. 243—4.
Matatja b. Benj. Seeb Q. 1.
Menachem b. Abraham Q. 509.
— b. Dav. Wesel Q. 3.
— b. Menachem Q. 514.
Meoded b. David b. Schemarja ha-Levi O. 258 ar.
Michael b. Sam. Straufsburg 11.
Mordechai (Gumpel) b. David 11.
— b. Josman Q. 3.
Mortara, M. 582. Q. 512—513.
Mose Altortos Q. 649.
— b. Daniel Q. 568 ar.
— b. Jakob 122.
— b. Jeh. b. Sam. Stang 388.
— b. Mord. b. Jakob Joel Margalit 1.
— (Musa) b. מצוצה Q. 554 ar.
— (Chai) aus Modena 567.
— b. Salomo (Musa b. Suleiman) Q. 578.
Natanel Segre 582.
Nissim Alfandari b. Abr. Q. 490.
Obadja Bassan 569.
— gen. Kemal u'd-Daule Abd u'l-Khaliq b. Jona O. 256 ar.
d'Osimo, Mordechai etc. 385.
Perez b. Elia ha-Levi Q. 553.
Petermann, Prof. O. 256 ar.
Reggio, J. S. Q. 645. 651.
Rösel, Frau d. Benjamin (Neumark ?) 1.
Roloff, Frid. Jac. 124—26.
Saadia b. Jehuda 628 ar: O. 258 ar., u. s. Said.
Sabbatai b. Abr. b. Isak Q. 514.
Sacharja b. הטר Kohen Q. 574 ar.
— b. Josef b. Abi Gad (Ǵadd ?) Q. 576 ar.
Saerlin aus Wertheim 5.
Sa;id b. Abr. el-Magrebi Q. 578.
— b. Hibet Allah Q. 578, u. s. Saadia.
Salim b. ;Imran Q. 578.
Salomo b. Abr. O. 148.
— Ardit Q. 515, u. s. Suleiman.
Samuel b. Elia Straufsburg 11.
— b. Meir דשלויי שלויי 569.
— Oestreich O. 138.
— b. Salomo b. Samuel O. 257.
Schemtob Schaprut 582.
Schorr, Os. H. Q. 645, 651.
Shapira 627—629, Q. 554. 566 ff. O. 258, sämmtl. ar., Q. 578.
Soave, M. 1054.
Steinschneider, M. 1054—59, Q. 645—52.
Stephan [Bodeker], Bischof 5—7, 123 [Vorw. S. III].
Suleiman b. Hibet Allah Q. 578
— b. Sa;id Q. 578.
— ibn Yaqub Q. 570.
Wolfgangus, Praepos. Caenobii Canonic. Q. 310.
Yaȟya ibn Maor אלדרעי Q. 579 ar.
Zadok b. Mord. Benj. Rava 583.
Zebi b. Ascher Anschel Levi 1.

Titel (und Anonyme).

אגור Hippocrates.
אגרת (üb. Astrol.) } Mose Maimonid.
תימן — }
חיואן בן יקטאן — Tofeil.
השבת — Abraham ibn Esra.
אזהרות Salomo ibn Gabirol.
אחד Abraham ibn Esra.
איסור הקבורה Galenus.
אלזיברה Simon Motot.
אלמגסטי Ptolemaeus.
אלפרגאני Fergani.
אמרי נאש Salomo da Piera.
אנטידוטריאו Nicolaus Praepositus.
ביאטיקו Gezzar.
בית יעקב Jakob b. Chajjim.
בן סירא Q. 488².
בעלי חיים (Comm.) Averroes.
דברי . . בן ההקזות Maurus.
דייקות Samuel Nakdan.
דלאלה Mose Maimonides.
דרושים הטבעיים Averroes.
דרכי הניקוד Mose Nakdan.
הגדה 14. 569.
הגהות מימוניות 12. 13.
הגהות סמ"ק Mose Zürich u. Perez b. Elia.
ההויה וההפסד (Comm.) Averroes.
הלכות Isak Alfasi.
נדרים — 11,².
עירובה — Jesaia de Trani.
הנהגת הבריאות Mose Maimonides.
המתבודד — Bage.
הפלת ההפלה } Averroes.
הצעה }
השגות Dunasch.
זוהר (Anthologie) Q. 497.
זכרון Josef Kimchi.
זמר לחנוכה Ahron b. Abraham.
חד אלאנסאן Saadia Gaon.
חולין Jesaia de Trani.
חידושי ב"מ Mose Nachmanides.
הידות והשגחות Hippocrates.
חלים מידכי Q. 1.
טראקטו דלספירא Sacrobosco.
יאיר נתיב Jehuda ibn 'Abbas.
יוחסין Abraham Sacut.
יסוד עולם Isak Israeli b. Josef.
מספר — (bis) Abraham ibn Esra.
יסודות התכונה Fergani.
יסודי התבונה Abraham b. Chijja.
כביסים Gerardus (Bututus).
כוונות הפילוסופים Gazzali.
כלל מהקדחות Guarnerius.
כתר מלכות Salomo b. Gabirol.
לוחות Abraham b. Chijja.
לשון למודים Jakob ibn Zur.
מאזני העיונים Gazzali.
מאזנים Abraham ibn Esra.
מאמר בהכור הראשון Ǵa'afer b. Sabiq und Qasim b. Idris.
ביסודות — Isak Abravanel.
במהות הנפש — Farabi.
במערכת — Mose b. Jehuda.
בענין הצורות — Qasim b. Idris.
תהה"מ — Mose Maimonides.
מבוא המלאכה Bernard Alberti.
הנערים — } Arnald de Villanova.
מגלה }
מגלת בני חשמונאי 627, 629 ar.
מגן אברהם Abraham Farissol.
מדבר זיף Platearius.
מדרש החפץ Yahya b. Suleiman.
מהלך Mose Kimchi.
מוסרי הפילוסופים Honein.
מורה Mose Maimonides.
מחברת Menachem b. Saruk.
התיג'אן — Q. 578.
מחולי הנערים Razi.
מחזור 10, 388, 463³.
מכתבים Jakob ibn Danan.
מנהגי פאס בטריפות Jehuda ibn Aṭṭar.
מסאיל מן אלמנטק O. 258⁷ ar.
מסאל מן אלדלאלה O. 258⁸ ar.
מסעדים Isak Israeli b. Sal.
מעלות המדות Jechiel b. Jekutiel.
מפתח הדקדוק Simson Nakdan.
מצוות Isak Corbeil, Mose Coucy und Mose Maimonides.
מראה האופנים Sacrobosco.
מראות השתן Isak Israeli b. Sal. und Josef b. Isak Israeli.
מרדכי Mordechai b. Hillel.
משנה 567, mit Comm. Maim. ar. Q. 566 ff. Abot 627, 629 ar. Joma 627² ar.
משנה תורה Mose Maimonides.
מתק שפתים Immanuel Frances.
נור אלצ'לם [אלט'לם] Natanel b. Jesaia.
נימוקים Elia Levita.
נקודות הכסף Ahron.
סדור ג'אמע 627, 629 ar.
סוד הסודות Aristoteles.
סירקא איצטנץ Platearius.
סליחות 15.
[עזר האמונה Mose Kohen.]
עט סופר Jakob ibn Zur.
עמודי גולה Isak Corbeil.
עצם הגלגל Averroes.
עצמים } Abraham ibn Esra.
ערוגת החכמה }
פירוש oder ביאור (Commentar) zu *Pentateuch* s. Abraham ibn Esra (Samuel Motot), Josef Schalom, Mose Nachmani, Salomo Isaki. — *Propheten* s. David Kimchi. — *Psalmen* s. Abraham ibn Esra, David Kimchi, Salomo Isaki. — *Proverbia* s. Mose Kimchi. — *Megillot* s. Menachem b. Salomo, Salomo Isaki. *Hohelied* s. Abraham ibn Esra, Josef Kimchi, Immanuel b. Sal., Levi b. Gerson. *Kohelet* s. Levi b. Gerson. — פירוש ס' יצירה Dunasch b. Tamim. — פירוש המשנה s. Mose Maimonides. — Comm. über Alfasi und Abot s. Salomo Isaki. — Ueber verschiedene Schriften s. Averroes, Josef b. Schemtob, Levi b. Gerson. Mose Narboni; *anonym.* über יסוד המספר unter Abraham ibn Esra, über כוונות von Gazzali 1056. — Arab. Bemerkungen zu Moses Maimonides, Gesetzcodex und דלאלה O. 258¹· ²· ¹⁰; zu haggadischen Stellen das.³; zu geometr. Stellen im Talmud das.⁴· ⁵.
פנים במשפט Arnald.
פסיקתא (?) Frgm. Q. 577 ar.
פרונושטיקה Hippocrates.
פרקי אבות Mose Maimonides.
אליה — Elia Levita.
משה — Mose Maimonides.
פרקים Hippocrates.
צדה לאורחים Ǵezzar.
צורת הארץ Abraham b. Chijja.
קאנון Avicenna.
קול יהודה anon. Comm. zum Alphab. Sira's Q. 488².
קורי Petrocello.
קינה Mose Remos.
קיצור מס' מגסטי Fergani.
רב פעלים Josef Sarco.
רוח חן Q. 498. O. 138.
רפואת הגויה Jehuda Charisi.
שושן הרפואה Q. 544.
שיח עבדי אבות Elieser b. David Fried.
[שינה והיקיצה] Aristoteles.
שירים ומליצות Salomo da Piera.
שלש שאלות Abraham ibn Esra.
שלם המלאכה Ali b. Abbas.
שם Abraham ibn Esra.
שמים והעולם Avicenna.
שער בסבת עקרות הנשים 544. Q. 5.
שערי שבועות Isak b. Reuben.
שרח עלי אלדלאלה Yahya b. Salomo.
שרשים Archimedes. — David Kimchi.
תורת הבית (ארוך und קצר) Salomo ibn Aderet.
תיקון המאכלים Q. 545.
תמונת הכדור (תכונת) 1058¹⁵.
תנקיח אלאבחאת Sa'ad b. Mansur.
תרגום s. Onkelos, zu Megillot Q. 1, zu Proph. (babyl. Punkt.) Q. 578.
תרומה Baruch b. Isak.

Anonyme ohne Titel.

a) *Bibel* 1—4. 5—7. 124—6. 585. Q. 371. Bibeltheile 123. 380—1. 463. 707. Q. 578. Pentateuch 8. 9. Q. 1 (Haft. und Meg.) 9. 306. O. 147 (Levit. etc.). Rolle 133. 134. Psalmen Q. 361, j.d. Q. 310. Estherrolle 129. 130. 384. 385. O. 170. Add. Esther 4. Q. 1. Vaterunser etc. O. 148.
b) *Gebete* 10. 14. 15. 388. 463³. 569. 707. Q. 361. O. 148.

c) *Verschiedenes.* Lexicon 60. Baum der Sefirot 130, II. Edict (Indian.) Q. 6 Bl. 27. Gramm. Fragm. Q. 6 Bl. 58[b]. Jüd. deutsch. Gloss. üb. Psalmen Q. 310², Diätetisches Q. 509⁴. Uroscopie Q. 511³. Bereitung des Goldwassers Q. 543². Prognostik Q. 545. Verse Q. 579. Prozeſssache Q. 646². Grammatisches Q. 647^{2. 4. 6. 7. 10}, O. 243³. Reime über Speisegesetze O. 258 ar.

Geographisches.

[Die Ziffer bedeutet die Seitenzahl.]

אווריינגא ,אבריינגא 49. 88.
אבילה 31.
אגאדיר 32.
אדומיים, אדום 73. 97. 122 A.
איניון 88.
אולובריגאה 49.
אולמיץ 22.
אורבלי 18.
אוסימו (אוזימר) 12.
(א?)זולא ד פוסטה 39.
איטליא 45.
אייגיגעשהיים (מגדל) 3.
איסטי 40.
איסטרייך 52
אלאנטביא 45.
אלהגרה (מאתא) (?) 95.
אלצורא 6.
אפינקניס(?) 44.
אשכנז(י) 46. 116.
בדרש 88.
בהם 55.
בטלויסי 107.
ביר אלמומח 64.
אלענב — 95.
בית אלמקלד (?) 95.
בלייאש 18.
בלקיירי 113.
בערלין 1.
בראד 7.
גהרשיני 26 N. 49.
גרטר (גוזר ?גרטן) 4.
גרני 89.
דאר עמר 95.
דובדו 32.
דומת 118. 122 A. 129.
ד'יבונס 61.

ד'מאר 61.
דערינבוריק 5.
דרום 23 A.
הודו 108 A. 4. 113.
ואלחזון? 35. 36.
וודראן 31.
ויאראנה 102.
וילא בביטי (?) 110.
נובא — 136.
ווירדא 53.
וישניצא 1.
זאלקווי 7.
טבריה 55.
טוילה 68.
טורטושי (טובטוסי) 103.
טלמסאן 30.
טרין 99 N. 118.
ירושלים 102.
ישמעאל(ים) 73. 118. 128.
כלדיים 56.
(ד)לדוקילא (?) 18.
לוטרא (נהר) 8.
לוניטרש 54.
לוניל 88. 112 vorl. Z.
לעזוות 136.
לצי 55.
מארדין 74.
מגרב 124 A.
מדונא 11.
מודינה 40.
מונטפשלייר, מונפישליר 88, 104.
מונצברק 3.
מזיתרא 81 (Vorw. S. VI).
מילנסי 99.
מכנאסא, מכנסא 29. 31.
מעהרן 12.
מערב 69 N. 102³. 79.
מצנעה בני קיס 71.
מקיניס 30.
מריניאנו 26.
מרשיליאה 88.
משא 88.
משך 88. 122 A.
משמע 118.
נוא אמון 129.
כבט 56.
(ד)נחנה? 89. 134.
נרבונה 88.
סאלי 29.
סאראגוסא 110.
סלייאנו, סוליאנו 40.

סיינה 44 n. 68.
סמיאה (טימרי) 140.
ספיצאנו 40.
ספרד(ים) 55. 101. 110. 129.
סרקוסטא 55.
עדן 67.
(אל)ענס(י) 68 N. 101.
ערבי ,ערבא ,ערב 65. 121. 123A. 129.
פאס 30. 33.
פטריץ 52.
פיירה, פיארד 37, 95.
פיראריא 110.
פיריניצר 35.
פלסוט (מגדיל) 12.
פראג(א)א 12. 16.
פרווינצאל 49.
פרנקפורט (a. O.) 7.
צאבה 56.
סאפרו, צאפרו 30, 31.
צירויך 18.
צנעה ,צנעא 61. 67. 68 N. 101. 95. 117.
צרפת(ים) 35. 131.
ק"ב 26.
קבט מצר 63.
קדר 122 A. 125 A. 129.
קובורק 8.
קוניץ 12.
קורטבה 24.
קושטאנטינ' 49.
קטורה (בני) 118.
קיארפו 11.
קיס 71.
קלניא 49.
קמרינו 42.
קרוניבורק 18.
קריה אלגראבי 62.
רדום 22.
רהיינין 8.
רוביירה ,רובירה 40, 99.
רולוט? 15 N. 35.
רומיים 97.
רינדא 59.
ריצא (נהר) 8.
רמני [ob ?]. רמץ 33
שטרושפורק 2.
שילון ,שלון 88.
שלווי שלווי 10.
תמוואן 30.
תימן 117.

1

עה טהור יו עה טהור רוכב על מיע עה טאיז
עטור חלשול' היתה רוכעת על ביעה שיווכ
ועה והן טהורין הרי זה וטלוח' ואם רץ שילח

2

בחרו לנוע הדין שרואה צדיק
הבריך והוא ורץ כך עדיא בסלו
ועע מלצו כך נהב להיות הויה
נסייכ מעע ומרגיע שיהא כרון
שחה רוח' מהמלצו חפנו עכסיכ

3   קכח

הוא האלקים ודבריך יהיו
אמת' כר נשבעת בעקר
חרוים להעמית גם למיהותיך פרבה פרית

4

וביען הדייע לפדרס של שילות והר אוו הושיכם
כחיע וליו החדיקתם הושיכם כעוה וליו החריקת
ער טהושיט בביזן כמתנשתו תען הושטים

6   בזאת

זעז מטח מזן שיזו ומעלה
ומעוז חיי ולכר כהבל וריוות שם כל
מקר ומקר כך פ' רומש כי יעפעע כסוכה מטוח
זעז שייעפעע כבית מקרשו ושטען נכדר עולם

5

וינלו הפזה' עין מ' השואל' יו שישומו לוו נ'מ על שיעעם שיומ' שהחר'
שיעעה ו נצה ודר מיטה ולשלוכ מן ולו ואשחת בן יחס ואהמ נשהיזכ שומעה זו
עיכ לפרה' ולקטה פותחין לו פתח ועטיים ותוטכ כדר עתו ולוידען ו דטיס

7   קכה חכותב

גע שיע כין
טיעעסה
וודכו על רחבו כרץ נמ'
וליו יהון כרוות יואבית'
וועין הפיטי'
שענם צטור כדמרי לעל
ושלירו יהון האותכויות
עומדות הטיטה ביוון

8

בער כמב שלן לפעי שהוא כקכר וס' מכמס
כרולמין בביעה צבי לעל בן זכוות שלו
לעתבות שלו ועיכלו בעל פ' כאין עונב

9

יהוה י יעקב ולכה ועעיה ישו כשע י
שמותמצן זכ לו לעלוך עמיו יוחר מהם
מה יתכ ליו כהם ל' מטהרו ריוזן אכלו י
ויו נדעלו' מטהוכדי וכזהם עווםכ כ'
מיתם העק חיו ויו קול וליע יתם מטי''
טשומנם מרמה ישע זכיו היה ריוז י

10

יום שעט הוכה עובצו ולן
סח כיטו' ויחו שחיועד
ל'ב כה עעה קוס סרימה
ורכא פצו יון לחטש'י כלוכ
בחיטובה היון יעו רום וחיזן
פועה זכ עטה לן דע'כ
ויטלעות ולוטן כזיכה כיו'
רטן כטחהא לוז רק'
לוטון הז לו טיע'

11   נשם

בשמם רוח חיוב''
משמום א יתך קרח''
מנשמת שדי ''

12

ולהתרחק מקן כהבלע ההרחקה' גם צריך ע' לפניש את עצמן
מן הרברים המסתפין כזכ הסורין חן מתהין כי טלח יתקרב אל
המיסר כלו' וצרין לו למיעע יגע מן העטיחת מהזהבת הכ

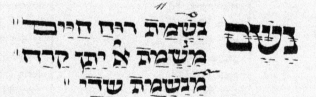

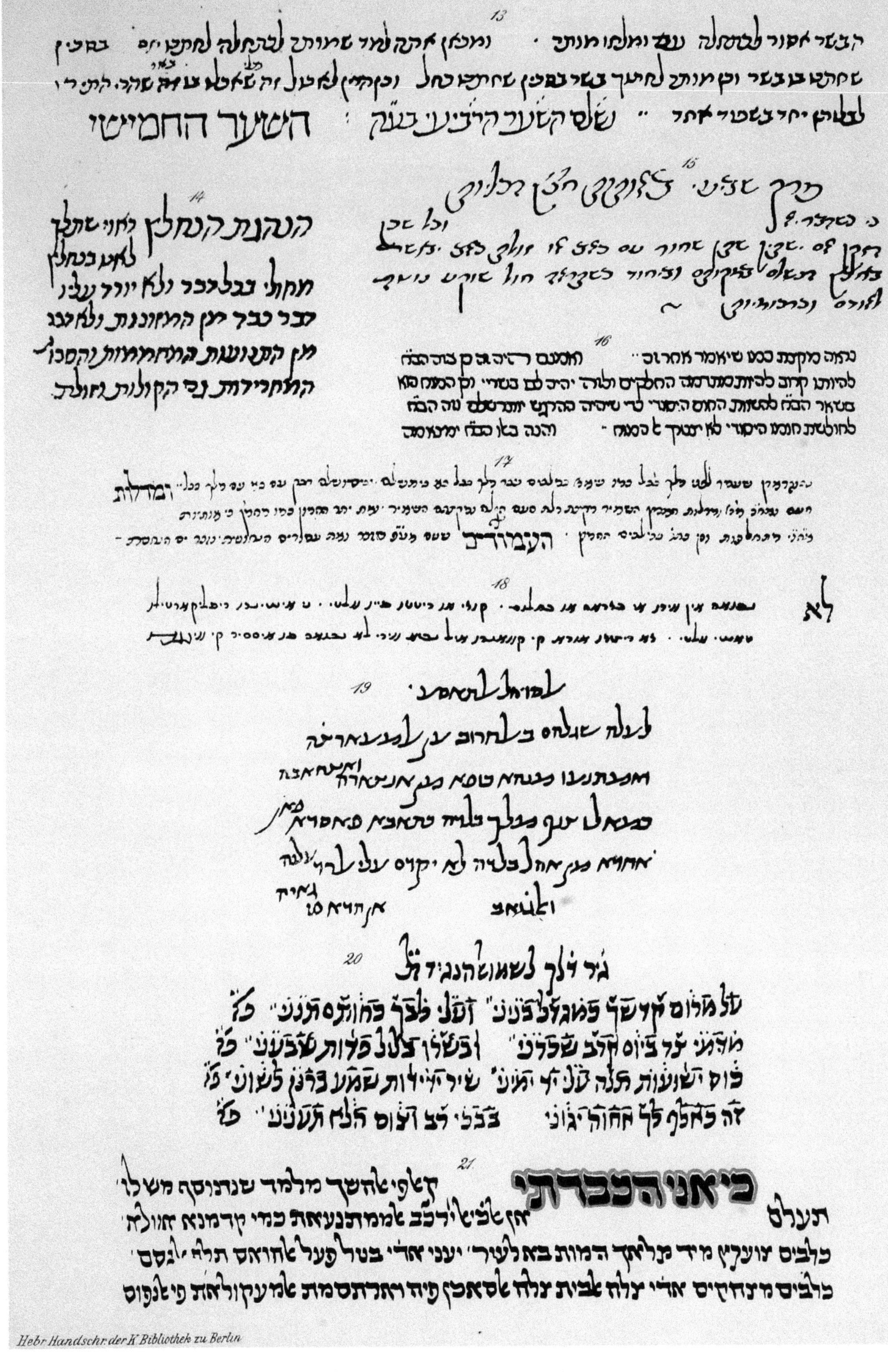

[13]

הבצר אסור לבתחלה עד ימלאו מוחך · · ומכאן אתה למד שמוות לבתחלה למתן יחי

שהתחלו בבצר וכן מוותך לאתך בצר בבק שיותה כחל וכן מין לאבל זת שאבל צ׳ אם מהר לתק רי

לבתן יחי בשטר אחד · · שלש הסער רביע בנק · · **השער החמישי**

[14]

הנהגת הנחלם לחוי שותק
לאבו בנחלם מחתי בבלבבר ולא יורך עליב
חבר טבר מן המחונות ולא עבד
מן התנועות בהחרמות וה בכו
המחירדות נב הקולות נזולד

[15]

דרך שבי׳ · בדועט חבן הלוית
ד. בקמר 9 · · · · · ולל שבן
הקן ים שבן שבן שחור עם בף וו עולם דפי ובאעא
בחלש תשלש ובקולם ובחור בשכרה חול שורט בוער
הורם וברבועית ·

[16]

נרמה מקקמת כמו שיאמר מחרוז · · · חומנן רחיה ב ק בדה הבה
להיותן קרוב לבהית מתרהב החלקים ולוה יהד ם בשדי· וק המסן סא
בטאר הבה לתשוות החס היסדי ער שיהה הההע יותרבסלם נה הבה
לחולשת חנמ היסדי לא ינטף ל הסמא · · והנה בו הבה ימנאמה

[17]

ובעדמין שעבר לפנו רלך בבל ברו שמד בבלבים טבר רלך בבל בא בתשלא · יסט ושלם ובן עב בא עב מלך בבל · **ובחרות**
חשם טטב מד גדלות חבבן השמיר רקית ולה סעם קלה עקירנה השמיר עת יתר החבן כמי רחבן בי מותרת
ייהי רבתל בנת ון כמ בלבים תמן · **העמורבך** שש מעט סזטר נמה עמלים העללטתי כוזר יס הבהסרד ·

[18]

לא שתנא מן עין עו ברחא עו בתלבי · · קני מן רישון אי׳ ן שלו· · ט עי ש בן דבלקעריול׳
תעשו עלו· · · · לא רישון מורב ק׳ קנוטבן עול בחת שיד לא בנטב בן עיססי׳ ק׳ שיטא **ואבא**

[19]

לטוחל לסראמב׳

לעלה שעלה בלחרוב על לבעטארגה
ואמבתנעו בטחא טסא בק אנטארה ואטאבת
כמאל עוע מעלך בלוה טראבת פאסרא מין
אחוא מן אה לבליה לא יקוס עלד ל׳ עלה יאיר
ולאנאב · · · אן הרא ט בלי ·

[20]

גד דלך לשמואל הנגיד ז״ל

עלי מרום קדושך פמוגל בדבינו″ זמני לבבך בחותך סתנני″ כ״
מוטע עד ביום קרב שללני″ ובשלו בלנל פלדות עזבעו″ כ״
בוס ישועות תלה קול ים ימע″ שיר שילדות שמע ברנו לשוני″ ל׳
זה כאלף לך אחוה יגוני″ בבלי לב העוס הלה תעננו″ פ״

[21]

תערב **כיאנ הכברתי** קלפי טהשך מדמד שנתניסה משלכי

אן שביט לדכב צממתנעאת כמי קדמנא זמולח″
כלבים זוערץ מיד מלויאך המות בא לשיר· יעני אדי בטר פער שחורא תלה גם°
כלבים מתחיים אדי צלה צלח לביות צלח שראכן פיה ותרתסמת אם עקוראת פי שנפוס

For EU product safety concerns, contact us at Calle de José Abascal, 56–1°,
28003 Madrid, Spain or eugpsr@cambridge.org.

www.ingramcontent.com/pod-product-compliance
Ingram Content Group UK Ltd.
Pitfield, Milton Keynes, MK11 3LW, UK
UKHW051028150625
459647UK00023B/2858